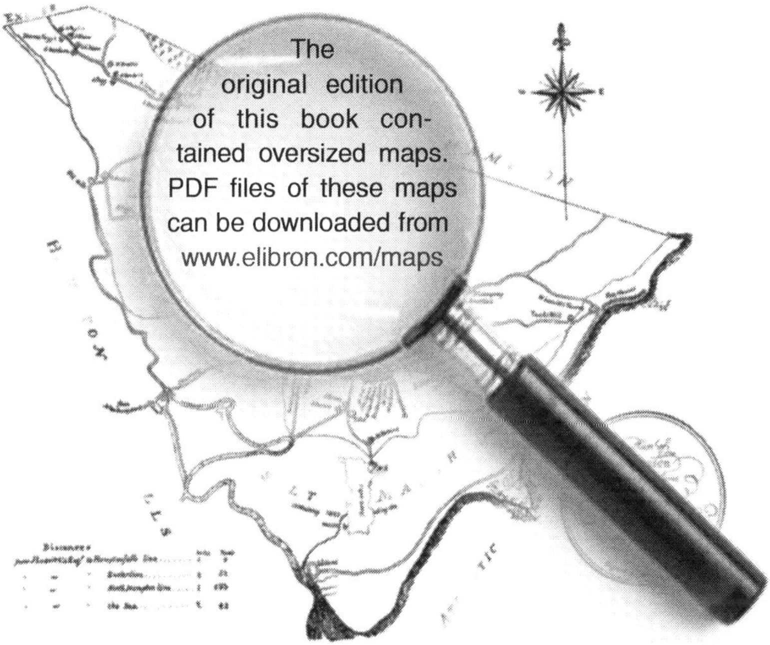
The
original edition
of this book con-
tained oversized maps.
PDF files of these maps
can be downloaded from
www.elibron.com/maps

GUILLAUME DE GARDEN

HISTOIRE GÉNÉRALE DES TRAITÉS DE PAIX ET AUTRES TRANSACTIONS PRINCIPALES ENTRE TOUTES LES PUISSANCES DE L'EUROPE DEPUIS LA PAIX DE WESTPHALIE

OUVRAGE COMPRENANT
LES TRAVAUX DE KOCH, SCHOELL, ETC.

TOME XIII

Elibron Classics
www.elibron.com

Elibron Classics series.

ISBN 0-543-97097-3 (paperback)
ISBN 0-543-97096-5 (hardcover)

This Elibron Classics Replica Edition is an unabridged facsimile of the edition published by Amyot, Paris.

HISTOIRE GÉNÉRALE

DES

TRAITÉS DE PAIX

ERRATA.

Pages	Lignes	*Au lieu de*	*Lisez*
24	18	*Low*	*Lowe.*
45	3	dix mille hommes	de mille hommes, suivant une relation portugaise, et de quatre cents hommes d'après les rapports français.
194	27	exitait	excitait.
313	2		*Renvoi de la note.*
337	2	9 avril	9 mai.
478	17	*Renvoi de la note marqué par erreur à la ligne 2.*	

Imprimerie de Ch. Lahure (ancienne maison Crapelet)
rue de Vaugirard, 9, près de l'Odéon

HISTOIRE GÉNÉRALE

DES

TRAITÉS DE PAIX

ET

AUTRES TRANSACTIONS PRINCIPALES

ENTRE TOUTES LES PUISSANCES DE L'EUROPE

DEPUIS LA PAIX DE WESTPHALIE

OUVRAGE COMPRENANT

LES TRAVAUX DE KOCH, SCHOELL, ETC

Entièrement refondus et continués jusqu'à ce jour

PAR M. LE COMTE DE GARDEN

ANCIEN MINISTRE PLÉNIPOTENTIAIRE

TOME TREIZIÈME

PARIS : AMYOT, RUE DE LA PAIX

SUITE

DE LA

QUATRIÈME PÉRIODE

OU

HISTOIRE DES TRAITÉS

DEPUIS LE COMMENCEMENT DES GUERRES DE LA RÉVOLUTION FRANÇAISE JUSQU'AU TRAITÉ DE PARIS DE 1815

1791—1815

QUATRIÈME PÉRIODE,

OU

HISTOIRE DES TRAITÉS

DEPUIS LE COMMENCEMENT DES GUERRES DE LA RÉVOLUTION FRANÇAISE JUSQU'AU TRAITÉ DE PARIS DE 1815.

1791—1815.

CHAPITRE XLI.

TRAITÉS DE PAIX DE PARIS DU 30 MAI 1814.

« Le Continent n'était qu'un vaste cachot, privé de toute communication avec cette noble Angleterre, asile généreux de la pensée, illustre refuge de la dignité de l'espèce humaine. Tout à coup, des deux extrémités de la terre, deux grands peuples se sont répondus, et les flammes de Moscou ont été l'aurore de la liberté du monde. Il est permis d'espérer que la France ne sera pas exceptée de la délivrance universelle; la France qu'estiment les nations qui la combattent, la France dont la volonte suffit pour obtenir et donner la paix. »

Benjamin Constant.

INTRODUCTION.

Nous avons vu *Napoléon* parvenu à l'apogée de la puissance, nous allons assister à l'écroulement de l'édifice colossal qu'il n'avait élevé et soutenu pendant quinze années qu'à force de génie et de courage, de fière audace et de bonheur, mais encore au prix d'attentats contre les couronnes, que lui-même a déplorés trop tard, et dont toute sa gloire ne le fera pas absoudre au tribunal de la postérité.

Néanmoins un nouveau don de la fortune, la naissance d'un fils, du *roi de Rome!* aurait pu affermir son autorité si elle avait eu pour principe et pour appui cette légitimité qui éternise la durée des dynasties : « Je me serais relevé, disait-il, du pied même des Pyrénées, si seulement j'eusse été mon petit-fils. — Et ce que c'est pourtant que la magie du passé! Bien certainement j'étais l'élu des Français, leur nouveau culte était leur ouvrage. Eh bien! dès que les anciens ont reparu, voyez avec quelle facilité ils sont retournés aux Idoles[1].... La France, ajoutait-il encore, a pris son chef des mains de la victoire; si la victoire m'abandonnait, la France retournerait aux descendants de *Henri IV*. » — C'est qu'en effet « le bon sens s'arrête avec respect devant *le mystère du pouvoir et de l'obéissance*, il l'abandonne à la religion qui rendit le prince *sacré* en le faisant l'*image de Dieu même*. C'est lui qui terrasse l'anarchie et les factions en proclamant l'*hérédité du trône;* c'est lui qui fit de cette loi un *dogme français*, un article fondamental de la loi de nos pères : *La nature ordonne en vain que les rois se succèdent, le bon sens veut que la royauté soit immortelle*[2]. »

Mais avant d'entreprendre le récit des grands événements qui ont renversé l'établissement impérial, rappelons d'abord comment se sont agglomérés les éléments de cette vaste domination.

L'agrandissement de la France par la réunion de la Savoie et du comté de Nice, par celle des Pays-Bas autrichiens, enfin par l'incorporation de l'évêché de Bâle et du comté de Montbéliard, fut la suite de la *première coalition* formée entre les principales puissances européennes[3]. La guerre que cette ligue soutint avec peu d'union et encore moins de succès, causa des bouleversements remarquables dans le système

[1] *Mémorial* du comte de LAS CASES.
[2] Le comte de FONTANES (*Discours du 25 décembre* 1812).
[3] Voy. t. V, p. 151.

politique de l'Europe. Dans les Provinces-Unies des Pays-Bas, elle produisit l'abolition du stathoudérat, et anéantit l'influence que la Grande-Bretagne exerçait dans ce pays depuis l'alliance de 1788 [1]. Dans le midi, une alliance intime entre les dominateurs de la France et le roi d'Espagne, remplaça ce pacte de famille qui avait réuni en un seul faisceau les forces de tous les États où régnaient des *Bourbons*. En Italie, nous avons vu disparaître la plus ancienne république du monde, et ses dépouilles partagées entre Autriche, la France et une nouvelle république qui avait pris naissance dans la Lombardie; car on n'a pas oublié que c'était alors le système du directoire de la France, d'établir sur ses frontières des États régis par des constitutions populaires et ayant besoin de la protection de la France pour se maintenir.

La *seconde coalition*, loin de produire un changement dans cet état de choses, ne servit qu'à le consolider[2]. La paix de Lunéville donna à la France la rive gauche du Rhin. Cette cession rendit nécessaire la réorganisation de l'Empire germanique, qui fut achevée par le recès de la Députation de 1803. Une nouvelle république, portant le nom de république des Sept-Iles, fut fondée sur la mer Adriatique.

C'est pendant la guerre de la seconde coalition que s'exécuta en France le fameux coup d'État, par lequel le gouvernement fut concentré entre les mains d'un seul homme. Ce chef usa d'abord de sa fortune, avec une apparence de modération, et la paix de Lunéville permit d'espérer que l'Europe pourrait recouvrer une tranquillité que neuf années de malheurs lui rendaient si nécessaire. L'Angleterre même crut à la

[1] Voy. t. V, p. 89.
[2] Voy. t. VI, p. 136.

possibilité de la paix, et le traité d'Amiens fut signé. Mais bientôt *Napoléon* leva le masque. Il réunit le Piémont et Gènes à la République; et, lorsqu'il eut rétabli en faveur de sa famille le trône héréditaire en France, il posa une seconde couronne sur sa tête, et créa, dans la presqu'île au delà des Alpes, un nouveau royaume dont le titre annonçait de plus vastes projets. Un meurtre juridique prouva qu'il ne respectait pas l'indépendance des États, quand il s'agissait d'assouvir ses passions[1]. Ces événements dissipèrent l'illusion à laquelle les Cabinets s'étaient abandonnés. *Pitt* conçut alors le plan d'une ligue européenne qui devait préserver le Continent des malheurs que ce grand homme prévoyait. La *troisième coalition* se forma; mais des circonstances malheureuses ne permirent pas d'exécuter en entier la haute conception du ministre anglais[2]. On divisa son plan, et l'Europe fut perdue. La paix de Presbourg priva la maison d'Autriche de l'indemnité que celle de Lunéville lui avait accordée, en Italie, comme dédommagement des Pays-Bas; cette monarchie perdit sa frontière militaire en Allemagne. Les usurpations de *Napoléon* furent reconnues, et il ne balança plus d'annoncer le projet d'une monarchie universelle, déguisée sous le nom de *système fédéral de l'Empire français*[3]. La théorie la plus monstrueuse fut prêchée alors comme celle qui, dans un siècle de lumières, devait remplacer l'ancien Droit public. Les trônes de l'Europe devaient être occupés par des princes dont la moindre obligation serait celle d'aimer leurs sujets et de travailler à leur bonheur. Deux devoirs plus sacrés devaient les atta-

[1] Voy. t. VIII, p. 208.
[2] Voy. t. VIII, p. 316 et 325.
[3] Voy. t. IX, p. 53.

cher, l'un au chef de leur famille, l'autre, subordonné au premier, à la France même[1].

Le renversement du trône de Naples, bientôt après relevé en faveur d'un des rois du sang de *Napoléon*, fut une des premières conséquences de la guerre malheureuse de 1805. La Hollande, qui jusqu'alors s'était efforcée de conserver une certaine indépendance dans ses rapports avec la France, obtint un prince des mains du maître de la France, et l'Europe fut préparée à apprendre que le Rhin ne formait plus une frontière naturelle. Peu de temps après, *Napoléon* établit sa domination au milieu de l'Allemagne, en formant la ligue connue sous le nom de *Confédération du Rhin*. L'Empire germanique cessa d'exister, et la nation se courba sous le joug d'un étranger.

La Prusse résolut d'être la libératrice de la patrie allemande. Elle fut vaincue avant que la *quatrième coalition* pût se consolider. La noble entreprise de *Frédéric-Guillaume* lui coûta la moitié de ses États; et les provinces qui lui restèrent furent épuisées par le séjour prolongé des troupes françaises. Un frère de *Napoléon* fut appelé à régner sur la Hesse et sur le patrimoine de la maison des Guelfes. L'Allemagne entière, à l'exception des États de l'Autriche et de la Prusse, entra dans la confédération du Rhin, et s'obligea à fournir des troupes à *Napoléon* pour l'exécution de ses projets. On rendit un simulacre d'indépendance à une partie de la nation polonaise, et le duché de Varsovie, ajouté momentanément aux États du roi de Saxe, fut destiné à servir d'échelon au trône qui devait être érigé dans le Nord pour quelque membre de la famille de l'empereur des Français. Ce fut pendant la guerre de Prusse que *Napoléon* conçut le projet chimérique de ce *sys-*

[1] Paroles de NAPOLÉON au fils du roi LOUIS, t. XII, p. 273.

tème continental qui, pendant six ans, causa la ruine des peuples auxquels on voulut l'imposer[1], et que malheureusement favorisait l'accord établi depuis la paix de Tilsitt, entre les Cabinets de Saint-Cloud et de Saint-Pétersbourg.

Assuré de la coopération de la Russie à maintenir ce système dans le Nord, *Napoléon* s'occupa des moyens de l'introduire dans la péninsule située au delà des Pyrénées. Il ne pouvait espérer de réussir, tant que les maisons de *Bourbon* et de *Bragance* y régneraient : leur ruine fut résolue. *Napoléon* déploya dans l'exécution de ce plan une perfidie qui dut convaincre tout observateur attentif que la Providence avait marqué sa chute. Un peuple plein d'honneur et de bravoure montra aux nations européennes comment on repousse le joug de la servitude. Sa résistance impliqua *Napoléon* dans des embarras qui firent croire à l'Autriche que le moment était venu de renouveler une entreprise dans laquelle, peu auparavant, la Prusse avait échoué. La guerre très-improprement nommée de la *cinquième coalition*[2], puisque *François II* la soutint seul contre les forces réunies de la France, de l'Italie, de la confédération du Rhin et de la Russie, riva les fers de l'Allemagne, et effaça dans le cœur des peuples du Continent l'espoir d'un avenir plus heureux.

L'orgueil qui, selon *Bossuet*, monte toujours, poussait les desseins de *Napoléon* jusqu'au delà des limites de la raison humaine; déjà possesseur des deux tiers de l'Europe, par droit de conquête et par la terreur de ses armes, il résolut, quoiqu'il eût ouvert le volcan de l'Espagne, d'envahir le puissant empire qui s'étend au nord de l'Europe et de l'Asie. C'était le moment fixé par

[1] Voy. t. X, p. 305.
[2] Voy. t. XII, p. 81 et 109.

la Providence. Une coalition, que pendant vingt ans tous les politiques s'accordaient à proclamer impossible, est à la fin sortie du désespoir des peuples, des salutaires frayeurs des souverains, des dangers annoncés à l'univers. Cette fois, les alliés sont restés unis : les longs rêves de l'ambition allaient s'évanouir; le rôle éclatant et terrible qu'avait joué *Napoléon* touchait à sa fin. A son tour, Paris reçoit des vainqueurs. Celui qui si longtemps s'élança de cette capitale, avec la rapidité de l'aigle et la force du lion, pour saisir comme des proies faciles tous les peuples de l'Europe, vient assister presque seul à l'entrée triomphante des ennemis qu'il a provoqués. Il approche assez pour entendre les cris qui signalent l'écroulement de son trône. Muet, il s'éloigne de la ville qu'il ne pouvait défendre malgré elle, « et à laquelle il pensait dans les batailles, dans les plus grands périls, sur les mers, au milieu des déserts mêmes. »

Semblable à un homme qui se dégage du fardeau dont il est oppressé, l'Europe pousse un long gémissement et respire. Alors, tout ce qu'en politique la Révolution avait si péniblement édifié disparaît comme une décoration de théâtre. Plusieurs des acteurs sont dispersés, encore revêtus des costumes qu'ils portaient sur la scène qui s'est abîmée sous leurs pas. En un instant, de Hambourg jusqu'à Rome, les signes des nouvelles dominations sont effacés. La France, qui a donné le mouvement à tant de subversions, sera calmée la première. Il faut que ce grand corps soit debout, pour que l'Europe ne vacille pas, tant la France, dans sa chute même, conserve de poids! De toutes parts, on crie : *Paix*, *équilibre*, *justice*, *réparations*, *indemnités*. Qui va débrouiller ce chaos et poser des digues à ce torrent de prétentions? Après les préliminaires signés à Paris, on doit ouvrir un congrès à

Vienne. L'espérance renaît dans les cœurs, et partout retentissent les paroles de concorde prononcées par *Alexandre* : « Que le repos et le contentement renaissent enfin sur la terre ! Que chaque peuple retrouve le bonheur dans ses lois, et que la religion, les arts, les sciences refleurissent de nouveau pour le bien de tous les hommes[1]. »

« C'est ainsi, dit M. de *Chateaubriand*, qu'après vingt-cinq années de combats, le bruit des armes cessa d'un bout de l'Europe à l'autre; *Alexandre* s'en va, nous laissant les chefs-d'œuvre conquis et la liberté déposée dans la *Charte*; liberté que nous dûmes autant à ses lumières qu'à son influence. Chef des deux autorités suprêmes, doublement autocrate par l'épée et la religion, lui seul, de tous les souverains de l'Europe, avait compris qu'à l'âge de civilisation auquel la France était arrivée, elle ne pouvait être gouvernée qu'en vertu d'une Constitution libre. »

Tous les faits mémorables que nous venons de signaler, ainsi que les traités qui ont pacifié l'Europe, sont renfermés dans notre quarante et unième chapitre. Les quatre sections dont il se compose portent les titres suivants :

SECTION I. *Événements antérieurs à l'expédition de Russie, en* 1812.

SECTION II. *Expédition de Russie.*

SECTION III. *Campagne de* 1813.

SECTION IV. *Campagne de* 1814, *et paix de Paris du* 30 *mai* 1814.

[1] Ces paroles étaient adressées à l'Institut. Le secrétaire perpétuel de l'Académie française, M. SUARD, fut heureusement inspiré lorsqu'il répondit à l'Empereur : « Sire, c'est en Russie que votre illustre aïeul a mérité l'immortalité ; c'est en France qu'il l'a obtenue. Vous donnez la paix à la France ; la France, l'un des plus augustes temples des belles-lettres, vous donnera la vraie gloire. »

SECTION I.

ÉVÉNEMENTS ANTÉRIEURS A L'EXPÉDITION DE RUSSIE.

§ I. Guerre maritime en 1809, 1810 et 1811. — *Campagne de* 1809. — Expédition anglo-portugaise contre Cayenne et la Guyane française. — Le gouverneur Victor *Hugues* capitule, le 12 janvier. — Clause remarquable insérée dans la capitulation. — Conquête de la Martinique par le général *Beckwith* et l'amiral *Cochrane*, le 25 février. — Nobles égards témoignés par les vainqueurs au capitaine général *Villaret-Joyeuse*. — Combat naval de l'île d'Aix, 11 avril; destruction de la flotte française; lords *Gambier* et *Cochrane* sur *Villaumez* et *Allemand*. — Le major *Maxwell* s'empare du fort français du Sénégal, 10 juin. — Prise de la ville de Santo Domingo, 6 juillet; général *Carmichael* sur le général *Barquier*. — Attaque du capitaine *Rowley* contre l'île Bourbon, 20 septembre. — Destruction de la flotte française dans la baie de Roses. — Les Anglais s'emparent de plusieurs des îles Ioniennes, 8 octobre. — *Campagne de* 1810. — La Guadeloupe est remise aux Anglais, par capitulation du 8 février. — Le brigadier *Harcourt* et le commodore *Fahie* s'emparent des colonies de Saint-Eustache et Saint-Martin. — Prise d'Amboine aux îles Moluques, le 17 février. — Prise de l'île de Bourbon par les Anglais, le 7 juillet; colonel *Keating* : colonel de *Sainte-Suzanne*. — Conquête de l'île de France; général John *Abercrombie* et amiral *Bertie* : général *Decaen*. — Lord *Minto* envoie une expédition contre Java. — Le gouverneur *Jansens* détruit les magasins de Batavia, et signe une capitulation, le 18 septembre, avec le général *Auchmuty* et l'amiral *Broughton*. — § II. Événements dans le royaume de Naples. — *Campagnes de* 1807, 1808, 1809, 1810. — Expédition du prince de *Hesse* en Calabre. — Combat de Melito, 28 mai 1807. — Les Français s'emparent de Scylla et de Reggio en février 1808. — *Joseph*, livré à ses plaisirs, abandonne la direction des affaires à *Salicetti* et à *Rœderer*. — Caractères de ces deux ministres. — *Joseph* est appelé au trône d'Espagne, en juin 1808. — *Joachim Murat*, son successeur, fait son entrée le 6 septembre. — Rivalité pour le pouvoir entre ce prince et *Caroline Bonaparte*. — *Joachim* fait attaquer l'île de Capri. — Sir *Hudson Low* se rend au général *Lamarque*; 16 octobre. — Tentative de la cour de Sicile pour recouvrer ses Etats. — Double but de l'expédition anglo-sicilienne contre la ville de Naples. — Proclamation du général *Stuart* et de l'amiral *Martin*. — Situation perplexe de *Murat*. — Moyens qu'il emploie pour se rendre maître de l'armée. — Despotisme militaire établi à Naples. — *Murat* feint de vouloir conquérir la Sicile. — Utilité secrète de cette démonstration. — Combinaison funeste. — Massacre de la division du général *Cavaignac*. — Révolution en Sicile opérée par lord *Bentinck*. — La reine *Marie-Caroline* se retire en Autriche, par Constantinople et la Russie. — Portrait de cette princesse. — Le roi *Ferdinand IV* se démet en faveur de son fils aîné, *François-Janvier-Joseph* 16 janvier 1812. — § III. Événements en Espagne et en Portugal. — *Campagne d'Espagne* en 1809. — Développements des opérations dans la péninsule. *Iron-Duke* ou *le général indien*. — Une faute de *Napoléon*. — Deuxième siége de Saragosse ; reddition de la place, 2 février 1809; *Palafox* : le duc de *Montebello*. — Seconde expédition des Français en Portugal. — Prise de Porto, 29 mars. — Sir Arthur *Wellesley* arrête les progrès des vainqueurs. — Habile retraite du duc de *Dalmatie*. — Bataille de Médellin, 28 mars; le duc de *Bellune* sur Cuesta. — Bataille de Belchite, 18 juin; *Suchet* sur les Espagnols. — Bataille de Talavera, 27 et 28 juillet; *Wellington* sur les Français. — Bataille d'Almonacid, 11 août; les Français sur les Espagnols. — *Wellington*, en dissentiment avec la junte, prépare les lignes de Torrès-Vedras. — La junte déclare la guerre au Danemark, 20 septembre. — Combat de Tamanès et prise de Salamanque par le duc *del Parque*. — Bataille d'Ocaña, 19 novembre; les Français sur les Espagnols. — Prise de Girone par les Français, 10 décembre. — Réorganisation des armées portugaises par *Beresford*, en 1809. — Prise de Chavès par le général *Silveyra*. — Subside de six cent mille livres sterling. — Décret du 6 juillet qui nomme régents les marquis *das Minas* et *Monteiro-Mor*. — *Wellington*, généralissime des troupes portugaises. — Traité d'amitié et d'alliance, entre la Grande-Bretagne et le Portugal, signé à Rio-Janeiro, le 19 février 1810; lord *Strangford* : comte de *Linharès*. — Première trace d'une négociation concernant la traite des noirs. — Traité de commerce, signé le même jour, entre les mêmes puissances. — Annulation d'une clause favorable à la liberté du commerce des neutres. — *Campagne de* 1810 en Espagne. — État des forces respectives des Français et des Espagnols. — *Joseph* entreprend la conquête des provinces du sud. — Occupation de Séville le 1er février. — Changements opérés dans le pouvoir central. — La régence provisoire est installée dans l'île de Léon, le 31 janvier. — Le duc de *Bellune* commande le siége de Cadix, défendue par le général *Graham*. — Prise du fort de Matagorda. — Arrivée du duc d'*Orléans* (depuis roi *Louis-Philippe*) dans la péninsule, le 21 mai 1810. — Négociation du prince avec les Cortès. — Il se rembarque pour la Sicile, où il arrive au moment de la naissance du duc de *Chartres* (depuis duc d'*Orléans*). — Paroles éloquentes de M. Victor *Hugo* sur la mort de ce prince. — *Campagne de Portugal de* 1810. — Combinaisons savantes de *Wellington*. — Fameuses lignes de Torrès-Vedras. — Dispositions des Français. — *Masséna* prend le commandement au mois de mai. — Bombardement de *Ciudad-Rodrigo*; défendue par *Herrasti*, 10 juillet. — Capitulation d'Almeida, 27 août. — *Wellington* rentre dans ses lignes, après avoir fait un désert du pays abandonné. — *Masséna* est obligé d'opérer sa retraite le 1er mars 1811. — *Campagne d'Espagne de* 1811. — *Wellington* investit Almeida, 7 avril. — Beau fait d'armes du général *Brenier*. — Le maréchal *Soult* assiége Badajoz, qui capitule le 10 mars. — *Graham* et *Hardizabal* essayent de débloquer Cadix. — Bataille de Chiclana, 5 mars. — Bataille d'Albuhera, 16 mai. — Le maréchal *Marmont*, qui a remplacé *Masséna*, arrive à Mérida, le 17 juin. — *Wellington* se retire dans l'Alentejo. — Événements importants dans l'Aragon. — Tortose, le 2 janvier, et Tarragone, le 28 juin, tombent au pouvoir de *Suchet*, qui reçoit le bâton de maréchal. — La défense du royaume de Valence est confiée au général *Blake*. — *Suchet* triomphe de toutes les résistances, Murviedro et Valence capitulent. — *Suchet* est créé duc d'*Albuféra*. — *Campagne d'Espagne de* 1812. — État des forces respectives de la France et des alliés. *Soult*, *Suchet*, *Decaen*, *Souham*, *Caffarelli*, *Marmont* et *Darmagnac* opposés à *Wellington*, *Hill*, *Maitland*, *Beresford*, *Lacy*, *O'Donel*, *Helio*, *Ballesteros*, *Monsalm*, *Castaños*, *España* et *Mendizabal*. — Prise de Ciudad-Rodrigo par *Wellington*, 19 janvier. — Bataille de Salamanque ou des Arapilès, 22 juillet ; *Wellington* sur les Français. — Résultats funestes de la journée des Arapilès. — *Joseph* abandonne Madrid, qui est aussitôt occupée par les guérillas. — Retraite de *Soult* de Séville. — *Ballesteros* fait manquer les dispositions de *Wellington*, nommé généralissime des armées espagnoles. — Lettre de *Ballesteros* au ministre de la guerre. — Tentatives de *Joseph* pour révolutionner l'Amérique espagnole. — Instructions, d'une nature fort grave, données au sieur *Desmolard*, agent de *Joseph*, à Baltimore. — § IV. Négociations entre la France et la Grande-Bretagne. — Négociation de Morlaix, en 1810, pour l'échange des prisonniers de guerre. — Exemples antérieurs. — Cartel signé à Versailles, le 12 mars 1780. — Cartel signé à Londres, le 13 septembre 1798. — Motif du ministère britannique pour refuser de négocier un nouveau cartel. — Les clameurs des familles l'obligent à entrer en correspondance avec le gouvernement français. — Deux difficultés s'opposent à l'établissement d'un accord. — Nationalité des prisonniers à échanger. — Litige concernant la capitulation de Suhlingen. M. *Mackensie*, commissaire anglais, et M. *Dumoustier*, commissaire français se rendent à Morlaix au mois d'avril. — Échange de notes entre les deux commissaires. — Préambule des pièces publiées par le gouvernement français. — Note de M. *Dumoustier*, du 25 mai 1810. — Projet de cartel accompagnant la note n° 1. — Note de M. *Mackensie*, du 25 mai. — Note de M. *Dumoustier*, du 26 mai. — Notes de M. *Mackensie*, des 27 mai et 23 juin. — Projet de convention joint à la dernière note de M. *Mackensie*. — Note de M. *Dumoustier*, du 2 juillet. — Réplique de M. *Mackensie*, du 1er août. — Article additionnel au projet britannique. — Lettre de M. *Mackensie*, du 28 août. — Note de M. *Dumoustier*, du 30 août, et projet de convention. — Note de M. *Mackensie*, du 22 septembre, et projet de convention. — Note de M. *Dumoustier*, du 7 octobre. — M. *Mackensie* demande ses passe-ports le 10 octobre. — Notes de M. *Dumoustier*, des 16 et 26 octobre. — Dernière note de M. *Mackensie*, du 27 octobre. — § V. Nouvelles réunions à l'Empire français. — 1° Incorporation du Hanovre au royaume de Westphalie. — Proclamation de *Jérôme Napoléon*, du 1er mars 1810. — Le baron *Reinhard*, le comte de *Hardenberg*, le baron *Hammerstein* et M. *Malchus*, commissaires pour la prise de possession. — Le Roi reçoit, le 14 mars, la députation de ses nouvelles provinces. — Discours du président des provinces, et réponse du Roi. — 2° Érection du grand-duché de Francfort. — Articles secrets du traité du 16 février 1810. duc de *Cadore* : comte de *Beust*. — Assignations en faveur du duc de *Dalberg*, du prince de la *Leyen*, du comte *Tascher de La Pagerie*. — 3° Réunion du Brabant hollandais, de la Zélande et d'une partie de la Gueldre, le 16 mars 1810. — 4° Décrets portant réunion du Valais, le 12 novembre 1810. — 5° Réunion des villes hanséatiques. — Appréciation de cette mesure. — Message de *Napoléon* au Sénat pour annoncer les réunions (10 décembre 1810). — Rapport fait à l'Empereur par le ministre des Relations Extérieures, duc de *Cadore*. — Rapport du sénateur *Sémonville*. — Article 1er du sénatus-consulte du 13 décembre.

La continuation de la guerre maritime entre la

Grande-Bretagne et la France, les événements survenus dans les deux péninsules au delà des Alpes et des Pyrénées, quelques négociations qui remplirent les entr'actes de ces tragédies, enfin les nouvelles usurpations de *Napoléon* qui préparèrent sa rupture avec la Russie, feront le sujet de cette section.

§ I.

Événements de la guerre maritime en 1809, 1810 *et* 1811.

La guerre maritime, qui n'avait rien offert de remarquable en 1808, se borna dans les années 1809, 1810 et 1811, à des expéditions contre les colonies de la France, de l'Espagne et des Pays-Bas, les flottes de ces puissances n'osant que rarement sortir des ports où les forces supérieures des Anglais les tenaient bloquées.

En 1809, les Anglais firent l'expédition de Zélande, dont nous avons parlé ailleurs[1]. Au mois de janvier, le capitaine de vaisseau anglais, James Lucas *Yeo*, se trouvant à la mission de l'Approuague, dans la Guyane, concerta avec un colonel portugais, dom Manuel *Marquès*, une expédition contre l'île de Cayenne. Avec cinq cent cinquante hommes de troupes de débarquement, quatre-vingts matelots et quelques soldats de marine, ils entrèrent dans l'embouchure de la rivière de Cayenne, s'emparèrent des forts Diamant et Grand-Lane, et forcèrent le gouverneur Victor *Hugues*, qui n'avait que quatre cents hommes de troupes réglées et six cents de milice, à remettre l'île le 12 janvier. La capitulation déclara expressément que le commandant français cédait moins à la supériorité des forces qu'au système des ennemis de donner la liberté à tous

[1] Voy. t. XII, p. 107.

les esclaves qui, réunis aux Portugais, incendiaient toutes les plantations et menaçaient la colonie d'une destruction entière, et à la preuve qui lui avait été fournie que ce système était suivi par ordre exprès du Prince régent. Il est remarquable que, dans cette singulière capitulation, signée par un officier anglais, *Napoléon* est qualifié « d'empereur et roi. » La garnison française s'engagea à ne pas servir pendant une année contre le Prince régent de Portugal et ses alliés : elle dut être incessamment embarquée et ramenée en Europe. On convint que les esclaves seraient désarmés et rendus à leurs plantations, excepté les nègres français qui, ayant pris service dans les troupes portugaises ou anglaises, avaient obtenu leur liberté. Ceux-ci devront être transportés hors de l'île. L'article 11 statue que le Code *Napoléon* restera en vigueur dans l'île jusqu'à la paix.

Une conquête plus importante fut celle de la Martinique. Elle fut entreprise par le général *Beckwith* et le contre-amiral *Cochrane,* qui se concertèrent pour cette expédition. Ils partirent de la Barbade le 20 janvier 1809, et arrivèrent à la Martinique en deux divisions, fortes ensemble de onze mille hommes. Le capitaine général *Villaret-Joyeuse* ne put leur opposer que deux mille quatre cents hommes de troupes de ligne, sept cents matelots et quelques bataillons de gardes nationales. Le général anglais *Prevost* ayant forcé, le 1er février, les hauteurs de Surcrey, et les forts Bourbon et de Saint-Pierre s'étant rendus, le capitaine général capitula le 25 février. Il avait demandé que la garnison fût transportée en France; mais on accorda seulement qu'elle fût traitée comme prisonnière de guerre et transportée à la baie de Quiberon, pour être échangée homme par homme. Le général *Beckwith* et l'amiral

Cochrane ajoutèrent cependant qu'à cause de la haute estime que le capitaine général *Villaret-Joyeuse* avait généralement inspirée, il avait été accordé que lui et ses aides de camp seraient entièrement libres et transportés en France. Un article de la capitulation stipule le maintien de la religion catholique et des lois usitées dans l'île.

La flotte anglaise de lord *Gambier*, qui bloquait Brest, ayant été forcée par les tempêtes de se retirer à Torbay, le contre-amiral *Villaumez* sortit, le 21 février, de Brest avec huit vaisseaux de ligne et trois frégates, et parut le même soir devant Lorient pour s'y réunir à l'escadre du capitaine *Troude*. La marée ayant empêché ce ralliement, il continua sa route jusqu'à la rade des Basques ou de l'île d'Aix, où il arriva le 24. L'amiral *Gambier*, instruit de ce qui s'était passé, quitta Torbay, muni de raquettes à la Congrève et de tout l'appareil nécessaire pour incendier la flotte française. Lord *Cochrane* fut chargé de cette expédition.

« La faveur du Tout-Puissant pour Sa Majesté et la nation, c'est ainsi que commence le rapport de l'amiral anglais, s'est manifestée par le succès qu'il lui a plu d'accorder à la flotte de Sa Majesté, confiée à mon commandement. » La flotte anglaise était forte de onze vaisseaux de ligne, six frégates, onze corvettes et trente-deux brûlots : celle des vice-amiraux *Villaumez* et *Allemand* comptait onze vaisseaux de ligne de cent vingt à cinquante-six canons, et quatre de trente-six. Quatre de ces vaisseaux, un de quatre-vingts, deux de soixante-quatorze et un de cinquante-six canons furent brûlés, se trouvant à l'ancre. Les autres se firent échouer sur la côte. Cette affaire eut lieu le 11 avril : les deux gouvernements furent mécontents des résultats, et traduisirent leurs amiraux devant des conseils de guerre.

Le major *Maxwell*, commandant de l'île de Gorée, attaqua, dans les premiers jours de juin, le fort français du Sénégal, et s'en rendit maître, le 10.

Les Français s'étaient toujours maintenus à Santo-Domingo, capitale de la partie ci-devant espagnole de Saint-Domingue. Le général *Carmichael*, parti le 7 juin de la Jamaïque pour les en expulser, aborda, le 28, à Poligne, à dix lieues de cette ville. De concert avec un corps d'Espagnols venus de Porto-Rico, il attaqua le général *Barquier* qui commandait à Santo-Domingo. Celui-ci fut obligé de capituler le 6 juillet. La garnison se rendit prisonnière de guerre, et fut transportée en France pour être échangée.

Le capitaine *Rowley* entreprit, le 20 septembre, de s'emparer de l'île Bourbon; il ne réussit pas dans cette tentative, mais il détruisit les magasins qui étaient dans l'île, où les armateurs français trouvaient auparavant tout ce dont ils avaient besoin pour se refaire, quand les tempêtes les forçaient à interrompre leurs courses.

Les Français avaient à Toulon une flotte de seize vaisseaux de ligne, dont un de cent quarante, un de cent trente, et deux de cent vingt canons, avec huit frégates et d'autres vaisseaux. Le contre-amiral *Baudin* eut ordre d'escorter, avec trois vaisseaux de ligne et plusieurs frégates, un convoi considérable destiné pour Barcelone, qu'assiégeaient les Espagnols. L'amiral *Collingwood*, qui commandait dans la Méditerranée, ordonna au contre-amiral *Martin* de poursuivre *Baudin* avec huit de ses meilleurs voiliers. Celui-ci n'eut d'autre moyen, pour échapper aux Anglais, que de se faire échouer, le 24 octobre, à Frontignan, à l'embouchure du Rhône, et de brûler ses vaisseaux, pendant que les bâtiments de transport se sauvèrent dans la baie de Roses, où ils se crurent à l'abri sous le canon de la place. Mais les Anglais parvinrent à les détruire ou à s'en emparer.

Enfin une escadre détachée de la flotte de l'amiral *Collingwood*, avec seize cents hommes de troupes tirées de la Sicile, sous les ordres du général *Oswald*, réussit, du 1er au 8 octobre, à se mettre en possession des îles de Céphalonie, de Zante, d'Ithaque et de Cerigo, qui font partie des îles Ioniennes.

En 1810, les Français et les Hollandais perdirent les colonies qui leur restaient encore dans les autres parties du monde. Le général *Beckwith* débarqua, vers la fin du mois de janvier 1810, à la Guadeloupe, soutenu par l'amiral *Cochrane*. Le général français *Ernouf*, qui commandait dans cette île, se trouvant « abandonné à ses propres forces, réduites à quelques centaines d'hommes exténués par les maladies, bloqué par toute une escadre, et attaqué par onze mille Anglais, » fut obligé de capituler, le 8 février.

Immédiatement après, le général *Beckwith* détacha le brigadier *Harcourt* et le commodore *Fahie*, leur donnant pour mission de s'emparer des colonies hollandaises de Saint-Eustache et de Saint-Martin. La dernière se rendit à discrétion; la première obtint une capitulation, qui fut signée le 21 février.

Le 17 du même mois, le capitaine *Tucker* s'empara de l'île d'Amboine, principal établissement des Hollandais dans les Moluques. Le gouverneur *Henkelugt* avait résolu de se défendre jusqu'à l'extrémité; mais il fut abandonné par ses troupes. Avec Amboine, les îles de Célèbes, Sapprona, Haronka, Nassa-Lant et Bouw-Manippa, ainsi que sept vaisseaux de guerre et quarante-sept vaisseaux marchands, tombèrent au pouvoir des Anglais; et, le 8 août, le capitaine *Cole* prit possession de Banda.

Enfin la France perdit, cette année, l'Ile de France et l'île Bourbon, qui, jusqu'alors, avaient servi de refuge aux armateurs qui troublaient le commerce des Anglais. Lord *Minto*, gouverneur général des établissements anglais dans les Indes orientales, ordonna cette expédition; un corps de dix-huit cents Européens et d'autant de cipayes ou soldats indiens, parti de Madras, fut renforcé par mille hommes de la garnison de l'île de Rodriguez. Toutes ces troupes, commandées par le lieutenant-colonel *Keating*, se présentèrent, le 6 juillet, devant Saint-Denis, capitale de l'île Bourbon. Le colonel *Sainte-Suzanne*, gouverneur de l'île, se rendit par capitulation, le 7 juillet. Un corps de huit ou dix mille hommes venu en partie du Cap, en partie de l'Indostan, et destiné à la conquête de l'Ile de France, arriva le 21 novembre au lieu du rendez-vous. L'armée était commandée par le général John *Abercrombie*, la flotte par le vice-amiral *Bertie*; elle formait soixante-dix voiles. Le 29 novembre, les troupes débarquèrent. Le 2 décembre, le gouverneur général *Decaen* signa une capitulation, par laquelle la garnison, sans être prisonnière de guerre, fut transportée en France. Cinq frégates tombèrent, par cette capitulation, au pouvoir des Anglais.

La flotte de Toulon, sous le commandement de l'amiral *Allemand*, avait été portée à dix-huit vaisseaux : *Collingwood*, avec vingt-un vaisseaux de ligne et trente-sept frégates, était posté depuis le cap Saint-Sébastien, en Catalogne, jusqu'à Malte. La flotte française fit quelques tentatives pour sortir de sa station : les affaires auxquelles ces manœuvres donnèrent lieu, n'eurent pas des résultats assez marquants pour être rapportés ici.

Il ne restait qu'une conquête à faire aux Anglais, celle de l'île de Java, ayant une superficie de cinq mille sept cent lieues, et habitée aujourd'hui par une population de cinq millions d'âmes, dont trois millions sont les sujets de la Hollande; le surplus est sous la domination de deux souverains qui sont encore indépendants, le *Sousouhounan* ou *sultan de Djocjacarta*, et le *Pandjeran* ou prince de *Souracarta*. Après la réunion de la Hollande à la France, *Napoléon* avait nommé gouverneur de cette île le général *Jansens*, qui résidait à son poste depuis le 20 mai 1811.

Lord *Minto*, gouverneur général des possessions britanniques dans les Indes, envoya une expédition commandée par le général sir Samuel *Auchmuty* et l'amiral *Broughton*, pour s'emparer de cette possession importante. Elle débarqua le 4 août 1811. *Jansens*, prévenu de l'arrivée des Anglais, avait détruit les magasins de Batavia et abandonné cette ville, qui jusque-là n'avait jamais été prise; les Anglais l'occupèrent sans coup férir le 9. Lui-même se retira au fort de Meester-Cornelis. Il s'y défendit jusqu'au 26 août; les Anglais ayant alors enlevé ce fort, *Jansens* se retira, avec quelque cavalerie, seul reste d'une armée de dix mille hommes, à Samarang, et de là sur la route de Solo; mais, le 18 septembre, il fut obligé de signer une capitulation qui devint commune à la petite île de Madura, que les Français avaient occupée.

II. *Événements dans le royaume de Naples.*

En 1806, après que *Masséna* eut complétement soumis les insurgés de la Calabre[1], le royaume qui venait d'être donné à *Joseph Napoléon* paraissait ne devoir plus être le théâtre d'une nouvelle guerre; mais à peine

[1] Voy. t. IX, p. 67.

quelques mois s'étaient écoulés, lorsque le prince de *Hesse*, l'héroïque défenseur de Gaëte, rétabli de ses blessures, vint de nouveau se mesurer avec ceux qui lui avaient arraché cette ville et la victoire. Il débarqua en Calabre à la tête de six mille hommes, qu'il avait réunis en Sicile; le but de son expédition était de reconquérir le royaume; et son armée ne tarda pas à être renforcée par de nombreuses colonnes d'habitants qui s'armèrent pour la cause du roi *Ferdinand*.

Les efforts que faisait encore la cour de Sicile, pour disputer le royaume de Naples aux Français, se liaient avec le système de défense des coalisés; et certes, dans cette circonstance, on ne pouvait lui reprocher de n'avoir pas de motif plausible. *Napoléon*, fortement occupé par la guerre qu'il soutenait avec la Prusse et la Russie, avait été obligé de rappeler *Masséna*, ainsi que la plus grande partie de ses troupes; ce qui laissait les meilleures chances aux ennemis de son pouvoir et de celui de son frère en Italie.

Mais le prince de *Hesse* fut moins heureux cette fois, contre les Français qu'il ne l'avait été dans Gaëte. Le général *Régnier*, brûlant de réparer l'échec qu'avait souffert sa réputation aux rives de Sainte-Euphémie, attaqua l'armée ennemie, le 28 mai, dans la forte position de Melito; il la battit complétement, et le prince de *Hesse* n'eut plus qu'à aller ensevelir sa douleur dans les rochers de la Sicile.

Le château de Scylla occupé par les Anglais, la ville de Reggio, que gardait une garnison sicilienne, ne partagèrent pas la défaite des Siciliens. Ils résistèrent encore longtemps au vainqueur, et ce ne fut qu'en février 1808 que les troupes françaises parvinrent à s'en emparer.

Les Anglais, au reste, n'avaient point voulu, à ce moment, faire d'entreprise importante, parce que leurs troupes stationnées en Sicile s'étaient affaiblies d'un corps expéditionnaire dirigé sur l'Égypte[1].

Pendant que le sang coulait en Calabre pour affermir son pouvoir, *Joseph* était à Naples, continuant de s'occuper de l'organisation de son nouveau royaume, mais bien plus encore d'amours et de plaisirs. Il laissait, en grande partie, le fardeau des affaires publiques à deux de ses ministres qui avaient le plus d'influence sur son esprit : *Salicetti*[2] et *Rœderer*[3]. Néan-

[1] Nous parlerons de cette expédition d'Égypte dans la troisième partie de cet ouvrage.

[2] SALICETTI, ancien conventionnel et commissaire du Directoire en Italie, homme aussi souple qu'ambitieux, était chargé du ministère de la police. Pour se rendre nécessaire, pour captiver les regards d'un souverain, autrefois son collègue, il parut mettre le plus grand zèle à découvrir les piéges, à prévenir les complots des mécontents. La plupart de ces complots étaient imaginaires, ou lui-même les avait provoqués par ses agents. Il faisait ensuite punir avec une excessive sévérité les malheureuses victimes de sa perfidie ; les fréquentes exécutions qui eurent lieu pendant le règne de JOSEPH le firent considérer comme un homme cruel et sanguinaire. Et, en effet, des accusés furent punis pour des crimes dont ils n'étaient pas coupables ; d'autres le furent pour des délits réels, mais avec trop de rigueur. Ces injustices portèrent la désolation, le désespoir dans un grand nombre de familles, qui ne respirèrent plus que la vengeance. Elles jurèrent de punir le machiavélique ministre et eurent recours à un moyen qui rappelle l'ancienne *conspiration des poudres*. SALICETTI, qui savait si bien pénétrer tous les secrets des mécontents, ne connut rien de celui-ci, à la découverte duquel pourtant il était personnellement intéressé. Au milieu de la nuit, une espèce de mine, pratiquée au-dessous de son palais, en fit sauter une partie dans les airs ; il ne périt pas, mais il reçut, ainsi que ses deux filles, des blessures qui mirent leur vie en danger. Voilà toute la vérité sur cet événement, que des historiens ont voulu rattacher à l'entreprise du prince de HESSE.

[3] ROEDERER, qui s'était fait un nom par des talents en littérature et en finances, et qui possédait à la fois de la fermeté, de l'esprit et du goût, fut, de tous les hommes distingués que la France envoya à Naples, celui qui sut se rendre le plus utile à ce royaume. Il proposa des réformes salutaires, des plans d'organisation bien combinés ; mais des réformes, presque générales, blessaient beaucoup d'intérêts ; aussi, quelque talent qu'eût ce ministre, il ne se fit point aimer. D'ailleurs, il était brusque, manquait d'urbanité, mettait de la dureté dans ses

moins l'arrivée de la famille de *Joseph*, les opérations de son gouvernement, tout devait faire croire que le nouveau roi était destiné par son frère à posséder longtemps le trône dont il lui avait fait don. Ce ne fut pas sans surprise que l'on apprit, dans les premiers jours de juin 1808, que *Napoléon* l'appelait à Bayonne, et qu'il voulait ceindre son front d'un autre diadème. *Joseph*, en faisant connaître sa nouvelle destination, par une proclamation du 23 juin, présentait en même temps un acte constitutionnel aux peuples du royaume de Naples, et leur annonçait que son successeur au trône serait *Joachim Murat*, son beau-frère.

En effet, l'arrivée du nouveau roi dans ses États suivit de près une proclamation, datée du 15 juillet, à Bayonne, dont il s'était fait précéder. Le 6 septembre il fit son entrée à Naples.

Ce monarque ne pouvait compter d'illustres aïeux; né dans la plus humble condition, il devait sa fortune à l'hymen qui l'unissait à celle des sœurs de *Napoléon*, dont M. de *Talleyrand* disait « qu'elle avait la tête de *Cromwell* sur le corps d'une jolie femme[1]. »

procédés et dans ses relations avec des hommes qu'il fallait avant tout ménager, afin de les attacher à un gouvernement nouveau. Il s'attira leur haine, et, comme toujours, cette haine rejaillit sur son maître. (Voyez, au reste, ce que disait NAPOLÉON de ROEDERER, lorsque JOSEPH le lui demanda pour ministre des finances, t. X, p. 115.)

[1] Née avec un caractère résolu, un esprit souple et délié, de la grâce, de l'amabilité, séduisante au delà de toute expression, il ne manquait à CAROLINE BONAPARTE que de savoir cacher son amour pour la domination; mais elle voulait régner à quelque prix que ce fût; elle enviait le rôle que jouait admirablement sa sœur ÉLIZA BACCIOCCHI sur le trône de Florence, où elle était entourée d'adulations et d'hommages ne s'adressant qu'à elle seule. De son côté, NAPOLÉON, qui accorda toujours à son beau-frère beaucoup de courage, l'avait mal jugé sous tous les autres rapports; il voulut agir envers lui comme il avait fait à l'égard de LOUIS. Il avait imaginé que le *Garigliano* devait être comme l'*Elbe*, une des artères du grand Empire. Mais le frère et la sœur

Mais, beau de stature, dans la fleur des ans, et brave jusqu'à la témérité; vif, enjoué, sans profondeur dans les idées, il ne désespéra pas de se faire un parti dans la nation. Il était aussi actif que *Joseph* était indolent, aimait le pouvoir par orgueil, la gloire avec passion. Il sentit qu'il fallait signaler, par quelque acte de valeur et d'audace, son avénement au trône, afin de se faire aimer du peuple, redouter des mécontents, et pour imposer aux ennemis de son autorité.

Le golfe de Naples était comme asservi aux Anglais, qui occupaient l'île de Capri, tandis que tout le royaume, hormis les brigands, était soumis à sa puissance. Aussitôt, réunissant autour de lui un corps de troupes françaises et napolitaines, il fait attaquer, le 4 octobre, par le général *Lamarque*, une île qui, par sa situation et une forte garnison, devait faire craindre une longue résistance. Mais sir *Hudson Low*, après de vains efforts pour se défendre, fut obligé, le 16, de demander à capituler.

La cour de Sicile ne pouvait jamais avoir renoncé au trône de Naples. Pour le reconquérir, elle se détermina, en 1809, à de nouvelles tentatives. Une escadre anglo-sicilienne, d'une force considérable, et sous les ordres de sir John *Stuart*, ne tarda pas à se présenter dans le golfe de Naples, et menaça la sécurité dont le nouveau prince s'apprêtait à faire jouir ses États. Après avoir enlevé les îles d'Ischia et de Procida, elle se présenta devant la capitale, où l'autorité craignit, non sans raison, qu'à la vue de ce puissant secours, les Napolitains, excités par les mécontents, ne se

s'étaient trompés dans leurs calculs. MURAT persista et voulut rester roi, et roi indépendant. Nous publierons plus tard une curieuse lettre de CAROLINE BONAPARTE qui prouve ce que nous avançons.

soulevassent encore une fois. Mais en vain le prince *Léopold*, fils puîné du roi légitime, animait par sa présence les marins et les soldats, *Murat* fit des dispositions si heureuses qu'il parvint à détourner l'orage prêt à fondre sur lui. Il fut au reste secondé par les circonstances. En effet, les souvenirs de la sanglante époque de 1799 n'étaient point effacés; les affreux excès de la populace étaient tellement redoutés, que les classes les plus distinguées des citoyens, tous les gens honnêtes, se rallièrent autour de lui. Chacun s'arma pour défendre ses propres foyers.

Au surplus, l'expédition avait un double but : elle était venue pour effectuer un débarquement, ou pour obliger *Murat* à garder près de lui des forces qui, s'il eût joui d'une tranquillité parfaite, seraient allées combattre sous les drapeaux de *Napoléon*. Contente de les avoir rendues nécessaires dans le royaume, ayant réussi à inquiéter le nouveau gouvernement, la flotte partit et quitta des parages qu'elle n'avait troublés que momentanément par sa présence. Mais comme l'expédition en partant des eaux de Melazzo, en Sicile, avait côtoyé le littoral des Calabres, et qu'on accusait les Anglais d'y avoir fomenté des troubles, le général *Stuart* et le vice-amiral *Martin* publièrent la proclamation suivante :

« Si des brigands et des bandits commettent, en différentes parties de la Calabre, et au nom de *Ferdinand IV*, des excès de tout genre, et qu'ils se vantent d'agir au nom et du consentement des Anglais, nous soussignés, commandant les troupes de Sa Majesté Britannique, déclarons que nous retirons toute espèce de protection aux individus qui se rendent coupables de quelque délit que ce soit. Nous requérons et autorisons les magistrats chargés du maintien de la police intérieure, ainsi que les honnêtes habitants de prendre toutes les mesures possibles pour prévenir les désordres et pour maintenir le repos et la tranquillité publique. »

La situation dans laquelle se trouvait *Murat* était certes embarrassante : des ennemis sans cesse renaissants à combattre; les besoins de l'État devenus excessifs et peu de moyens d'y pourvoir; des peuples à ménager pour prévenir les révoltes toujours prêtes à éclater; ce sont là sans doute bien des causes de perplexité; mais rien ne lui donnait plus d'inquiétude que le genre de relations qu'il se voyait obligé d'entretenir avec la France. Tous les États qui avaient embrassé la cause de cette puissance étaient devenus solidaires de sa fortune; en partageant ses succès, ils partageaient ses dangers; ils devaient tous des armées ou des contingents. *Joachim* établit donc une conscription militaire, et s'occupa de former une armée nationale. Dès ce moment, il ne songea plus qu'à dominer sa nouvelle patrie en roi absolu. Il crut qu'il lui suffirait, pour conserver un pouvoir illimité, de combler d'honneurs, de priviléges, de richesses la partie de la nation qu'il avait destinée à porter les armes, et qu'il l'attacherait ainsi à ses intérêts. Soldat lui-même, il crut qu'il ne pourrait régner qu'avec des soldats; qu'il ne devait y avoir qu'un pouvoir dans l'État, le pouvoir militaire. C'était le système d'un autre guerrier plus grand, plus fort que lui, mais dont la puissance colossale devait durer encore moins que la sienne. *Murat*, pour flatter sa jeune armée, la laissa se livrer, à son exemple, à toutes les passions, à tous les excès. Les plaintes se multiplièrent; il n'y avait aucun égard. D'intolérables vexations et des désordres de toute espèce restaient impunis. Cette aveugle condescendance de *Murat* pour ses troupes fut un des plus grands maux de son gouvernement; elle établit dans Naples le despotisme militaire. Aussi l'armée et la Cour étaient comme étrangères à la nation au milieu de laquelle elles vivaient. On les craignait, mais on les haïssait encore plus.

Dès qu'un souverain a des troupes assez nombreuses, il songe aux conquêtes; d'ailleurs il fallait imiter *Napoléon*; il fallait, de gré ou de force, servir son système d'envahissement, l'aider dans ses projets. En 1809, *Murat* voulut donc ou feignit de vouloir conquérir la Sicile. Nous nous exprimons ainsi parce qu'on assure que *Napoléon* avait défendu que l'expédition contre la Sicile fût sérieusement tentée; qu'il était trop jaloux de la gloire de *Murat* pour lui procurer les moyens de faire la conquête importante de cette île : aussi avait-il envoyé pour commander les troupes françaises dans le royaume de Naples le général *Grenier*, avec des instructions pour empêcher, disait-on tout bas, que le roi de Naples ne compromît par sa témérité les troupes françaises qui lui étaient confiées.

Toutes les troupes s'étaient réunies dans la Calabre ultérieure, les unes par la voie de la mer, les autres par celle de terre. *Murat* se trouva bientôt avec quarante mille hommes, tant Français ou Corses que Napolitains, sur les hauteurs qui dominent le château de Scylla; de l'autre côté le général *Stuart*, ayant sous ses ordres dix-sept mille Anglais et vingt mille hommes de milices siciliennes, étendait sa ligne depuis Messine jusqu'à la pointe du Faro.

En menaçant la Sicile on avait d'ailleurs un but réel, on voulait forcer les Anglais à abandonner les projets qu'ils avaient sur l'île de Corfou; en 1810, ce but ayant paru atteint, la levée du camp du Piale et le retour du Roi à Naples furent donc arrêtés. Mais pour calmer en partie la mauvaise humeur de *Murat*, qui aurait voulu absolument tenter l'expédition, il fut convenu entre lui et le général *Grenier* qu'avant la dislocation de l'armée dans ses cantonnements, on ferait, de nuit, un simulacre de descente en Sicile; ce qui d'ailleurs pourrait fournir, pour des projets ultérieurs qu'avait *Napoléon*, des données certaines sur le temps nécessaire pour embarquer un corps d'armée et pour corriger mille incidents qui pourraient survenir dans une opération pareille, exécutée pendant une nuit obscure.

Sur le littoral étaient toutes les embarcations destinées à transporter les trois divisions françaises, commandées par les généraux *Partouneaux*, *Lamarque* et *Pactod*, postées sur les hauteurs. La division napolitaine, sous les ordres du général *Cavaignac*, occupait Reggio et son littoral, et se trouvait éloignée de l'armée française de huit à neuf milles. Les généraux reçurent l'ordre que, le jour désigné, toutes les troupes fussent rendues au bord de la mer, embarquées et prêtes à mettre à la voile, à un signal convenu qui leur serait donné du camp royal du Piale.

Mais la division *Cavaignac*, qui se trouvait éloignée du centre des opérations, et qui était sans doute destinée à faire une attaque diversive, reçut des instructions particulières. On ordonna au général *Cavaignac* d'être embarqué à dix heures du soir, et de se porter avec sa division sur la plage opposée, entre la Scaletta et Messine; on lui recommanda surtout d'*être très-attentif aux signaux* qu'on lui ferait de la tour du camp du Piale, et que s'il apercevait le feu de plusieurs fusées, il devrait arrêter sa marche et rentrer à Pentinala, lieu d'embarquement, parce qu'alors le signal signifiait que l'armée n'avait point mis à la voile, et qu'il devait attendre, après être rentré à Reggio, de nouveaux ordres.

La nuit du 17 au 18 septembre, toute l'armée était embarquée avant deux heures du matin; le Roi et son état-major étaient à bord de la gondole royale; tout le monde croyait à l'expédition et n'attendait que le dernier signal (tant le secret avait été bien gardé); les chefs seuls savaient que tous ces préparatifs annonçaient un *départ* et non une *expédition*.

Mais, par une cruelle fatalité, on oublia de faire au général *Cavaignac* les signaux convenus. L'officier général qui en était chargé s'était, disait-on, endormi. L'armée française ne bougea pas, resta dans ses embarcations jusqu'au jour, et la malheureuse division napolitaine débarqua seule en Sicile! Elle y fut massacrée. Telle est la solution d'une énigme qui était longtemps restée inexplicable. Jusque-là, on avait attribué aux vents contraires l'inaction de la flotte napolitaine.

En 1811, lord William *Bentinck* opéra en Sicile, où les Anglais dominaient, sous les yeux mêmes de la cour de Palerme, une révolution qui obligea la reine *Marie-Caroline* d'Autriche à quitter ses États[1]. Jusqu'à

[1] Douée d'un indomptable courage, l'auguste fille de MARIE-THÉRÈSE avait pendant plusieurs années résisté seule au pouvoir absolu que les Anglais exerçaient en Sicile. Elle fut enfin accusée d'entretenir une correspondance mystérieuse avec NAPOLÉON, et d'avoir ourdi un complot pour livrer cette île. Il lui fallut donc s'en éloigner. En quittant la Sicile, elle s'était d'abord rendue à Corfou, accompagnée de l'un de ses fils, le prince LÉOPOLD, duc de Salerne (père de Mme la duchesse d'AUMALE) alors très-jeune, et d'une suite nombreuse, puis elle s'était embarquée pour Constantinople. Le sultan MAHMOUD l'y reçut avec tous les honneurs dus à une tête couronnée, et la première fois peut-être on vit une reine chrétienne assister aux fêtes du Baïram. S'étant dirigée ensuite sur Odessa, la Reine y fut reçue à son débarquement par le duc de RICHELIEU, qui s'empressa d'envoyer demander à Saint-Pétersbourg

ce moment deux partis divisaient la Cour; à la tête du premier se trouvait la Reine, le second était dirigé par

les ordres de la Cour relativement au passage de MARIE-CAROLINE à travers la Russie. L'empereur ALEXANDRE n'étant point alors dans sa capitale, il ne pouvait déployer pour cette reine fugitive tous les enchantements, toutes les grâces de la brillante hospitalité dont la tradition s'est perpétuée depuis CATHERINE dans les contrées qui gardaient encore l'empreinte si récente de sa magnificence et de sa grandeur. En l'absence du souverain, le Conseil pris au dépourvu dut se borner à envoyer les ordres nécessaires pour protéger le voyage de la *reine de Sicile*, car tel était son titre officiel. JOACHIM MURAT, reconnu de l'Europe entière, s'appelait toujours *roi de Naples*. MARIE-CAROLINE traversa donc les provinces polonaises pour se rendre à Vienne, où elle arriva lorsque s'accomplissaient les grands événements qui rétablirent l'ordre en Europe. Elle n'eut cependant pas le bonheur de rentrer triomphante dans ses États. La mort vint la surprendre avant que le Congrès eût prononcé sur le sort de MURAT.

Aucune souveraine n'a été plus attaquée que la reine de Naples: « N'ai-je pas été, disait elle-même cette princesse, abreuvée par la calomnie ardente, incessante, infatigable?... On m'a fait passer pour cruelle, moi qui ai sauvé des centaines d'ingrats!... On m'a fait passer pour ambitieuse. Oh! oui, je le suis, si c'est être ambitieuse que de défendre la couronne qu'on a reçue de Dieu.... La réaction de 1799 est, dit-on, mon ouvrage. Je repousse cette accusation, je désavoue ce qui s'est passé alors; je n'étais pas même à Naples, j'étais à Vienne avec mes filles. Au reste, si nous étions tombés aux mains de ces gens-là, comment nous auraient-ils traités? » Réflexion bien permise à la sœur de l'infortunée reine *Marie-Antoinette!*

Mais ce n'est pas MARIE-CAROLINE seule qui protestait contre de pareilles accusations. Un des hommes les plus libéraux de l'Italie, CAPÈCE-LATRO, archevêque de Tarente, qui cependant avait eu à se plaindre de son gouvernement, puisqu'il avait été emprisonné longtemps au *Castel Nuovo*, par l'ordre du roi FERDINAND; CAPÈCE-LATRO regardait la Reine comme étrangère à la réaction de 1799, et ne l'attribuait qu'aux ministres.

Voici, au reste, le portrait remarquable qu'en 1813 il a tracé de la princesse: « Jamais, dit-il, une Reine ne fut plus accessible, jamais princesse n'eut, comme elle, pour tout homme distingué, de quelque pays, de quelque rang, de quelque profession qu'il fût, l'affabilité de la vraie grandeur, et même l'intérêt de la curiosité. La voit-on, on n'oublie plus ce visage à la fois noble et doux, ce regard plein de feu et de grâce, cette physionomie si prodigieusement mobile, qu'à chaque instant, suivant la situation, les personnes, la conversation, les pensées, elle change d'expression et de nuance; cette majesté, qui ne consiste, ni lord *Bentinck*. Le général *Acton*, pendant sa vie, avait su maintenir la bonne intelligence entre sa protectrice et ses compatriotes; mais à la mort de ce ministre une lutte ouverte éclata, et les barons siciliens se déclarèrent pour les Anglais. Quatre d'entre eux furent arrêtés, le 19 juillet 1811, par ordre du Roi, comme fauteurs de sédition et perturbateurs du repos public, et déportés dans des îles. Les barons, au nombre de cinquante-deux, réclamèrent la protection des Anglais contre la violation de leurs prérogatives dont ils accusaient la Cour. Celle-ci exigea que les troupes britanniques évacuassent l'île, où elle croyait pouvoir se maintenir contre les projets de *Murat*, et contre les mécontentements des barons, à l'aide des troupes napolitaines qu'on avait formées.

Ce fut dans cette crise que le général *Bentink* fit arrêter, le 3 décembre 1811, quinze individus accusés d'avoir formé un complot pour trahir la Sicile et

dans une attitude d'apprêt, ni dans l'habitude d'un grand rôle, ni dans un extérieur de magnificence, mais qui, avec le maintien le plus simple, malgré un costume quelquefois négligé, vient toute de son âme, de son caractère, et sans doute aussi de ce prestige de beauté, qui, comme une vapeur divine, est répandu sur sa personne et l'environne tout entière.

« Sa conversation consiste souvent en questions, telle est inévitablement celle de tous les Rois, puisque le respect qu'on a pour eux les condamne toujours à l'embarras de parler les premiers ou à l'ennui du silence. Mais ces questions ne sont jamais ni vides ni oiseuses, et quand elle entre dans un sujet, elle donne au dialogue ce mouvement et cette liberté qui sont les ressorts de la discussion et les moyens de l'analyse. Jamais elle ne cherche à mettre mal à l'aise par l'ascendant du trône; mais peut-être abuse-t-elle quelquefois de celui de son esprit, sorte de domination qui n'est guère moins impérieuse.

« Elle ne cessera de régner et d'être capable de régner qu'en cessant de vivre. On a cherché dans sa vie quelques déréglements, dans son administration quelques fautes, dans son caractère quelques taches. Mais ces détails se perdent dans l'ensemble, et ce n'est qu'en grand qu'il faut juger les grands. N'est-ce pas ainsi, peut-être, qu'il existe des contradictions et des dissonances nécessaires dans les plus réguliers et les plus harmonieux ouvrages de la nature? »

l'armée anglaise. Ce coup d'autorité abattit le parti de la Cour, et *Ferdinand IV* signa, le 16 janvier 1812, un acte par lequel il déclara que, le dépérissement de sa santé l'obligeant de quitter pour quelque temps le maniement des affaires, il instituait son grand vicaire, son fils aîné, *François-Janvier-Joseph*. Le nouveau régent nomma lord *Bentinck* généralissime des troupes siciliennes. Un Parlement, qui fut assemblé le 1er juillet 1812, décréta une nouvelle Constitution modelée sur celle de la Grande-Bretagne.

III. *Événements en Espagne et en Portugal.*

(1809) Quoique la lutte dans la Péninsule n'eût jamais été interrompue, elle ne fut en pleine activité que lorsque la paix de Schœnbrunn, ayant rendu à *Napoléon* la disposition de toutes les forces de la France, lui permit de menacer l'Espagne et le Portugal sur tous les points. La jonction des peuples de ces contrées avec l'armée anglaise, que devait bientôt commander sir Arthur *Wellesley*, rendait la balance égale, bien que le défaut d'harmonie semât la route d'obstacles, dont il fut aussi glorieux au héros britannique de triompher que de la puissance de l'ennemi [1].

Pour *Napoléon*, énivré de sa grandeur, il dédaigna

[1] Un corps et une volonté de fer éprouvés par la guerre de partisans dans l'Inde, et qui lui ont valu le surnom de *Iron duke;* une intelligence des affaires capable de lutter contre les intrigues asiatiques et espagnoles, telles étaient les qualités qu'on avait déjà pu reconnaître dans sir ARTHUR, et qui lui faisaient dire avec cette foi en lui-même qu'il possède toujours : « Ils m'appellent par dérision un *général indien,* mais c'est précisément parce que je suis un général indien que j'ai chance de réussir en Espagne. » Il ne faut pas laisser échapper cette occasion de rappeler qu'il fut puissamment secondé dans la partie militaire par les généraux HILL et BERESFORD, dans la partie diplomatique, par sir Charles STUART, depuis lord STUART ROTHSAY, et par ses frères Richard et Henry WELLESLEY. (Lord COWLEY.)

de retourner en Espagne après Wagram; il négligea une expédition qui lui parut secondaire, il perdit même de vue les règles qu'il avait consacrées par tant d'immortels exemples : l'unité des armées, de but, de commandement. Ce fut un malheur pour les Français, car leur situation dans la Péninsule devint de jour en jour plus désastreuse. Mais tel était l'inconvénient fatal de l'excessive complication de mouvements, de projets et de difficultés dont *Napoléon* était devenu le centre, que partout où il n'était pas, tout périclitait.

Nous avons conduit les opérations jusqu'à la catastrophe[1] qui coûta la vie au vaillant *Moore*, et qui fut précédée de peu de jours de l'alliance intime entre les Espagnols et la Grande-Bretagne.

Immédiatement après la bataille de Tudela (23 novembre 1808), l'aile gauche de l'armée française, commandée par le maréchal *Lannes*, avait marché sur Saragosse. Elle fut ensuite renforcée par le corps du maréchal *Mortier*, et portée ainsi à soixante mille hommes. Cette armée reçut l'ordre de soumettre l'Aragon; cet Aragon que nous avons vu naguère appelé aux armes par la fameuse adresse de *Palafox* à *Napoléon*[2].

La volonté de résister aux armes françaises ne se manifesta nulle part avec plus d'énergie qu'à Saragosse. Le premier siége que cette ville a soutenu fut opiniâtre[3], le second est sans exemple dans l'histoire, et nous lui devons une mention particulière.

Les opérations furent commencées par le maréchal *Moncey*, qui remplaçait le duc de *Montebello*, éloigné de l'armée pour cause de maladie. L'impossibilité

[1] Voy. t. XI, p. 314.
[2] *Ibid.*, p. 213.
[3] *Ibid.*, p. 238.

d'enlever la ville ayant tout d'abord été reconnue, on ouvrit la tranchée dans la nuit du 29 au 30 décembre 1808[1].

Saragosse, où *Palafox* commandait en dictateur, était alors peuplé de cinquante à soixante mille âmes. L'Èbre le sépare d'un faubourg qui communique avec lui par un pont de pierre. Un mur d'enceinte, une mauvaise citadelle, des rues étroites et sinueuses étaient ses moyens matériels de défense. Mais de tant de cités où les vieux souvenirs sont encore vivants, c'était celle où les traditions de l'antique honneur national et des anciennes libertés avaient conservé le plus d'empire. C'était celle où l'insurrection s'était le plus fortement organisée, et les succès obtenus lors de la première attaque avaient exalté les cœurs jusqu'à l'héroïsme.

Trente mille hommes en état de porter les armes s'étaient renfermés dans la place; les Anglais les avaient abondamment approvisionnés, et durant l'intervalle entre les deux siéges, on avait élevé des batteries, des retranchements, des redoutes; on avait muré les rez-de-chaussée; percé de meurtrières les autres étages; on avait ménagé des communications entre les maisons.

[1] Deux corps d'armée, le troisième et le cinquième, furent destinés pour faire le siége de Saragosse. Le troisième était spécialement chargé des travaux du siége; il était composé des trois divisions GRANJEAN, MUSNIER et MORLOT, de la brigade de cavalerie WATTIER, de sept compagnies d'artillerie; en tout trois mille hommes.

Le cinquième corps composé, des divisions SUCHET et GAZAN, au total vingt-quatre mille hommes, devait couvrir le siége et fermer une partie de l'investissement.

PALAFOX avait sous ses ordres dans la place trois officiers généraux, douze brigadiers, un colonel du génie, don Juan SAN GENIS, douze cent quarante officiers, et trente et un mille cent quatre-vingt et un hommes; au total trente-deux mille quatre cent trente hommes, dont deux mille de cavalerie et huit cents du génie.

Le maréchal *Moncey* fut remplacé, le 29 décembre, par le duc d'*Abrantès*, qui poussa les tranchées jusqu'au mur que baigne l'Èbre, les étendit ensuite le long de l'enceinte, et dressa les batteries de brèche qui ouvrirent leur feu, tandis que les mortiers couvraient la ville d'une grêle de bombes. Les habitants se réfugièrent dans les souterrains, où une horrible contagion les atteignit.

Sur ces entrefaites, le duc de *Montebello* reprit le commandement, et dès le 27 janvier ordonna l'assaut. On pénétra dans la ville; mais rien n'était fait : un feu terrible, partant de tous les édifices, arrêta les vainqueurs. Il fallut disputer chaque maison, chaque étage, chaque chambre; il fallait, à l'aide de la mine, ouvrir un chemin à travers les décombres. Le duc de *Montebello* recula devant cette lutte meurtrière; il reporta l'attaque sur d'autres points, il enleva le faubourg, et, maître de la rive gauche, il mit en batterie cinquante pièces qui commencèrent à détruire les maisons de la rive droite, où l'on gagnait en même temps du terrain par les premières brèches. On se mit ainsi en possession du quart de la ville[1]. Enfin, le 20 février, la Junte, entre les mains de laquelle *Palafox*, malade de la fièvre, venait de déposer son autorité, reconnut qu'il n'y avait plus de résistance possible. Les défenseurs manquaient de poudre et de tous les objets de première nécessité; ils étaient réduits à huit mille deux cents, exténués de fatigue et de misère; dix mille étaient dans les hôpitaux; ainsi la moitié de la garnison avait péri. Cependant l'esprit populaire tenait encore la Junte en suspens, et elle ne demanda

[1] L'artillerie avait tiré contre la place trente-deux mille sept cents boulets, bombes ou obus, et consommé soixante-neuf mille trois cent vingt-cinq kilogrammes de poudre, sans y comprendre neuf mille cinq cents kilogrammes employés pour les mines.

d'abord qu'un armistice de vingt-quatre heures pour traiter des termes d'une capitulation.

Le duc de *Montebello* lui signifia de se rendre sous deux heures à son quartier général, et que, passé ce temps, il n'écouterait plus aucune proposition. La Junte se soumit, et le lendemain, 21 février, à midi, la garnison sortit par la porte del Portillo.

D'après les recensements, il périt à Saragosse, pendant les soixante-deux jours que dura le siége, cinquante-trois mille huit cent soixante-treize individus, dont la moitié de paysans réfugiés. La perte des Français fut évaluée à huit mille hommes.

La sublime constance de Saragosse frappa d'admiration tout le peuple espagnol, et les Juntes ne renoncèrent pas à disputer aux Français leur sanglante conquête. Aussi, que de faits mémorables et d'actions brillantes à inscrire dans l'histoire des guerres de la Péninsule ! Mais ce n'est pas à nous qu'il appartient de les recueillir[1]; le cadre de notre ouvrage nous permet à peine de citer les événements qui ont amené d'importants résultats.

Les escadres britanniques n'avaient plus de point de contact avec la Catalogne, ni avec la Galice. Les Français résolurent de leur enlever le littoral du Portugal, et de faire perdre terre au reste des armées qui avaient obligé le duc d'*Abrantès* à capituler.

Le duc de *Dalmatie* entra au mois de mars en Portugal avec vingt-cinq mille hommes; il était devant Porto, et le 29 il enlevait le camp retranché qui couvrait cette ville. Le vainqueur s'apprêtait à marcher contre Lisbonne, lorsque ses progrès furent arrêtés

[1] Tous ces beaux faits d'armes ont été consignés dans un grand nombre d'ouvrages, dont notre *bibliographie diplomatique* renferme l'indication détaillée.

par sir Arthur *Wellesley*, qui était venu, le 22 avril, prendre le commandement de l'armée anglaise, à laquelle il amena des renforts considérables. Le maréchal, assailli sur tous les points, fut obligé d'ordonner la retraite. Elle fut un chef-d'œuvre d'habileté et d'énergie, et, le 18 mai, l'armée arriva sous les murs de Lugo, où elle prit enfin quelque repos.

Joseph Napoléon régnait de nouveau à Madrid depuis le 22 janvier 1809. Mais l'Andalousie était encore au pouvoir des insurgés. Le duc de *Bellune* fut envoyé pour soumettre cette province. Il remporta, le 28 mars, une victoire décisive à Medellin sur *Cuesta*, qui commandait au nom de *Ferdinand VII*. *Blake*, qui était à la tête des armées d'Aragon et de Valence, fit une tentative infructueuse pour reprendre Saragosse. Deux jours de suite, il livra bataille à *Suchet* près de Belchite; le troisième jour, 18 juin, il voulut renouveler le combat; mais il fut complétement défait, et *Suchet* resta maître de l'Aragon.

On a fait une remarque qui prouve la noblesse du caractère espagnol; c'est que le malheur même relève le courage de cette nation. Après la défaite de Medellin, l'armée de *Cuesta* fut promptement portée à trente-huit mille hommes : ce général se mit en contact avec *Wellesley*. L'armée de celui-ci, composée d'Anglais, de Portugais et d'Espagnols, se montait à soixante mille combattants. Il feignit de vouloir marcher sur Madrid. *Joseph Napoléon* alla à sa rencontre; sous lui, les maréchaux *Jourdan* et *Victor* commandaient l'armée française, ou plutôt ils la dirigeaient seuls, en laissant à *Joseph* l'honneur du commandement. Une grande et sanglante bataille fut livrée, les 27 et 28 juillet, près de Talavera de la Reyna, au confluent de l'Alberche et du Tage. D'après le rapport officiel de *Wellesley*, les Français se retirèrent le long de l'Alberche, en abandonnant vingt canons et dix mille morts, et la perte des Anglais se monta à cinq mille trois cent soixante-sept hommes, y compris les blessés. Le lendemain de la bataille, sir *Arthur* écrivit à M. *Frère*, ambassadeur anglais près la Junte suprême, pour se louer de l'assistance qu'il avait reçue des Espagnols, qui, eux, perdirent mille hommes. Le rapport officiel du maréchal *Jourdan* annonce qu'après un combat opiniâtre, les Anglais furent dépostés des hauteurs de Talavera, et que l'armée française resta maîtresse du champ de bataille. Mais ce rapport est daté des environs de Tolède, à vingt lieues en arrière du champ de bataille, sans qu'il soit dit pourquoi on n'a pas suivi l'ennemi battu.

Quoi qu'il en soit, les hommes de guerre regardent la journée de Talavera comme faisant le plus grand honneur au génie militaire et à la présence d'esprit du général *Wellesley*, et à la discipline de ses troupes. Cette bataille valut à sir *Arthur* la pairie et le titre de vicomte *Wellington de Talavera*, nom sous lequel il a été connu depuis. C'est du dernier nom que nous l'appellerons dorénavant. Il est hors de doute qu'il a été vainqueur le 28 juillet, mais sa victoire n'a pas été assez décisive pour avoir de grands résultats, et le défaut de vivres, ainsi que l'approche des corps de *Soult*, *Ney* et *Mortier*, venant du nord, le força à se replier sur Badajoz. Il fut même obligé d'abandonner ses blessés à Talavera, fait constaté par une lettre qu'il adressa au maréchal *Mortier*, pour les recommander à son humanité.

Pendant que *Wellington* marchait sur Madrid, suivant la ligne du Tage, l'armée espagnole de la Manche, commandée par *Venegas*, s'approchait de cette ville par une autre route. Elle n'était plus qu'à quatre lieues de la capitale, lorsqu'elle apprit la nouvelle de la retraite des Anglais. Elle effectua la sienne jusqu'à Almonacid, où *Venegas* se décida à livrer bataille. *Sébastiani* le rencontra le premier, et, le 11 août, l'attaqua avec impétuosité. Les Espagnols montrèrent d'abord autant de valeur que de fermeté; mais à mesure que les réserves se déployèrent, ils cédèrent le terrain et se retirèrent en déroute jusqu'à la Sierra-Morena, après avoir perdu cinq mille cinq cents hommes.

C'est ainsi que se termina la première excursion de *Wellington* en Espagne. Malgré l'échec de Talavera, l'habile concentration des corps français disloqua les armées combinées.

Le général anglais n'approuvant pas d'ailleurs les plans de la Junte centrale, et n'en recevant pas pour ses troupes les secours qu'il demandait, résolut de cesser de coopérer à aucune entreprise militaire avec les armées espagnoles. Il établit son quartier général à Badajoz, et lorsqu'il apprit l'armistice de Znaïm, il donna aux ingénieurs de son armée une instruction sur le choix de la position de Torrès-Vedras, devenue si célèbre, et qui, dit-on, se trouvait indiquée sur une carte des environs de Lisbonne, dressée, en 1799, par ordre de sir Charles *Stuart*.

Le 20 septembre 1809, la Junte suprême déclara la guerre au Danemark. Les motifs de cette déclaration furent la conduite que la cour de Copenhague avait observée dans l'affaire de *la Romaña* [1] et son refus de recevoir un ministre de *Ferdinand VII*. La Junte commença les hostilités en s'emparant de quelques navires danois qui se trouvaient dans le port d'Alicante.

[1] Voy. t. XI, p. 245.

La résolution qu'avait prise *Wellington* fut loin de décourager les Espagnols. Ils continuèrent leurs opérations avec vigueur, et dès le 25 octobre, après le combat de Tamamès du 18, le duc *del Parque* s'était rendu maître de Salamanque.

Au commencement de novembre, la Junte centrale était parvenue à rassembler dans la Manche une armée de cinquante-deux mille hommes. Les soldats étaient parfaitement armés et disciplinés; l'artillerie servait cinquante-cinq bouches à feu. Malheureusement, on avait confié le commandement en chef au général *Areizaga*, qui n'avait ni l'expérience ni les talents qu'exigeait un commandement aussi important.

L'armée reçut l'ordre de marcher sur Madrid. Flanquée par l'armée d'Estrémadure, sous le duc d'*Albuquerque*, secondée par le mouvement de *del Parque*, elle fit irruption dans les plaines de la Manche par les chemins de Tolède et d'Aranjuez. Les postes français se replièrent jusqu'au Tage, et l'armée espagnole se réunit à Ocaña.

Cependant le duc de *Dalmatie*, qui avait remplacé *Jourdan* comme major général, et qui, en cette qualité, commandait en chef, prit de promptes et décisives mesures. Il ne laissa dans l'Estrémadure que le deuxième corps; il concentra sur Aranjuez le duc de *Bellune*, le duc de *Trévise*, les réserves (quarante-huit mille hommes), puis, opposant le duc de *Bellune* (quatorze mille hommes) aux troupes qui s'étaient déjà transportées sur la rive droite du Tage, il déborda sur l'autre rive, à la tête de trente-quatre mille hommes.

Areizaga, à son tour, battit en retraite jusqu'à Ocaña. Le 19 novembre, le duc de *Dalmatie* courut au combat, qui ne fut ni long ni douteux. Son adversaire ne profita ni du nombre, ni du terrain : sa cavalerie était placée en seconde ligne, de manière à ne pouvoir se déployer, et, comme s'il n'eût aucune mesure à prendre pendant l'action, « il monta au clocher de la ville et se réduisit au rôle de spectateur. » Le duc de *Trévise* avait d'abord essayé vainement de tourner la droite de l'ennemi, lorsque le général de *Sénarmont*, donnant à Ocaña un nouvel exemple, comme il avait fait à Friedland, de l'emploi d'un grand nombre de bouches à feu contre un point de la ligne ennemie, arriva avec trente pièces d'artillerie sur le bord des ravins qu'il fallait franchir. L'artillerie espagnole, qui ne pouvait opposer un feu égal, fut éteinte; alors la division qui avait échoué en voulant tourner la droite de l'ennemi, revint à l'assaut, enleva les hauteurs, et l'armée espagnole, privée d'ailleurs des ordres de son général, lâcha pied, après avoir perdu cinq mille hommes tués sur le champ de bataille, et abandonnant artillerie, drapeaux, bagages, et trente mille prisonniers.

La bataille d'Ocaña fut la dernière bataille rangée que livrèrent les Espagnols. Les mêmes fautes qui avaient jusque-là fait échouer les plans de la Junte s'étaient encore reproduites. Il manquait toujours à cette assemblée le pouvoir dictatorial qui seul pouvait l'élever au-dessus des intrigues et des rivalités. Plusieurs de ses généraux, comme ceux des anciennes Cours, étaient des favoris dont l'inexpérience rendit inutiles le courage et l'enthousiasme patriotique du soldat. Ce ne fut que dans la défense des places et dans les expéditions des guerrilleros que le caractère national eut le champ libre, et que le premier titre au commandement fut une supériorité de talents et de valeur.

L'année se termina par la prise de Girone, le boulevard de la Catalogne. La défense de cette place, où commandait don Mariano *Alvarez*, est la plus remarquable que les Espagnols aient faite à cette époque. Après avoir soutenu un siége de cent quatre jours de tranchée, Girone prolongea encore sa résistance de quatre-vingts jours. Elle ne céda qu'à la famine; ni les brèches, ni les assauts, ni l'incendie des maisons, n'ébranlèrent la constance de ses défenseurs. Enfin, l'armée active, commandée par *Blake*, ayant vainement tenté de leur porter secours, ils capitulèrent le 10 décembre, après avoir épuisé leurs derniers approvisionnements, leurs dernières munitions. La garnison fut prisonnière de guerre. Elle comptait encore quatre mille cent soixante hommes; ces malheureux ressemblaient à des spectres, et la ville elle-même présentait un horrible tableau. Sous ce monceau de cadavres et de ruines, triste monument d'un héroïsme malheureux, avaient péri près de dix mille habitants ou paysans, et cinq mille deux cent onze hommes de la garnison, parmi lesquels un grand nombre d'officiers.

« Dans peu de jours, avait dit *Napoléon* le 25 octobre 1808 au Corps législatif, je planterai mes aigles sur les tours de Lisbonne. » Ce fut la première fois que lui manquait une semblable prophétie. Le royaume de Portugal reçut, en 1809, une organisation vigoureuse. Un décret du prince régent, du 11 décembre 1808, ordonne à tous les Portugais de quinze à soixante ans de prendre les armes. Tout individu refusant de marcher doit être fusillé; on doit mettre le feu à tout village qui ne ferait pas à l'ennemi toute la résistance possible. Vingt-quatre régiments portugais furent pris à la solde de l'Angleterre. Le général *Beresford* qui, avant l'arrivée de *Wellesley*, commandait le corps anglais en Portugal, fut nommé, par le prince régent, feld-maréchal de toutes les troupes portugaises. Il publia à cette occasion un ordre du jour que nous insérons comme un monument historique destiné à faire connaître les moyens que les Anglais employèrent pour créer l'armée portugaise, et pour lui inspirer cette valeur et cette discipline qui l'ont placée parmi les meilleures troupes de l'Europe.

« S. A. R. le prince régent du Portugal ayant confié au feld-maréchal *Beresford* le commandement en chef de ses troupes, le feld-maréchal, en se chargeant de ce commandement, croit de son devoir de faire connaître ses sentiments à ses camarades d'armes.

« Pendant le temps que le feld-maréchal commandant en chef a servi dans l'armée que Sa Majesté Britannique avait envoyée au secours des Portugais, il a eu le temps de connaître parfaitement le caractère de cette nation ; et il croit avoir donné, en acceptant le commandement, une preuve évidente de la haute estime que ce caractère lui a inspirée. Il déclare avec franchise que le commandement en chef de l'armée portugaise ne pouvait être confié à un officier aussi sincèrement convaincu qu'il l'est des talents militaires et des qualités des Portugais, auxquels il ne manque que l'expérience et une bonne direction de leurs efforts valeureux pour faire voir qu'ils sont encore ce qu'ils ont toujours été, sinon les meilleurs de tous les soldats, néanmoins égaux aux troupes les plus braves et les plus belliqueuses. Le feld-maréchal commandant en chef s'efforcera de donner à l'essor de ces qualités, par une discipline exacte et bien dirigée, tout l'effet possible. On reconnaît généralement que les Portugais montrent une soumission entière aux autorités légales, et qu'ils supportent sans murmurer les privations et les incommodités auxquelles des armées sont si fréquemment obligées de se soumettre. Portugais ! aucune nation n'est plus propre que vous à fournir des soldats distingués. Le feld-maréchal commandant en chef, pleinement convaincu de cette vérité, se réjouit beaucoup de ses liaisons intimes avec votre nation. Officier portugais, il confie aux Portugais son caractère et son honneur, bien sûr que l'un et l'autre seront conservés sans tache. Le feld-maréchal commandant en chef croit nécessaire de donner l'assurance qu'il regardera toujours comme son premier devoir de reconnaître et de récompenser le mérite partout où il le rencontrera, et que les seules recommandations auxquelles il aura égard seront l'activité, l'expérience, la bravoure et le patriotisme : ces qualités trouveront toujours en lui un vrai et zélé protecteur. Le feld-maréchal commandant en chef recommande à l'attention de tous les généraux et des officiers l'ordre actuel et les améliorations qu'il éprouvera, bien convaincu que la meilleure méthode pour introduire une bonne discipline et pour faire exactement observer tous les devoirs militaires consiste dans l'exemple que les officiers donnent à leurs subalternes ; il nourrit l'espérance qu'ils donneront toujours à leurs soldats une instruction si nécessaire et si importante. Le feld-maréchal commandant en chef sent le besoin de saisir la première occasion pour faire passer la revue aux différents corps qui sont déjà en campagne, ainsi qu'au reste de l'armée : il saisira avec empressement chaque occasion d'accroître la satisfaction, le lustre et le bien-être des officiers et des soldats confiés à sa sollicitude.

« Donné au quartier général de Lisbonne, le 13 mars 1809. »

Peu de jours après la publication de cette proclamation, le 25 mars, le général portugais *Sylveira* prit Chavès, où se trouvait une garnison ennemie de dix mille hommes.

En 1809, le Portugal obtint de l'Angleterre un subside de six cent mille livres sterling[1]. Son armée fut portée à quarante mille hommes; et, pour donner plus d'énergie au gouvernement, un décret, daté du 6 juillet, réduisit la régence à trois membres; savoir : le patriarche de Lisbonne, le marquis *das Minas* et le marquis de *Monteiro-Mor*. *Wellington* fut nommé feld-maréchal général de toutes les forces portugaises, ayant sous lui *Beresford* comme commandant en chef l'armée de terre. La régence eut ordre de ne faire aucune disposition relative à l'armée et à la défense du pays, sans l'avis et le consentement de *Wellington*.

La liaison entre la Grande-Bretagne et le Portugal devint plus intime encore en 1810. Le 19 février 1810 il fut conclu, dans la ville de Rio-Janeiro, entre lord *Parky Chaton Sidney*, vicomte de *Strangford*, ministre de la Grande-Bretagne, et dom Rodrigues de *Souza Cotinho*, comte de *Linharès*, ministre des Affaires Étrangères du prince régent de Portugal, un traité d'amitié et d'alliance, motivé, d'après le préambule, sur le sentiment des avantages qu'ont procurés aux deux couronnes la parfaite harmonie et l'amitié qui ont subsisté entre elles, depuis quatre siècles, d'une manière si honorable pour la modération et la justice des deux parties. Le prince régent déclare, dans ce même préambule, qu'il est fermement attaché à la cause de la Grande-Bretagne, autant par ses propres

[1] La convention conclue pour ce subside, le 21 avril 1809, n'est connue que pour être citée dans le traité de Vienne, du 22 janvier 1815, dont il sera question plus tard.

principes que par l'exemple de ses augustes ancêtres; il reconnaît qu'il a continuellement reçu du roi de la Grande-Bretagne l'assistance et les secours les plus désintéressés, tant en Portugal que dans ses autres États[1].

Par l'*article* 1, les deux parties arrêtent une amitié ferme, perpétuelle et inaltérable, une alliance défensive, une union étroite et inviolable; le tout conformément aux traités existants qui sont renouvelés.

En conséquence elles promettent, par l'*article* 2, d'agir de concert pour le maintien de la paix, et, en cas que l'une d'elles soit menacée d'une attaque, de prendre les moyens les plus efficaces pour prévenir les hostilités.

« Conformément à cette déclaration, dit l'*article* 3, Sa Majesté Britannique consent à renouveler et à confirmer, et par ces présentes renouvelle et confirme à Son Altesse Royale le prince régent de Portugal l'engagement contenu dans l'*article* 6 de la convention signée à Londres, le 22 octobre 1807, par les plénipotentiaires respectifs; lequel article est pour cet effet ci-joint, en omettant cependant ces mots : *peu de temps avant son départ pour le Brésil*, lesquels suivent immédiatement ceux-ci : *que Son Altesse Royale pourrait établir en Portugal.* »

Arrêtons-nous un instant avant de continuer l'article. Après les assurances d'amitié et d'union intime renfermées dans le premier article, on est surpris que l'assistance que les deux parties se promettent dans le deuxième soit exprimée en termes si vagues et si généraux, que les possessions du prince régent sur le continent de l'Europe, pour lesquelles il était dans le cas de réclamer l'assistance et la garantie de son allié,

[1] Voy. MARTENS, t. XII, p. 245.

n'y sont pas seulement nommées. Tout cela ne nous étonnerait probablement pas, si nous connaissions la convention de Londres du 22 octobre 1807, et notamment son article 6, qui paraît renfermer à cet égard un engagement solennel de la part de la Grande-Bretagne.

L'*article* 3 continue ensuite en ces termes : « Le siége de la monarchie portugaise ayant été transporté au Brésil, Sa Majesté Britannique promet, en son nom et en celui de ses héritiers et successeurs, de ne jamais reconnaître comme roi de Portugal aucun prince autre que l'héritier et le représentant légitime de la maison royale de Bragance ; et Sa Majesté s'engage également à renouveler et à maintenir, avec la régence que Son Altesse Royale pourra établir en Portugal, les relations d'amititié qui ont depuis si longtemps uni les couronnes de la Grande-Bretagne et du Portugal ; et les hautes parties contractantes renouvellent et confirment les articles additionnels relatifs à l'île de Madère, qui ont été signés à Londres le 13 mars 1808, et s'engagent à remplir fidèlement ceux qui n'auraient pas encore été exécutés. »

Ces articles additionnels, par lesquels Madère a été échangée contre Goa, ne sont pas connus.

« S. A. R. le prince régent de Portugal renouvelle et confirme à Sa Majesté Britannique l'obligation contractée en son nom de bonifier toute perte et dommage en propriété que les sujets de Sa Majesté Britannique pourraient avoir soufferts par suite des différentes mesures que la cour de Portugal s'est vue forcée, malgré elle, d'ordonner au mois de novembre 1807. Cet article sera exécuté aussitôt que possible après l'échange des ratifications du présent traité. » *Art.* 4.

« On est convenu que, dans le cas où le gouvernement portugais ou les sujets de S. A. R. le prince régent de Portugal auraient souffert quelques pertes dans leurs biens et propriétés, par suite de l'état des affaires publiques, à l'époque de l'occupation amiable de Goa par les troupes de Sa Majesté Britannique, lesdites pertes seront vérifiées, et, sur preuves valides, bonifiées par le gouvernement britannique. » *Art.* 5.

Les circonstances auxquelles cet article se rapporte nous sont inconnues : il paraît qu'on craignait que les forces portugaises à Goa n'eussent fait résistance aux Anglais venant pour prendre possession de cette ville.

« S. A. R. le prince régent de Portugal conservant un souvenir reconnaissant des services et des secours que sa couronne et sa famille ont reçus de la marine royale d'Angleterre; *étant convaincu que ce sont les puissants efforts de cette même marine pour soutenir les droits et l'indépendance de l'Europe qui ont formé la plus forte barrière qui ait jusqu'à présent arrêté les progrès de l'ambition et de l'injustice d'autres États, et*[1] désirant donner à son ancien et fidèle allié le roi d'Angleterre une preuve de confiance et d'amitié sincère, il accorde à Sa Majesté Britannique le privilége d'acheter et de faire abattre, à l'effet de construire des vaisseaux de guerre, tout le bois qu'il ordonnera de faire abattre dans les forêts et autres plantations du Brésil (excepté toutefois dans les forêts royales, qui sont destinées pour la marine portugaise), de même que la permission de faire construire, équiper et réparer ses vaisseaux de guerre dans les ports ou rades de cet empire, notice préalable ayant été donnée à cet effet (comme simple affaire de forme) à la Cour de

[1] Les mots imprimés en italique manquent dans le texte de ce traité inséré en allemand dans le *Politische Journal* de 1810, vol. II, p. 997. Ce journal, qui s'imprimait à Altona, ne pouvait échapper à la censure impériale.

Portugal, laquelle nommera aussitôt un officier de la marine royale pour être présent et aider de ses soins en pareille occurrence. Il est expressément déclaré et promis qu'un semblable privilége ne sera accordé à aucune autre nation ou État. » *Art.* 6.

L'*article* 7 détermine les fournitures qu'une partie fera aux vaisseaux de guerre que l'autre aura envoyés à son secours. « Vu, dit l'*article* 8, qu'il a été stipulé, dans d'anciens traités entre la Grande-Bretagne et le Portugal, qu'en temps de paix les vaisseaux de la première puissance, qui seront admis à la fois dans un port appartenant à la dernière, n'excéderont pas le nombre de six[1], S. A. R. le prince régent de Portugal, se reposant sur la bonne foi de Sa Majesté Britannique et sur la permanence de son alliance avec elle, abroge et annule cette restriction, et déclare qu'à l'avenir un nombre quelconque de vaisseaux de guerre de Sa Majesté Britannique pourra être admis à la fois dans les ports appartenant à S. A. R. le prince régent de Portugal. » Il est encore stipulé que ce privilége ne sera accordé à aucune autre nation ou gouvernement, ni en retour d'un équivalent, ni en vertu d'aucun traité ou accord subséquent, ce privilége se fondant uniquement sur les bases d'une confiance illimitée et d'une amitié qui, pendant tant de siècles, a subsisté entre les couronnes de la Grande-Bretagne et de Portugal.

La suite de l'article accorde aux vaisseaux de transport la même faveur qu'à ceux de guerre, et établit la réciprocité de la part de l'Angleterre.

« L'Inquisition, ou le tribunal du Saint-Office,

[1] Il est vrai que les traités antérieurs à celui de Lisbonne du 16 mai 1703 avaient borné ce nombre à six ; mais ce dernier traité l'avait porté à douze, et nous ne pouvons expliquer cette contradiction. Voy. t. II, p. 245.

n'étant jusqu'à présent pas introduit ni reconnu au Brésil, S. A. R. le prince régent, guidée par une politique éclairée et généreuse, saisit l'occasion du présent traité de déclarer, de son propre mouvement, en son nom et en celui de ses héritiers et successeurs, que l'*Inquisition ne sera point établie* par la suite dans les possessions appartenant à la couronne de Portugal dans l'Amérique méridionale. » *Art.* 9.

La suite du même article abroge les stipulations du traité de 1654, qui accordaient aux Anglais des exemptions devenues dès lors superflues. L'article suivant est encore fort remarquable.

« S. A. R. le prince régent du Portugal, pleinement convaincu de l'injustice et de la fausse politique de la traite des nègres, ainsi que des grands désavantages qui résultent de la nécessité d'introduire et de renouveler sans cesse, dans les États de l'Amérique méridionale, une population factice pour les soins du travail et de l'industrie, a résolu de coopérer avec Sa Majesté Britannique à la cause de l'humanité et de la justice, en prenant les mesures les plus efficaces pour abolir successivement dans tous ses États la traite des nègres. D'après ce principe, S. A. R. le prince régent de Portugal promet qu'il ne sera dorénavant permis à aucun de ses sujets de faire la traite des noirs dans aucune partie de l'Afrique qui n'appartient pas aux États de Son Altesse Royale, et dans lesquels les puissances et États de l'Europe, qui y faisaient anciennement ce commerce, y ont renoncé. Néanmoins, elle réserve à ses sujets de pouvoir acheter des esclaves dans les possessions africaines de la couronne de Portugal, et d'en faire l'objet d'un trafic. Bien entendu toutefois que les stipulations du présent traité ne seront pas regardées comme annulant ou affectant le moins du monde les droits de la couronne de Portugal aux territoires de Cabinda et Malemba (droits que le gouvernement de France a jadis révoqués en doute), ni comme limitant ou restreignant le commerce d'Aïnda et des autres ports d'Afrique, nommés ordinairement en portugais Costa da Mina[1], qui appartiennent à la couronne de Portugal, ou en ont été réclamés, S. A. R. le prince régent ayant résolu de ne pas renoncer à ses prétentions justes et légitimes sur icelles, ni au droit de ses sujets de faire, comme par le passé, le commerce avec ces places. »

C'est ici le premier exemple d'une stipulation expresse du gouvernement anglais en faveur de l'abolition de la traite des noirs; mais la première trace d'une négociation entamée à cet égard se trouve dans l'histoire de l'année 1806. Le 5 juillet de cette année, *Fox* chargea lord *Yarmouth* de réclamer la coopération de la France « pour un objet dont l'accomplissement serait si honorable aux deux gouvernements, et si intéressant pour l'humanité. »

Le même jour, les mêmes ministres signèrent un traité de commerce en trente-quatre articles, qui presque tous paraissent fondés sur une parfaite réciprocité[2]. L'objet de ce traité nous est étranger; cependant nous devons rapporter la fin de l'article 26, ainsi conçu : « On convient que les faveurs, priviléges et immunités qui auraient été accordés par les deux parties contractantes aux sujets de l'autre, soit par traités, décrets ou *alvara*, resteront en vigueur, excepté le pouvoir qui avait été accordé, par d'anciens traités, de transporter à bord des navires de chacun des deux

[1] Côtes des Mines.

[2] Nous disons *paraissent*, parce que les négociations qui eurent lieu à Vienne, et dont nous aurons occasion de parler, font voir que le Portugal trouva les intérêts de ses sujets lésés par ce traité.

pays toute denrée et marchandise quelconque, étant la propriété des ennemis de l'autre pays; lequel pouvoir est aujourd'hui révoqué et annulé publiquement et mutuellement[1]. »

Le traité par lequel la liberté du commerce neutre avait été stipulée entre les deux nations, est celui que *Cromwell* conclut, le 23 juin 1654, avec *Jean IV*[2]. En annulant cette stipulation, la Grande-Bretagne réussit à se débarrasser du dernier engagement favorable à la liberté qui subsistât entre elle et quelque puissance que ce fût.

En 1810, *Napoléon*, libre de toute guerre sur le continent, fit les plus grands efforts pour soumettre l'Espagne. Toutes les nations dont les gouvernements étaient soumis à son influence, sous le titre d'alliés de l'empire français, furent obligées de concourir à cette entreprise insensée, et à engraisser le sol de la Péninsule du sang de la génération que les lois sur la conscription livraient à l'ambition de *Napoléon*. Outre la fleur des troupes françaises, on envoya en Espagne des régiments suisses, italiens, napolitains, polonais et allemands. Des bataillons des grands-ducs et princes de Bade, de Darmstadt, de Nassau, de Würzbourg, de Francfort, de Waldeck, de Schwarzbourg, de Lippe, apprirent dans les plaines de l'Espagne à vaincre ceux avec lesquels ils combattaient alors sous les bannières du conquérant. L'effectif des troupes ainsi réunies se montait à trois cent soixante-six mille hommes, dont environ deux cent quatre-vingt-mille pouvaient tenir la campagne.

Les Espagnols, de leur côté, ne furent pas effrayés

[1] Le traité de commerce du 19 février 1810 se trouve dans MARTENS, nouveau *Recueil*, t. III, p. 194.

[2] Voy. DUMONT, t. VI.

de tous ces apprêts; ils avaient une armée de cent cinquante mille hommes, et toutes les provinces au delà des Pyrénées se couvrirent de guerrillas, qui, vingt fois dispersées, se formaient de nouveau en bandes redoutables, dès que leurs vainqueurs avaient tourné leurs armes contre une autre province.

L'opération principale de cette année devait être une expédition en Portugal; mais avant que l'on fût en mesure de l'entreprendre, *Joseph* résolut de tenter la conquête des provinces du sud. C'est dans ces provinces que se retiraient les armées espagnoles après avoir été défaites; c'est dans l'Andalousie que la Junte centrale siégeait et qu'elle puisait les ressources qui lui servaient à entretenir la guerre; enfin c'est à Séville que, pour les premiers jours de mars, elle avait convoqué les cortès : il était important d'empêcher la réunion de cette assemblée.

Joseph Napoléon voulut avoir lui-même la gloire de diriger l'expédition. *Mortier*, *Victor*[1], *Dessoles* et *Sébastiani* furent ses lieutenants. Aux cinquante mille hommes que commandait *Joseph*, les Espagnols ne pouvaient opposer que vingt-cinq mille hommes sous *Areizaga*, et douze mille sous le duc d'Albuquerque. Le résultat ne pouvait être douteux. L'armée espagnole d'*Areizaga* fut dispersée; le 27 janvier, *Joseph* entra à Cordoue; *Sébastiani* occupa, le 29, Grenade, et dans les premiers jours de février, Malaga. Le 1er février, *Victor* fit faire à *Joseph* son entrée dans la capitale de l'Andalousie. De son côté, le maréchal *Soult*, général en chef de l'armée française, se prépara à former le siége de

[1] Pour la rapidité du récit, nous désignerons désormais les maréchaux sous leurs anciens noms; les titres qui leur ont été décernés comme juste récompense de leurs services sont d'ailleurs parfaitement connus de tous.

Cadix, défendue par une garnison de vingt-deux mille hommes, Anglais, Espagnols et Portugais, dont le général anglais *Graham* avait le commandement.

Il paraît que, lors de l'entrée des Français en Andalousie, ils comptaient des amis parmi les habitants de cette province. La Junte centrale, qui y avait résidé jusqu'alors, n'était pas aimée, et les Andalous trouvaient énormes les sacrifices qu'elle demandait. Après les batailles d'Ocaña et de Tormès, elle avait demandé aux églises toute l'argenterie dont on pouvait disposer; elle avait ordonné des contributions extraordinaires, et la levée en Espagne d'un emprunt de six millions de piastres, et en Amérique de quarante millions; enfin elle avait supprimé un grand nombre d'emplois inutiles. Une partie des habitants espérait donc trouver dans les Français des libérateurs. Il faut d'ailleurs rappeler ici les modifications qu'avait éprouvées le pouvoir central : vers la fin de l'année 1809, la Junte fut remplacée par un directoire exécutif composé de neuf membres, et à ce directoire on substitua, au commencement de 1810, une régence provisoire de cinq membres, qui s'installa dans l'île de Léon le 31 janvier. Moins nombreuse que la Junte, elle se montra plus apte à la conduite des affaires. Trente millions qu'elle reçut du Mexique lui permirent de faire de nouveaux efforts pour entretenir la guerre.

Pendant que *Soult* dirigeait de son quartier général de Séville les opérations de l'armée française, *Victor* commandait le siége de Cadix. Les retranchements des Français s'étendirent depuis Rota jusqu'à Chiclana et à l'embouchure du canal Saint-Pierre ou de Suazo, renfermant ainsi les deux baies de Cadix et l'île de Léon, à laquelle est réunie une autre île sur laquelle Cadix est bâtie. Ils s'emparèrent, le 21 avril, du fort de Matagorda, qui, situé sur le continent en face de Cadix, domine l'entrée du port intérieur; cependant ils ne purent ni couper aux assiégés leur communication avec la mer, ni atteindre la ville par leurs bombes. *Graham* embarqua même une partie de la garnison qui se rendit à Algésiras, d'où, réunie aux insurgés, elle inquiéta les assiégeants.

C'est ici qu'il convient de rapporter les faits relatifs au duc d'*Orléans* dans la Péninsule. Déjà, en 1808, étant à Palerme, sur la demande du roi de Sicile, il avait accompagné le prince *Léopold*, duc de *Salerne*, second fils du roi, en Espagne, où l'on voulait essayer de soutenir la cause de la famille des *Bourbons* contre *Joseph Napoléon*, que la nation repoussait. Les deux princes se rendirent à Gibraltar; mais l'Angleterre ne consentit pas à cette intervention. Le duc de *Salerne* fut retenu à Gibraltar, et le duc d'*Orléans* transféré à Londres, où tout ce qu'il obtint fut d'être reconduit dans la Méditerranée, mais en évitant de toucher l'Espagne. Ce prince s'embarqua effectivement pour Palerme, où peu de temps après son arrivée, le 25 novembre 1809, il fut uni à la princesse *Marie-Amélie*, seconde fille du Roi.

Quelques mois s'étaient à peine écoulés depuis son mariage, que le duc d'*Orléans* reçut de la Junte de Séville l'invitation de retourner en Espagne. On espérait que sa présence dans la Catalogne, à la tête d'une armée, suffirait, non-seulement pour soulever cette province contre la domination étrangère, mais encore pour susciter des embarras à *Napoléon* dans le midi de la France, qu'on supposait prêt à se lever en faveur des *Bourbons*. Parti de Palerme sur une frégate espagnole, le 21 mai 1810, il arriva à Tarragone: quelle est sa surprise en apprenant qu'aucun ordre n'était arrivé, qu'aucune force armée n'était prête à se ranger sous son commandement! Il se remet en mer aussitôt, et se rend à Cadix, où la Régence s'était réfugiée. Mais les circonstances étant devenues plus critiques et les Cortès ayant été convoquées, on n'osait plus donner suite au projet, d'ailleurs suspect à l'Angleterre, pour l'exécution duquel le prince avait été appelé : on le paya de vaines défaites. Blessé de ces procédés, il ne voulut point se laisser éconduire : il attendit la réunion des Cortès. Le 30 septembre, il se présenta dans le local de l'assemblée, demandant à être entendu. Il n'est point admis à la séance; mais une députation est nommée pour conférer avec lui et le décider à s'éloigner, tout en lui témoignant les plus grands égards, ainsi que l'estime due à ses talents et à sa valeur. Il fallut céder : le prince se rembarqua le 3 octobre pour la Sicile, où la duchesse d'*Orléans* venait de lui donner son premier fils[1].

Nous avons dit qu'en octobre 1809, à l'issue même de la bataille de Talavera, *Wellington* avait chargé ses ingénieurs de reconnaître une position au nord de Lisbonne où toute son armée pouvait être concentrée.

[1] Cet enfant qui naissait ainsi sur la terre étrangère, séparé du trône par quatre existences, et mieux encore par une révolution, par une nouvelle dynastie que l'on pouvait croire alors pleine d'avenir et de grandeur, c'était pourtant un fils de France, dont la destinée, victorieuse de tant d'obstacles, en apparence infranchissables, devait venir se briser sur le pavé de Neuilly! Du moins cette existence de prince, tranchée dans sa fleur, mais qui avait été si bien employée, trouva en France d'unanimes regrets. Et comment ne les eût-il pas inspirés celui qu'un homme de génie présentait en modèle à tous les jeunes princes dans ces paroles éloquentes : « Fils de Henri IV par le sang, par la « bravoure, par l'aménité cordiale et charmante de sa personne; fils « de la révolution par le respect de tout droit et l'amour de toute « liberté; entraîné vers la gloire militaire par l'instinct de sa race; « ramené vers les travaux de la paix par les besoins de son esprit; ca« pable et avide de grandes choses; populaire au dedans, national au « dehors, rien ne lui a manqué, excepté le temps. » (Discours de M. Victor Hugo en présentant au roi l'Adresse de l'Institut.)

Il l'avait fait fortifier, et cependant, afin d'être prêt à tout événement, il s'était concerté avec l'amiral *Berkeley* pour évacuer la Péninsule, s'il y était forcé par une attaque combinée sur les deux lignes du Tage. A la fin de janvier 1810, il demanda à son gouvernement s'il était résolu à défendre le Portugal jusqu'à la dernière extrémité (*to the last*). Sur la réponse affirmative, il arrêta un système de défense.

Ce système a consisté dans les fameuses *lignes de Torrès-Vedras* et dans différentes mesures ordonnées aux habitants pour faire un désert du pays entre le Mondego et les lignes. La gauche de celles-ci s'appuyait à la mer et la droite au Tage, au point où ce fleuve cesse absolument d'être guéable. Les habitants furent contraints par l'armée et par les autorités du pays à quitter leurs foyers, chassant devant eux leurs bestiaux, emportant tout ce qu'ils avaient de précieux, et détruisant tout ce qu'ils étaient obligés de laisser et qui pouvait servir à faire vivre l'armée française ou lui procurer quelque facilité pour son invasion. La destruction des ponts, des routes, des moulins et des récoltes sur pied faisait nécessairement partie de ce système, sur lequel on fondait l'espoir de voir périr une armée habituée à compter sur les ressources des contrées où elle faisait la guerre.

Le camp de Torrès-Vedras présentait en première ligne, de Villafranca à l'embouchure du Zizambre, trente redoutes avec fossés et palissades, armées de cent quarante bouches à feu ; en seconde ligne, derrière de profonds ravins encaissés d'une muraille de rochers, soixante-cinq ouvrages et cent cinquante bouches à feu ; enfin, en troisième ligne au bord de la mer, pour protéger l'embarquement en cas d'échec, onze ouvrages et quatre-vingt-seize pièces.

L'armée que *Wellington* avait sous ses ordres était

composée de trente-cinq mille Anglais, cinquante mille nationaux organisés régulièrement, des bataillons de milice, formant trois corps francs de sept à huit mille hommes chacun, et enfin des levées en masse ou ordenanzas, enrôlées dans chaque canton sous les ordres d'un chef nommé *capitan mor*, aux ordres duquel les paysans devaient, sous peine de mort, courir en armes aux lieux de rendez-vous.

Wellington disposa son armée dans la province de Beira, le long de la Coa, où elle était protégée par les deux places fortes de Ciudad-Rodrigo et Almeida. Résolu à fatiguer son adversaire par une défensive opiniâtre, il s'était assuré la retraite sur Lisbonne, en fortifiant toutes lês positions soit sur la route de Coïmbre, le long des côtes de la mer, soit sur la route d'Abrantès, le long du Tage : ces deux routes aboutissent au défilé de Santarem.

Pour les Français, tout le succès de la guerre d'Espagne reposait sur l'armée de Portugal. Victorieuse, elle contraignait les Anglais à se rembarquer ; vaincue, sa retraite transversale par la route de Salamanque à Bayonne découvrait Madrid et ramenait au nord les troupes réparties dans le midi de l'Espagne. L'armée d'Andalousie devait se fondre avec elle, ainsi que celles du centre et du nord qui furent constamment employées à contenir les guerrillas de la Navarre, de la Biscaye, de Santander, de la Sierra d'Adila, de Guadalaxara.

A la fin de mai, *Masséna* arriva à Salamanque et prit le commandement de l'armée rassemblée dans cette ville pour tenter une troisième fois la conquête du Portugal. Cette armée offrait un total de soixante-dix mille hommes sous les armes, tous vieux soldats aguerris ; et un corps d'environ dix-neuf mille hommes, sous les ordres du général *Drouet*, devait se rassembler à Valladolid pour former la réserve.

Masséna ouvrit la campagne en formant le siége de Ciudad-Rodrigo, le 25 juin. Cette ville se rendit le 10 juillet après un bombardement horrible. Il était entré dans le plan de *Wellington* de ne pas sortir de sa position pour venir au secours de cette place, dont la défense fit le plus grand honneur au gouverneur don Andres *Herrasti*.

Almeida fut investi immédiatement après. Cette place, qui est le boulevard du Portugal, renfermait cinq mille hommes de garnison, de riches magasins, un matériel considérable, enfin tout ce qui promet une longue résistance. Dans la soirée du 27 août, une bouche enflamma le principal magasin à poudre. Son explosion détruisit presque entièrement la ville; les remparts s'écroulèrent, une partie de la garnison périt, et le lendemain le gouverneur William *Cox* capitula.

Wellington se retira dans la vallée du Mondego, après avoir changé en un désert tout le pays qu'il abandonna. Cette mesure empêcha *Masséna* d'avancer aussi promptement qu'il aurait voulu. Après avoir attendu pendant un mois les vivres dont il avait le plus pressant besoin, il passa le Mondego le 15 septembre. A son approche, *Wellington* se replia d'une position sur l'autre, et les Français ne purent s'emparer d'aucune qu'avec des pertes immenses. Enfin, au mois d'octobre, il rentra dans ses lignes inexpugnables de Torrès-Vedras à la tête de soixante-deux mille hommes. Il y appela successivement les milices et deux divisions espagnoles de l'armée de *la Romaña*. Enfin il opposa à quarante mille Français jusqu'à cent mille baïonnettes. A une grande circonspection, le général anglais joignait une juste appréciation de la valeur de ses adversaires. Ceux-ci osèrent se déployer sur les hauteurs d'Alenquer, et tinrent les alliés en échec pendant six semaines.

Pendant ce temps, *Masséna* avait vainement cherché un point où il fût possible d'attaquer une position si formidable, lorsque, le 14 novembre, il se décida à occuper une ligne entre Santarem et Alcanède. Son quartier général était à Torrès-Nuevas, plus tard à Pombal. Plusieurs mois se passèrent sans qu'il arrivât un événement important. Enfin, le défaut absolu de vivres força le général français à effectuer sa retraite le 1er mars 1811; il évacua vers la fin du mois tout le royaume de Portugal. *Wellington* le suivit en harcelant son arrière-garde. Le 7 avril, il investit Almeida. Pour dégager cette place, *Masséna* livra, les 3 et 4 mai, à Fuentes de Onoso, deux combats qui lui furent désavantageux. Le brave défenseur d'Almeida, le général *Brenier*, exécuta, le 10 mai, une action hardie : il fit sauter les fortifications, et se fraya un chemin, le sabre à la main, à travers les assiégeants.

Vers les premiers jours de l'année 1811, pendant que *Wellington* se tenait renfermé dans la ligne de Torrès-Vedras, *Soult* forma le plan de s'emparer de la partie du Portugal, située sur la rive gauche du Tage, et de menacer ainsi le général anglais dans ses flancs. Après avoir enlevé, le 23 janvier, Olivença, il mit le siége devant Badajoz. *La Carrera* et *Mendizabal*, occupant ce qu'on appelle les lignes de Berwick, sur la rive droite de la Guadiana, protégeaient cette ville; mais les Français, ayant passé le fleuve, tournèrent le corps espagnol et le défirent le 20 février. La chute de Badajoz en fut la suite; cette forteresse capitula le 10 mars.

Tandis que *Soult* se trouvait en Estrémadure, *Graham* fit une tentative pour débloquer Cadix. Ayant avec lui *Lardizabal*, il débarqua à Tarife et marcha contre *Victor*. Ce maréchal en se concentrant à Chiclana, avec six mille hommes, parvint à arrêter la marche des vingt-sept mille Anglo-Espagnols, et les obligea ainsi à rentrer le lendemain à Cadix, sans avoir pu détruire le matériel de l'armée assiégeante, comme ils en avaient le projet.

Soult ayant quitté l'Estrémadure pour marcher au secours de *Victor*, le feld-maréchal *Beresford* et *Castaños* passèrent la Guadiana, investirent Badajoz et marchèrent sur Séville. *Soult* retourna sur ses pas, et atteignit les ennemis à Albuhera, où il leur livra bataille le 16 mai. *Blake* ayant joint le corps de *Beresford* avant le commencement de l'action, elle resta indécise, et le siége de Badajoz fut continué. *Wellington* laissant *Crawford* et *Spencer* sur la Coa, pour observer l'armée française, dans le commandement de laquelle le maréchal *Marmont* avait remplacé *Masséna*, vint lui-même devant Badajoz, vaillamment défendue par le commandant *Philippon*. Après avoir attiré à lui des renforts, *Soult* revint de la Sierra Morena au pied de laquelle il s'était arrêté, pendant que *Marmont* marchait à sa rencontre. Celui-ci étant arrivé, le 17 juin, à Merida, opéra sa jonction avec *Soult*. *Wellington* leva alors le siége de Badajoz, se retira dans l'Alentejo et prit une excellente position à Portalègre. Après avoir organisé la levée des milices dans cette province et pris les arrangements nécessaires pour qu'en cas d'invasion, les habitants se sauvassent à Lisbonne, et que le pays fût dévasté, il repassa le Tage et se tint tout le reste de l'année sur la défensive.

Les provinces du royaume d'Aragon furent cette

année le théâtre d'événements importants. Le général *Suchet* commandait l'armée française sur l'Èbre. Tortose, à quelques lieues de l'embouchure de ce fleuve, tomba en son pouvoir, le 2 janvier, après un siége meurtrier. Cette possession permit à *Suchet* de penser à la conquête de Tarragone; mais, avant qu'il pût investir cette place, les Espagnols s'emparèrent, le 21 avril, par trahison, du fort de Figuières, situé au pied des Pyrénées. Après Saragosse, aucune ville d'Espagne, si ce n'est Girone, ne se défendit avec plus de vigueur que Tarragone. Le siége dura depuis le 12 mai jusqu'au 28 juin. Il fallut prendre à la pointe de l'épée un bastion après l'autre, une partie de la ville après l'autre. Le gouverneur *Contreras* ayant refusé toute capitulation, *Suchet* ordonna un cinquième assaut. Quatre mille hommes de la garnison furent tués, dix mille assiégés se sauvèrent par les murs. Le gouverneur, lorsqu'il fut sommé de se rendre, choisit, dit-il, le parti qui convenait à l'honneur espagnol, à son caractère et à sa réputation personnelle. Résolu à périr les armes à la main, il paya de sa personne et se trouva au nombre des blessés qui furent sauvés par la générosité des officiers français.

La prise de Tarragone valut à *Suchet* le bâton de maréchal. Il s'empara d'assaut de Montserrat, le 25 juillet; le 19 août, le maréchal *Macdonald* reprit Figuières. Dès lors, *Suchet* s'occupa du projet de soumettre le royaume de Valence. La Junte centrale de Cadix avait chargé de la défense de cette province le général *Blake*, auquel furent confiées les armées de Murcie, de Valence et d'Aragon. La haine que ce général portait aux Anglais, lui fit refuser tout autre secours de leur part que des armes et des munitions.

Suchet entra dans la province le 14 septembre, et

assiégea Murviedro, l'antique Sagonte. *Blake*, qui lui vint offrir la bataille, fut défait le 25 octobre et obligé de se retirer dans Valence. Sagonte se rendit le 27. La capitale, ville grande, belle et bien peuplée, qu'on regardait comme le principal foyer de l'insurrection espagnole, fut assiégée. Après un bombardement de plusieurs jours, *Blake* accepta, le 9 janvier 1812, la capitulation que le maréchal lui avait offerte. Lui-même avec quinze mille hommes se rendit prisonnier. Le duché d'*Albuféra* fut la noble récompense que *Napoléon* décerna au vainqueur.

Au commencement de l'année 1812, voici quel était l'état militaire de l'Espagne.

Cent cinquante mille Français étaient répartis de la manière suivante :

Soult, en Andalousie	45 000
Suchet, en Valence et en Aragon	26 000
Decaen, en Catalogne	20 000
Souham, en Navarre et Biscaye	9 000
Caffarelli, dans le nord de l'Aragon	9 000
Marmont, dans la Vieille-Castille	30 000
Darmagnac, à Madrid	10 000

Les armées combinées des Anglais, des Espagnols et des Portugais, se montaient à cent quatre-vingt mille hommes ; savoir :

Anglais,	*Wellington* et *Hill*, en Portugal, sur la rive droite du Tage	40 000
	Maitland, destinés à débarquer à Alicante	6 000
	en garnison à Cadix et Carthagène	6 000
Portugais,	*Beresford*, dans l'Alentejo	24 000
Espagnols,	*Lacy*, en Catalogne, y compris six mille en garnison	17 000
	O'Donnel et *Helio*, en Valence et Murcie	18 000
	Ballesteros, en Andalousie, y compris la garnison de Cadix et de Tarife	23 000
	Monsalm, en Estrémadure	7 000
	Castaños et don Carlos *España*, en Galice et Asturie	12 000
	Mendizabal, dans les mêmes provinces	3 000
	Guerrillas répandues dans toutes les provinces.	20 000

Wellington ouvrit la campagne par un coup de main. Il passa à l'improviste l'Agueda et s'empara, par surprise, dans la nuit du 9 au 10 janvier, d'une redoute, de Ciudad-Rodrigo, et prit cette ville le 19, avant que le maréchal *Marmont* pût venir à son secours. Il y mit une garnison espagnole et repassa sur-le-champ l'Agueda pour se retirer en Portugal, où il prépara le plan d'opération pour la campagne.

Le 12 juin, il prit l'offensive en passant l'Agueda.

Le 16, il parut devant Salamanque. *Marmont* se retira dans l'espoir que *Caffarelli* aurait le temps de venir à son secours avant la chute de cette place; mais *Wellington* la bombarda si vivement qu'elle se rendit le 28. Ce désastre força l'armée française à passer le Douro, le 2 juillet; elle revint cependant sur ses pas, et repassa, le 16, sur la rive gauche du fleuve. Le 21, elle traversa la Tormès à Alba. Une grande bataille fut livrée, le 22, dans les environs de Salamanque, près du village des Arapilès. Le maréchal *Marmont* y fut grièvement blessé, et enlevé du champ de bataille. Il y eut alors indécision parmi les généraux divisionnaires; les mouvements que le maréchal avait ordonnés ne s'exécutèrent point selon ses vues; le désordre se mit dans l'armée; l'aile gauche fut entièrement défaite et le centre profondément ébranlé. La droite seule restait intacte; *Clauzel* rallia sur elle les débris de la gauche; le centre s'établit sur un plateau qui lui permit de braver les efforts de l'ennemi, et parvint, à la nuit, à se mettre en sûreté sur la rive droite de la Tormès. L'évacuation de l'Andalousie et de toute la Nouvelle-Castille, et la perte de l'artillerie qui était devant Cadix, furent les suites immédiates de la défaite des Arapilès.

On avait bien prévu tout d'abord les résultats définitifs que devait avoir la bataille de Salamanque.

Aussi, à la première nouvelle du mouvement de *Wellington* sur l'Agueda, *Joseph Napoléon* avait réuni tout ce qu'il avait de troupes disponibles pour marcher au secours de *Marmont*. Mais bientôt la nouvelle du désastre des Arapilès le fit renoncer à l'espoir de se maintenir à Madrid, où se portait un détachement de l'armée anglaise et que menaçaient de tous côtés les guerillas. *Soult* reçut l'ordre de lever le siége de Cadix, et d'abandonner même, s'il le fallait, l'Andalousie pour venir à la rencontre de *Joseph*, qui se proposait de se retirer à Valence. Ce prince quitta Madrid avec tous ses adhérents, qui craignaient la vengeance de leurs compatriotes. Sa fuite fut inquiétée par des partis anglais ou espagnols, et il ne dut son salut qu'au courage du général *Treilhard*, qui résista à l'avant-garde anglaise. Cinq jours après la sortie de *Joseph*, les guerillas occupèrent Madrid.

Le 15 août, le maréchal *Soult*, après avoir levé le siége de Cadix, quitta Séville, contre laquelle *Hill*, qui était en Estrémadure, eut ordre de se diriger. La marche de ce général était combinée avec celle que *Wellington*, nommé généralissime des troupes espagnoles, avait prescrite à *Ballesteros*. Cette combinaison de *Wellington* avait pour but de couper le maréchal *Soult* de l'armée du nord. On a dit qu'elle avait échoué par la désobéissance de *Ballesteros*[1]; mais il est peu

[1] Ce fier Aragonais refusa de servir sous un général anglais, et écrivit au ministre de la guerre la lettre suivante : « Depuis que je me suis trouvé à Madrid, depuis le moment où Barcelone, Figuières, Pampelune et Saint-Sébastien tombèrent au pouvoir des Français, je commençai à préparer tout ce qui me paraissait propre à amener une révolution. J'entretins une correspondance avec différentes provinces d'Espagne. J'agis avec un courage que personne n'a encore surpassé; et je me flatte que personne n'a contribué plus que moi aux avantages que nous avons obtenus. Depuis lors je n'ai pas posé les armes; mais, en l'honneur de ma patrie, j'ai mis obstacle à toutes les entreprises que

probable que de pareilles dispositions eussent entravé la retraite de *Soult*, qui fut exécutée avec une grande vigueur et qui a toujours été considérée comme une des belles opérations de ce maréchal.

Il nous reste à mentionner un fait important relatif aux possessions espagnoles en Amérique.

Le gouvernement de *Joseph*, dans le double but de s'emparer des trésors des anciennes vice-royautés, et d'enlever ces provinces aux *Bourbons* ou du moins à la Régence, avait organisé une vaste insurrection qui devait éclater sur tous les points simultanément. On n'a pas de données sur le développement de cette entreprise; mais une pièce historique, dont l'original (suivant un certificat daté de Caracas, le 31 mai 1810, et signé *G. Roseio*), est conservé dans les archives de

l'ennemi dirigea contre elle. Toujours inflexible, toujours Espagnol, ma patrie m'a toujours trouvé prêt à la défendre dans toutes les occasions, sans prendre jamais soin de ma fortune, à l'égard de laquelle, comme Votre Excellence sait, je n'ai cessé de montrer la plus grande indifférence. J'ai appris avec étonnement que le général anglais, marquis de WELLINGTON, a été, par un décret des Cortès, nommé généralissime des armées espagnoles. Ceux qui, pour soutenir la gloire de notre pays, ont précipité dans le tombeau des milliers de nos frères d'armes, ont les yeux fixés sur ce que nous faisons : je ne m'estimerais pas un vrai Aragonais, si je ne déclarais à Votre Excellence, afin qu'elle en prévienne la régence, qu'il m'est impossible d'approuver une résolution qui flétrit l'honneur du nom espagnol et rabaisse les chefs militaires de cette nation par la supposition d'une prééminence décidée qu'on accorde ainsi à un peuple dont nous avons toujours cherché à conserver l'amitié, et dont la perfidie et les suggestions ne peuvent être mieux appréciées que par le président de la régence, le duc de l'INFANTADO. Je reçus la nouvelle de cet événement, et, par suite, l'ordre de me mettre en mouvement avec mon armée ; ordre qui compromet l'honneur de tous les hommes dont elle est composée, tant comme soldats que comme citoyens. Je ne puis cacher mes sentiments, sans prétendre à des droits qui ne m'appartiennent pas, à l'égard de la nomination de lord WELLINGTON, comme général en chef des armées espagnoles ; et comme ce point est de la plus haute importance pour le bien général du pays, j'attends la décision de Votre Excellence pour prendre une résolution ultérieure. Je vois, par l'ordre susdit de Votre Excellence, que lord WELLINGTON remercie les généraux de la nation la Junte suprême de Venezuela, renferme les curieux détails qu'on va lire[1]:

Instruction donnée par Joseph Napoléon *à M.* Desmolard, *son Envoyé à Baltimore, et aux trente-deux autres agents chargés de révolutionner l'Amérique espagnole.*

« L'objet auquel les agents doivent tendre pour le moment, n'est autre que de faire connaître et de persuader aux créoles de l'Amérique espagnole, que Sa Majesté Impériale et Royale n'a d'autre vue que de donner la liberté à un peuple qu'on avait depuis tant d'années retenu dans l'esclavage; et que, pour prix de ce bienfait, elle ne demande que l'amitié des habitants et le commerce avec les ports des deux Amériques; que,

espagnole pour les efforts qu'ils ont faits, et qui ont amené les résultats les plus heureux pour les armées alliées. A qui donc la force armée de la nation doit-elle être confiée? Regardera-t-on l'Espagne de la même manière que le petit royaume de Portugal? Notre révolution n'a-t-elle pas une toute autre origine que celle du Portugal? La nouvelle de notre résistance n'a-t-elle pas pénétré dans toutes les parties du monde? Pouvons-nous confier à un étranger le commandement en chef de nos armées? Malgré l'état actuel des choses, il reste des ressources à l'Espagne; les généraux, chefs, officiers et soldats, peuvent convaincre les Anglais, et même les Français, que le jour d'une bataille ils montrent autant de bravoure et de discipline que ces deux peuples, et que leurs propres chefs sont assez habiles pour les mener à la victoire. La quatrième armée qui se trouve sous mon commandement peut se présenter et dire à la nation que, sous le rapport militaire, elle n'est inférieure à qui que ce soit, et qu'elle ne peut, sans s'abaisser, souffrir que la gloire qu'elle a acquise et les services qu'elle a rendus, soient obscurcis pour flatter lord Wellington, quoique néanmoins elle soit toujours disposée à agir de concert avec lui. Pour en finir, je prie Votre Excellence de prendre l'avis des armées nationales et des citoyens; et s'ils donnent leur assentiment à cette nomination, je rentrerai dans mes foyers et prouverai ainsi à toute la terre que l'honneur seul et le bien de ma patrie m'ont déterminé à cette déclaration, que je ne l'ai pas faite dans des vues ambitieuses ou intéressées, que les méchants pourraient vouloir m'attribuer, en perdant de vue mon patriotisme bien connu, qui a été prouvé par ma constance et mes services signalés. »

[1] Voy. William Walton's *Exposé on the dissensions of Spanish America, etc., respectfully addressed to His R. H. the Regent of the United-Kingdom*, London, 1814, in-8°.

pour rendre l'Amérique méridionale libre et indépendante de l'Europe, Sadite Majesté offre toute l'assistance nécessaire en troupes et munitions de guerre, étant convenue avec les États-Unis qu'ils lui fourniraient cette dernière.

« Chaque commissaire ou agent en chef, connaissant le district auquel il est envoyé et le caractère de ses habitants, n'aura pas de peine à choisir des individus intelligents auxquels il donnera les instructions nécessaires pour persuader le peuple en lui signalant les avantages qu'il aura à secouer le joug européen. Il leur fera observer que des sommes d'argent considérables resteront et circuleront dans les provinces de l'Amérique, si l'on suspend les envois qu'on fait continuellement en Espagne, que leur commerce sera augmenté, et que leurs ports seront ouverts à toutes les nations étrangères. Il appuiera sur les avantages qui dériveront pour eux de la liberté de l'agriculture et de la culture de tous les objets qui sont maintenant prohibés par le gouvernement espagnol, tels que le safran, le lin, le chanvre, les olives, le vin, etc.; sur le bénéfice que leur procurera l'établissement des manufactures de toute espèce; sur la grande satisfaction et l'avantage qu'ils éprouveront lorsque les monopoles du tabac, de la poudre à canon, du timbre, etc., n'auront plus lieu.

« Comme le peuple est, pour la plupart, plongé dans l'ignorance, les agents, pour parvenir facilement à leur but, mettront toute leur sollicitude à se rendre agréables aux gouverneurs, intendants, curés et prélats. Ils n'épargneront aucune dépense ni autre moyen pour gagner leur bienveillance, principalement celle des ecclésiastiques qu'ils doivent engager à insister auprès de leurs pénitents, quand ils viennent à confesse, qu'ils ont besoin d'un gouvernement indépendant; qu'ils ne doivent pas laisser échapper une occasion aussi favorable que celle qui se présente maintenant, et que leur fournit l'empereur *Napoléon*, qu'ils doivent faire regarder par le peuple comme *envoyé par Dieu pour châtier l'orgueil et la tyrannie des monarques;* enfin que c'est un péché mortel, n'admettant pas de pardon, que de résister à la volonté de Dieu.

« Les agents rappelleront, dans toutes les occasions, aux habitants, l'oppression qu'ils éprouvent de la part des Européens, les manières dédaigneuses avec lesquelles on les traite, et le mépris auquel ils sont exposés. Ils rappelleront aux Indiens les circonstances des cruautés que les Espagnols se permirent lors de la conquête, et les infamies qu'ils commirent envers leurs souverains légitimes, en les détrônant et en les privant de la vie ou de la liberté. Ils dépeindront les actes d'injustice qu'ils éprouvent journellement lorsqu'ils demandent des places, que les vice-rois et gouverneurs accordent à ceux qui sont plus humbles ou qui payent mieux, à l'exclusion de ceux qui les méritent. Ils fixeront l'attention du peuple sur les talents supérieurs de beaucoup de créoles et d'hommes de mérite qui sont négligés et qui contrastent avec les fonctionnaires publics et les ecclésiastiques venus d'Europe; ils leur feront sentir les duretés dont ils souffrent, et feront le parallèle entre les talents et le mérite des créoles et ceux des Européens. Ils mettront sous leurs yeux la différence entre les États-Unis et l'Amérique espagnole, le bonheur dont jouissent ces Américains, leurs progrès dans le commerce, dans l'agriculture et la navigation, ainsi que la satisfaction de vivre libres du joug européen et de n'avoir qu'un gouvernement populaire et électif. Ils les assureront qu'une fois dégagée de l'Espagne, l'Amérique deviendra la législatrice de l'Europe.

« Tous les agents, tant principaux que subordonnés, indiqueront les noms de ceux qui se déclareront amis de la liberté; les agents subalternes transmettront ces listes aux agents principaux qui feront leur rapport à mon Envoyé dans les États-Unis, pour que j'en sois informé et que je puisse dûment récompenser chaque individu. *Mes agents s'abstiendront de déclamer contre l'inquisition ou l'Église; dans leurs conversations ils insisteront bien plutôt sur la nécessité de ce saint tribunal et sur l'utilité du clergé.* Sur les étendards et bannières des insurgés on inscrira ces mots : *Vive la religion catholique, apostolique et romaine! périsse le mauvais gouvernement!*

« Les agents feront en outre observer aux Indiens combien ils seront heureux, lorsqu'ils seront devenus encore une fois maîtres de leur pays, et libres de ce tribut tyrannique qu'ils payent à un monarque étranger. Enfin ils diront au peuple que leur prétendu monarque n'existe pas même dans son propre gouvernement, mais qu'il est au pouvoir *du restaurateur de la liberté et du législateur universel*, de *Napoléon*. En un mot, tous ces agents tenteront par tous les moyens possibles de montrer au peuple l'utilité qu'aura pour eux le gouvernement dont il s'agit.

« Lorsque la révolution aura été ainsi préparée, et que tous les principaux membres qui devront y prendre part, dans chaque cité et province, auront été gagnés, ce sera aux agents en chef et subordonnés d'accélérer l'insurrection, et de donner promptement avis aux autres agents subordonnés, afin que la levée se fasse, sur les divers points convenus, le même jour et à la même heure; c'est une chose très-essentielle qui facilitera beaucoup l'entreprise. Les agents principaux, dans chaque province de leur département, et les subalternes dans les endroits qui leur auront été assignés, gagneront les domestiques des gouverneurs, intendants et autres hommes en place, et, par leur moyen, ... ; cette opération doit précéder la révolution, afin d'en écarter les obstacles.

« Le premier point à considérer *sera d'arrêter l'envoi de trésors à la Péninsule ;* on l'effectuera facilement si l'on a d'habiles agents à Vera Cruz et dans les autres ports du continent de l'Amérique, mais surtout à Vera Cruz, où tous les vaisseaux arrivant d'Europe seront reçus, et leurs officiers et équipages immédiatement enfermés dans les forts, jusqu'à ce que tout ait réussi et que la révolution soit bien avancée.

« Les agents sont encore chargés d'instruire leurs sous-agents pour qu'ils leur transmettent fréquemment des rapports sur les progrès de la révolution, et les agents en chef communiqueront avec l'Envoyé dans les États-Unis par les canaux qu'on leur indiquera. A cet effet, il sera bon de tenir prêts des messagers de terre sur les points de la côte qui sont jugés commodes, et où il y aura toujours des vaisseaux équipés pour le cas échéant. »

Nous devons maintenant suspendre le récit de la guerre d'Espagne, et suivre les événements qui préparèrent la ligue de l'Europe contre *Napoléon*.

IV. *Négociations entre la France et la Grande-Bretagne.*

Depuis la rupture de la paix d'Amiens, la France et la Grande-Bretagne n'avaient point signé de cartel pour l'échange des prisonniers. Quelque important que fût cet objet pour l'humanité, et malgré de longues discussions pendant huit années, les deux gouvernements n'avaient pu parvenir à s'entendre, et il fallut, en 1810, ouvrir une négociation régulière, pour laquelle on choisit la ville de Morlaix. Nous allons présenter le résumé de cette négociation où se trouvent discutés tous les principes, et nous le ferons suivre des pièces officielles que le ministère britannique refusa de communiquer au Parlement, malgré l'insistance de l'Opposition.

Il existe dans l'histoire moderne deux exemples de cartels pour l'échange de prisonniers de guerre entre la France et l'Angleterre, l'un de 1780, l'autre de 1798. Le premier fut signé, le 12 mars, à Versailles, par M. *Le Hoc*[1], commissaire général de la marine, et le 28, à Londres, par MM. *Bell*, *Farguharson*, *Corbet* et *Lulman*, commissaires chargés du soin des matelots malades et blessés. On y convint du principe que tous les prisonniers faits ou à faire seraient échangés, homme pour homme, selon leurs rangs ou qualités, ou pour un certain nombre de matelots, comme un équivalent ou pour certaines sommes en forme de rançon. L'équivalent en hommes ou en argent fut fixé de manière qu'un vice-amiral français ou un amiral anglais commandant en chef (grades qui se correspondent dans les deux marines), donnerait soixante hommes ou soixante livres sterling. Il fut convenu que tous les officiers des deux marines royales pourraient donner leur parole d'honneur de ne pas servir jusqu'à ce qu'ils eussent été échangés, et retourner ensuite dans leur pays. Les équivalents pour les équipages de la marine marchande furent estimés à un taux infiniment moindre. Tandis qu'un capitaine de vaisseau du roi était estimé équivaloir à quinze ou vingt hommes, un capitaine de navire marchand n'était porté qu'à quatre.

On ajouta, les 16 et 22 juin, à ce cartel un article

additionnel portant qu'à l'avenir tous les officiers faits prisonniers pourraient rentrer au service de leur gouvernement aussitôt qu'après avoir été relâchés, ils auraient touché le sol de leur patrie, leur parole d'honneur de ne pas servir devant cesser dès ce moment[1].

Le second cartel fut signé à Londres, le 13 septembre 1798, par M. Joseph *Niou*, commissaire du gouvernement français, et quatre commissaires du Transport-office, MM. *George*, *Serle*, *Shank* et *Marsh*. On y convint que l'échange se ferait homme par homme et rang par rang, de manière que le gouvernement français commencerait par envoyer en Angleterre, dans un vaisseau de cartel français, un nombre de prisonniers anglais dans la proportion de cinq officiers sur cent hommes, à l'arrivée desquels en Angleterre, le gouvernement anglais ferait passer en France un nombre de prisonniers français de même rang dans un vaisseau de cartel anglais. Ensuite le gouvernement britannique enverra en France, sur un vaisseau de cartel anglais, un nombre de prisonniers français, et ainsi de suite : « La formation de la balance existant actuellement au sujet de tels échanges de prisonniers de guerre des deux pays, qui ont eu lieu depuis le commencement des hostilités jusqu'à ce jour, sera différée jusqu'à la fin de la guerre actuelle; mais il est clairement entendu que tous les officiers des deux côtés qui ont été relâchés et ont obtenu la permission de retourner dans leur pays respectif sur leur parole, depuis le commencement de la guerre, et qui n'ont pas été jusqu'ici régulièrement échangés, ne serviront dans aucune qualité soit civile, soit militaire, avant d'avoir été dûment échangés contre des prisonniers d'un rang égal, conformément à leur engagement primitif. » *Art.* 8.

[1] Voy. MARTENS, *Recueil*, t. IV, p. 276.

Dans l'article immédiatement précédent, il est dit que tous les officiers auront la faculté de retourner dans leur pays, sur leur parole de ne pas servir avant leur échange, ou qu'ils jouiront, sur leur parole, de la liberté usitée dans le pays où ils sont détenus [1].

La balance dont il est question dans l'article 8 n'eut pas lieu, parce qu'après de longues négociations, l'article 2 de la paix d'Amiens statua que les prisonniers seraient rendus sans rançon [2]. Après la rupture de cette paix. *Napoléon*, se fondant sur ce que les Anglais avaient fait quelques prises avant la déclaration de la guerre, fit arrêter comme prisonniers de guerre tous les Anglais qui, sur la foi des traités, voyageaient en France. La Grande-Bretagne, ayant toujours regardé cette mesure comme contraire au Droit des Gens, ne voulut pas conclure de cartel par lequel on l'aurait pour ainsi dire légitimé. Cependant le cri des familles anglaises qui demandaient la liberté des leurs, engagea le ministère à entrer en pourparlers avec le gouvernement français. Il y eut à ce sujet, depuis le 1er septembre 1809, une correspondance dont la communication officielle fut vainement demandée, dans le Parlement, au mois de décembre 1810; on verra par les pièces que nous allons reproduire, qu'il s'éleva deux difficultés qui firent manquer la négociation : la première, parce que la Grande-Bretagne ne voulut reconnaître, comme prisonniers à sa charge, que les nationaux anglais, tandis que *Napoléon* prétendait comprendre dans la classe de ceux dont cette puissance devait opérer l'échange, les Allemands, Espagnols et Portugais, et les autres alliés de l'Angleterre, faisant partie de ses armées, ou faisant partie d'armées combinées avec les siennes. *Na-*

[1] Voy. Martens, *Recueil*, t. VII, 288.
[2] Voy. t. VI, p. 37 de cette *Histoire des Traités*.

poléon insistait sur ce principe, parce qu'il avait beaucoup de prisonniers espagnols qui seraient entrés ainsi en compensation des Français qui se trouvaient dans les prisons d'Angleterre. En examinant la question sous le point de vue du Droit, il paraît que la prétention du gouvernement français était fondée, à l'égard des troupes portugaises ou autres qui, étant à la solde de l'Angleterre, devaient être regardées comme de véritables troupes anglaises. Il n'en était pas de même des simples alliés, dont les troupes avaient été réunies aux troupes anglaises, comme celles des Espagnols. Ces alliés faisaient la guerre pour leur compte, et leurs troupes, quoique soutenues par l'argent de l'Angleterre, ne lui appartenaient pas; ainsi la Grande-Bretagne pouvait abandonner à ces gouvernements de stipuler l'intérêt de leurs prisonniers.

Le second point litigieux concernait la capitulation de Suhlingen du général *Wallmoden*[1]. Nous avons déjà eu occasion de remarquer que *Napoléon* et ses ministres affectaient de regarder l'électorat de Hanovre comme une province de l'Angleterre. Ils donnèrent un nouvel exemple de cette erreur, en exigeant que le Cabinet britannique reconnût le corps du général *Wallmoden* comme anglais. On prétendit, il est vrai, de la part de la France, que la plupart des hommes dont il se composait avaient été depuis au service de la Grande-Bretagne, en violation de la capitulation. Il est assurément fort difficile de vérifier l'exactitude de cette imputation.

Ce furent les clameurs de l'Opposition qui décidèrent le ministère anglais à reprendre les négociations pour l'échange des prisonniers. Un commissaire anglais, M. *Mackenzie*, arriva, au mois d'avril 1810, à

[1] Voy. t. VIII, p. 193.

Morlaix; *Napoléon* y envoya M. *Dumoustier*, désigné ministre auprès des États-Unis d'Amérique.

Le gouvernement anglais demanda d'abord qu'on acceptât la base du cartel de 1798, où il n'est pas question d'alliés, et d'après lequel l'échange se faisait successivement et de manière qu'il fût établi une balance en faveur de l'une ou de l'autre puissance. Le commissaire français ayant refusé de traiter d'un cartel, si de la part de la Grande-Bretagne on ne voulait y comprendre les alliés des deux puissances, M. *Mackenzie* demanda à connaître la base que le gouvernement français voudrait adopter, en supposant que l'Angleterre admît le principe général de comprendre les alliés. A cette ouverture verbale, M. *Dumoustier* répondit, par une lettre du 25 mai 1810, que son gouvernement proposait, comme base, la libération générale, absolue et simultanée de tous les prisonniers de guerre faits jusqu'alors par les deux masses belligérantes, dans quelque contrée qu'ils se trouvassent. Ainsi tous les Français, Italiens, Hollandais, Napolitains, et généralement tous les sujets d'une puissance amie de la France, ou au service d'une telle puissance, prisonniers de guerre en Angleterre, en Espagne, en Sicile, en Portugal, au Brésil ou dans tout autre pays allié ou dépendant de l'Angleterre, ou occupé par les troupes anglaises, devaient être rendus, de même que les Russes, Danois et tous autres au service de la Russie et du Danemark; par contre, la France offrait de rendre tous les Anglais et tous autres au service de l'Angleterre, tous les Siciliens, Portugais, Espagnols, Hanovriens et autres sujets des puissances alliées de l'Angleterre et tous autres au service de ces puissances qui se trouvaient prisonniers de guerre en France, en Italie, en Hollande, à Naples, etc.;

enfin de faire rendre ceux qui se trouvaient détenus en Russie et en Danemark.

Le jour même où M. *Dumoustier* remit à M. *Mackenzie* un projet de convention rédigé d'après ces bases, il lui déclara que si le gouvernement anglais ne voulait pas l'accepter, il était autorisé à lui proposer la base du cartel de 1780. Cette seconde proposition ne différait pas beaucoup de la première, puisque le commissaire français sous-entendait toujours que le cartel comprendrait aussi les alliés réciproques.

Le 23 juin, M. *Mackenzie* remit un contre-projet dans lequel il admit également le principe d'une libération générale des prisonniers des deux masses belligérantes, mais avec cette différence qu'il avait pour but de faire d'abord un échange successif des prisonniers anglais contre un nombre égal de prisonniers français, jusqu'à ce que tous les prisonniers anglais eussent été mis en liberté; après quoi, la Grande-Bretagne mettrait encore en liberté deux mille prisonniers français pour former une balance avec deux mille Hanovriens, maximum de ceux compris dans la capitulation de Suhlingen, qui étaient au service de la Grande-Bretagne. Enfin l'échange successif des prisonniers de guerre français en Espagne et dans ses dépendances, et des prisonniers espagnols en France ou en Espagne ou dans les pays dépendants de l'Espagne, devait avoir lieu jusqu'à ce que tous les prisonniers de guerre français en Espagne auraient été relâchés. Lorsque, d'une part, tous les prisonniers anglais en France, en Italie et dans leurs dépendances, et, de l'autre, tous les prisonniers français en Espagne et sa dépendance, auraient été échangés, la balance réciproque serait mise en liberté; de manière qu'aucun prisonnier français ne resterait en Angleterre, et aucun prisonnier espagnol ne resterait en France, en

Italie et leurs dépendances. Ces deux sortes de prisonniers seront échangés les uns contre les autres, jusqu'à ce que la balance soit épuisée; le surplus sera également mis en liberté, mais sur parole de ne pas servir avant un échange régulier. De la même manière l'échange devait se faire entre les Portugais et Siciliens prisonniers en France d'une part, et les prisonniers français entre les mains des Portugais et des Siciliens, de l'autre. Il était dit dans le contre-projet que les deux gouvernements se chargeraient de communiquer à leurs alliés respectifs la teneur de cette convention, et d'user de leur influence pour les engager à y accéder.

M. *Dumoustier* fit, le 2 juillet, des objections contre ce projet, auxquelles M. *Mackenzie* répondit le 1er août. Voici la principale de ces objections : le projet anglais a pour but de faire dépendre l'échange des prisonniers français qui resteront après que tous les Anglais auront été libérés, du résultat des négociations qui seront ouvertes avec les Juntes espagnoles; mais on ne peut pas négocier avec ces Juntes, parce qu'elles ne forment pas un seul gouvernement et qu'elles n'ont pas d'existence stable : or, si on ne peut exécuter avec elles la partie du contre-projet pour laquelle leur assentiment est requis, la libération des Français restés dans les prisons d'Angleterre ne pourra être exécutée.

Le commissaire anglais convient, dans sa réponse, qu'il est impossible de garantir à la France l'exécution complète du principe général dont elle demandait l'admission; il observe que l'objection faite sous ce rapport, contre le projet anglais, s'applique également au projet français, puisque, nonobstant l'énonciation du principe de l'échange universel dans quelques-uns de ses articles, l'exécution de ce principe, en tant qu'il s'étend à l'échange entre la France et l'Espagne (sans nommer d'autres puissances), a été placée sous la dépendance du consentement des gouvernements respectifs, et que le seul point proposé comme devant être définitivement arrêté, était la restitution à la France, sans délai et en masse, de tous les prisonniers français en Angleterre, et à l'Angleterre celle de tous les prisonniers anglais en France; stipulation dont l'avantage se trouvait du côté de la France. Quant à la négociation avec plusieurs Juntes espagnoles, le commissaire anglais s'en réfère aux termes mêmes de son contre-projet, où il n'est pas question d'une négociation à laquelle la France serait assujettie, mais d'un consentement que la Grande-Bretagne promettait de faire donner par ses alliés. M. *Mackenzie* observe, au surplus, qu'un gouvernement capable de faire mouvoir des armées, et en état de faire des prisonniers à ses ennemis, est au moins compétent pour traiter avec eux de l'échange de ces prisonniers. « Ce gouvernement, dit-il, que la Grande-Bretagne avoue pour son allié, doit au moins être consulté par elle sur ce qui concerne ses intérêts, ses sentiments et son honneur. C'est à ce gouvernement à décider s'il veut acquérir la délivrance de tant de milliers d'Espagnols, qui peuvent coopérer à sa défense, en promettant pour ce prix la délivrance de tant de milliers de Français qui peuvent coopérer à son attaque. »

Le commissaire anglais offrit cependant d'ajouter à son contre-projet un article additionnel portant que, dans le cas où le gouvernement d'Espagne n'adhérerait pas à la convention dans l'espace de trois mois, les sujets français qui pourraient demeurer prisonniers entre les mains des Anglais, seraient libérés sans délai et sur l'engagement de ne pas servir militairement contre la Grande-Bretagne ni ses alliés, avant d'avoir été régulièrement échangés contre tels prisonniers anglais qui pourraient par la suite tomber entre les mains de la France, et qui seront, en conséquence, immédiatement libérés d'époques à époques jusqu'à ce que le surplus des prisonniers français se trouve épuisé.

M. *Dumoustier* ne répondit que le 30 août : il dit que l'article additionnel n'était admissible qu'en y ajoutant la condition qu'on renverra de suite en France, et sans attendre trois mois, tous les prisonniers français. Il se résume en déclarant :

1° Que le gouvernement français offrait un échange général, homme pour homme et grade pour grade, en considérant comme égaux et plaçant sur la même ligne Espagnols, Portugais, Anglais, Français, Italiens, etc.;

2° Que la France consentirait même à ce que tous les Français fussent renvoyés en France et tous les Anglais en Angleterre, et que le nombre des prisonniers français excédant celui des Anglais, restât en France prisonnier sur parole, soumis aux conditions de l'article additionnel;

3° Que la France consentirait à tout pacte qui aurait pour but de libérer à la fois tous les Français qui étaient en Angleterre, mais que jamais elle ne consentirait à libérer seulement une partie des prisonniers français, et en laisser la majorité en Angleterre abandonnés sans garantie et sans espérance.

M. *Dumoustier* joignit à son office un projet de convention rédigé en ce sens, et d'après lequel tous les prisonniers de toutes les nations devaient être mis en liberté, et on devait faire l'échange de la manière suivante : trois mille Français seront envoyés en France contre mille Anglais qui seront renvoyés en Angleterre. La France tiendra à la disposition de la

Grande-Bretagne deux mille Espagnols ou autres alliés de cette puissance; et, si elle ne disposait pas de ces prisonniers, les deux mille prisonniers français seront échangés contre tels prisonniers britanniques qui pourraient tomber au pouvoir de la France. Indépendamment de ces échanges, la Grande-Bretagne devait renvoyer purement et simplement huit mille Français pour former une balance avec les dix-sept mille Hanovriens compris dans la capitulation de Suhlingen.

Le 22 septembre, M. *Mackenzie* fit un pas de plus pour lever toutes les difficultés. Il déclara qu'au lieu de renvoyer l'échange du surplus des prisonniers français restant en Angleterre pour le surplus des prisonniers espagnols restant en France, jusqu'après la consommation finale de l'échange, homme pour homme et rang pour rang, entre la France et l'Angleterre, le gouvernement anglais consentirait à ce que l'échange de ce surplus eût lieu immédiatement et sans attendre la conclusion de l'échange définitif.

Il déclara en même temps que le gouvernement de l'Espagne avait autorisé celui de la Grande-Bretagne à accepter l'échange des prisonniers espagnols en retour de prisonniers français, et que ce même gouvernement était disposé à une convention pour un échange général dont on pourrait convenir. M. *Mackenzie* fait observer que cette circonstance rend superflue toute discussion ultérieure sur l'article additionnel. Il consent à porter à trois mille le nombre des prisonniers français à libérer par rapport aux Hanovriens compris dans la capitulation de Suhlingen, et cela indépendamment d'autres mille neuf cents qui devaient également être libérés immédiatement par rapport à la garnison de Saint-Domingue. Pour cette dernière disposition, M. *Mackenzie* se réfère à une communication qui avait été faite le 19 janvier 1810 par le Transport-office, mais dont il n'explique pas le contenu.

Le gouvernement français ayant persisté dans ses demandes, la négociation fut rompue, et M. *Mackenzie* mit à la voile le 6 novembre. C'est alors que le Cabinet des Tuileries fit publier la correspondance échangée entre les deux négociateurs, précédée d'un préambule où se trouve le passage suivant :

« L'Angleterre feignit d'adopter le principe; on crut l'échange terminé; mais, dans ses projets de cartel, l'Angleterre laissa percer ses véritables intentions. On voit qu'en paraissant adopter le principe d'échange, elle tendait un piége. Elle voulait, sous ce prétexte, retirer les prisonniers qu'elle a en France en échange d'un nombre égal des prisonniers français qui sont en Angleterre, faire ensuite naître des incidents pour garder les vingt mille prisonniers français qui resteraient encore à échanger, et laisser en France les prisonniers espagnols dont elle ne se soucie guère. Le piége était trop grossier : l'Angleterre acceptait le principe d'un échange général, et se réservait en même temps le moyen de n'exercer qu'un échange partiel lorsqu'elle aurait eu tous ses prisonniers à Londres; car ce n'est certainement pas le cas qu'elle fait des prisonniers espagnols qui l'aurait portée à respecter le traité et à renvoyer en France le reste des prisonniers français. Les négociateurs anglais appelaient cela accorder le principe de l'échange, homme pour homme, grade pour grade, des deux masses en total, mais simultanément. Aussi ont-ils jeté le masque et rompu la négociation lorsqu'on leur a présenté les conditions d'un cartel qui exécutait l'échange avec bonne foi, c'est-à-dire en établissant un échange de trois mille Français et alliés de la France contre trois mille Anglais et alliés de l'Angle terre, dans la proportion où se trouvaient les prisonniers dans les masses, savoir trois mille Français contre mille Anglais et deux mille Espagnols. La proportion de la masse des prisonniers était dans ce rapport.

« Les pièces qu'on va lire et qui toutes sont officielles justifient cette assertion. »

Note de M. Dumoustier.

Morlaix, 25 mai 1810.

« Le soussigné, commissaire français nommé pour l'établissement d'un cartel d'échange des prisonniers de guerre, a l'honneur de faire connaître à M. Colin Alexandre *Mackenzie*, commissaire britannique, nommé pour cette négociation, qu'il a soumis au gouvernement français les propositions verbales que lui a faites M. *Mackenzie*, de terminer par un seul acte de grandeur et d'humanité les malheurs déjà trop prolongés des prisonniers de guerre des puissances belligérantes.

« Le gouvernement français, empressé de saisir toute proposition propre à arrêter les pleurs de tant de familles privées de ceux qui leur appartiennent, et à rendre à la liberté cette masse infortunée qui gémit depuis trop longtemps dans les fers, a autorisé le soussigné à exprimer qu'il considère comme une grande et noble idée celle émise par M. *Mackenzie*. En conséquence, le soussigné a l'honneur de proposer à M. *Mackenzie* d'adopter pour base de la négociation la libération générale, absolue et simultanée de tous les prisonniers de guerre faits jusqu'à ce jour par les deux masses belligérantes, dans quelque contrée qu'ils se trouvent.

« A cet effet, le soussigné présente le projet de cartel ci-joint, qui tend à lever toutes difficultés, et à opérer généralement, sans discussion et par un pur élan d'humanité, le plus grand bien que chacune des puissances belligérantes puisse procurer à ceux de ses sujets que le sort des armes a rendus victimes de la guerre.

« Le soussigné a l'honneur d'offrir à M. *Mackenzie* l'assurance de sa haute considération. »

Projet du cartel accompagnant la note n° 1.

« *Art.* 1er. Tous les Français, Italiens et tous autres au service de France ou d'Italie, tous les Hollandais et Napolitains, et tous autres sujets des puissances amies de la France ou au service de ces puissances, qui sont aujourd'hui prisonniers de guerre en Angleterre, en Espagne, en Sicile, en Portugal, au Brésil, ou dans tout autre pays allié ou dépendant de l'Angleterre, ou occupé par les troupes anglaises, seront, sans exception et sans considération de grade ou qualité, mis en liberté.

« Il en sera de même des Russes, des Danois et de tous autres au service de la Russie et du Danemark, qui sont prisonniers de guerre en Angleterre ou dans les pays alliés ou dépendants de l'Angleterre.

« *Art.* 2. Tous les Anglais, et tous autres au service de l'Angleterre, tous les Siciliens, Portugais, Espagnols, Hanovriens et autres sujets des puissances alliées de l'Angleterre, et tous autres au service de ces puissances, qui sont aujourd'hui prisonniers de guerre en France, en Italie, en Hollande, à Naples ou dans tout autre pays allié ou dépendant de la France, ou occupé par les troupes françaises, seront, sans exception et sans considération de grade ou qualité, mis en liberté.

« Il en sera de même des prisonniers de guerre appartenant à l'Angleterre et à ses alliés, qui se trouvent détenus en Russie et en Danemark, et dans les pays alliés ou dépendants de ces puissances.

« *Art.* 3. Il est entendu que, pour l'exécution des deux articles précédents, tout prisonnier de guerre appartenant aux deux masses belligérantes, fait avant et jusques et compris le jour de la signature du présent cartel, sera libéré dans le délai dont il sera ultérieurement convenu pour chaque pays ci-dessus indiqué.

« *Art.* 4. L'exécution des articles ci-dessus aura lieu de la manière suivante :

« 1° Tous les prisonniers de guerre de France et d'Italie qui sont détenus en Angleterre ou dans les possessions ou dépendances anglaises, de quelque grade ou qualité qu'ils soient, seront transportés, sans délai et en masse, dans leur patrie, où la remise en sera faite à des commissaires français nommés à cet effet.

« 2° Tous les prisonniers de guerre de l'Angleterre, détenus en France, en Italie et dans les dépendances de la France et de l'Italie, de quelque grade ou qualité qu'ils soient, seront transportés, sans délai et en masse, dans leur patrie, où la remise en sera faite à des commissaires anglais nommés à cet effet.

« 3° Tous les Hanovriens faisant partie de l'armée de Hanovre, qui ont été ou qui sont au service de l'Angleterre, ne seront point inquiétés dans leurs biens : ils seront censés échangés ou l'avoir été; et ceux de cette armée, actuellement existants en Hanovre, seront déliés de l'obligation que leur imposait la capitulation du....

« 4° Tous les Français détenus en Espagne ou dans

les pays appartenant à l'Espagne, et tous les Espagnols détenus comme prisonniers de guerre en France ou en Espagne, devant être mis en liberté, l'échange en sera fait, soit entre les généraux français et les gouvernements des villes espagnoles qui leur sont opposées, soit en renvoyant par mer, à Toulon ou Rochefort, les Français détenus dans les différentes villes ou îles d'Espagne, soit par l'envoi qui en sera fait aux avant-postes des différents corps de l'armée française en Espagne.

« 5° La libération des Espagnols prisonniers de guerre en France aura lieu par des renvois successifs en Angleterre ou dans les différentes villes d'Espagne dont on sera convenu, de cinq cents Espagnols pour cinq cents Français, à fur et mesure que ceux-ci auront été rendus par les gouvernements espagnols.

« Lorsque tous les prisonniers de guerre français détenus en Espagne auront été ainsi échangés contre égal nombre de prisonniers espagnols, tout ce qui restera au pouvoir de la France de prisonniers de guerre espagnols, faits avant, et jusques et compris le jour de la signature au présent cartel, sera mis en liberté, et renvoyé en Angleterre ou dans les villes d'Espagne dont on sera convenu; de sorte que, pour l'exécution de cet article, il ne restera en France aucun des susdits prisonniers de guerre espagnols.

« 6° Le mode de libération des prisonniers de guerre portugais et siciliens détenus en France sera le même que celui indiqué à l'article précédent.

« *Art.* 5. Le gouvernement britannique s'entendra pour l'application des principes convenus dans le présent cartel, avec les gouvernements russes et danois, en ce qui concerne chacun de ces gouvernements.

« *Art.* 6. Il sera nommé un commissaire français et un commissaire anglais pour résider, le premier à

Londres et le second à Paris, à l'effet de veiller à l'exécution de cette convention.

« *Art.* 7. Il sera pourvu, par une convention particulière, à ce qui intéresse les prisonniers qui pourraient être faits ultérieurement de part et d'autre, de manière à tempérer les malheurs de la guerre par tout ce que l'humanité peut inspirer en faveur de ceux qui en sont les victimes.

Traduction d'une Note de M. Mackenzie.

« Le soussigné, commissaire britannique pour la négociation d'un cartel d'échange de prisonniers de guerre, a eu l'honneur de se rendre ce matin chez M. *Dumoustier*, commissaire français, pour lui exprimer la continuation et la sincérité du désir du gouvernement britannique, de mettre un terme à la captivité des sujets des deux nations respectives, et pour lui détailler les divers sacrifices auxquels le gouvernement britannique consent, dans l'espoir d'établir un cartel semblable à celui qui a eu lieu en 1798.

« Le soussigné ayant été autorisé, dans le cas où le gouvernement français se refuserait d'accepter la base du cartel de 1798, à demander à M. *Dumoustier* d'avoir la bonté de l'informer, d'une manière précise, de ce que le gouvernement français aurait à proposer en échange du surplus des prisonniers français en Angleterre, avec l'explication détaillée du plan d'exécution; le soussigné a reçu en réponse de M. *Dumoustier* une note à laquelle était joint un projet de cartel établi sur le principe de la libération générale, absolue et simultanée de tous les prisonniers de guerre faits jusqu'à ce jour, par les deux masses belligérantes, dans quelque contrée qu'ils se trouvent.

« Le soussigné ne se permettra de faire aucune remarque sur le projet ci-dessus, qu'il est de son devoir de porter sans délai à la connaissance du gouvernement de Sa Majesté. Il se bornera à observer à M. *Dumoustier*, que les questions qui lui ont été adressées par le soussigné, le 24 avril, jour où, pour la première fois, il a eu l'honneur de le voir à Morlaix, ne se rapportaient uniquement qu'aux explications nécessaires à l'objet de la discussion relative aux prisonniers français en Angleterre ; et il exprimera encore à M. *Dumoustier* qu'il ne saurait être considéré comme étant le garant, ni le gouvernement britannique réputé par là avoir accédé en aucune manière à la question de comprendre ses alliés dans le traité proposé.

« Le soussigné saisit cette occasion pour exprimer à M. *Dumoustier* les assurances de sa haute considération.

« *Signé* C. A. Mackenzie.

« Morlaix, le 25 mai 1810. »

Note de M. Dumoustier, 26 *mai* 1810.

« Le soussigné, commissaire français nommé pour l'établissement d'un cartel d'échange des prisonniers de guerre, a l'honneur de faire connaître à M. Colin Alexandre *Mackenzie*, commissaire britannique nommé pour cette négociation, que si l'Angleterre se refuse à la proposition faite de prendre pour base du cartel à établir, le principe de la libération générale et absolue de tous les prisonniers de guerre des deux masses belligérantes, lui soussigné est autorisé à proposer de substituer à cette base celle du cartel de 1780 entre la France et l'Angleterre.

« Le soussigné saisit cette occasion de réitérer à M. Colin Alexandre *Mackenzie* l'assurance de sa haute considération. »

Traduction d'une Note de M. Mackenzie.

« Le soussigné, commissaire britannique pour la négociation d'un cartel d'échange de prisonniers de guerre, reconnaît avoir reçu de M. *Dumoustier*, commissaire français, une Note en date du 26 mai, par laquelle celui-ci se trouve autorisé de proposer les bases du cartel qui a eu lieu en 1780, entre l'Angleterre et la France, dans le cas où le gouvernement britannique n'accepterait pas le principe d'une libération générale de tous les prisonniers de guerre des puissances belligérantes, ainsi qu'il est établi dans la note reçue hier matin.

« Le soussigné renouvelle à M. *Dumoustier* l'assurance de sa haute considération.

« *Signé* C. A. MACKENZIE.

« Morlaix, le 27 mai 1810. »

Traduction d'une Note de M. Mackenzie.

« Le soussigné, commissaire pour l'échange des prisonniers de guerre britanniques, a l'honneur d'informer M. *Dumoustier*, commissaire français pour l'échange des prisonniers français, qu'il n'a pas manqué de soumettre à son gouvernement le projet de cartel qui lui a été communiqué avec la note de M. *Dumoustier*, du 25 mai, et il éprouve une grande satisfaction en étant autorisé à communiquer à M. *Dumoustier* le projet ci-inclus, d'une convention pour un échange de prisonniers, qui admet le principe général de la proposition française, et adopte quant à son exécution et à l'égard de toutes les puissances belligérantes, le mode que M. *Dumoustier* a proposé d'établir entre la France et l'Espagne.

« Le soussigné, en s'attendant avec l'espérance la plus vive (et qu'il croit la mieux fondée) à trouver le gouvernement français disposé à acquiescer aux propositions, aussi justes que libérales, contenues dans ce projet, a l'honneur de renouveler à M. *Dumoustier* l'assurance de sa haute considération.

« *Signé* C. A. MACKENZIE.

« Morlaix, le 23 juin 1810. »

Traduction d'un projet de convention pour l'échange de prisonniers de guerre, accompagnant la note de M. Mackenzie, du 23 juin.

« *Art.* 1er. Tous les Anglais, tous les Espagnols, Portugais, Siciliens, Hanovriens et tous autres, sujets ou au service de la Grande-Bretagne ou des puissances alliées de la Grande-Bretagne, qui sont maintenant prisonniers de guerre en France, en Italie, à Naples ou dans tous les autres pays alliés ou dépendants de la France, seront mis en liberté sans exception.

« *Art.* 2. Tous les Français, Italiens et autres personnes au service de France et d'Italie, tous les Hollandais et Napolitains et tous autres sujets ou au service des puissances alliées de la France, qui sont maintenant prisonniers de guerre en la Grande-Bretagne, en Espagne, en Sicile, en Portugal, au Brésil ou en tous autres pays alliés de la Grande-Bretagne ou occupés par des troupes britanniques, seront mis en liberté sans exception.

« *Art.* 3. Il est entendu qu'en conséquence des deux articles précédents, tous les prisonniers de guerre appartenant à la France et à ses alliés, à la Grande-Bretagne et à ses alliés respectivement, faits pendant et avant la signature de la présente convention, seront mis en liberté de la manière qui va être statuée ci-après par rapport à chaque pays respectivement.

« *Art.* 4. L'exécution des articles précédents aura lieu ainsi qu'il suit :

« § 1er. Tous prisonniers britanniques de tout rang et qualité détenus en France et en Italie, et dans les dépendances de la France et de l'Italie, seront mis en liberté; et leur échange commencera immédiatement après la signature de cette convention, en envoyant, à Deal ou Portsmouth, ou tel autre port d'Angleterre, dans la Manche, dont on pourra convenir, ou bien en remettant entre les mains de commissaires britanniques désignés pour les recevoir, mille prisonniers britanniques pour mille prisonniers français qui seront mis en liberté par le gouvernement britannique, ainsi qu'il va être dit.

« § 2. Tous les prisonniers français de tout rang et qualité, maintenant détenus dans la Grande-Bretagne ou dans les possessions britanniques, seront mis en liberté. Leur échange commencera à avoir lieu immédiatement après la signature de cette convention, et s'opérera par l'envoi successif à Morlaix ou dans tel autre port français, dans la Manche, dont on sera convenu, ou par la remise entre les mains des commissaires français chargés de les recevoir, de mille Français pour mille prisonniers anglais, au fur et à mesure que le gouvernement français relâchera ceux-ci.

« § 3. Ces remises successives et réciproques continueront à avoir lieu jusqu'à ce que tous les prisonniers britanniques en France, en Italie ou dans leurs dépendances, aient été mis en liberté.

« § 4. La Grande-Bretagne s'engage aussi à mettre en liberté, indépendamment et en sus des quantités échangées contre des prisonniers britanniques en conséquence de l'arrangement susmentionné, deux mille prisonniers français, pour former une balance avec deux mille Hanovriens, ce nombre étant le montant le plus considérable de ceux qui, compris dans la capitulation du comte de *Wallmoden*, sont ou peuvent être maintenant au service de la Grande-Bretagne.

« § 5. L'estimation numérique, suivant laquelle les individus de grades et de qualités supérieurs, seront évalués pour former le nombre de mille ainsi échangés, sera faite par rapport aux personnes appartenant à l'armée de terre et de mer, d'après l'échelle de proportion de la convention de 1798, et par rapport aux personnes détenues en France en 1803, d'après l'échelle suivante, savoir :

« Le comte de *Beverley* sera échangé contre un officier général du plus haut grade parmi les prisonniers actuellement en Angleterre.

« Les fils de pairs et les conseillers privés seront assimilés en rang aux colonels ou aux capitaines de vaisseau.

« Les barons et chevaliers, à des officiers supérieurs et à des capitaines de frégate.

« Les gentlemen, sans autre distinction de rang, à des capitaines de la ligne ou à des lieutenants de vaisseau.

« Les commerçants (petite bourgeoisie), à des officiers subalternes.

« Les domestiques et tous autres détenus à des soldats ou matelots.

« Néanmoins on n'aura recours au principe de compléter les quantités, par l'application aux rangs d'une valeur numérique, que dans le cas seulement où il ne se trouverait pas un nombre suffisant d'individus à échanger l'un contre l'autre, grade pour grade.

« § 6. Quand tous les prisonniers britanniques détenus en France, en Italie, et dans leurs dépendances, auront été échangés contre un nombre égal de prisonniers français détenus en Angleterre et dans ses possessions (comptés et évalués suivant le principe établi dans la section précédente de cet article), la balance des prisonniers français qui pourra se trouver encore entre les mains de la Grande-Bretagne, sera mise en liberté et renvoyée en France de la manière et d'après les conditions ci-dessous exprimées, en sorte qu'aucun prisonnier français ne restera en Angleterre ni dans ses possessions.

« § 7. Tous prisonniers de guerre français en Espagne et dans ses dépendances, et tous les prisonniers de guerre espagnols en France ou en Espagne, ou dans les pays dépendants de la France, seront réciproquement mis en liberté par un échange qui aura lieu, soit entre les généraux espagnols et français, soit au moyen de l'envoi par mer à Toulon et Rochefort, des Français détenus en Espagne.

« § 8. La mise en liberté des prisonniers de guerre espagnols en France aura lieu, soit par l'envoi successif à Cadix, à Valence ou dans tel autre port espagnol dont on pourra convenir, de mille ou cinq cents Espagnols, pour mille ou cinq cents Français, aussitôt et dans la même proportion que ces derniers auront été mis en liberté.

« § 9. Les mises en liberté successives et réciproques continueront à avoir lieu jusqu'à ce que tous les prisonniers français en Espagne aient été relâchés.

« § 10. L'estimation numérique suivant laquelle les individus de grades ou qualités supérieurs seront évalués à l'effet de compléter le nombre de mille ou cinq cents à échanger ainsi entre l'Espagne et la France, sera faite d'après l'échelle de proportion établie dans la convention de 1798. La Grande-Bretagne invitera l'Espagne à y consentir, comme d'ailleurs les gouvernements espagnols et français pourront s'en entendre entre eux.

« § 11. Quand tous les prisonniers français détenus en Espagne auront été ainsi échangés contre un égal nombre d'Espagnols, et dans la forme établie ci-dessus, la balance qui demeurera dans les mains de la France ou de ses alliés, de prisonniers espagnols pris pendant ou avant le jour de la signature de cette convention, sera mise en liberté de la manière et sous les conditions suivantes, en sorte qu'à la conclusion du cartel il ne reste plus aucun prisonnier de guerre espagnol en France, en Italie ou dans leurs dépendances.

« § 12. Les prisonniers espagnols composant ladite balance, seront envoyés en Espagne par des remises successives de mille hommes; et aussitôt, et dans la proportion qu'ils seront ainsi libérés, la Grande-Bretagne enverra en France une quantité égale de prisonniers français tirés du nombre composant la balance restée entre ses mains.

« § 13. Quand la balance d'un côté ou de l'autre sera épuisée, le surplus, de quelque côté qu'il puisse se trouver, sera immédiatement remis en liberté (mais sous parole de ne pas servir avant un échange régulier), et renvoyé dans le pays auquel il appartiendra, de la même manière, et sous la même forme de transport d'après lesquelles l'échange mutuel aura été conduit; en sorte qu'à la conclusion du présent cartel aucun prisonnier ne demeure dans les mains de la Grande-Bretagne, de l'Espagne, de la France, de leurs alliés ou de leurs dépendances et possessions.

« § 14. Tous les Portugais ou Siciliens prisonniers en France, ou dans les pays alliés ou dépendants de la France, et tous les prisonniers appartenant à la France et aux pays qui lui sont alliés, entre les mains des Portugais et des Siciliens, seront réciproquement mis en liberté de la même manière, et d'après les mêmes termes établis précédemment à l'égard des Français et Espagnols, sauf les changements qui pourront être commandés par les circonstances ou la situation de ces pays.

« *Art.* 5. La priorité et l'ordre de date de la mise en liberté des différentes personnes à échanger par cette convention, seront réglés suivant la priorité et l'ordre de date de leurs prises et de la durée de leurs captivités respectives, sous la réserve cependant qu'un quart au plus du nombre d'Anglais qui seront remis chaque fois en liberté, pourra se composer des personnes détenues en France en 1803.

« *Art.* 6. Les gouvernements britannique et français se chargent de communiquer à leurs alliés respectifs la teneur de cette convention, et d'user de leur influence pour les engager à y accéder.

« *Art.* 7. Un commissaire britannique et un commissaire français seront nommés pour résider, le premier à Paris et le dernier à Londres, pour veiller à l'exécution de cette convention.

« *Art.* 8. Une convention séparée sera arrêtée aussitôt que possible, entre la Grande-Bretagne et la France, pour régler l'échange des prisonniers de guerre qui pourraient être faits, par la suite, des deux côtés, de manière à soulager, autant que faire se pourra, les maux et les malheurs qui accompagnent les chances de la guerre. »

Note de M. Dumoustier.

2 juillet 1810.

« Le soussigné, commissaire nommé pour l'échange des prisonniers de guerre français, a mis sous les yeux de son gouvernement la note et le contre-projet de cartel que M. *Mackenzie* lui a remis le 23 juin. Il a eu l'ordre d'y faire la réponse suivante :

« Le contre-projet présenté par M. *Mackenzie*, au nom de son gouvernement, pour l'établissement du cartel, émet, comme le projet du soussigné, le principe de la libération générale des prisonniers des deux masses belligérantes.

« Une fois d'accord sur ce point, il paraît impossible de ne pas se réunir sur les moyens d'exécution; car on n'est pas convenu du principe pour adopter, de part ou d'autre, des moyens qui tendraient à en annuler ou éluder les conséquences les plus importantes.

« C'est sous ce point de vue qu'on va considérer le contre-projet.

« Il a pour but de faire d'abord un échange partiel des prisonniers anglais contre un égal nombre de prisonniers français, et de faire ensuite dépendre l'échange du reste des prisonniers français du résultat des négociations qui seront ouvertes à cet effet avec les Juntes espagnoles.

« Mais ces Juntes ne sont pas un seul gouvernement;

« Celle de Galice n'a rien de commun avec la Junte de Cadix, ni celle-ci avec celle de Valence;

« Ces gouvernements changent de direction à chaque instant d'après les orages populaires; aucune affaire ne peut se suivre près d'eux; et l'on ne peut subordonner la libération des prisonniers français qui resteraient en Angleterre aux décisions de pareilles assemblées.

« Le gouvernement français a la conscience que les Juntes de Galice, de Valence et autres gouvernements insurgés en Espagne seront soumis ou auront disparu très-prochainement; il deviendra alors évidemment impossible d'exécuter avec eux les paragraphes 11 et 12 de l'article 4 du contre-projet britannique; et alors aussi on peut prévoir que l'Angleterre se refusera à libérer les prisonniers français qui seront restés en son pouvoir après l'échange des prisonniers anglais.

« Ainsi, l'adoption du contre-projet britannique ne serait que celle d'un échange partiel qui libérerait la totalité des prisonniers anglais, et partie seulement des prisonniers français; et le but de la libération générale, sur lequel les deux gouvernements sont d'accord, se trouverait manqué.

« Soit que les Juntes espagnoles se refusent à l'échange proposé, soit qu'il soit impossible de suivre des affaires avec ces assemblées, soit qu'elles cessent prochainement d'exister, voilà trois barrières qui s'opposeront à l'exécution des paragraphes précités 11 et 12, et qui empêcheront d'exécuter la libération des Français restés dans les prisons d'Angleterre.

« Le seul et incontestable moyen d'exécuter complétement le principe convenu de l'échange général, c'est de faire venir dans la rade de Calais tous les prisonniers français et des puissances alliées de la France qui sont en Angleterre, d'y faire venir aussi tous les prisonniers anglais, avec un nombre d'alliés de l'Angleterre, faisant ensemble un nombre égal à celui des

Français ou alliés des Français prisonniers en Angleterre, et là, de consommer l'échange.

« Par ce moyen, cet échange, qui ne dépend que de la volonté des deux gouvernements, sera réel.

« De Calais, le gouvernement britannique pourra transporter les prisonniers espagnols sur les points de l'Espagne encore insurgés, ou en faire ce qui lui conviendra.

« Cette marche est simple et sans obstacle, parce que le concours des deux gouvernements lui suffit.

« Tous les prisonniers français au pouvoir de l'Angleterre et tous les Anglais au pouvoir de la France étant libérés par ce moyen, le surplus des prisonniers espagnols sera échangé contre des Français prisonniers en Espagne; et, à cet effet, le gouvernement britannique promettrait son intervention (autant que les circonstances le rendraient praticable) pour faire opérer l'échange.

« Le soussigné se flatte que la justesse de ces observations frappera M. le commissaire britannique, et qu'il reconnaîtra qu'on ne peut faire dépendre l'exécution d'un principe avoué par les deux gouvernements de la volonté de gouvernements insurrectionnels qui, si l'on considère les forces immenses dont le calme qui vient de s'opérer dans le Continent, permet à la France de disposer, ne peuvent évidemment durer le temps nécessaire pour exécuter dans leur entier les articles du contre-projet.

« Ce n'est point par esprit d'orgueil ou de présomption que le soussigné insiste sur cette dernière opération, mais seulement pour compléter la preuve que cet événement venant à arriver, l'exécution des paragraphes 11 et 12 de l'article 4 du contre-projet deviendra impossible, et que la situation des prisonniers français restant en Angleterre se trouvera désespérée et sans exemple.

« En effet, dans l'acte actuel de la balance des prisonniers de guerre entre la France et l'Angleterre, il est évident que, par rapport à la population respective des deux nations, il y a, chez l'une et l'autre, proportion à peu près égale de prisonniers de guerre; par conséquent proportion égale de vœux formés en France et en Angleterre pour leur libération; proportion égale de garantie sur le traitement qu'ils éprouvent, et de faculté de représailles, si les circonstances le rendaient nécessaire.

« Mais si nous commençons à délivrer tous les prisonniers anglais, l'Angleterre se trouvera aussitôt désintéressée sur ce genre de malheur, tandis que les Français restant en Angleterre s'y trouveront sans garantie d'échange, et sans garantie du traitement qu'on leur fera éprouver.

« C'est sur ce raisonnement qu'est fondé le principe d'un échange général et le principe convenu; c'est ce même raisonnement qui, en *raison*, en *politique* et en *humanité*, ne permet pas d'admettre des moyens d'exécution tendant directement ou indirectement à en modifier les conséquences.

« Le soussigné n'élèvera point une question qui serait ici déplacée, en entrant dans le détail de la situation déplorable des prisonniers français en Angleterre, entassés dans des pontons, où ils sont privés de tout exercice. Renfermés par milliers dans la prison de Dartmoor, présentée, par tous les rapports qui sont parvenus, comme située dans le lieu le plus malsain de toute l'Angleterre; respirant dans cette prison, comme dans les pontons, et peut-être plus encore, un air fétide et corrompu, ils y contractent des maladies contagieuses qui les moissonnent par centaines, ou qui se terminent par des maux incurables, au point que, pour peu qu'ils restent encore en Angleterre, l'Angleterre n'aura à tirer d'eux aucun avantage.

« Le soussigné n'opposera pas à cette situation des prisonniers français, les bons traitements que reçoivent les prisonniers anglais en France. Distribués dans de vastes citadelles situées dans les villes les plus saines de l'Empire, ils se promènent dans toute l'étendue de ces places, aussi librement et familièrement que nos propres garnisons; et ceux d'entre eux qui sont laborieux, peuvent tirer tel parti qu'ils veulent de leurs talents et de leur industrie : aussi, point de maladie contagieuse, et moins de décès peut-être parmi eux, que s'ils étaient parfaitement libres.

« Le soussigné ne fera pas non plus d'observations sur le nombre des Hanovriens désignés par le contre-projet, ni sur l'omission de la Russie et du Danemark, qui se sont expliqués avec la France pour traiter de l'échange de leurs prisonniers de guerre.

« On ne pourra s'occuper de ces questions accidentelles que lorsqu'on sera d'accord sur les bases de la négociation.

« Le soussigné a l'honneur de réitérer à M. *Colin-Alexandre Mackenzie* les assurances de sa parfaite considération.

« 2 juillet. »

Traduction d'une Note de M. Mackenzie.

1er août 1810.

« Le soussigné, commissaire pour l'échange des prisonniers de guerre, a transmis à son gouvernement la note de M. *Dumoustier*, du 2 de juillet, à laquelle il a été autorisé de répliquer,

« Que le gouvernement britannique aperçoit avec beaucoup de regret, dans toute la note de M. *Dumoustier*, un ton d'expressions et un caractère de discussion si peu en rapport avec l'esprit de conciliation et de modération dans lequel la négociation a été conduite de la part de la Grande-Bretagne, et si peu calculée pour atteindre l'objet que les deux gouvernements professaient avoir en vue.

« Il a néanmoins été chargé d'adresser à M. *Dumoustier* les observations suivantes sur les diverses objections faites par lui sur le contre-projet britannique; observations desquelles il s'efforcera, autant que possible, d'écarter cet esprit qui altère les objections elles-mêmes.

« Le principe convenu comme la base de la convention, est établi d'une manière exacte par M. *Dumoustier* : « La libération générale, par l'échange des « prisonniers de guerre de la Grande-Bretagne et de « ses alliés, contre ceux de la France et de ses alliés « et dépendances. » Il est nécessaire néanmoins de remarquer la manière dont ce principe a été primitivement mis en avant.

« La négociation entre les deux gouvernements pour un échange de leurs prisonniers respectifs, paraissant être (par une cause quelconque) sur le point de se rompre, la proposition d'étendre l'échange à leurs alliés respectifs a été faite en termes généraux par le commissaire français, et communiquée dans des termes semblables par le soussigné à son gouvernement. Le gouvernement britannique n'a pas été surpris de cette proposition, parce qu'il y trouvait un motif suffisant dans la disproportion du nombre des prisonniers en France et de celui des prisonniers en Angleterre. Il a senti qu'en prêtant l'oreille à une pareille proposition, il se préparait à faire un grand sacrifice pour ses intérêts personnels, et que des difficultés considérables devaient se présenter dans l'arrangement des détails d'une mesure aussi étendue et sans aucun exemple : mais son désir ardent de soulager la détresse d'une masse si grande de malheureux, n'a pas permis à ces considérations d'influencer sa conduite; et le soussigné a été chargé de demander à M. *Dumoustier* de vouloir bien expliquer en détail le mode par lequel on se proposait d'exécuter un pareil arrangement, si le principe général en était adopté.

« En conséquence de cette demande, le projet français a été mis au jour, et transmis par le soussigné en Angleterre. Le gouvernement britannique a vu avec plaisir l'ensemble de ce projet; mais (indépendamment d'autres objections encore sur diverses parties de son contenu) il s'en est présenté une qui a paru insurmontable, savoir la manière par laquelle le gouvernement britannique était chargé de stipuler pour la conduite de ses alliés, sans aucune communication ou concert avec eux. Néanmoins la proposition que tous les prisonniers français en Espagne seraient échangés contre un égal nombre d'Espagnols prisonniers en France, et que le surplus serait ensuite libéré, semblait contenir un principe tout à la fois équitable en lui-même, et applicable à tous les autres échanges; et c'est sur le fond de cette proposition que le contre-projet britannique a été établi.

« L'objection principale élevée contre le contre-projet est que le complément de son exécution dépend de la volonté d'autrui. Ceci est inévitable dans une transaction dans laquelle tant de puissances différentes sont intéressées. Il est impossible d'éviter quelque délai, ou de garantir, dans toutes les hypothèses possibles, l'exécution complète d'un principe, quelque générale que soit son adoption. Une objection semblable à celle avancée maintenant contre le contre-projet britannique, peut s'appliquer au projet français lui-même; puisque, nonobstant l'énonciation du principe de l'échange universel, dans quelques-uns de ses articles, l'exécution de ce principe, en tant qu'il s'étend à l'échange entre la France et l'Espagne (sans nommer d'autres puissances), a été placée sous la dépendance du consentement des gouvernements respectifs. Le seul point proposé comme devant être définitivement arrêté, était la restitution à la France, sans délai et en masse, de tous les prisonniers français en Angleterre, et à l'Angleterre celle de tous les prisonniers anglais en France; stipulation dont tout l'avantage, nonobstant le singulier argument de M. *Dumoustier*, se trouvait du côté de la France : même suivant la proposition transmise en dernier lieu, la pleine exécution du principe, aussi loin qu'elle s'étend à tous les Français prisonniers en Espagne, et au surplus des Espagnols prisonniers en France, dépendrait du succès de l'intervention du gouvernement britannique vis-à-vis de celui de l'Espagne.

« M. *Dumoustier* remarquera, en conséquence, qu'en établissant que l'exécution d'un principe adopté tout à la fois par les gouvernements anglais et français, ne doit pas être laissée à la discrétion de ce qu'il juge à propos d'appeler les gouvernements insurrectionnels d'Espagne, il substitue à un principe réellement adopté (savoir, l'échange général de tous les prisonniers de tous les côtés), le principe mis en avant par la France (savoir, la libération de tous les prisonniers français en Angleterre contre celle de tous les prisonniers anglais en France); et alors, parce que la mesure proposée ne s'accorde pas, à certains égards, avec l'exécution d'un principe que l'Angleterre n'admet pas, il se plaint qu'elle annule ou élude les conséquences les plus importantes du principe que l'Angleterre n'admet pas.

« M. *Dumoustier* a induit également de la situation particulière de l'Espagne quelques raisons ultérieures contre l'adoption par son gouvernement du contre-projet britannique ; il avance « que l'échange du sur-« plus des prisonniers français est présenté comme « devant dépendre du résultat des négociations qui « seront ouvertes à cet effet avec les Juntes espagnoles. « Mais celles-ci, ajoute-t-il, ne sont point un seul « gouvernement : car les juntes de Galice, de Cadix « et de Valence sont indépendantes l'une de l'autre. » Le contre-projet britannique ne donne aucun fondement à cette observation : il n'y est point proposé d'ouvrir aucune négociation, ni de les ouvrir avec plusieurs assemblées différentes. L'article auquel on fait allusion porte « que la Grande-Bretagne communi-« quera les termes de la convention à ses alliés, et « qu'elle usera de son influence pour les engager à y « accéder. » Quoique tous les sacrifices se trouvassent du côté de la Grande-Bretagne, et que tous les avantages semblassent être du côté de l'Espagne, il n'en était pas moins nécessaire qu'elle fût invitée à y accéder.

« Il n'était point de la compétence des fonctions dont M. *Dumoustier* et le soussigné sont chargés, d'établir ou même de discuter la question relative au gouvernement de l'Espagne. Le soussigné doit pourtant observer qu'un gouvernement capable de faire mouvoir des armées, en état de faire des prisonniers à ses ennemis, est au moins compétent pour traiter avec eux de l'échange de ces prisonniers. Ce gouvernement, que la Grande-Bretagne avoue pour ses alliés, doit au moins être consulté par elle sur ce qui concerne ses intérêts, ses sentiments et son honneur. C'est à ce gouvernement à décider s'il veut acquérir la délivrance de tant de milliers d'Espagnols qui peuvent coopérer à sa défense, en permettant pour prix la délivrance de tant de milliers de Français qui peuvent coopérer à son attaque.

« Il n'appartient pas au soussigné d'anticiper sur la probabilité de la durée et sur l'issue finale de la lutte; mais si le renversement de ce gouvernement est si certain et si rapproché qu'il n'y ait pas assez de temps même pour lui communiquer les termes d'un cartel, il ne saurait s'abstenir de demander ce que sont devenus tous les arguments employés avec tant de chaleur pour engager la Grande-Bretagne à échanger les prisonniers français en son pouvoir, contre des prisonniers espagnols au pouvoir de la France! Si la guerre d'Espagne est de fait à sa fin, quelle raison peut-il y avoir pour qu'en pareil cas la Grande-Bretagne soit prête à faire un sacrifice pour leur échange?

« De même que l'assentiment primitif de la Grande-Bretagne à l'échange des prisonniers de ses alliés, comme s'ils étaient les siens propres, était non-seulement conciliatoire et humain, mais encore libéral au delà de tout exemple; de même les détails de l'exécution proposée par elle étaient simples et sincères, point dilatoires, mais graduels, et la référence à ses alliés n'a point été calculée pour entraver l'arrangement, mais pour écarter toute difficulté ultérieure, qui autrement s'élèverait inévitablement dans son exécution.

« M. *Mackenzie* a reçu pour instruction d'adhérer à ce projet dans sa substance et ses principes : la Grande-Bretagne consent à une libération générale de tous les prisonniers de guerre, pour être effectuée, en premier lieu, par des échanges entre les différents pays respectivement intéressés, autant que de pareils échanges peuvent être mis à exécution; et quand un allié de la Grande-Bretagne, à la conclusion d'un échange individuel entre lui et la France, aura contre lui une balance, la Grande-Bretagne suppléera au déficit, autant que cela sera en son pouvoir; et quand finalement, par leur échange, le nombre de prisonniers du côté de la Grande-Bretagne d'une part, ou de la France et de ses alliés et dépendances de l'autre, seront échangés, le surplus alors sera mis en liberté, mais sous l'engagement positif de ne pas servir avant un échange légal.

« Le soussigné se flatte, en conséquence, que sur la revue de tout l'ensemble, M. *Dumoustier* sera d'opinion que ce plan d'exécution est non-seulement le plus facile et analogue aux usages des nations civilisées, mais qu'il est encore plus convenable et plus prompt dans son exécution que celui proposé par M. *Dumoustier,* savoir, de faire diriger les prisonniers de toutes les nations et de tous les pays de l'intérieur de l'Angleterre et de la France, sur Douvres et Calais, et là, de les échanger en masse, l'un contre l'autre, au nombre, suivant M. *Dumoustier,* de onze mille personnes.

« Si même un pareil plan était capable d'être mis à exécution, ce dont on peut douter, il serait accompagné des plus grandes difficultés et d'inconvénients de toute espèce, et, pour les prisonniers, de fatigues, de peines et de délais inutiles.

« Il est évident, au contraire, que si les cartels doivent partir pour et de points différents les plus convenables des pays respectifs engagés dans l'échange, les difficultés de procurer et de suppléer les moyens de subsistance et de transport, tant par terre que par mer, seront, par cette division de l'opération, réduites très-considérablement; et par un usage convenable des cartels entre les différents pays, leur opération pourra, à certains égards, avoir lieu simultanément par l'économie du temps (et par conséquent l'abréviation du terme des misères individuelles), qui se trouve aussi grande par ce mode d'opération que tous les autres avantages qu'elle présente.

« Il doit être observé encore que le plan proposé maintenant par M. *Dumoustier* diffère matériellement de celui proposé dans le projet français, par lequel l'alternative était établie d'envoyer les Espagnols prisonniers en France, en Angleterre ou dans les différentes villes en Espagne dont on serait convenu. Cette dernière partie de l'alternative est seule admissible. Il n'est pas juste de faire tomber sur la Grande-Bretagne l'embarras et la dépense du transport de ses alliés dans leurs pays respectifs. Le seul principe convenable et équitable est que chacune des parties contractantes s'engage à transporter dans leurs pays respectifs les prisonniers qui se trouveront dans sa possession.

« Le soussigné est chargé, en conséquence, de faire connaître à M. *Dumoustier* que cette partie de la proposition contenue dans sa Note n'est point admissible.

« M. *Mackenzie* a ordre d'ajouter de plus à M. *Dumoustier*, que le gouvernement britannique ne se trouve pas engagé en justice à faire aucune addition à la proposition humaine et libérale qui a été offerte en son nom; il n'éprouve non plus aucune disposition à se départir en aucun degré de sa teneur.

« Le gouvernement britannique a le désir sincère d'effectuer un échange général des prisonniers des deux côtés, y compris les alliés, et d'établir un cartel sur cette base, conformément à des usages anciens et éprouvés, autant que cela se peut, avec honnêteté et justice ; les stipulations, quand elles seront arrêtées, seront exécutées du côté du gouvernement britannique, avec sa bonne foi accoutumée, qui est trop bien connue au monde entier, pour qu'il soit nécessaire de faire attention aux insinuations contenues dans la note française sur cette partie du sujet.

« Pour établir néanmoins la sincérité du désir d'effectuer un échange et un cartel, s'il est possible, sous un point de vue encore plus clair, le soussigné est autorisé à proposer un article additionnel qui doit entièrement écarter les appréhensions du gouvernement français sur la possibilité de la continuation de la captivité de ses sujets, après que tous les sujets britanniques auront été libérés.

« Le gouvernement britannique, en proposant que tous les sujets fussent immédiatement échangés pour un nombre égal de sujets français (de la manière établie par le contre-projet), n'a point eu en vue une pareille continuation de captivité; il n'a point vu de raison de prévoir un refus de l'Espagne, et il avait le désir, par des motifs d'humanité, de mettre un terme immédiat aux souffrances d'une partie au moins des prisonniers des deux côtés.

« L'article additionnel est joint à cette note, et s'il est adopté, le soussigné est autorisé à procéder à la signature immédiate d'une convention suivant les termes du contre-projet; mais, dans le cas où la proposition libérale du gouvernement britannique fût rejetée, ce qu'on ne saurait prévoir sans une extrême répugnance, il doit être remis à l'univers de juger à laquelle des deux puissances belligérantes doit être justement attribuée la continuation ultérieure d'une portion aussi considérable des malheurs de la guerre.

« M. *Dumoustier* désavoue l'intention d'élever une question qu'il trouve qui serait déplacée, et qui est relative au traitement des prisonniers français en Angleterre; néanmoins, tout en la désavouant, il entre de fait dans cette question déplacée. M. *Mackenzie* ne veut point l'imiter; il veut simplement l'assurer que la discussion n'est pas plus déplacée que l'énumération des faits que M. *Dumoustier* avance être erronée. Si quelque occasion convenable d'entrer dans ces détails se présentait, le soussigné déclare que le gouvernement britannique sera en état de démontrer clairement que l'information sur laquelle le gouvernement français a basé son opinion sur ce sujet, est tout à fait sans fondement. Il est fâché d'être obligé d'observer que toute comparaison qui pourrait être établie entre la situation et le traitement des prisonniers en Grande-Bretagne et en France, respectivement, ne pourra tourner qu'en faveur de la précédente.

« M. *Dumoustier* observe encore qu'il ne veut pas non plus faire d'observation sur le nombre d'Hanovriens exprimés dans le projet britannique, ni sur l'omission d'un article relatif à la Russie et au Danemark.

« Le gouvernement britannique a chargé M. *Mackenzie* de déclarer que le nombre d'Hanovriens ayant été fixé d'après les meilleures recherches et considérations qui pouvaient être appliquées au sujet, on ne saurait se départir de la proposition.

« Quant au Danemark ou à la Russie, M. *Mackenzie* ne peut pas cacher sa surprise que M. *Dumoustier* ait pu établir qu'il existât à leur égard une omission matérielle dans le projet britannique, dont le premier, le deuxième et le sixième article comprennent les alliés des deux parties : si la Russie et le Danemark sont des alliés de la France, ils se trouvent compris dans ces articles ; s'ils ne le sont pas, quel droit la Grande-Bretagne ou la France peuvent-ils avoir de mêler leurs intérêts dans cette convention ?

« Néanmoins, M. *Mackenzie* est autorisé à énoncer qu'il n'y aura point de difficulté à étendre le principe du projet britannique aux prisonniers russes et danois respectivement ; et que le gouvernement britannique est prêt à entrer en arrangement avec ces deux puissances sur les bases du projet qui a été rédigé en son nom.

Il reste maintenant à M. *Mackenzie* de terminer ses observations sur la note de M. *Dumoustier,* en déclarant que son gouvernement n'est influencé que par le désir le plus sincère et le plus ardent d'effectuer le grand et intéressant objet maintenant en discussion, dans des termes qui s'allient aux considérations d'équité et de bonne foi qu'il doit à ses alliés, avec la dignité et l'honneur du caractère britannique et avec les usages établis dans l'Europe civilisée.

« M. *Mackenzie* prie M., etc., etc., etc.

« *Signé* C. A. Mackenzie.

« Morlaix, 1er août 1810. »

Article additionnel proposé.

« Dans le cas où le gouvernement d'Espagne, auquel les termes de cette convention seront immédiatement communiqués, n'y notifierait pas son adhésion, dans l'espace de trois mois à dater de sa signature, les sujets français qui pourraient demeurer prisonniers dans la Grande-Bretagne ou dans ses possessions, après l'exécution de l'échange respectif de prisonniers britanniques et français, comme il est exprimé aux cinq premiers paragraphes du quatrième article, seront libérés sans délai et successivement, par des remises successives de mille hommes chacune, sur des reçus convenables, qui seront donnés dans la forme dont il sera convenu, et sur l'engagement positif (qui sera rectifié par le gouvernement français) de ne point servir militairement, n'importe comment, soit par mer, soit par terre, contre la Grande-Bretagne ou aucun de ses alliés, dans aucune partie du monde, avant d'avoir été régulièrement échangés contre tels prisonniers britanniques qui, par les chances de la guerre, pourraient par la suite tomber entre les mains de la France, et qui seront, en conséquence, immédiatement libérés d'époques en époques, jusqu'à ce que le surplus des prisonniers français mentionnés précédemment ici se trouve épuisé ; un pareil échange sera fait suivant les cinquième et dixième paragraphes du quatrième article.

« Tous les officiers non échangés et auxquels il sera permis de retourner en France, ainsi qu'il est dit ci-dessus, doivent être considérés en même temps comme se trouvant sur leur parole d'honneur, et seront tenus d'envoyer les rapports réguliers des lieux de leur résidence, à l'agent britannique en France, suivant ce qui a eu lieu dans la dernière guerre. »

Traduction de la lettre de M. Mackenzie à M. Dumoustier.

Morlaix, le 28 août 1810.

« Monsieur,

« Ayant attendu avec anxiété une communication quelconque sur la décision du gouvernement français, soit d'acceptation, soit de refus, relative à la proposition que j'ai eu l'honneur de vous présenter dans la matinée du 2 courant (motif pour lequel le messager et le navire ont été retenus), je me suis présenté chez vous à l'expiration d'une quinzaine, et vous ai déclaré verbalement : « Que j'avais reçu pour instruction « d'attendre avec patience, pendant ce laps de temps, « une réponse aux propositions qui avaient été faites, « et que, dans le cas où elles ne seraient point agréées,

« par le gouvernement français, j'eusse à retourner « en Angleterre. » J'ai ordre maintenant de vous informer que le gouvernement britannique se sent forcé, avec répugnance, de conclure que la disposition du gouvernement français est de nature à rendre inutile la prolongation de la négociation, et m'ordonne de vous prier d'avoir la bonté de demander mes passeports pour retourner immédiatement en Angleterre.

« Je ne saurais envisager ainsi la possibilité de l'approche du renversement des efforts et des sacrifices réitérés faits du côté du gouvernement de Sa Majesté pour les intérêts de l'humanité et la délivrance de tant de malheureux captifs, sans exprimer le regret et la peine les plus vrais et les plus vifs.

« Permettez-moi, en même temps, de vous offrir ma reconnaissance pour les attentions personnelles très-polies et marquées que vous vous êtes plu à me montrer pendant mon séjour à Morlaix, et de vous exprimer l'assurance de la haute estime et du sentiment amical que j'entretiendrai toujours avec vous.

« J'ai l'honneur d'être, etc.

« *Signé* C. A. Mackenzie. »

Note de M. Dumoustier.

30 août.

« Le soussigné, commissaire pour l'échange des prisonniers de guerre, a transmis à son gouvernement la note et l'article additionnel que M. *Mackenzie* lui a remis le 1er août.

Il est chargé d'y faire la réponse suivante :

« On renverra de suite en France, et sans attendre « trois mois (tous les prisonniers de guerre français),

« et il est bien entendu qu'ils seront soumis à toutes « les clauses de l'article additionnel proposé par l'An- « gleterre. »

« Sans cette condition, l'article additionnel n'est pas admissible, parce que la France a eu constamment pour principe, même avant 1780, de ne pas consentir à libérer tous les prisonniers anglais, tandis qu'elle laisserait sans garantie, dans les prisons d'Angleterre, la majorité des prisonniers français.

« D'ailleurs, c'est à la raison à être arbitre entre deux puissances indépendantes.

« Le gouvernement français offre un échange homme par homme et grade par grade, entre les deux masses belligérantes. On ne peut pas s'y refuser. Il considère les prisonniers espagnols et portugais, comme les prisonniers anglais; et ce principe, que l'Angleterre a admis dans son projet de cartel du mois de juin dernier, est trop indiqué par la nature même des choses pour dépendre d'aucune volonté particulière.

« En effet, comment les régiments de la Galice, qui, lorsque le général Moore commandait les deux armées, furent pris en combattant pour couvrir sa retraite, et par là, sauvèrent son arrière-garde, ne seraient-ils pas comptés comme des prisonniers anglais?

« Comment les troupes de Questa, qui, à la bataille de Talaveyra, formaient la droite de l'armée dont les Anglais formaient la gauche, et qui, après cette bataille furent prises sur le Tage, où elles couvraient la retraite du général *Wellington;* comment les Espagnols de la garnison de Ciudad-Rodrigo, qui défendaient cette place par ordre du même général, et qui, s'ils n'avaient suppléé dans cette défense aux troupes britanniques, en eussent laissé tomber un pareil nombre au pouvoir des Français; comment ces Espagnols ne seraient-ils pas traités comme les Anglais mêmes?

« Comment les prisonniers faits sur les Portugais qui combattent mêlés dans les divisions britanniques; comment ceux faits sur les garnisons d'Almeida et de Cadix dans les sorties journalières qu'elles font avec les Anglais, ne seraient-ils pas comptés comme prisonniers anglais ?

« Le gouvernement français offre donc d'échanger sur-le-champ, homme par homme, et grade par grade, un nombre de prisonniers anglais, espagnols et portugais, égal à un même nombre de prisonniers français.

« Depuis quatre mois que la négociation est commencée, elle semble rétrograder au lieu de faire des progrès. Il convient cependant à la dignité des deux nations, de parler franchement et de voir si l'on peut s'entendre.

« En 1780 l'on ne put parvenir à l'établissement d'un cartel, qu'en échangeant en masse les prisonniers des deux nations, tant était établi en France le principe de ne pas libérer tous les prisonniers anglais sans libérer en même temps tous les français.

« Alors, la France paya une somme modique pour rançon de la balance des prisonniers au pouvoir de l'Angleterre. Aujourd'hui la question est plus simple : il ne s'agit que d'un échange d'homme à homme, et de grade à grade, qui peut se faire sans délai et sans difficulté.

« Si ces propositions si justes et si raisonnables n'étaient pas admises par le gouvernement anglais, et que la rupture de la négociation en soit la suite, ce sera à l'Angleterre que la faute entière en appartiendra.

« Le soussigné a ordre de répéter, en se résumant :

« 1° Que le gouvernement français offre un échange général, homme par homme et grade par grade, en considérant comme égaux, et plaçant sur la même ligne, Espagnols, Portugais, Anglais, Français, Italiens, etc.; c'est le parti le plus juste et le plus raisonnable;

« 2° Que la France consentira même à ce que tous les Français soient renvoyés en France, et tous les Anglais en Angleterre, et que le nombre des prisonniers français, excédant celui des anglais, reste en France prisonnier sur parole, soumis aux conditions de l'article additionnel du 1er août;

« 3° Qu'enfin la France consent à tout parti qui aura pour but de libérer à la fois tous les Français qui sont en Angleterre, mais que jamais elle ne consentira à libérer seulement une partie des prisonniers français, et à en laisser la majorité en Angleterre, abandonnés sans garantie et sans espérance.

« M. *Dumoustier* prie M. *Mackensie* de recevoir l'assurance de sa considération distinguée.

Projet de convention pour l'échange des prisonniers de guerre, présenté par M. Dumoustier, accompagnant sa note du 30 *août.*

« *Art.* 1er. Tous les Français, Italiens, Hollandais et Napolitains, et tous autres sujets, ou au service de la France ou des puissances alliées de la France qui sont maintenant prisonniers de guerre en Grande-Bretagne, en Espagne, en Sicile, en Portugal, au Brésil, ou en tous autres pays alliés de la Grande-Bretagne, ou occupés par des troupes britanniques, seront mis en liberté sans exception.

« *Art.* 2. Tous les Anglais, tous les Espagnols, Portugais, Siciliens et tous autres, sujets ou au service de la Grande-Bretagne, ou des puissances alliées de la Grande-Bretagne, qui sont prisonniers de guerre en

France, en Italie, à Naples ou dans tous autres pays alliés de la France, ou occupés par des troupes françaises, seront mis en liberté sans exception.

« *Art.* 3. Il est entendu qu'en conséquence des deux articles précédents, tous les prisonniers de guerre appartenant à la France et à ses alliés, à la Grande-Bretagne et à ses alliés, respectivement faits pendant et avant la signature de la présente convention, seront mis en liberté comme il va être statué ci-après.

« *Art.* 4. L'échange commencera à avoir lieu immédiatement après la signature de cette convention, par l'envoi en France de trois mille Français, pour l'envoi en Angleterre de mille Anglais.

« *Art.* 5. Des prisonniers français renvoyés en France, un nombre égal à celui des prisonniers anglais renvoyés en Angleterre sera seul définitivement échangé; l'autre partie, sauf l'exception portée à l'article 9, sera prisonnière sur parole, et ne pourra servir contre la Grande-Bretagne ou ses alliés, qu'après un échange définitif.

« *Art.* 6. Il sera tenu en France, à la disposition du gouvernement britannique, un nombre de prisonniers de guerre espagnols ou autres alliés de l'Angleterre égal à celui des prisonniers français désignés à l'article 5, comme non échangés définitivement.

« Le gouvernement anglais pourra les faire venir en Angleterre, ou les envoyer par convoi de mille hommes sur tel point de l'Espagne qu'il voudra, et dès qu'il le voudra.

« *Art.* 7. Aussitôt que le gouvernement britannique aura désigné le lieu où doivent être envoyés les prisonniers espagnols tenus à sa disposition, d'après l'article précédent, et que ces prisonniers auront été mis en marche, un nombre égal de prisonniers français sur parole sera définitivement échangé.

« *Art.* 8. Dans le cas où le gouvernement britannique n'aurait pas disposé des prisonniers espagnols ou autres de ses alliés, destinés par l'article 6 à servir à l'échange des prisonniers français sur parole, ceux-ci seront définitivement échangés contre tels prisonniers britanniques qui, par les chances de la guerre, pourraient par la suite tomber au pouvoir de la France, lesquels devront, en conséquence, être immédiatement renvoyés en Angleterre.

« *Art.* 9. La Grande-Bretagne s'engage à renvoyer en France et libérer purement et simplement, indépendamment des dispositions de l'article 4 huit mille Français pour former une balance avec les dix-sept mille Hanovriens compris dans la capitulation du comte de *Wallmoden.*

« *Art.* 10. La priorité de mise en liberté des différentes personnes comprises dans cette convention, et leur échange définitif seront réglés suivant la priorité de date de leur prise et de la durée de leurs détentions respectives.

« *Art.* 11. Les envois successifs et réciproques de prisonniers de guerre français et anglais devront avoir lieu sans interruption, jusqu'à ce que tous les prisonniers soient de part et d'autre envoyés dans leur pays, quelle que puisse être la balance définitive entre la France et l'Angleterre.

« *Art.* 12. Il sera nommé un commissaire français et un commissaire anglais pour résider, le premier à Londres et le second à Paris, à l'effet de veiller à l'exécution de cette convention.

« Les fonctions de ces commissaires seront, par rapport aux prisonniers de guerre sur parole, les mêmes qui ont eu lieu dans la guerre dernière.

« *Art.* 13. Il sera pourvu, par une convention particulière, à ce qui intéresse les prisonniers qui pourraient être faits ultérieurement de part et d'autre, de manière à tempérer les malheurs de la guerre par tout ce que l'humanité peut inspirer en faveur de ceux qui en sont les victimes. »

Traduction de la note anglaise, le 22 *septembre* 1810.

« Le soussigné, commissaire pour l'échange des prisonniers de guerre, a transmis à son gouvernement la note de M. *Dumoustier*, du 30 août, avec le projet de s'y référer, et il est chargé, en réponse à cette communication, d'informer M. *Dumoustier* que son dernier projet est, sous divers rapports, inadmissible, mais qu'il semblerait par sa note qu'il n'élève plus d'objections quant au fond du projet britannique, et que les difficultés faites dans cette note ne tombent seulement que sur deux points de détail; savoir : premièrement, ce qui concerne l'article additionnel réglant le sort du surplus des prisonniers français demeurant en Angleterre, dans le cas d'un refus de l'Espagne d'accéder à la convention; et secondement, ce qui regarde le nombre des prisonniers français à libérer, par rapport à l'armée hanovrienne du comte de *Wallmoden*.

« Le gouvernement britannique a considéré ces deux points avec la même disposition qu'il a toujours mise à écarter les difficultés, et à contribuer par toutes les concessions raisonnables, au succès final de la négociation; et trouvant que, tout en restant fidèle aux principes qu'il a manifestés précédemment, et auxquels il adhère encore, il pouvait apporter des changements dans les détails de la convention, d'une nature à devoir satisfaire pleinement les désirs du gouvernement français sur cet objet; il est franchement porté à le faire dans l'espérance que ces changements dans les termes de son projet étant les derniers qui puissent être faits de sa part, se trouveront aussi les mieux agréés, et qu'ils pourront déterminer le gouvernement français à fournir cordialement et franchement son assistance pour amener cette discussion prolongée à une heureuse issue.

« Ainsi, comme sur le premier point, les objections de M. *Dumoustier* se rapportent à la dépendance sous laquelle se trouve la mise en liberté du surplus des prisonniers français en Angleterre, de la détermination de l'échange entre la France et l'Espagne, et comme le point sur lequel il insiste est la libération sans délai de tous les prisonniers français en Angleterre, en échange contre ceux de la Grande-Bretagne et de ses alliés maintenant en France, le gouvernement britannique a consenti à faire telle modification à son projet, qui puisse remplir l'objet que M. *Dumoustier* considère comme étant d'une si grande importance.

« Ainsi, au lieu de renvoyer (suivant les stipulations du projet britannique original) l'échange du surplus des prisonniers français restant en Angleterre, pour le surplus des prisonniers espagnols restant en France, jusqu'après la consommation finale de l'échange, homme pour homme, et rang pour rang, entre la France et l'Espagne, M. *Mackenzie* est autorisé à consentir que l'échange du surplus des prisonniers français qui pourra demeurer en Angleterre à la conclusion de l'échange entre l'Angleterre et la France, contre des Espagnols entre les mains de la France, ait lieu *immédiatement*, et sans attendre la conclusion de l'échange, homme pour homme et rang pour rang, entre l'Espagne et la France; ou, en d'autres termes, le gouvernement britannique consent à anticiper l'échange des surplus, et à accélérer ainsi, par cette concession sur sa part, la délivrance de tant de captifs espagnols et français.

« Le soussigné est chargé de déclarer de plus, que, par une communication qui a été reçue du gouvernement espagnol, par son ministre résidant à Londres, le gouvernement britannique est pleinement autorisé à accepter, sans plus de délai, l'échange des prisonniers espagnols en retour des prisonniers français, dans la proportion proposée ci-dessus, et que le gouvernement espagnol a également fait connaître sa disposition à accéder à une convention pour un échange général, suivant les termes dont, à cette fin, on pourra convenir, sous la médiation de la Grande-Bretagne; et M. *Mackenzie* doit faire l'observation que cette circonstance rend superflue et inutile toute discussion ultérieure sur l'article additionnel.

« Quant à la seconde objection élevée par M. *Dumoustier*, relative au nombre des prisonniers à délivrer par rapport à l'armée hanovrienne de *Wallmoden*, il demande que, dans la supputation de ce nombre, celui qui peut être entré au service de la Grande-Bretagne, soit pris en considération.

« Le gouvernement britannique est disposé à adopter aussi cette proposition; mais l'extension que M. *Dumoustier* donne à sa demande est totalement inadmissible; aucune évaluation qui puisse être faite avec quelque degré d'exactitude, ne pouvant faire élever la perte de ces Hanovriens, au service britannique, au delà du nombre de mille, en sus de celui proposé précédemment comme un équivalent. M. *Mackenzie* est autorisé à consentir que trois mille prisonniers français, au lieu de deux mille stipulés antérieurement, soient libérés par rapport aux Hanovriens compris dans la capitulation du comte de *Wallmoden*, qui sont maintenant ou peuvent avoir été au service britannique : ce nombre de trois mille étant indépendant et en sus de celui de mille neuf cent cinq hommes qui doivent également être libérés immédiatement, par rapport à la garnison de Saint-Domingue, comme il en a été convenu dans la communication faite par les commissaires du *transport-office* à M. *Rivière*, le 19 de janvier dernier.

« M. *Mackenzie* a l'honneur de présenter ici à M. *Dumoustier*, la minute d'un projet qui ne diffère de celui précédemment offert par le gouvernement britannique, que dans les changements nécessaires à ces deux points, en lui faisant connaître en même temps qu'aucun autre changement ou abandon ne saurait, sous aucun rapport, être admis.

« En présentant ce projet final à l'acceptation du gouvernement français, et en lui offrant le terme d'une suite de concessions auxquelles des sentiments humains et conciliants ont porté le gouvernement britannique, M. *Mackenzie* est chargé de s'efforcer de convaincre M. *Dumoustier*, du nombre, de l'étendue et de la valeur de ces concessions, et de rappeler à son attention combien chaque nouveau pas de cette négociation a été accompagné d'un nouveau témoignage de libéralité et de candeur de la part du gouvernement britannique.

« Les points en contestation relativement à la capitulation de Saint-Domingue, à l'échange des sujets civils de la Grande-Bretagne contre les prisonniers navals et militaires pris à la France; à un équivalent pour les Hanovriens; à un échange de prisonniers français en Angleterre, contre ceux d'autres pays, dans les mains de la France; à la libération immédiate et sans délai, de prisonniers français pour des Espagnols, et à celle éventuelle du surplus quelconque qui peut rester sans balance, ont été concédés successivement par la Grande-Bretagne, tandis que, d'après les exemples donnés, et conformément à tous les procédés reçus, elle aurait pu insister sur quelques concessions réciproques de la part du gouvernement français.

« M. *Mackenzie* a à observer en conclusion, qu'en vertu des concessions ci-dessus, le gouvernement français, en accédant aux propositions libérales faites maintenant, pour la dernière fois, par le gouvernement britannique, obtiendra, sans échange, la mise en liberté de près de cinq mille Français, indépendamment de la libération finale de plus de quarante-cinq mille autres Français qui sont maintenant dans la puissance de la Grande-Bretagne.

« M. *Mackenzie* a l'honneur de renouveler à M. *Dumoustier* les assurances de sa considération distinguée.

« *Signé* C. A. Mackenzie.

« Morlaix, ce 22 septembre 1810. »

Traduction d'un projet de convention pour un échange de prisonniers, accompagnant la note de M. Mackensie, du 22 septembre.

« *Art.* 1er. Tous les Anglais, tous les Espagnols, Portugais, Siciliens, Hanovriens et autres, sujets, ou au service de la Grande-Bretagne, ou des puissances alliées de la Grande-Bretagne, qui sont maintenant prisonniers de guerre en France, en Italie, à Naples, en Hollande, ou en tout autre pays allié ou dépendant de la France, seront mis en liberté sans exception.

« *Art.* 2. Tous les Français, Italiens et autres personnes, sujets, ou au service de la France et de l'Italie; tous les Hollandais et Napolitains, et tous autres, sujets, ou au service des puissances alliées de la France, qui sont maintenant prisonniers de guerre dans la Grande-Bretagne, en Espagne, en Sicile, en Portugal, au Brésil ou tout autre pays allié de la Grande-Bretagne, ou occupé par des troupes britanniques, seront mis en liberté sans exception.

« *Art.* 3. Il est entendu qu'en conséquence des deux articles précédents, tous les prisonniers de guerre appartenant à la Grande-Bretagne et à ses alliés, à la France ou à ses alliés, respectivement faits pendant et avant la signature de la présente convention, seront mis en liberté de la manière qu'il va être statué ci-après, par rapport à chaque pays respectivement.

« *Art.* 4. L'exécution des articles précédents aura lieu ainsi qu'il suit :

« § 1er. Tous prisonniers britanniques de tous rangs et qualités, détenus en France et en Italie, et dans les dépendances de la France et de l'Italie, seront mis en liberté, et leur échange commencera immédiatement après la signature de cette convention, en envoyant à Deal ou à Portsmouth, ou tel autre port d'Angleterre dans la Manche, dont on pourra convenir, ou bien en remettant entre les mains de commissaires britanniques désignés pour les recevoir, mille prisonniers britanniques pour mille prisonniers français, qui seront mis en liberté par le gouvernement britannique, ainsi qu'il va être dit.

« § 2. Tous les prisonniers français de tous rangs et qualités, maintenant détenus dans la Grande-Bretagne ou dans les possessions britanniques, seront mis en liberté. Leur échange commencera à avoir lieu immédiatement après la signature de cette convention, et s'opérera par l'envoi successif à Morlaix, ou dans tel autre port français dans la Manche dont on sera convenu, ou par la remise entre les mains des commissaires français chargés de les recevoir, de mille Français pour mille prisonniers anglais, au fur et à mesure que le gouvernement français relâchera ceux-ci.

« § 3. Les remises successives et réciproques continueront à avoir lieu, jusqu'à ce que tous les prisonniers britanniques en France, en Italie, ou dans leurs dépendances, aient été mis en liberté.

« § 4. La Grande-Bretagne s'engage aussi à remettre en liberté, indépendamment et en sus des quantités échangées contre des prisonniers britanniques délivrés en conséquence de l'arrangement ci-dessus, trois mille prisonniers français, pour former une balance avec trois mille Hanovriens; ce nombre étant le montant le plus considérable de ceux qui, compris dans la capitulation du comte de *Wallmoden*, sont, peuvent être ou avoir été effectivement au service de la Grande-Bretagne; ce nombre de trois mille étant indépendant et en sus de celui de dix-neuf cent cinq, qui doit également être libéré sans condition, par rapport à la garnison de Saint-Domingue, ainsi qu'il en avait été précédemment convenu.

« § 5. L'estimation numérique suivant laquelle les individus de grades et de qualités supérieurs seront évalués pour former le nombre de mille ainsi échangés, sera faite par rapport aux personnes de l'armée de terre et de mer, d'après l'échelle de proportion de la convention de 1798; et par rapport aux personnes détenues en France en 1803, d'après l'échelle suivante, savoir:

« Le comte de *Beverley* sera échangé contre un officier général du plus haut grade parmi les prisonniers actuellement en Angleterre;

« Les fils de pairs et les conseillers privés seront assimilés, en rang, aux colonels ou capitaines de vaisseau;

« Les baronets et chevaliers, à des officiers supérieurs et des capitaines de frégate;

« Les *gentlemen*, sans autre distinction de rang, à des capitaines de l'armée ou des lieutenants de vaisseau;

« Les commerçants (petite bourgeoisie), à des officiers subalternes;

« Les domestiques et tous autres détenus, à des soldats ou matelots.

« Néanmoins on n'aura recours au principe de compléter les quantités par l'application aux rangs d'une valeur numérique, que dans le cas seulement où il ne se trouverait pas un nombre suffisant d'individus à échanger l'un contre l'autre, grade pour grade.

« § 6. Quand tous les prisonniers britanniques détenus en France, en Italie, dans leurs dépendances, auront été échangés contre un nombre égal de prisonniers français détenus en Angleterre et dans ses possessions (comptés et évalués suivant le principe établi dans la section précédente de cet article), la balance de prisonniers français qui pourra se trouver dans les mains de la Grande-Bretagne, sera remise en liberté sans délai et envoyée en France, en échange pour un nombre égal de prisonniers de guerre espagnols, qui doivent être envoyés dans tels ports en Espagne dont on sera convenu, de la manière suivante.

« § 7. Les prisonniers français composant ladite balance, seront envoyés en France par des remises successives de mille hommes, et aussitôt, et dans la proportion qu'ils seront ainsi remis en liberté, la France enverra en Espagne un nombre correspondant de prisonniers espagnols pris dans la quantité qui se trouvera demeurée entre ses mains. La Grande-Bretagne s'engage à envoyer les premiers mille; et quand on aura reçu l'avis qu'un nombre égal de prisonniers espagnols a été délivré en conséquence, dans les ports ou places en Espagne dont on sera convenu, un autre nombre de mille sera envoyé en France, et ainsi de suite, jusqu'à ce que la totalité soit libérée.

« § 8. Tandis, et en même temps que l'échange ci-dessus aura son cours entre la Grande-Bretagne et la France respectivement, en conséquence de l'arrangement ci-dessus, tous les prisonniers de guerre français en Espagne et ses dépendances, et tous prisonniers de guerre espagnols en France ou en Espagne, ou dans les pays dépendants de la France, seront mutuellement libérés par un échange qui aura lieu, soit entre les généraux espagnols et français, ou par l'envoi par mer à Toulon ou Rochefort, ou dans tel autre port dont on sera convenu, des Français détenus en Espagne.

« § 9. La mise en liberté des prisonniers de guerre espagnols en France aura lieu, soit par l'envoi successif à Cadix, Valence ou tel autre port espagnol dont on sera convenu, de mille ou cinq cents Espagnols pour mille ou cinq cents Français, aussitôt et en proportion que ces derniers seront libérés. Il est entendu que, par les mots prisonniers de guerre, par rapport aux Espagnols et aux Français respectivement, nuls autres ne sont censés compris sous ce nom que ceux qui effectivement ont été pris des deux côtés les armes à la main.

« § 10. Ces libérations successives et mutuelles continueront à avoir lieu jusqu'à ce que tous les prisonniers de guerre en Espagne et tous les prisonniers de guerre en France aient été remis en liberté.

« § 11. L'estimation numérique suivant laquelle

les individus de grades ou qualités supérieurs seront évalués à l'effet de compléter le nombre de mille ou cinq cents à échanger ainsi entre l'Espagne et la France, sera faite d'après l'échelle de proportion de la convention de 1798, ainsi qu'il est exprimé dans la section v, ou d'après tel autre principe dont il pourra être convenu par la suite entre les gouvernements espagnol et français.

« § 12. Quand ces échanges divers et respectifs auront eu lieu, le surplus quelconque de prisonniers de guerre faits pendant ou avant la signature de la présente convention, qui pourra se trouver entre les mains d'une des puissances belligérantes, sera immédiatement libéré (mais sous parole de ne pas servir avant un échange régulier), et renvoyé dans le pays auquel il pourra appartenir, de la même manière et sous la même forme de transport d'après laquelle les échanges mutuels auront été conduits ; en sorte qu'après l'exécution de cette convention, aucun prisonnier de guerre ne demeurera entre les mains de la Grande-Bretagne, de l'Espagne ou de la France, ou dans celles de leurs alliés, dépendances ou possessions.

« § 13. Tous les Portugais ou Siciliens prisonniers en France, ou dans les pays alliés ou dépendants de la France, et tous les prisonniers appartenant à la France et aux pays qui lui sont alliés, entre les mains des Portugais et des Siciliens, seront réciproquement mis en liberté, de la même manière et d'après les mêmes termes établis précédemment à l'égard des Français et des Espagnols, sauf les changements qui pourront être commandés par les circonstances ou la situation de ces pays.

« *Art.* 5. La priorité et l'ordre de dates de la mise en liberté des différentes personnes à échanger par cette convention, seront réglés suivant la priorité et l'ordre de la date de leur prise et la durée de leur captivité respective, sous la réserve cependant qu'un quart au plus du nombre d'Anglais qui seront remis chaque fois en liberté, pourra se composer de personnes détenues en France en 1803.

« *Art.* 6. Les gouvernements britannique et français se chargent de communiquer à leurs alliés respectifs la teneur de cette convention, et d'user de leur influence pour les engager à y accéder.

« *Art.* 7. Un commissaire britannique et un commissaire français seront nommés pour résider, le premier à Paris et le dernier à Londres, pour veiller aux détails et à l'exécution de cette convention.

« *Art.* 8. Une convention séparée sera arrêtée, aussitôt que possible, entre la Grande-Bretagne et la France, pour régler l'échange des prisonniers de guerre qui pourraient être faits par la suite, des deux côtés, de manière à soulager, autant que faire se pourra, les maux et les malheurs qui accompagnent les chances de la guerre. »

Note de M. Dumoustier, remise le 7 octobre à M. Mackensie.

« Le soussigné, commissaire pour l'échange des prisonniers de guerre, a transmis à son gouvernement la note de M. *Mackenzie* du 22 septembre, et le projet de convention y annexé.

« Il est chargé, en réponse à cette communication, de déclarer que ce projet n'éprouvera aucune difficulté de la part du gouvernement français, si le gouvernement britannique consent à modifier, comme il va être dit, les paragraphes 1, 2 et 4 de l'art. 4 du projet.

« Au premier paragraphe, on substituerait ce qui suit : « Tous prisonniers britanniques de tous rangs

« et qualités, détenus en France ou en Italie, ou dans « les dépendances de la France et de l'Italie, seront « mis en liberté, et leur échange commencera immé- « diatement après la signature de cette convention, « en envoyant à Deal ou à Portsmouth, ou tel autre « port dans la Manche dont on pourra convenir, ou « bien en remettant entre les mains du commissaire « britannique qui sera désigné pour les recevoir, « mille prisonniers anglais et deux mille prisonniers « des alliés de l'Angleterre, pour trois mille prison- « niers français ou alliés de la France, qui seront mis « en liberté par le gouvernement britannique, ainsi « qu'il va être dit. »

« Au deuxième paragraphe, on dira: « Tous les « prisonniers français de tous rangs et qualités, main- « tenant détenus dans la Grande-Bretagne ou dans les « possessions britanniques, seront mis en liberté; « leur échange commencera à avoir lieu immédiate- « ment après la signature de cette convention, et s'o- « pérera par l'envoi successif à Morlaix ou dans tel « autre port français dans la Manche, dont on sera « convenu, ou par la remise entre les mains des com- « missaires français chargés de les recevoir, de trois « mille Français pour mille Anglais et deux mille alliés « de l'Angleterre, au fur et à mesure que le gouverne- « ment français relâchera ceux-ci.

« Les commissaires britanniques seront maîtres de « faire passer les prisonniers espagnols en Angleterre, « ou sur tel point de l'Espagne qui leur convien- « dra.

« Les prisonniers seront à la disposition du gou- « vernement britannique et aux frais de la France, « pendant tout le temps qu'ils seront sur le territoire « français. »

« Au quatrième paragraphe, on substituera le nombre

de huit mille Hanovriens à échanger contre huit mille Français, à celui de trois mille désigné au projet, ce qui opérera l'échange total des dix-sept mille Hanovriens qui ont capitulé, pour moins de moitié de leur nombre.

« Le soussigné, moyennant ces modifications, est autorisé à signer le projet britannique.

« Elles sont fondées sur le principe dont la France ne peut se départir, de ne consentir à la libération de la masse des prisonniers anglais, qu'autant qu'il en résultera simultanément la libération de la masse des prisonniers français.

« Ce principe est celui qui a toujours été admis, et notamment en 1780, où, pour atteindre le but, on suppléa à l'excédant des prisonniers français par une rançon en argent.

« L'Angleterre ne pouvant se refuser à faire concourir à un échange avec ses prisonniers, les Hanovriens, les Portugais et les Espagnols, en a admis le principe; et dans cet état de la question, elle ne peut se refuser à la justice d'un échange, homme par homme et grade par grade.

« Cette manière de procéder tend à établir à peu près l'échange général et simultané de tous les Français et de tous les Anglais. Ce qui restera d'Espagnols en France et d'alliés des Français en Angleterre, peut être soumis aux principes de l'article 6 et suiv.

« M. *Mackenzie* voudra bien reconnaître dans la simplicité de cette réponse, qu'elle n'a pas été un sujet de discussion à Paris.

« Elle est conforme à tout ce que le soussigné a dit dans les discussions; c'est que, si l'Angleterre ne veut qu'un échange partiel, la négociation rétrograde et peut être considérée comme rompue : mais si elle veut de bonne foi un échange général, on ne saurait concevoir ce qui peut suspendre l'adoption du seul parti qui lève tous les doutes.

« Le soussigné ne peut que répéter ici que jamais le gouvernement français ne consentira à rendre les prisonniers anglais qui sont en son pouvoir, contre une partie seulement des Français qui sont en Angleterre, et à y laisser l'autre partie sans garantie près du gouvernement britannique. »

Note de M. Mackenzie.

Morlaix, 16 octobre 1810.

« Monsieur,

« La détermination renouvelée du gouvernement français, de se tenir au refus du projet final britannique, empêche l'accomplissement de la libération générale de tous les prisonniers de guerre, et me force, en obéissance à mes instructions, de demander que vous ayez de nouveau la bonté de réclamer et de me procurer les passe-ports nécessaires pour mon retour immédiat en Angleterre.

« J'ai l'honneur d'être, etc.

« *Signé* C. A. MACKENZIE. »

Note de M. Dumoustier.

Morlaix, 16 octobre 1810.

« Monsieur,

« Je réponds à votre lettre du 8 de ce mois : vous y dites *que l'on ajoute l'obstacle inattendu de charger le gouvernement britannique de l'arrangement de la dépense et des difficultés de transport des prisonniers espagnols, etc....* Cette assertion n'est pas exacte : et je suis chargé de vous répéter aujourd'hui ce que j'ai toujours eu l'honneur de vous dire : c'est qu'une affaire d'argent n'arrêtera jamais le gouvernement français, et qu'il ne restera point en arrière sur une question de cette nature. Elle se décidera comme le voudra le gouvernement britannique. Tout ce que voudra ce gouvernement, la France s'y prêtera, pourvu qu'en conséquence du principe admis en 1780, l'échange se fasse en masse, et que tous les Français revoient leur patrie dans le même moment où tous les Anglais reverront la leur.

« Cette condition seule est et a toujours dû être, dès le premier jour, le *sine qua non* de la négociation : tout le reste peut se concilier. C'est pour la quatrième fois, monsieur, que j'ai l'honneur de vous répéter cette disposition de mon gouvernement.

« *Signé* DUMOUSTIER. »

Note de M. Dumoustier.

Morlaix, 26 octobre 1810.

« Monsieur,

« La lettre que j'ai eu l'honneur de vous écrire le 16 de ce mois, a dû vous convaincre pleinement du désir qui n'a cessé d'animer mon gouvernement, d'aplanir, par tous les sacrifices en son pouvoir, les difficultés élevées par l'Angleterre contre l'accomplissement d'un échange général qui nécessairement doit libérer, en même temps et des deux côtés, la masse des prisonniers de guerre.

« Vous me rendrez sûrement la justice, monsieur, que, de mon côté, j'ai toujours secondé, autant qu'il a été en moi, la disposition conciliante de mon gouvernement. Je vais vous en donner une nouvelle preuve, en consentant à partager avec vous le différend sur la question des Hanovriens, en ne demandant plus que six mille Français (au lieu de huit mille), en échange de dix-sept mille Hanovriens compris dans la capitulation du feld-maréchal comte de *Wallmoden*.

« J'ai l'honneur, etc.

Signé DUMOUSTIER. »

Note de M. Mackenzie.

Morlaix, 27 octobre 1810.

« Monsieur,

« J'ai l'honneur de vous accuser réception de votre lettre du 26, et suis heureux d'y trouver une disposition conciliante de la part du gouvernement français; mais j'éprouve en même temps un sentiment pénible en voyant que vous vous bornez à proposer une diminution du nombre (si souvent déclarée inadmissible) de prisonniers français réclamés en échange pour les Hanovriens de l'armée du comte de *Wallmoden*.

« J'ai eu l'honneur de répéter très-fréquemment que mes ordres, à cet égard, étaient positifs; et j'ai à vous informer maintenant, pour la troisième fois, que le gouvernement britannique adhère au juste et équitable projet de convention, modifié d'une manière finale pour l'échange immédiat de tous les prisonniers de guerre, et que, dans le cas où il ne serait pas accepté, il m'ordonne de passer immédiatement en Angleterre.

« *Signé* MACKENZIE. »

On a vu plus haut qu'effectivement M. *Mackensie* avait mis à la voile le 6 novembre.

V. *Nouvelles réunions à l'Empire français.*

Napoléon, depuis la paix de Schœnbrunn, n'avait point renoncé à son système de conquêtes sans guerre, qu'il masquait sous le titre de réunions. Plusieurs des réunions qui ont été ainsi effectuées nous sont déjà connues; les autres réclament quelques détails.

1° On se rappelle que l'année 1810 avait commencé par l'*incorporation de l'électorat de Hanovre au royaume de Westphalie*[1].

Le 1er mars, le *Moniteur* westphalien contenait la proclamation suivante :

« Hanovriens,

« L'Empereur, mon auguste frère, m'a cédé, par un traité conclu à Paris le 14 janvier dernier, tous ses droits sur votre pays et l'a réuni à mon royaume. Les commissaires m'en ont fait la remise et j'en prends aujourd'hui possession.

« Vous apprécierez l'avantage immense d'être enfin arrachés à la situation précaire dans laquelle vous languissiez depuis si longtemps, et de faire pour toujours partie d'un État qui vous met désormais à l'abri de toute invasion forcée de la part des puissances continentales, au premier signal d'une guerre maritime.

« Les malheurs du passé doivent vous rendre plus chers encore le repos du présent et les espérances de la prospérité à venir.

« On connaît votre caractère et votre esprit; je crois à votre loyauté. L'estime de votre Roi, franchement exprimée, vous est un garant honorable de la sollicitude qu'il apportera à faire votre bonheur.

« Je me plais à penser que, de votre côté, vous ne démentirez ni votre réputation ni ma confiance.

« Donné en notre Palais royal, à Cassel, le 1er mars 1810.

« *Signé* Jerôme Napoléon. »

[1] Voy. vol. IX, p. 253.

(Les commissaires pour la prise de possession étaient, de la part de l'empereur *Napoléon*, le baron REINHARD, son Envoyé extraordinaire et ministre plénipotentiaire à Cassel; pour le roi de Westphalie, le comte de HARDENBERG, grand veneur, le général baron de HAMMERSTEIN, aide de camp du Roi, et M. MALCHUS, Conseiller d'État.)

Le 14 mars, le Roi, entouré des grands dignitaires, reçut la députation des provinces de Hanovre, et le Président adresse au Roi le discours suivant :

« Sire, les Hanovriens se présentent devant Votre Majesté pour déposer au pied de son trône les témoignages respectueux de leur profonde soumission.

« Le Hanovre a été, dans le nord de l'Allemagne, le premier pays frappé par l'effet d'une guerre renaissante, qui est enfin terminée. Depuis près de sept ans, nos finances, notre agriculture, notre commerce, la population, la circulation du numéraire ont considérablement diminué. La providence divine a confié à Votre Majesté la tâche bienfaisante de réparer nos maux, de nous consoler, de ramener la tranquillité dans nos familles et d'assurer la félicité générale.

« Sire, cette régénération politique réservée à vos vertus, à vos hautes qualités, est surtout digne de l'illustre nom que vous portez. L'histoire conservera à jamais le souvenir glorieux des immenses victoires auxquelles Votre Majesté a été associée; mais elle se plaira principalement à consacrer dans tous les cœurs la mémoire des bienfaits que vous aurez répandus sur toutes les classes de vos sujets.

« Daignez, Sire, entourer votre trône d'un nouveau peuple heureux, reconnaissant et fidèle. »

Les députés prêtèrent serment, et le Roi répondit :

« Messieurs les députés du Hanovre, je reçois

avec plaisir vos premiers hommages; je vous sais gré de l'empressement que vous avez mis à m'apporter l'assurance de votre soumission. Je connais les maux inévitables que vous avez éprouvés; il me sera doux de travailler à les réparer et à vous rendre des jours plus heureux.

« Le traité qui vous réunit à la Westphalie, vous rattache au Continent dont vous sembliez être séparés; il vous range désormais sous l'abri tutélaire du vaste système qui tend à en assurer pour longtemps le repos et la prospérité.

« Je sais quelle est l'influence de l'habitude sur l'esprit et sur l'affection des hommes; mais je connais votre moralité et vos lumières, et je crois au serment de fidélité que vous venez de me prêter en cette circonstance solennelle; chez un peuple éclairé et ami de l'honneur, il ne doit point y avoir de parjure. Vous venez augmenter la famille que la Providence a confiée à mes soins; vous imiterez le dévouement de mes anciens sujets, et je porterai sur vous le même amour et la même sollicitude. »

Il était permis de croire qu'une prise de possession faite avec autant de solennité serait durable; néanmoins, dès l'année suivante, *Napoléon* exécutera un nouveau partage, et enlèvera au royaume de Westphalie les deux tiers de ses nouvelles acquisitions.

2° Le 16 février 1810, *Napoléon érigea le grand-duché de Francfort*, et, sous la forme d'un traité, en fit donation au prince Primat de la confédération du Rhin, avec l'expectative en faveur d'Eugène *Beauharnais* [1].

Un message, en date du 1er mars, fit connaître au

[1] Voy. t. IX, p. 259, où la date du 16 doit être rétablie.

Sénat la constitution héréditaire du grand-duché, qui serait reversible à la France, si le prince *Eugène* était appelé à la couronne d'Italie. Cette investiture du grand-duché de Francfort était d'ailleurs motivée sur ce que *les principes de l'Empire s'opposaient à ce que le sacerdoce soit réuni à aucune souveraineté temporelle.*

En donnant le sommaire du traité du 16 février 1810[1], nous avons fait mention d'articles secrets qui n'avaient pas été publiés en même temps que le traité. Ces stipulations, connues depuis, retrouvent ici leur place :

« Moyennant, dit l'*article* 1er, la cession stipulée dans l'article 5 du traité de ce jour, de la moitié de l'octroi du Rhin non possédée par la France, les principautés de Fulde et de Hanau, concédées par le même traité à S. A. E. le prince Primat, sont libérées de l'hypothèque de un million de francs assignée sur les biens domaniaux de ces principautés pour les dotations des principautés de *Wagram* et d'*Eckmühl*.

« S. M. l'Empereur et Roi voulant procurer quelques avantages à la famille du prince Primat, se réservera lors de la cession qu'elle pourra faire de la principauté de Ratisbonne[2], qui lui appartient en vertu du traité de ce jour, un revenu en domaines de quatre cent mille francs, qui seront érigés en fiefs de l'Empire, dont elle se propose de disposer en faveur de la famille du prince Primat, en déterminant le mode et les conditions de cette donation (*art.* 2).

Napoléon disposa effectivement de l'assignation du revenu de quatre cent mille francs, de la manière suivante :

Deux cent mille francs au duc de *Dalberg*, neveu du

[1] Voy. t. IX, p. 260.
[2] Voy. Traité entre la Bavière et la France, du 28 février 1810, t. IX, p. 262.

grand-duc, et qui était alors conseiller d'État en France;

Cent mille francs au prince de *La Leyen,* membre de la Confédération du Rhin;

Cent mille francs au comte de *Tascher de La Pagerie*, neveu de l'impératrice *Joséphine*, qui avait épousé la princesse *Amélie de La Leyen;* il est aujourd'hui chambellan au service de Bavière.

« Les pensions données jusqu'à ce jour à titre de récompense ou de retraite par le prince Primat aux personnes qui l'ont servi et qui ne se trouveront pas éteintes au jour du décès de S. A. E., devront être payées par le grand-duc, son successeur, jusqu'à la mort des titulaires (*art.* 3).

« Les présents articles secrets seront ratifiés, et les ratifications en seront échangées à Paris en même temps que celles du traité de ce jour.

« Fait à Paris, le 16 février 1810.

Signé « CHAMPAGNY, duc de Cadore.

Signé CHARLES, comte de Beust. »

3° Le traité de Paris du 16 mars 1810, en resserrant les chaînes qui attachaient la Hollande à la France, dépouilla la première du *Brabant hollandais, de la Zélande et d'une partie de la Gueldre*[1].

4° Le décret de Rambouillet du 9 juillet 1810 avait détruit l'existence de la Hollande comme État indépendant[2]; mais ce ne fut que le 10 décembre 1810 que *Napoléon* fit sanctionner sa réunion à la France par un sénatus-consulte.

[1] Voy. t. XII, p. 243.
[2] *Ibid.*, p. 279.

5° Le 12 novembre 1810 parut un décret, dont voici la teneur :

« Considérant que la route du Simplon, qui réunit l'Empire à notre royaume d'Italie, est utile à plus de soixante millions d'hommes ; qu'elle a coûté à nos trésors de France et d'Italie plus de dix-huit millions, dépense qui deviendrait inutile si le commerce n'y trouvait commodité et parfaite sûreté ; que le Valais n'a tenu aucun des engagements qu'il avait contractés, lorsque nous avons fait commencer les travaux pour ouvrir cette grande communication ; voulant d'ailleurs mettre un terme à l'anarchie qui afflige ce pays, et couper court aux prétentions abusives de souveraineté d'une partie de la population sur l'autre, nous avons décrété ce qui suit :

« *Art.* 1. Le Valais est réuni à l'Empire[1].

« *Art.* 2. Ce territoire formera un département sous le nom de département du *Simplon*, etc. »

Depuis la révolution helvétique, le Valais avait formé, à la demande de la France, une république détachée et indépendante ; mais son existence politique fut sacrifiée à la route du Simplon, et *Napoléon* avoue, dans son message au Sénat du 10 décembre 1810, que la séparation du Valais du reste de la Suisse n'avait eu lieu que parce que, dès l'acte de médiation du 19 février 1803, il avait projeté de réunir cet État à la France.

Nous ignorons les engagements que cette république, pauvre et dénuée de ressources, peut avoir pris à l'égard de la construction de la nouvelle route ; c'étaient sans doute des charges que son protecteur lui avait imposées sans consulter ses forces. Le reproche qu'on fait à ses habitants qu'une partie d'entre eux prétend à la souveraineté sur l'autre, se rapporte à

[1] Voy. Martens, *Recueil*, vol. XII, p. 344.

l'ancienne Constitution de ce pays. Le haut Valais seul, formé par une confédération de sept petits États ou républiques, nommés Dizains, exerçait la souveraineté à laquelle le bas Valais, formant lui-même six dizains, était soumis. Ce dernier était gouverné par des préfets et châtelains nommés par la République.

6° L'usurpation la plus importante et la plus significative que se permit *Napoléon* en 1810, celle qui devint une des principales causes de la guerre de 1812, fut la réunion des pays situés sur les côtes de la mer du Nord, y compris les villes libres de Brême et de Hambourg, ainsi que du duché de Lauenbourg et de la ville de Lubeck sur la Baltique. Il suffira, pour faire connaître l'effet que cette nouvelle iniquité produisit en Europe, de citer le passage suivant, extrait du manifeste que l'empereur d'Autriche publia en 1813 : « L'année 1810 n'était pas encore écoulée; la guerre désolait encore l'Espagne; les peuples germaniques avaient à peine eu le temps de respirer librement après les ravages des deux dernières guerres, lorsque, dans une heure fatale, *Napoléon* résolut de réunir à cette masse de pays qu'il appelait l'Empire français, une portion considérable de l'Allemagne septentrionale, et de priver les anciennes villes libres de Hambourg, Bremen et Lubeck, d'abord de leur existence politique, et, bientôt après, de leur existence commerciale, et des derniers moyens de subsistance qui leur restaient. Cet acte de violence s'exécuta sans aucun motif de droit, même apparent, au mépris de toutes les formes adoucissantes, sans avis préalable, sans négociation avec un cabinet quelconque, mais sur le seul prétexte arbitraire et futile qu'il était commandé par la guerre avec l'Angleterre.

Le décret qui établissait sur les côtes de l'Allemagne une nouvelle domination française, sous le titre de trente-deuxième division militaire, était par lui-même assez inquiétant pour toutes les puissances voisines; mais il le fut encore bien plus, parce qu'on le regardait avec raison comme le présage de dangers futurs bien plus éminents. Ce décret renversait un système établi par la France elle-même, violé, à la vérité, dans plus d'une occasion, mais que l'on proclamait cependant comme toujours subsistant : le système des soi-disant limites naturelles de la France. Il fut renversé sans qu'on entrât dans aucune explication pour justifier cette démarche; et *Napoléon*, par cet acte arbitraire sans exemple, anéantit même ses propres créations. Ni les États de la Confédération du Rhin, ni le royaume de Westphalie, ni quelque autre territoire que ce fût, ne se trouve à l'abri de cette marche usurpatrice. Tracée par l'aveugle caprice, sans règle ni plan, sans aucun égard aux rapports politiques anciens et nouveaux, la nouvelle ligne des frontières traversa les pays et les rivières, enleva aux provinces du milieu et du midi de l'Allemagne toute communication avec la mer du Nord, passa l'Elbe, sépara le Danemark de l'Allemagne, se fixa même sur la Baltique, et parut tendre à aller rejoindre la ligne des forteresses prussiennes sur l'Oder que la France occupait encore. Et cependant cet acte de violence, quoiqu'il entamât sans ménagement tous les droits et toutes les propriétés, toutes les lignes de démarcations géographiques, politiques et militaires, donnait si peu au pays occupé le caractère d'un territoire fermé, qu'on fut obligé de regarder cette démarche comme le prélude d'injustices plus grandes encore, par lesquelles la moitié de l'Allemagne devait devenir une province française, et *Napoléon* maître réel du continent. »

Nous devons écouter maintenant le langage de *Napoléon* lui-même, et suivre les explications que vont donner son Ministre et le rapporteur du Sénat pour justifier ces commodes invasions, qui faisaient alors partie de ce que l'on appelait *le système de l'Empereur*.

Le 10 décembre 1810, le Sénat recevait un message conçu en ces termes :

« Sénateurs,

« J'ordonne à mon ministre des Relations Extérieures de vous faire connaître les différentes circonstances qui nécessitent la réunion de la Hollande à l'Empire.

« Les arrêts publiés par le Conseil britannique, en 1806 et 1807, ont déchiré le Droit public de l'Europe. Un nouvel ordre de choses régit l'univers. De nouvelles garanties m'étant devenues nécessaires, la réunion des embouchures de l'Escaut, de la Meuse, du Rhin, de l'Ems, du Weser et de l'Elbe à l'Empire, l'établissement d'une navigation intérieure avec la Baltique, m'ont paru être les *premières* et les plus importantes.

« J'ai fait dresser le plan d'un canal qui sera exécuté avant cinq ans, et qui joindra la Baltique à la Seine.

« Des indemnités seront données aux princes qui pourront se trouver *froissés* par cette grande mesure que *commande la nécessité*, et qui appuie sur la Baltique la droite des frontières de mon Empire.

« Avant de prendre ces déterminations, j'ai fait pressentir l'Angleterre ; elle a su que le seul moyen de maintenir l'indépendance de la Hollande était de rapporter ses arrêts du Conseil de 1806 et de 1807, ou de revenir enfin à des sentiments pacifiques. Mais cette puissance a été sourde à la voix de ses intérêts, comme au cri de l'Europe.

« J'espérais pouvoir établir un cartel d'échange des prisonniers entre la France et l'Angleterre, et par suite profiter du séjour des deux commissaires à Paris et à Londres, pour arriver à un rapprochement entre les deux nations. Mes espérances ont été déçues. Je n'ai reconnu dans la manière de négocier du gouvernement anglais qu'astuce et mauvaise foi.

« La réunion du Valais est une conséquence prévue des immenses travaux que je fais faire depuis dix ans dans cette partie des Alpes. Lors de mon acte de médiation, je séparai le Valais de la Confédération helvétique, prévoyant dès lors une mesure si utile à la France et à l'Italie.

« Tant que la guerre durera avec l'Angleterre, le peuple français ne doit pas poser les armes.

« Mes finances sont dans l'état le plus prospère. Je puis fournir à toutes les dépenses que nécessite cet immense Empire, sans demander à mes peuples de nouveaux sacrifices. »

Voici maintenant les motifs sur lesquels le ministre des Affaires Étrangères de *Napoléon* avait appuyé le conseil de prononcer cette réunion : car il suffit de placer sous les yeux du lecteur les pièces de ce grand procès pour le mettre en état de le juger.

Rapport fait à l'Empereur par le ministre des Relations Extérieures.

« Sire,

« Votre Majesté a élevé la France au plus haut point de grandeur. Les victoires obtenues sur cinq coalitions successives, toutes fomentées par l'Angleterre, ont amené ces résultats; et l'on peut dire que la gloire, la puissance du grand Empire, nous les devons à l'Angleterre.

« Dans toutes les occasions Votre Majesté a offert la paix, et sans chercher si elle serait plus avantageuse que la guerre, vous n'envisagiez, Sire, que le bonheur de la génération présente, et vous vous montriez toujours prêt à lui sacrifier les chances les plus heureuses de l'avenir.

« C'est ainsi que les paix de Campo Formio, de Lunéville et d'Amiens, et postérieurement celles de Presbourg, de Tilsitt et de Vienne, ont été conclues. C'est ainsi que cinq fois Votre Majesté a fait à la paix le sacrifice de la plus grande partie de ses conquêtes. Plus jalouse d'illustrer son règne par la félicité publique que d'étendre la domination de son Empire, Votre Majesté mettait des limites à sa propre grandeur, tandis que l'Angleterre, rallumant sans cesse le flambeau de la guerre, semblait conspirer contre ses alliés et contre elle-même pour former cet Empire, le plus grand qui ait existé depuis vingt siècles.

« A la paix de 1783, la puissance de la France était forte du *pacte de famille*, qui liait étroitement à sa politique l'Espagne et Naples.

« A l'époque de la paix d'Amiens, les forces respectives de trois grandes puissances s'étaient accrues de douze millions d'habitants de la Pologne. Les maisons de France et d'Espagne étaient essentiellement ennemies, et les peuples de ces États se trouvaient plus que jamais éloignés par leurs mœurs. Une des grandes puissances continentales avait moins perdu de force par la réunion de la Belgique à la France qu'elle n'en avait acquis par la possession de Venise, et les sécularisations du corps germanique avaient encore ajouté à la puissance de nos rivaux.

« Ainsi la France, après le traité d'Amiens, avait une force relative moindre qu'à la paix de 1783, et bien inférieure à celle à laquelle les victoires obtenues pendant les guerres des deux premières coalitions lui donnaient le droit de prétendre.

« Cependant, à peine ce traité fut-il conclu que la jalousie de l'Angleterre se montra vivement excitée : elle s'alarma de la richesse et de la prospérité intérieure toujours croissante de la France, et elle espéra qu'une troisième coalition arracherait à votre couronne la Belgique, les provinces du Rhin et l'Italie. La paix d'Amiens fut violée; une troisième coalition se forma : trois mois après elle fut dissoute par le traité de Presbourg.

« L'Angleterre vit toutes ses espérances trompées. Venise, la Dalmatie, l'Istrie, toutes les côtes de l'Adriatique et celles du royaume de Naples passèrent sous la domination française. Le corps germanique, établi sur des principes contraires à ceux qui ont fondé l'Empire français, s'écroula, et le système de la Confédération du Rhin fit des alliés intimes et nécessaires des mêmes peuples qui, dans les deux premières coalitions, avaient marché contre la France, et les unit indissolublement à elle par des intérêts communs.

« La paix d'Amiens devint alors en Angleterre l'objet des regrets de tous les hommes d'État. Les nouvelles acquisitions de la France, que désormais on n'espérait pas de lui ravir, rendaient plus sensible la faute qu'on avait commise, et en démontraient toute l'étendue.

« Un homme éclairé, qui, pendant le court intervalle de la paix d'Amiens, était venu à Paris et avait appris à connaître la France et Votre Majesté, parvint à la tête des affaires en Angleterre. Cet homme de génie comprit la situation des deux pays : il vit qu'il n'était plus au pouvoir d'aucune puissance de faire rétrograder la France, et que la véritable politique consistait à l'arrêter; il sentit que, par les succès obtenus contre la troisième coalition, la question avait été déplacée, et qu'il ne fallait plus penser à disputer à la France des possessions qu'elle venait d'acquérir par la victoire, mais qu'on devait, par une prompte paix, prévenir de nouveaux agrandissements, que la continuation de la guerre rendait inévitables. Ce ministre ne se dissimulait aucun des avantages que la France avait recueillis de la fausse politique de l'Angleterre; mais il avait sous les yeux ceux qu'elle pouvait en recueillir encore. Il croyait que l'Angleterre gagnerait beaucoup si aucune des puissances du Continent ne perdait plus; il mettait sa politique à désarmer la France, à faire reconnaître la Confédération du nord de l'Allemagne, en opposition à la Confédération du Rhin. Il sentait que la Prusse ne pouvait être sauvée que par la paix, et que du sort de cette puissance dépendait le système de la Saxe, de la Hesse, du Hanovre, et le sort des embouchures de l'Ems, de l'Iahde[1], du Weser, de l'Elbe, de l'Oder et de la Vistule, débouchés nécessaires au commerce anglais. En homme supérieur, *Fox* ne se livra pas à des regrets inutiles sur la rupture du traité d'Amiens et sur des pertes désormais irréparables; il voulut en prévenir de plus grandes, et il envoya lord *Lauderdale* à Paris.

« Les négociations s'entamèrent, et tout en faisait présager l'heureuse issue lorsque *Fox* mourut.

« Elles ne firent plus que languir. Les ministres n'étaient ni assez éclairés ni assez de sang-froid pour sentir la nécessité de la paix. La Prusse, poussée par

[1] Ancien canal, qu'un mouvement de la mer du Nord a changé en un golfe situé entre le duché d'Oldenbourg et la seigneurie de Jever.

cet esprit que l'Angleterre soufflait dans toute l'Europe, mit ses troupes en marche. La garde impériale eut ordre de partir. Lord *Lauderdale* parut effrayé des conséquences des nouveaux événements qui se préparaient : il fut question de signer le traité, d'y comprendre la Prusse, et de reconnaître la Confédération du nord de l'Allemagne. Votre Majesté, par cet esprit de modération dont elle a donné de si fréquents exemples à l'Europe, y consentit. Le départ de la garde impériale fut différé de quelques jours; mais lord *Lauderdale* hésita ; il crut devoir envoyer un courrier à sa Cour, et ce courrier lui rapporta l'ordre de son rappel. Peu de jours après, la Prusse n'existait plus comme puissance prépondérante.

« La postérité marquera cette époque comme une des plus décisives de l'histoire de l'Angleterre et de celle de la France.

« Le traité de Tilsitt termina la quatrième coalition.

« Deux grands souverains, naguère ennemis, se réunirent pour offrir la paix à l'Angleterre; mais cette puissance, qui, malgré tous ses pressentiments, n'avait pu se déterminer à souscrire à des conditions qui laissaient la France dans une position plus avantageuse que celle où elle s'était trouvée après le traité d'Amiens, ne voulut point ouvrir des négociations dont le résultat inévitable assurait à la France une position bien plus avantageuse encore. Nous avons refusé, disait-on en Angleterre, un traité qui maintenait dans l'indépendance de la France le nord de l'Allemagne, la Prusse, la Saxe, la Hesse, le Hanovre, et qui garantissait tous les débouchés de notre commerce; comment pourrions-nous consentir aujourd'hui à signer avec l'empereur des Français, lorsqu'il vient d'étendre la Confédération du Rhin jusqu'au nord de l'Allemagne, et de fonder sur les bords de l'Elbe un trône français, une paix qui, par la force des choses, et quelles que fussent les stipulations admises, laisserait sous son influence le Hanovre et tous les débouchés du nord, ces principales artères de notre commerce?...

« Les hommes qui envisageaient de sang-froid la situation de l'Angleterre répondaient : « Deux coa-« litions, dont chacune devait durer dix ans, ont été « vaincues en peu de mois : les nouveaux avantages « acquis par la France sont la suite de ces événe-« ments, et l'Angleterre ne peut plus s'y opposer. « Sans doute il n'aurait pas fallu violer le traité d'A-« miens ; il eût fallu depuis adhérer à la politique de « *Fox*. Profitons du moins aujourd'hui des leçons de « l'expérience, et évitons une troisième faute; au lieu « de jeter les regards en arrière, portons-les vers l'a-« venir. La Péninsule est encore entière, et dirigée « par des gouvernements secrètement ennemis de la « France. Jusqu'à ce jour, la faiblesse des ministres « espagnols et les sentiments personnels du vieux mo-« narque ont retenu l'Espagne dans le système de la « France : un nouveau règne développera les germes « de la haine entre les deux nations. Le pacte de fa-« mille a été anéanti, et c'est un des avantages que la « Révolution a procurés à l'Angleterre. La Hollande, « quoique gouvernée par un prince français, jouit de « son indépendance; son intérêt est de demeurer l'in-« termédiaire de notre commerce avec le Continent, « et de le favoriser pour participer à nos profits. N'a-« vons-nous pas à craindre, si la guerre continue, « que la France n'établisse son influence sur la Pé-« ninsule, et ses douanes en Hollande? »

« Tel était le langage des hommes qui savaient pénétrer dans les secrets de l'avenir. Ils virent avec douleur refuser la paix proposée par la Russie ; ils ne doutèrent pas que le Continent tout entier ne fût bientôt enlevé à l'Angleterre, et qu'un ordre de choses qu'il était si important de prévenir ne s'établît en Espagne et en Hollande.

« Sur ces entrefaites, l'Angleterre exigea de la maison de Bragance qu'elle quittât la Péninsule, et se réfugiât au Brésil.

« Les partisans du ministère anglais semèrent la division parmi les princes de la maison d'Espagne. La dynastie qui régnait fut éloignée pour toujours; et, en conséquence des dispositions faites à Bayonne, un nouveau souverain, ayant avec la France une puissance et une origine communes, fut appelé au gouvernement de l'Espagne.

« L'entrevue d'Erfurth donna lieu à de nouvelles propositions de paix; mais elles furent aussi repoussées : le même esprit qui avait fait rompre les négociations de lord *Lauderdale* dirigeait les affaires en Angleterre.

« La cinquième coalition éclata. Ces nouveaux événements tournèrent encore à l'avantage de la France : les seuls ports par lesquels l'Angleterre conservait une communication avouée avec le Continent passèrent, avec les provinces Illyriennes, au pouvoir de Votre Majesté par le traité de Vienne, et les alliés de l'Empire virent s'accroître leur puissance.

« Les arrêts rendus par le Conseil britannique avaient bouleversé les lois du commerce du monde : l'Angleterre, dont l'existence tout entière est attachée au commerce, jetait ainsi le désordre parmi le commerce des nations; elle en avait déchiré tous les priviléges. Les décrets de Berlin et de Milan repoussèrent ces nouveautés monstrueuses. La Hollande se trouva dans une position difficile : son gouvernement n'avait pas une action assez énergique; ses douanes offraient trop peu de sécurité pour que ce centre du commerce du Continent demeurât plus longtemps isolé de la

France. Votre Majesté, pour l'intérêt de ses peuples et pour assurer l'exécution du système qu'elle opposait aux actes tyranniques de l'Angleterre, se vit forcée de changer le sort de la Hollande. Cependant Votre Majesté, constante dans son système et dans son désir de la paix, fit entendre à l'Angleterre qu'elle ne pouvait sauver l'indépendance de la Hollande qu'en rapportant ses arrêts du Conseil ou en adoptant des vues pacifiques. Les ministres d'une nation commerçante traitèrent avec légèreté une ouverture d'un si grand intérêt pour son commerce; ils répondirent que l'Angleterre ne pouvait rien au sort de la Hollande[1]. Dans les illusions de leur orgueil, ils méconnurent les motifs de cette démarche; ils feignirent d'y voir l'aveu de l'efficacité de leurs arrêts du Conseil, et la Hollande fut réunie. Puisqu'ils l'ont voulu, Sire, je crois utile aujourd'hui, et je propose à Votre Majesté, de consolider cette réunion par les formes constitutionnelles d'un sénatus-consulte.

« La réunion des villes hanséatiques du Lauenbourg et de toutes les côtes depuis l'Elbe jusqu'à l'Ems, est *commandée par les circonstances*. Ce territoire est déjà sous la domination de Votre Majesté.

« Les immenses magasins d'Heligoland[2] menaceraient toujours de s'écouler sur le Continent, si un seul point restait ouvert au commerce anglais sur les côtes de la mer du Nord et si les embouchures de l'Iahde, du Weser

[1] Voy. les *Instructions* et le *Compte rendu* de M. Labouchère, qui avait été chargé de cette négociation. *Notes et Documents*, à la fin de ce volume.

[2] Heligoland, c'est-à-dire terre sainte, à cause du culte de la déesse Fosta, auquel elle était consacrée, est une île de la mer du Nord située à quatorze lieues des bouches de l'Elbe, et de l'Eyder. Elle appartenait autrefois aux Danois; l'amiral Russel la leur ayant enlevée, elle a été maintenue comme possession de l'Angleterre par la paix de Kiel, en 1814. C'est un point d'occupation précieux pour le gouvernement britannique, qui de là observe facilement l'Allemagne.

et de l'Elbe ne lui étaient pas fermées pour jamais. Les arrêts du Conseil britannique ont entièrement détruit les priviléges de la navigation des neutres, et Votre Majesté ne peut plus approvisionner ses arsenaux et avoir une route sûre pour son commerce avec le nord qu'au moyen de sa navigation intérieure. La réparation et l'agrandissement du canal déjà existant entre Hambourg et Lubeck, et la construction d'un nouveau canal qui joindra l'Elbe au Weser et le Weser à l'Ems, et qui n'exigera que quatre à cinq ans de travaux, et une dépense de quinze à vingt millions dans un pays où la nature n'offre pas d'obstacles, ouvriront aux négociants français une voie économique, facile et à l'abri de tout danger. Votre Empire pourra commercer en tout temps avec la Baltique, envoyer dans le nord les produits de son sol et de ses manufactures, et en tirer les productions nécessaires à la marine de Votre Majesté.

« Les pavillons de Hambourg, de Brême et de Lubeck, qui errent aujourd'hui sur les mers dénationalisés par les arrêts du Conseil britannique, partageront le sort du pavillon français, et concourront avec lui, pour l'intérêt de la cause commune, au rétablissement de la liberté des mers.

« La paix arrivera enfin ; car tôt ou tard les grands intérêts des peuples, de la justice et de l'humanité l'emportent sur les passions et sur la haine. Mais l'expérience de soixante années nous a appris que la paix avec l'Angleterre ne peut jamais donner au commerce qu'une sécurité trompeuse : en 1756, en février 1793, en 1801 à l'égard de l'Espagne, comme en mai 1803, à l'époque de la violation du traité d'Amiens, l'Angleterre commença les hostilités avant d'avoir déclaré la guerre; des bâtiments qui naviguaient sur la foi de la paix furent surpris; le commerce fut dépouillé; des citoyens paisibles perdirent leur liberté, et les ports de l'Angleterre se remplirent de ces honteux trophées. Si de tels exemples devaient se renouveler un jour, les voyageurs, les négociants anglais, leurs propriétés et leurs personnes, saisis dans nos ports depuis la mer Baltique jusqu'au golfe Adriatique, répondraient de ces attentats; et si le gouvernement anglais, pour faire oublier au peuple de Londres l'injustice de la guerre, lui donnait encore le spectacle de ces prises faites au mépris du Droit des nations, il aurait aussi à lui montrer les pertes qui en seraient la conséquence.

« Sire, aussi longtemps que l'Angleterre persistera dans ses arrêts du Conseil, Votre Majesté persistera dans ses décrets; elle opposera au blocus des côtes le blocus continental, et au pillage sur les mers la confiscation des marchandises anglaises sur le Continent.

« Il est de mon devoir de le dire à Votre Majesté; elle ne peut espérer désormais de ramener ses ennemis à des idées plus modérées que par sa persévérance dans ce système. Il en doit résulter un tel état de malaise pour l'Angleterre, qu'elle sera forcée de reconnaître qu'on ne peut violer les droits des neutres sur les mers, et en réclamer la protection sur le Continent; que l'unique source de ses maux est dans ses arrêts du Conseil, et que cet agrandissement de la France, qui longtemps excitera son dépit et sa jalousie, elle le doit aux passions aveugles de ceux qui, violant le traité d'Amiens, rompant la négociation de Paris, rejetant les propositions de Tilsitt et d'Erfurth, dédaignant les ouvertures faites avant la réunion de la Hollande, ont porté les derniers coups à son commerce et à sa puissance, et conduit votre Empire à l'accomplissement de ses hautes destinées.

« Je suis avec respect, Sire, etc.

« *Signé* CHAMPAGNY, duc de Cadore.

Après avoir entendu la lecture des deux pièces précédentes, le sénat nomma une commission qui fut chargée de l'examen du sénatus-consulte portant réunion de la Hollande, des villes hanséatiques et du Valais ; cette commission, par l'organe de son rapporteur, fit connaître son vote affirmatif dans la séance du 13 décembre, et cet acte fut immédiatement adopté par le Sénat : Voici le rapport de M. de *Sémonville.*

« La commission à laquelle vous avez renvoyé le sénatus-consulte relatif à la réunion de la Hollande et des villes hanséatiques au territoire de l'empire français, m'a chargé de vous exposer les motifs qui réclament l'adoption de mesures d'un si grand intérêt.

« Dans le cours du travail de la commission, une observation principale s'est emparée de notre pensée; nous n'avons cessé de nous étonner que des événements commandés par tant de circonstances diverses eussent été différés aussi longtemps.

« En effet, dès l'époque où nos armées victorieuses arrachèrent la Batavie à la triple oppression des puissances coalisées, elle perdit l'existence qu'avait signalée *Frédéric* avec tant d'énergie et de vérité; elle cessa d'être *« une chaloupe remorquée tour à tour par les deux « grands vaisseaux de guerre, l'Angleterre et la France. »* Son équipage, pour suivre cette comparaison, était passé à notre bord; le Brabant faisait partie de notre territoire, et la Hollande était conquise sans retour. Il ne s'est pas écoulé, depuis, un seul jour où sa réunion à l'Empire français n'eût été un bienfait; et, nous osons le dire, un bienfait inappréciable, puisqu'il lui eût épargné une longue suite de privations, de pertes et de malheurs.

« Mais tel est l'empire des habitudes et de l'amour-propre sur les peuples, comme sur les individus : vainement les changements qui frappent leurs regards dans tout ce qui les entoure, les avertissent de leur propre décadence; les uns et les autres repoussent la conviction secrète qui les poursuit. Un sentiment aveugle les détourne des leçons de l'expérience, et ils rendent leur fin plus funeste par les efforts qu'ils ont tentés pour s'y soustraire.

« Nos drapeaux flottaient sur tout le territoire batave; les partisans de l'Angleterre fuyaient sur les vaisseaux indignement vendus par eux à l'ennemi. L'incorporation à la France, l'association des Bataves avec leurs frères de la Belgique devait être le premier de leurs vœux, le plus pressant de leurs besoins.

« La dette publique, qui n'avait pas encore pris l'immense accroissement auquel elle est ensuite parvenue, pouvait être sauvée tout entière du naufrage; d'immenses débouchés de commerce étaient ouverts avec la France; des charges énormes n'auraient point pesé durant quinze ans sur ces intéressantes contrées; et pourquoi? pour obtenir le stérile honneur d'un gouvernement prétendu national, comme s'il existait une nation là où il n'y a point d'indépendance, d'armée, de territoire susceptible de défense.

« *Les temps sont passés où les conceptions de quelques hommes d'État avaient accrédité dans l'opinion le système des balances, des garanties, des contre-poids, de l'équilibre politique. Pompeuses illusions des cabinets du second ordre! Espérances de la faiblesse qui toutes s'évanouissent devant cette puissance régulatrice de la durée et des rapports respectifs des empires, la* NÉCESSITÉ.

« Les gouvernements successifs de la Hollande n'auraient-ils pas obéi mille fois aux agitations intérieures, aux plus légers efforts de l'Angleterre, si la force de l'empire français n'eût agi constamment sur eux pour les maintenir ou pour les défendre?

« Et lorsque l'Angleterre faisait à la France l'injure

de la croire absente, parce que l'Empereur méditait la victoire et la paix sur les rives du Danube, est-ce la Hollande qui a pu repousser la flotte et les légions britanniques assemblées pour recommencer l'oppression et la honte du Helder?

« Non, sans doute; des vérités de cette évidence n'ont besoin ni de preuves, ni d'exemple. La Hollande, comme les villes hanséatiques, resterait livrée à des incertitudes, des dangers, des révolutions, des oppressions de tout genre, si le génie qui dispose des destinées de l'Europe, ne la couvrait de son invincible égide; *l'Empereur a résolu dans sa sagesse de les incorporer à l'immense famille dont il est le chef.*

« En adoptant cette grande détermination, peut-être obéit-il lui-même plus qu'on ne se permettrait de le penser, à la loi de la nécessité.

« *S'il commande la gloire des temps présents, les événements qui ont précédé sa venue commandent ceux de son règne; succession non interrompue de causes et d'effets qui composent l'histoire des nations et la destinée de leurs chefs. Celle de* Napoléon *était de régner et de vaincre: la victoire est à lui, la guerre est à son siècle.*

« Parmi ceux qui appartiennent à notre histoire, *il n'en est pas un seul durant lequel la jalouse rivalité de l'Angleterre n'ait été la cause directe de nos troubles, de nos malheurs, de nos dangers, de notre énergie, de nos combats, de nos conquêtes.*

« Dans l'âge de la féodalité, l'Angleterre divisait nos princes, soudoyait nos vassaux, ravageait nos campagnes; elle avait la prescience que le trône de ses suzerains serait un jour le premier de l'univers; rejetée dans ses îles, partout elle a cherché des vengeurs de sa querelle : l'Allemagne, l'Italie, les Espagnes comptent peu de cités où l'on n'ait combattu depuis trois cents ans pour la cause de l'Angleterre.

« A l'entendre, nos rois prétendaient à la monarchie universelle lors du siége de la Rochelle, des travaux de Toulon, de la reddition de Courtrai. Les règnes les plus pusillanimes n'ont pu imposer silence à ses accusations, ni assoupir sa haine. A ses yeux, le peuple français était toujours le même; *il ne lui manquait que des circonstances et un chef pour reprendre le nom de Grand.*

« Une subversion totale était nécessaire au projet de l'Angleterre ; elle voulait une révolution sanglante, parce que les siennes avaient été cruelles, et qu'au milieu de nos discordes *elle frappait du même glaive et notre industrie et nos institutions, et les vainqueurs et les vaincus, et le peuple et la dynastie.* L'Europe entière est appelée à cette œuvre de destruction : partout repoussée, partout menacée, tremblante pour elle-même, elle s'arrête en présence de l'incendie allumé par les brandons du Cabinet britannique. Enfin, après dix ans d'une lutte glorieuse pour la France, le génie le plus extraordinaire que la nature ait formé dans sa magnificence, rassemble dans ses mains triomphantes les débris épars du sceptre de *Charlemagne.*

« Les outrages de la France sont vengés ; des *frontières resserrées par la modération et tracées par la nature* sont les trophées élevés au bonheur de ses peuples, à la tranquillité de l'Europe.

« L'Empereur propose la paix. Vain espoir d'une grande âme ! Trois fois le cri d'alarme se fait entendre de toutes parts ; trois fois la victoire n'amène que des victoires ; et la paix, toujours offerte, toujours demandée et comme poursuivie, recule devant nos aigles jusqu'aux extrémités de l'Europe.

« Dans ces chocs, dont la prudence humaine ne peut modérer les effets, les empires du premier ordre sont ébranlés dans leurs fondements ; les petits États disparaissent. Nous avons vu les *soutiens gothiques* de l'édifice européen s'écrouler d'eux-mêmes, sans pouvoir être reconstruits sur le même plan ; *et si le génie de l'ordre n'avait marché d'un pas égal avec celui des armées, ce n'était plus la guerre, mais l'anarchie et la mort que le* XVIIIe *siècle léguait à ses successeurs.*

« Le vainqueur aperçoit-il du haut de son char les peuples unis par des habitudes anciennes, il cherche des princes fidèles, il leur crée des intérêts communs ; il leur confie les destinées de ces États régénérés dont il se déclare le protecteur.

« Mais là où toutes les formes de gouvernement ont été vainement essayées, là où les agrégations sont trop petites, ou dépourvues d'assez de principes d'adhésion pour former des masses, là où les localités soumettraient inévitablement les hommes et les choses à l'action directe de la cupidité, des attaques ou des intrigues des éternels ennemis de la France, l'intérêt de l'Empire commande de réunir à la nation victorieuse ces portions de ses conquêtes pour les soustraire à une dissolution inévitable.

« Et dans la délibération qui vous occupe, la question devrait être posée ainsi : *La Hollande et les villes hanséatiques, ne pouvant exister par elles-mêmes, doivent-elles appartenir à l'Angleterre ou à la France?*

« On chercherait en vain une troisième alternative.

« Cet héritage de rivalité, toujours croissante par l'importance des intérêts comme par celle des masses, notre génération l'a recueilli sans qu'il nous fût possible d'en répudier une partie.

« Ce ne sont plus deux armées qui combattent dans les plaines de Fontenoy, *c'est l'empire des mers qui résiste encore à celui du continent ; lutte mémorable, terrible, et dont la catastrophe, peut-être prochaine, occupera longtemps les races futures.*

« Croyons-en les publicistes de l'Angleterre, leurs alarmes déposent de cette vérité, moins encore cependant que les mesures extrêmes de son gouvernement : s'il n'était entraîné par l'imminence de son péril, aurait-il osé déchirer, en présence de l'Europe civilisée, le pacte d'honneur et de justice éternelle qui liait les puissances neutres aux puissances belligérantes? On croirait, en lisant les actes du ministère anglais que le Droit des Gens n'existe plus; et qui donc a substitué à ses principes immuables les excès et les violences de la barbarie? l'Angleterre.

« Déjà, en 1756, ses premiers essais contre les droits imprescriptibles des nations avaient contraint la Suède et le Danemark à les défendre par le développement d'une neutralité armée. Quelques années plus tard, le 28 février 1780, l'Angleterre, poussant plus loin ses entreprises, la Russie ne vit de salut pour l'honneur des peuples et celui des souverains que dans un exposé public des maximes reconnues par tous les peuples civilisés. Elle proclama les conditions dont elle faisait dépendre sa neutralité :

« Que les vaisseaux neutres, dit-elle, puissent navi-
« viguer librement de port en port, et sur les côtes
« des nations en guerre;

« Que les effets appartenant aux sujets desdites
« puissances en guerre soient libres sur les vaisseaux
« neutres, à l'exception des marchandises de contre-
« bande;

« Que, pour déterminer ce qui caractérise un port
« bloqué, on n'accorde cette dénomination qu'à celui
« où il y a, par la disposition de la puissance qui
« l'attaque avec des vaisseaux arrêtés et suffisamment
« proches, un danger évident d'entrer. »

« Telles furent textuellement les déclarations par lesquelles le cabinet de Pétersbourg exposa les droits de tous les souverains.

« L'Angleterre répond en jetant le masque et signifie aux États-Généraux de la Hollande, que le pavillon ne couvre pas la marchandise.

« A dater de cette époque, elle a cru pouvoir, sans dangers comme sans obstacles, donner l'essor à ses usurpations.

« Il fallait attendre l'époque où de puissantes représailles la forceraient de revenir à la justice.

« Ce jour est arrivé : les décrets de Berlin et de Milan sont la réponse aux arrêts du Conseil. Le Cabinet britannique les a pour ainsi dire dictés à la France.

« L'Europe les reçoit pour son code, et ce code sera le palladium de la liberté des mers.

« Que l'Angleterre abjure ses fureurs; qu'elle réintègre les neutres dans leurs droits : la justice n'a jamais cessé de le lui demander. Si elle n'eût pas repoussé les conseils et les offres de la modération, que de conséquences funestes elle eût évitées, et pour nous renfermer dans le cercle de la délibération présente, elle n'aurait pas forcé la France à s'enrichir des ports, des arsenaux de la Hollande; l'Ems, le Weser, l'Elbe ne couleraient pas sous notre domination, et nous ne verrions point la première patrie des Gaulois baignée par des eaux réunies par une navigation intérieure, à des mers qui leur étaient inconnues.

« *Où sont encore les bornes du possible?* c'est à l'Angleterre à répondre. Qu'elle médite le passé, elle apprendra l'avenir. La France et *Napoléon* ne changeront point. »

Enfin voici le premier article du sénatus-consulte, qui fut rendu le 13 décembre 1810 : « La Hollande, les villes hanséatiques, le Lauenbourg, et les pays situés entre la mer du Nord et une ligne tirée depuis le confluent de la Lippe, dans le Rhin, jusqu'à Halteren; de Halteren à l'Ems, au-dessus de Telget; de l'Ems au confluent de la Werra dans le Weser, et de Stolzenau sur le Weser et l'Elbe, au-dessus du confluent de la Steckenitz, feront partie intégrante de l'Empire français. »

C'était là le complément des usurpations de l'année 1810; ainsi, depuis le 17 mai 1809, époque de la réunion des États romains, l'Empire s'était accru de seize départements, de cinq millions de populations, d'un territoire donnant un revenu de cent millions, de trois cents lieues de côtes et de tous leurs moyens maritimes.

Où sont les bornes du possible? avait demandé le rapporteur du Sénat. Cette question dut être répétée par tous les Cabinets, lorsqu'ils eurent connaissance de ce sénatus-consulte monstrueux. Quel avenir s'offrait aux yeux de la nation allemande? Le royaume de Westphalie, n'avait qu'une existence précaire à laquelle la première contrariété que *Napoléon* éprouverait devait mettre fin. On ne pouvait plus se cacher que la confédération rhénane n'avait eu d'autre but que d'assurer à *Napoléon* une influence despotique sur les affaires d'Allemagne : l'organisation annoncée, qui devait consolider cette union, ne paraissait pas. Qui aurait osé assurer qu'un sénatus-consulte ne viendrait pas réunir à la France tous les pays situés entre Lubeck et Trieste, entre le Rhin et l'Elbe ou l'Oder? Le peu de ménagement avec lequel fut traité le duc d'Oldenbourg, proche parent et allié de la maison impériale de Russie, ne permettait à aucun des princes de la Confédération de jouir, sans anxiété, d'une souveraineté, qui était le juste objet de leur ambition, mais qui ne les mettait point à l'abri d'aller augmenter le nombre de ces princes, qui, sous le nouveau titre de *princes froissés*, recevaient pour tout dédommagement un ajournement indéfini d'indemnités imaginaires. Tel fut le sort des princes *Salm-Salm* et *Salm-Kyrbourg*, dont le sénatus-consulte avait englobé les possessions.

La population totale des pays réunis à la France, en vertu de l'acte du 13 décembre, s'élevait à un million cent soixante-treize mille cinq cent cinquante habitants; dans ce chiffre, la Confédération du Rhin était comprise pour neuf cent vingt-six mille cinq cent cinquante. Ce qui était enlevé au royaume de Westphalie fut cédé à *Napoléon* par un traité que signèrent à Paris, le 10 mai 1811, le comte de *Winzingerode* et le duc de *Dalberg*, mais qui n'attribuait à *Jérôme* qu'une compensation illusoire. Nous avons vu comment, par un autre acte arbitraire, le grand-duché de Berg fut indemnisé aux dépens de la maison d'*Arenberg*, et comment celle-ci fut à son tour dédommagée[1].

Quant au duc d'*Oldenbourg*, il réclama la protection de l'empereur de Russie, chef de sa maison. Il y eut, à ce sujet, une négociation entre la cour de Saint-Pétersbourg et le cabinet des Tuileries. *Napoléon* offrit au Duc, à titre d'indemnité, la ville et le territoire d'Erfuth, avec la seigneurie de Blankenhayn, qui depuis la paix de Tilsitt demeuraient sous l'administration française; mais cette offre fut hautement rejetée, et l'empereur *Alexandre* mit en réserve les droits

[1] Voy. le traité du 10 mai 1811 et le tableau des territoires incorporés à l'empire français par le sénatus-consulte du 13 décembre, t. IX, p. 280.

de sa maison par une protestation formelle. Voici la Note que ses ministres présentèrent aux différentes Cours où ils étaient accrédités.

« Sa Majesté Impériale de toutes les Russies a appris avec surprise que S. M. l'empereur des Français, roi d'Italie, son allié, donnant par un sénatus-consulte, de nouvelles limites à son Empire, y a compris le duché d'Oldenbourg. Sa Majesté a exposé à l'attention de l'Empereur, son allié, comme elle le fait à celle de l'Europe entière, que nommément le traité de Tilsitt assure la paisible possession de ce duché à son légitime souverain.

« Sa Majesté a rappelé à ce monarque et le fait à toutes les puissances, que la Russie, par le traité provisoire de 1767 et celui de 1773[1], abandonna au roi de Danemark tout ce qu'elle possédait dans le duché de Holstein, et reçut en échange les comtés d'Oldenbourg et de Delmenhorst, qui, par des transactions connues, auxquelles plusieurs puissances durent nécessairement prendre part, furent érigés en un duché souverain en faveur d'une branche cadette de cette même maison de Holstein-Gottorp, à laquelle Sa Majesté Impériale appartient par le lien du sang le plus direct.

« L'Empereur juge que cet État, créé par la générosité de son empire, ne peut être annulé sans blesser toute justice et ses droits[2]. Il se voit par conséquent

[1] Nous ferons connaître ces négociations dans la troisième partie de notre travail.

[2] Politiquement parlant, cette réunion d'Oldenbourg eut fort peu importé à l'empire des Tsars; mais moralement c'était une autre affaire. L'héritier de cette principauté était l'époux de la grande-duchesse Catherine (depuis reine de Wurtemberg), femme extraordinaire par sa beauté, son génie, son esprit, et justement chérie de l'empereur Alexandre : en la dépouillant, par un simple décret

obligé d'user du droit de réservation, et de mettre à couvert, comme il le fait par le présent office, en son propre nom et celui de ses héritiers au trône à perpétuité, tous les droits et obligations qui dérivent des traités ci-dessus mentionnés.

« Quel prix pourraient conserver les alliances si

impérial, sans aucune négociation préalable, c'était blesser doublement la maison de Holstein, qui occupe le trône de PIERRE le GRAND. C'était une affaire de famille qui dut affecter profondément l'empereur ALEXANDRE, déjà très-mal disposé, comme nous l'avons vu, par le traité de Vienne. Il eût fallu de grandes réparations et de fortes indemnités au duc et à la duchesse D'OLDENBOURG, pour faire oublier ce procédé; si toutefois la paix était encore possible après ces deux événements.

On a dit de fort belles choses sur l'amitié d'ALEXANDRE pour NAPOLÉON, afin d'expliquer par de petites passions la cause de l'altération des sentiments du Tsar : mais il aurait fallu se rappeler que les intérêts de l'État l'emportent sur les affections personnelles. D'ailleurs, c'est un singulier ami pour un grand souverain, celui qui dépouille ses sœurs de leurs États, qui réunit la moitié de l'Europe sans en rien dire, qui menace son Empire de le reléguer en Asie, enfin qui exige la ruine du commerce de son allié au profit du sien.

On aurait mieux fait de dire avec le captif de Sainte-Hélène, que l'édifice élevé par NAPOLÉON, dont le sommet touchait au Niémen, était trop loin de sa base et trop frêle pour ne pas s'écrouler après lui, s'il ne parvenait pas à affaiblir la Russie. Il y aurait de la grandeur à convenir qu'on était trop puissant pour ne pas vouloir achever cet immense édifice; car il n'est plus possible de présenter ALEXANDRE comme une dupe ou un *Céladon* politique. Au reste, voici les aveux consignés dans les Mémoires de NAPOLÉON; c'est le meilleur résumé de ses projets et de sa conduite, à cette époque si importante de son règne : « L'Empire français que NAPOLÉON avait créé par tant de victoires, serait infailliblement démembré à sa mort, et le sceptre de l'Europe passerait aux mains du Tsar, s'il ne rejetait les Russes au delà du Borystène et ne relevait le royaume de Pologne, barrière naturelle de l'Empire. En 1812, l'Autriche, la Prusse, l'Allemagne, la Suisse, l'Italie marchaient sous les aigles françaises, NAPOLÉON ne devait-il pas croire le moment arrivé de consolider l'immense édifice qu'il avait élevé, mais sur le sommet duquel la Russie pesait de tout le poids de sa puissance, aussi longtemps qu'elle pourrait à son gré porter ses nombreuses armées sur l'Oder? ALEXANDRE était jeune et plein de force comme son empire; il était à présumer qu'il survivrait à NAPOLÉON. Voilà tout le secret de cette guerre. »

les traités qui les fondent ne conservaient pas le leur? Mais Sa Majesté, afin de ne point donner sujet à aucune méprise, déclare ici qu'un grand intérêt politique a produit son alliance avec S. M. l'empereur des Français; que cet intérêt subsiste, et qu'elle se propose par conséquent de veiller à la conservation de cette alliance, et s'attend à un soin pareil et réciproque de la part d'un monarque à l'amitié duquel elle a des droits.

Cette union de l'intérêt des deux empires, conçue par *Pierre le Grand*, et qui dès lors et depuis rencontra tant d'obstacles, a déjà procuré des avantages à l'empire de Sa Majesté, et la France de même en a recueilli de son côté.

Il paraît donc de l'utilité des deux empires de s'appliquer à conserver cette alliance, et Sa Majesté y consacrera tous ses soins.

Le soussigné.... obéit aux ordres de l'Empereur son maître, en adressant le présent office à M...., et il saisit cette occasion pour, etc.

SECTION II.

EXPÉDITION DE RUSSIE.

« La défense de la patrie, l'indépendance et la conservation de l'honneur national, nous ont forcé à ceindre l'épée. Je ne poserai pas les armes tant qu'un seul guerrier ennemi restera sur le territoire de mon Empire. »

(ALEXANDRE Ier.)

§ I. *Différends entre la France et la Russie.* — Causes de la rupture entre ces deux puissances. — *Napoléon* prétend réduire la Russie à l'état d'infériorité. — Extrait d'une dépêche du duc de *Bassano*. — La Russie est seule contre toutes les nations rangées sous les aigles de *Napoléon*. — Étendue de la domination de l'empereur des Français. — Comment se forme l'orage. — Signes des projets d'agression. — Périodes du plan d'attaque. — *Dans cinq ans, je serai le maître du monde.* — La main de la grande-duchesse *Anne* refusée à *Napoléon*. — Précédentes démarches à l'égard de la grande-duchesse *Catherine*. — L'empereur *Alexandre* pénètre les desseins de *Napoléon*. — Mesures de sûreté contre l'extension du duché de Varsovie. — Convention du 5 janvier 1810, entre la France et la Russie, portant que le royaume de Pologne ne sera jamais rétabli. — Napoléon refuse sa ratification, et envoie son contre-projet. — Précautions du cabinet de Saint-Pétersbourg contre la Turquie. — Nouveau grief résultant de l'*oukase* du 19-31 décembre 1810. — Renonciation indirecte de la Russie au système continental. — La situation respective des deux cours appréciée par un ministre étranger. — Plaintes élevées par *Napoléon*. — *Alexandre* commence ses préparatifs de défense. — *Napoléon* renouvelle ses protestations pacifiques. — Scène intéressante d'une audience donnée par l'empereur *Alexandre* à *Caulaincourt*. — La Russie est en mesure d'attaquer dès 1811. — Desseins arrêtés de *Napoléon* à l'égard de la Pologne. — Projet d'envoyer M. de *Talleyrand* à Varsovie. — Mission de M. *Bignon*. — Instructions remarquables délivrées à ce ministre. — La France est prête pour une agression. — La paix est signée à Boukarest entre la Porte et la Russie. — Dernière instruction donnée au général *Andréossi*. — *Napoléon* cherche à compléter son système d'alliances. — § II. *Négociations entre la France et la Suède.* — Entretien remarquable de *Napoléon* avec le baron de *Lagerbielke*. — Dépêche de cet ambassadeur à sa cour, du 26 octobre 1810. — Note remise par le baron d'*Alquier* à la cour de Stockholm, le 13 novembre. — Le prince royal *Charles-Jean* ne se prononce point sur les demandes de la France. — Dépêche de M. de *Wetterstedt* sur l'élection de ce prince. — La Suède déclare la guerre à la Grande-Bretagne. — Causes déterminantes de cette résolution. — Prétentions excessives de *Napoléon* à l'égard de la Suède. — Il forme le projet d'une confédération du nord. — Traitements iniques envers la marine suédoise. — Le roi *Charles XIII* exige le rappel du baron d'*Alquier*. — Le prince royal instruit *Napoléon* d'une conjuration formée contre lui. — Démarches de la cour de Stockholm publiées par *le Moniteur*. — *Napoléon* fait occuper la Poméranie suédoise. — Corps expéditionnaire détaché par *Davout* le 27 janvier 1812. — Note sur ce maréchal. — Les troupes suédoises sont désarmées et envoyées en France. — Tentatives de rapprochement faites par les ordres de *Napoléon*. — Note remise le 7 mars à la princesse royale par le duc de *Bassano*. — Réponse de *Charles-Jean* à ces ouvertures. — § III. *Négociations de la Suède avec la Russie et la Grande-Bretagne.* — Le roi *Charles XIII* s'adresse avec succès à l'empereur *Alexandre*. — Un mot ironique de *Napoléon*. — Traité d'alliance entre la Russie et la Suède, conclu à Saint-Pétersbourg, le 24 mars-5 avril 1812. — Convention relative aux déserteurs, signée à Stockholm, le 8 avril 1812. — Lettre du prince de *Schwarzenberg* au comte de *Neipperg* ayant pour but de rallier la Suède à la cause de *Napoléon*. — Réponse du baron d'*Engestroem* à cette proposition. — Note de M. d'*Ohsson* au duc de *Bassano* pour protester contre l'occupation de la Poméranie. — Traité de paix entre l'Angleterre et la Suède, signé à Oérebro, le 12 juillet 1812; sir Édouard *Thornton*, MM. d'*Engestroem* et de *Wetterstedt*. — Les ports de la Suède sont ouverts aux bâtiments de toutes les nations. — § IV. *Alliance entre la France et la Prusse.* — Motifs de la Prusse pour s'allier à la France. — Lettre du roi *Frédéric-Guillaume* au général de *Krusemark* son ministre à Paris (14 mai 1811). — Informations particulières données au général *Krusemark* par le baron de *Hardenberg* (30 août). — Rapport fait à l'Empereur par le ministre des Relations Extérieures, et communiqué au Sénat. — Traité d'alliance entre la France et la Prusse, du 24 février 1812. — Articles secrets signés le même jour. — Deuxième convention secrète. — Troisième convention relative aux fournitures. — Charges écrasantes imposées à la Prusse. — Réclamation directe de *Frédéric-Guillaume* auprès de *Napoléon*. — Édit de prohibition du 25 avril. — § V. *Alliance entre la France et l'Autriche.* — Mobiles des résolutions du cabinet de Vienne. — Rapport fait à l'empereur *Napoléon* par le ministre des Relations Extérieures. — Traité d'alliance défensive signé à Paris le 14 mars, entre la France et l'Autriche; duc de *Bassano*: prince de *Schwarzenberg*. — § VI. *Démarche de Napoléon auprès de l'Angleterre.* — Système français touchant la loi maritime. — Institution des trois bans de la garde nationale. — Rapport au Sénat par le comte de *Lacépède*, 13 mars 1812. — Déclaration anglaise du 21 avril. — Message du duc de *Bassano* à lord *Castlereagh*, 17 avril. — Réponses de lord *Castlereagh*, 23 avril. — Remarque sur cette négociation. — § VII. *Suite du différend entre Napoléon et le Pape.* — Les Anglais tentent de délivrer le Pape. — Nature de la dissidence entre les gouvernements français et romain. — Délégation secrète du pouvoir pontifical. — Maximes de *Napoléon* concernant les droits du saint-siége (1809). — Le livre commandé à *Daunou*. — Nouvelles déclarations contre la puissance temporelle des papes (1811). — Doctrine opposée des *Bourbons*. — Instructions de *Louis XVIII* à son ambassadeur à Rome, M. de *Pressigny*. — Politique *irrémovible de Pie VII*. — Réponse du cardinal *Casoni* au plaidoyer du gouvernement impérial. — Demande comminatoire de l'institution canonique. — Bref du Pape du 5 novembre 1810. — Erreurs contenues dans une adresse du chapitre de Paris. — Cardinaux incarcérés à Vincennes. — Le Pape est réduit à *cinque paoli* par jour. — Enlèvement de ses papiers. — La lettre de *contre-excommunication.*— Questions résolues par le conseil ecclésiastique. — Représentations de M. *Émery* et du cardinal *Fesch*. — Séance du conseil ecclésiastique en présence de *Napoléon*, mars 1811. — *Qu'est-ce que le Pape?* — Discussion entre *Napoléon* et le supérieur de Saint-Sulpice. — Réunion à Paris d'un concile national. — Arrangement consenti par le Pape. — Déception des négociateurs. — *Pie VII* est transféré à Fontainebleau. — Dur traitement qu'il subit pendant ce voyage. — Il arrive le 20 juin 1811. — § VIII. *Négociations entre la France et la Russie.* — Nouveaux griefs de la part de *Napoléon*. — Vain espoir des amis de la paix. — Allocution de *Napoléon* au conseil général du commerce. — Deux cents millions dans les caves des Tuileries. — Fatale habitude de *Napoléon* dans ses entretiens avec les ambassadeurs. — Discussion avec le prince *Kourakine*, au cercle diplomatique du 15 août 1811. — Conclusion d'un rapport du duc de *Bassano*. — Manifestation de l'empereur *Alexandre* à l'égard du duché de Varsovie. — Véritable but des préparatifs de *Napoléon*. — La Turquie est le mobile de la lutte où il succombera. — Intercession du roi de Prusse auprès de l'empereur de Russie. — Dépêche de M. de *Schoeler*, Envoyé à Pétersbourg, 18 avril 1811. — Explications remarquables données par l'Empereur. — Lettre du roi de Prusse à l'empereur de Russie. — Réponse d'*Alexandre*. — Deuxième dépêche de M. de *Schoeler*, 26 août. — Rapport de M. de *Knesebeck*, Envoyé à Pétersbourg, 23 mars 1812. — Le comte de *Nesselrode* désigné pour une mission spéciale auprès de *Napoléon*. — Un mot d'*Alexandre* sur le génie militaire de *Napoléon*. — *Napoléon* tente un dernier effort d'atermoiement. — Entretien avec le colonel *Tchernitchef*. — Propositions de *Napoléon* à *Alexandre*. — Réponse provisoire de ce monarque. — Intrigue de cour contre *Spéranski*. — Note sur la législation russe. — Contre-propositions du cabinet russe apportées par M. de *Serdobine*. — Mission confidentielle de M. de *Narbonne* auprès de l'empereur *Alexandre*, à Vilna. — Pourparlers entre le duc de *Bassano* et le prince *Kourakine*, demandant ses passeports. — La permission de se rendre à Vilna est refusée au général *Lauriston*. — Rappel de cet ambassadeur. — Note du duc de *Bassano* adressée au comte *Roumantsof*, 25 avril 1812. — Note du prince *Kourakine* au duc de *Bassano*, 30 avril. — Note du même au même, 7 mai. — Note du duc de *Bassano* au prince *Kourakine*, 9 mai. — Lettre et réponse du prince *Kourakine*. — Lettre du prince *Kourakine* au duc de *Bassano*, 11 mai. — Réponse du comte *Roumantsof* à la note du 25 avril. — Lettre du duc de *Bassano* au comte de *Lauriston*, 20 mai. — Lettre du comte *Roumantsof* au comte de *Lauriston*, 27 mai. — Lettre du comte de *Lauriston* au comte *Roumantsof*, 12 juin. — Lettre du duc de *Bassano* au comte de *Lauriston*. — Note du comte de *Lauriston* au comte *Soltikof*. — Lettre du duc de *Bassano* au prince *Kourakine*, 12 juin. — § IX. *Résumé de la campagne de Russie.* — Préparatifs mystérieux de l'expédition. — Ses destinations supposées. — Arrière-pensée de *Napoléon* à l'égard de la Turquie. — Espoir de donner le change à la Russie. — Brillant aspect de cette cour. — Plan de Napoléon confié au roi de Westphalie. — Apprêts formidables pour la campagne. — Vrai motif du voyage à Dresde. — Départ le 9 mai. — Souverains réunis à Dresde. — Idée de la prépotence exercée par *Napoléon*. — État réel de l'opinion en Allemagne. — Entrée brillante de l'empereur *Alexandre* à Vilna. — *Napoléon* nomme un ambassadeur à Varsovie. — Piquant récit de l'archevêque de Malines. — M. de *Narbonne* rend compte à *Napoléon* du résultat de sa mission. — Paroles remarquables d'*Alexandre*. — Départ de Dresde le 29 mai. — Dantzick, *ville française*. — Rapport de M. de *Flahaut* sur les dispositions des Autrichiens. — La rupture est déclarée à Gumbinnen. — Proclamations de *Napoléon* à l'armée, 22 juin. — Déclaration de guerre de la Russie, 6 juillet. — Lettre de l'empereur *Alexandre* au comte *Soltikof*. — Tableau de l'armée française ; trois grands commandements : *Napoléon*, *Jérôme* et *Eugène*. — Première ligne de défense des Russes et emplacement de leurs armées. — Tableaux des trois armées de l'ouest et de l'armée de Moldavie : *Barclay de Tolly*, *Bagratione*, *Tormassof*, *Tchitchagof*. — Aperçu du théâtre de la guerre et plan d'attaque de *Napoléon*. — Passage du Niémen le 24 juin, et arrivée à Vilna le 28. — Un sinistre présage. — Retraite des Russes sur la Duna. — Les opérations des Français sont suspendues. — Combinaison échouée contre l'armée de *Bagratione*. — Nouveaux éclaircissements historiques. — L'empereur de Russie envoie des propositions d'accommodement par le général *Balaschof*. — Lettre par laquelle *Napoléon* décline ces propositions. — Confédération de la Pologne. — Réponse évasive de *Napoléon* aux députés. — Destruction des magasins de Vilna. — Système de guerre des Russes. — Le duc de *Bassano* établit à Vilna une section du cabinet. — Gouvernement provisoire de la Lithuanie. — *Barclay* se retire sur Vitebsk. — Combat de Mohilef, 23 juillet. — Combat d'Ostrowno, 25-27 juillet. — Jonction des deux premières armées de l'ouest. — Combat de Kobryn, 26 juillet. — Combat de Gorodetchna, le 12 août. — Reprises des négociations de la Russie avec l'Angleterre et la Turquie. — Lettre du chancelier aux plénipotentiaires russes. — Traité de paix entre la Grande-Bretagne et la Russie, signé à Oérebro, le 18 juillet 1812 ; sir E. *Thornton* : général *Suchtelen*, baron de *Nicolaï*. — Note sur le traité d'Oérebro entre la Grande-Bretagne et la Suède. — Traité d'alliance entre l'Espagne et la Russie, signé à Vélikié-Louki le 20 juillet 1832 ; don Francisco de *Zea Bermudez* : comte *Roumantsof*. — Conférence d'Abo entre l'empereur *Alexandre* et le prince royal de Suède. — Note sur un traité secret du 7 mars 1812 entre la France et le Danemark. — Convention additionnelle au traité d'alliance de Pétersbourg du 24 mars, signée à Abo le 30 août 1812 ; comte *Roumantsof* : comte de *Lœwenhielm*, — Hommage rendu au noble caractère d'*Alexandre* par le prince royal de Suède. — L'armée russe de Finlande passe en Livonie. — L'empereur *Alexandre* à Moscou. — Séjour trop prolongé de *Napoléon* à Vilna. — Bataille de Smolensk, 17 août. — Combat de Valoutina, 19 août ; mort de *Gudin* — Combat de Polotsk, où périt le général *Deroi*, 18 août. — Projet de *Napoléon* de s'établir sur la Duna, et d'organiser le royaume de Pologne. — Marche sur Moscou. — Représentations faites par le prince de *Neuchatel* et le maréchal *Ney*. — Dures paroles de *Napoléon*. — La connaissance du cœur humain. — Les Français essentiellement ambitieux et conquérants. — *Koutousof* est nommé généralissime des forces russes. — Se concerte à Moscou avec le comte *Rostoptchine*. — Choisit le champ de bataille de Borodino. — *Napoléon* fait enlever la redoute de Chewardino défendue par *Gortchakof*. — Mot de *Caulaincourt* sur le soldat russe. — *Napoléon* détermine l'ordre de bataille. — Sa proclamation à l'armée. — Allocution de *Koutousof* à ses soldats. — Bataille de la Moskva ou de Borodino, 7 septembre. — Motifs de *Napoléon* pour ne point faire donner ses réserves. — Généraux tués ou blessés et perte des deux armées. — Retraite de *Koutousof.* — Avis de son conseil de guerre. — Convention verbale entre *Murat* et *Miloradovitch.* — Entrée des Français à Moscou. — *Cette solitude est effrayante!* — *Napoléon* au Kreml. — L'incendie. — *Napoléon* se retire à Pétrofskoïé. — Belle manœuvre de *Koutousof* pour s'établir à Taroutino. — Impression causée à Pétersbourg par les nouvelles de Moscou. — Constance héroïque de l'empereur *Alexandre.* — Ses paroles à l'ambassadeur d'Angleterre. — Citation importante d'un livre du baron de *Meyendorf.* — Adresse à la nation russe. — Résultats de la destruction de Moscou. — *Napoléon* réorganise son armée, et prépare sa retraite. — *Murat* prend position à Vinkovo. — Extraits des bulletins. — M. de *Lesseps* intendant de Moscou. — Le comte *Rostoptchine* assimilé à *Marat!* — Sa réponse et son curieux jugement sur les révolutionnaires. — Opinions des généraux sur le séjour à Moscou. — Tentatives de *Napoléon* pour traiter de la paix. — Envoi de *Lauriston* à *Koutousof.* — Lettre de *Napoléon* à *Alexandre* expédiée par le prince *Volkonski.* — Apparences pacifiques des Russes. — Entretien de *Koutousof* avec un prisonnier français. — Négociation secrète présumée de *Napoléon* à Pétersbourg. — Confiance qu'elle inspire au prince de *Neuchatel.* — Noble explication des démarches de *Napoléon.* — Inflexibilité d'*Alexandre* ; ses motifs. — *Murat* est attaqué dans ses cantonnements. — Le 19 octobre *Napoléon* quitte Moscou. — Son plan de retraite. — Le 23, le maréchal *Mortier* fait sauter une partie du Kreml. — Combat de Malo-Jaroslavetz. — Son influence fâcheuse sur la direction de la retraite. — Combat de Viazma. — *Napoléon* apprend à Semlévo le complot de *Malet.* — *Vous voulez combattre, et vous n'avez plus d'armée.* — Marche sur Smolensk. — La nuit funeste du 6 au 7 novembre. — Commencement des scènes d'horreur de la retraite. — Arrivée à Smolensk ; pillage des magasins. — Échecs de *Baraguay-d'Hilliers* à Liakhovo, et d'*Eugène* sur le Vop. — Combats de Krassnoï, 16-19 novembre. — *Napoléon* se munit à Doubrovna d'un sachet de poison. — Beau fait d'armes du maréchal *Ney.* — Observations sur la première phase de la retraite. — Combats de Polotsk, 18-20 octobre. — Combat de Wolkowisk, 15 novembre. — Dislocation des deux ailes de l'armée française. — *Tchitchagof* intercepte le passage de la Bérézina. — Combat de Tchasnitsky, 24 novembre. — Passage de la Bérézina, 26-27. — Arrivée de *Wittgenstein.* — Surprise de la division *Parthouneaux.* — Bataille de la Bérézina, 28 novembre. — Une des belles journées de *Victor.* — Bivouac de Stoudianka; incendie des ponts. — Remarques sur le passage de la Bérézina. — *Napoléon* quitte l'armée à Smorgoni, 5 décembre. — Explications de ce départ. — Entrevue avec le duc de *Bassano,* à Vilna. — *Napoléon* est de retour à Paris le 18 décembre. — Une phrase du 29e bulletin. — *Murat* commande l'armée. — Bivouac d'Ochmiana. — Les 12 mille hommes de *Gratien.* — Arrivée et désordres dans Vilna. — Les Russes marchent en trois colonnes sur Vilna. — *Koutousof* prend ses cantonnements le 14. — L'empereur *Alexandre* se met à la tête de ses armées. — Son entrée à Vilna le 22 décembre. — Sa clémence envers les Lithuaniens égarés. — Récompenses décernées au prince *Koutousof-Smolenskoï.* — Admirable dévouement d'*Alexandre* pour les prisonniers. — Marche de *Wittgenstein* contre *Macdonald.* — Capitulation du général d'*York.* — Convention de *Potscheraun,* du 20 décembre 1812. — Remarques sur la conduite de *York*. — Marche des Russes contre *Schwarzenberg*. — Retraite des Autrichiens en Galicie. — Une faute de *Napoléon* en diplomatie et en guerre. — L'armée au défilé de Ponary. — Destruction de tout le matériel et pillage du trésor. — Le maréchal *Ney* défend Kowno contre *Platof*. — On se compte le 17 décembre. — 2 000 combattants restent des 140 000 hommes sortis de Moscou. — Le héros de la retraite à Gumbinnen. — Observations de *Boutourline* sur l'expédition de Russie. — Retentissement en Europe des désastres de l'armée française. — Tenue du duc de *Bassano* à Vilna. — Sa correspondance avec les ambassadeurs français à Vienne, à Berlin et à Munich. — Relation du comte de *Mercy-Argenteau*. — Politique de la Prusse. — Lettres du comte de *Saint-Marsan* au duc de *Bassano* et au prince *Eugène*. — Nouvelles dispositions de la cour de Vienne. — Déclaration de M. *Metternich* à M. *Otto*. — Le comte de *Bubna* apporte à Paris l'offre de la médiation de l'Autriche. — Un soulèvement général se prépare en Europe.

§ I.

Différends entre la France et la Russie

Nous avons déjà signalé les principaux écueils contre lesquels viendrait se briser la célèbre alliance conclue en 1807, à Tilsitt, et cimentée, du moins en apparence, l'année suivante à Erfurth. Le duché de Varsovie, en effet, n'était qu'une pierre d'attente, ainsi que le démontrait son agrandissement par la Galicie ; — l'exclusion du commerce anglais des ports de la Russie eût tari la source des richesses nationales; — la réunion de l'Oldenbourg attentait aux plus chers intérêts d'*Alexandre*.

Cependant, malgré leur importance décisive, ces griefs avoués céderont à des considérations encore plus puissantes. La querelle qui devait s'allumer entre les deux empires avait pour cause profonde, la domination arbitraire, le pouvoir dictatorial que s'arrogeait *Napoléon* sur toute l'Europe[1]; là était la véritable ques-

[1] A cet égard, et en ce qui touche plus particulièrement la Russie, voici le trait le plus caractéristique de la pensée de NAPOLÉON ; on le trouve dans une dépêche du 25 février 1811, adressée par le duc de

tion : elle ne pouvait être résolue que par la voie des armes.

Ainsi, la lutte qui se préparait allait embraser l'Europe entière et décider du sort de cette partie du monde.

D'un côté se rassemblaient sous les enseignes de *Napoléon* une multitude de peuples telle que n'en rappelle point l'histoire depuis les expéditions de *Xerxès* et d'*Attila*[1]. D'après un calcul certain, près de

Bassano au général Lauriston, ambassadeur à Saint-Pétersbourg. L'objet de cette dépêche était de faire connaître le détail de la dernière conversation que Napoléon avait eue avec le colonel Tchernitchef en le chargeant d'une lettre pour l'empereur Alexandre. « L'Empereur, « disait le duc de Bassano, ne se soucie pas d'une entrevue, pas même « d'une négociation, à moins que les quatre cent cinquante mille hom- « mes que Sa Majesté a mis en mouvement, et leur immense attirail ne « fassent faire de sérieuses réflexions au cabinet de Saint-Pétersbourg, « ne le ramènent sincèrement au système continental établi à Tilsitt, *et « ne replacent la Russie dans l'état d'infériorité où elle était alors.* » Voilà, dans toute son étendue, dit M. Bignon, le passage le plus sérieusement accusateur qui existe contre Napoléon. Ce qu'il veut, c'est rentrer et faire rentrer l'empereur Alexandre dans la situation de Tilsitt, de manière que la Russie se retrouve, à l'égard de la France, dans son état précédent d'infériorité. C'est à ce fil que tient la guerre. Nous ignorons, et Napoléon n'aura pas occasion de le faire connaître, comment il entendrait rétablir la situation de Tilsitt, de manière à prévenir une rupture. L'empereur Alexandre lui épargnera ce soin par une énergique initiative qui ne laissera plus d'ouverture possible à aucun rapprochement.

[1] A cette époque, la domination de l'empereur des Français s'étendait sur 72 millions d'âmes, savoir :

La France, avec les nouveaux départements réunis de la Hollande, des villes hanséatiques, du Valais, etc. . . .	42 000 000
L'Italie, en y comprenant Naples, Lucques et Piombino, etc., etc.	10 600 000
Les provinces illyriennes	1 000 000
La confédération du Rhin	11 000 000
Le royaume de Westphalie	2 100 000
Le duché de Varsovie.	3 600 000
La Suisse	1 600 000
	71 900 000

sept cent mille soldats, la fleur des nations, Français, Italiens, Napolitains, Suisses, Belges, Autrichiens, Hongrois, Bavarois, Wurtembergeois, Badois, Saxons, Westphaliens, avec les contingents de tous les États de la confédération rhénane, Prussiens, Polonais, Illyriens, même quelques débris des troupes portugaises et du corps des mameluks, furent arrachés de leurs demeures pour servir les desseins du conquérant :

« *Exercitus mixtus ex colluvione omnium gentium quibus non lex, non mos, non lingua communis ; alius habitus, aliæ vestes, alia arma, alii ritus, alia sacra*[1] »

La Russie, au contraire, était seule contre tant d'ennemis. Malgré le rétablissement de la paix avec l'Angleterre, et quoique une alliance eût été formée avec l'Espagne, les Russes ne pouvaient compter sur d'autre secours que celui d'une puissante diversion dans la Péninsule. Mais avoir soutenu seule la lutte, quel triomphe pour la Russie !

Nous avons vu, en remontant à l'origine, que l'alliance de Tilsitt renfermait en elle-même le germe de sa propre dissolution. Aussi, dès cette époque, « toutes les têtes un peu pensantes voyaient se former, se grossir progressivement la nuée d'où devait sortir l'orage qui allait éclater entre les deux États. Elles assignaient les degrés et le terme de sa maturité ; il leur était démontré que le débat s'établirait sur le commerce avec l'Angleterre ; qu'à cheval sur son système continental, *Napoléon* passerait jusqu'au fond de la Baltique ; que la Russie aurait le choix de résister à

[1] Tite Live, I.

tous risques et périls, ou de recevoir garnison de Riga jusqu'à Arkhangel.»

L'occupation continue des forteresses prussiennes, l'accumulation des approvisionnements militaires dans la place de Dantzick, l'agglomération des troupes françaises entre l'Oder et la Vistule, étaient les moyens préparatoires de la guerre que *Napoléon* avait en vue. Le redoublement des rigueurs exercées par les douaniers en faisaient naître tous les jours de nouveaux motifs, et pour ne laisser à la Russie aucun moyen de se soustraire à une nécessité que chaque jour aggravait, *Napoléon*, après avoir envahi la Poméranie, occupé le Mecklembourg, garni les bords de la Baltique à titre de protection contre l'Angleterre; *Napoléon*, disons-nous, venait de franchir le Rhin, l'Ems, le Weser, l'Elbe, la Trave, et s'établissait à Lubeck, avec l'intention annoncée hautement d'y faire un grand arsenal maritime, établissement dont la conséquence nécessaire était de dominer les trois couronnes du Nord et la Baltique, avec tout le littoral, jusqu'au fond du golfe de Finlande.

Ainsi, *Napoléon*, par l'aménagement régulier de ses *réunions*, se trouvait conduit aux frontières de la Russie : la paix de Tilsitt, l'entrevue d'Erfurth, la conquête de la Finlande, la guerre de 1809 contre l'Autriche, celle qui subsistait encore contre la Turquie, étaient autant de moyens d'enlacer, de tromper, d'ajourner la Russie, jusqu'au moment qui permettrait d'arriver à elle avec sécurité. Jamais plan ne fut conçu et dirigé avec un art plus soutenu ni plus consommé en perfidie [1].

Pour graduer tous les périodes de ce plan, et en suivre les traces, pas à pas, il faut se reporter à l'é-

[1] Voy. p. 181, CAULAINCOURT à l'audience de l'empereur ALEXANDRE.

poque du mariage de *Napoléon* avec l'archiduchesse *Marie-Louise*. En effet, rassuré désormais sur le compte de l'Autriche, qu'il se flattait d'avoir irrévocablement attachée à son système, il ne crut plus être dans l'obligation de ménager la Russie qui, seule, pouvant encore agir en puissance indépendante et mettre des obstacles à la réalisation de son projet de domination universelle, devenait par là même son principal ennemi[1]. D'ailleurs il avait été choqué du refus de la main de la grande-duchesse *Anne*, déguisé sous le prétexte d'obtenir le consentement de l'Impératrice mère, consentement qui s'était fait attendre deux mois, et il désirait avec ardeur trouver l'occasion de s'en venger en faisant sentir à l'empereur *Alexandre* le poids de son énorme puissance[2]. Cependant, comme il prévoyait qu'en s'attaquant à la Russie, il aurait à soutenir une guerre plus terrible que toutes celles qu'il avait faites précédemment, il résolut de dissimuler encore

[1] NAPOLÉON, au retour de son voyage en Hollande, disait dans un transport d'ivresse : « Dans cinq ans, je serai le maître du monde, il ne « reste que la Russie, mais je l'écraserai — Paris viendra jusqu'à Saint- « Cloud. Je bâtis quinze vaisseaux par an; je n'en mettrai pas un à « la mer jusqu'à ce que j'en aie cent cinquante; j'y serai le maître « comme sur la terre; et alors il faudra bien qu'on passe par mes mains « pour le commerce; je ne recevrai qu'autant qu'on emportera de chez « moi millions pour millions. »

[2] Le grief de NAPOLÉON était peut-être double, car déjà antérieurement des ouvertures avaient été faites pour une alliance avec la grande duchesse CATHERINE. Cette circonstance est rappelée dans une correspondance diplomatique de la manière suivante : « Quand le général SAVARY, homme très-hardi et fort au fait de l'intérieur de la famille de BUONAPARTE, entreprit de faire épouser la grande duchesse CATHERINE à son maître, il le fit en partie de son propre mouvement; mais il était bien certain d'être approuvé s'il pouvait réussir, l'alliance de la Russie étant alors du plus grand intérêt pour la France. Il trouva des obstacles insurmontables dans le caractère décidé de la grande-duchesse et dans la répugnance de l'Impératrice mère. Pour éviter toute poursuite ultérieure, on se hâta de marier cette princesse avec son cousin, le prince héréditaire d'OLDENBOURG. »

ses projets pour se donner le temps d'achever les immenses préparatifs que son entreprise gigantesque nécessitait. En outre, il se proposait de profiter aussi de ce temps pour terminer, au gré de ses désirs, les affaires d'Espagne; et il espérait qu'en renforçant ses armées, il réussirait à consommer la conquête de la Péninsule dans le cours de la campagne de 1810. Cependant les espérances qu'il avait conçues ne furent point réalisées.

Les indices du refroidissement qui commençait à s'établir dans les rapports de la France avec la Russie, n'avaient pu échapper à la pénétration de l'empereur *Alexandre*. Ce monarque sentit que l'alliance conclue à Tilsitt, n'étant plus dans les intérêts de *Napoléon*, ne subsisterait pas longtemps, et que l'on touchait à la grande crise qui devait ou consolider la monarchie universelle que l'Empereur des Français prétendait établir sur le continent, ou briser les chaînes qui retenaient sous son sceptre tous les peuples de l'Europe.

L'Empereur de Russie, déterminé à ne jamais souscrire à aucune condition incompatible avec la dignité et l'indépendance de sa couronne, envisagea la rupture comme inévitable, et même très-prochaine. Dès-lors, il s'appliqua à organiser sourdement tous les moyens de défense que les immenses ressources de ses vastes États lui présentaient[1], pour soutenir une lutte d'autant plus terrible que la Russie, comme on l'a vu, ne pouvait compter que sur ses propres forces, pour faire face à celles de la plus grande partie de l'Europe.

L'accroissement extraordinaire que le duché de

[1] Personne mieux que NAPOLÉON, n'a mis en relief les moyens d'agression et de défense de l'empire de Russie. Ce passage du *Mémorial*

Varsovie avait reçu par la réunion de la nouvelle Galicie, ayant inspiré de justes inquiétudes au ministère russe, celui-ci crut devoir prendre des mesures de sûreté en proposant à *Napoléon* de signer une convention par laquelle *il s'engagerait à ne jamais reconnaître le rétablissement du royaume de Pologne.*

Une convention fut effectivement signée à Saint-Pétersbourg par l'ambassadeur de France, le 5 janvier 1810; les stipulations principales étaient les suivantes :

1° Le royaume de Pologne *ne sera jamais rétabli;*

2° Les noms de Pologne et de Polonais ne figureront désormais dans aucun acte public;

devient une citation opportune : « L'Empereur, dit le comte de Las Cases, exaltait ce qu'il appelait la situation admirable de la Russie contre le reste de l'Europe. Il peignait cette puissance assise sous le pôle, adossée à des glaces éternelles qui au besoin la rendaient inabordable. Elle n'était attaquable que les trois ou quatre mois d'été ou un quart de l'année, tandis qu'elle avait l'année entière, ou les douze mois contre nous; elle n'offrait aux assaillants que les rigueurs, les souffrances, les privations d'un sol désert, d'une nature morte ou engourdie, tandis que ses peuples ne se lançaient qu'avec attrait vers les délices du midi.

« Outre ces circonstances physiques, ajoutait l'Empereur, à sa nombreuse population sédentaire, brave, dévouée, endurcie, passive, se joignaient d'immenses peuplades.... On ne peut s'empêcher de frémir, disait-il, à l'idée d'une telle masse, qu'on ne saurait attaquer ni par les côtés, ni sur les derrières; qui déborde impunément sur vous, inondant tout si elle triomphe, ou se retirant au milieu des glaces, au sein de la désolation, de la mort, devenues ses réserves si elle est défaite; le tout avec la facilité de reparaître aussitôt, si le cas le requiert. N'est-ce pas l'Antée de la fable, dont on ne saurait venir à bout qu'en le saisissant au corps et l'étouffant dans ses bras; mais où trouver l'Hercule? Il n'appartenait qu'à nous de l'oser, et nous l'avons tenté gauchement, il faut en convenir. »

« L'Empereur disait que, dans la nouvelle combinaison politique de l'Europe, le sort de cette partie du monde ne tenait plus qu'à la capacité, aux dispositions d'un seul homme, d'un Tsar.... Puis l'Empereur s'est mis à mesurer avec un compas les distances sur la carte, et a dit que Constantinople est placée pour être le centre et le siège de la domination universelle. »

3° Toute réunion au duché de Varsovie d'une partie du territoire qui aurait appartenu à l'ancien royaume de Pologne, est interdite.

Cette convention avait été immédiatement ratifiée par l'empereur *Alexandre*, et transmise à Paris pour recevoir la ratification de l'empereur *Napoléon*. Ce prince, tout en protestant que le rétablissement de la Pologne n'entrait point dans son système, refusa néanmoins de signer la convention proposée, sous le prétexte qu'un tel acte était incompatible avec sa dignité, et il offrit en même temps de substituer à cet acte un autre projet beaucoup moins explicite, par lequel la France s'engagerait à *ne favoriser aucune entreprise tendante à rétablir la Pologne*, et qui rendait commune à la Russie, comme au duché de Varsovie, l'interdiction de toute extension de territoire pris sur l'ancien royaume de Pologne [1].

Le refus d'accepter la convention primitive fut considéré par l'empereur *Alexandre* comme une preuve du peu de sincérité des dispositions amicales que *Napoléon* feignait encore de conserver à l'égard de la Russie.

Le Cabinet de Saint-Pétersbourg ne se dissimulait pas que dans ces circonstances, il devait surtout chercher à contraindre les Turcs à la paix. Mais, ce n'était qu'en inspirant la terreur à la Porte que l'on devait espérer de l'amener à souscrire aux conditions que la Russie voulait lui imposer, lesquelles, alors, consistaient dans l'abandon de tous les pays que possédaient les Turcs sur la rive gauche du Danube, et dans une contribution de vingt à quarante millions de piastres pour les frais de la guerre.

[1] Cette proposition fut portée à Saint-Pétersbourg par M. de WATTEVILLE, fils du landamman de Suisse et officier d'ordonnance de NAPOLÉON; le duc de VICENCE la reçut le 4 juin.

Il fut donc résolu d'ouvrir immédiatement la campagne, et de pousser à la guerre avec vigueur, afin de la terminer avant que les projets que *Napoléon* nourrissait contre la Russie, eussent reçu leur développement[1].

A cette époque, une mesure d'administration intérieure, ordonnée par l'empereur *Alexandre*, vint ajouter un nouveau grief aux démêlés survenus avec la France. La clôture des ports, résultat de la guerre avec l'Angleterre, privait la Russie de tout débouché pour ses exportations, qui, consistant uniquement en matières brutes, telles que bois, potasse, chanvre, fer, etc., ne pouvaient être transportées que par mer. Il en arriva que la balance du commerce se fixa entièrement au détriment de la Russie, et y produisit une baisse désastreuse dans le cours du change, et une dépréciation du papier-monnaie qui menaçait de ruine toutes les ressources financières de l'État. Pour échapper à cette situation alarmante, sans renoncer au système continental, le ministère russe imagina de restreindre aussi les importations.

En conséquence, parut l'oukase du 19-31 décembre 1810, pour un nouveau tarif des douanes qui prohibait ou chargeait de nouveaux droits les marchandises françaises, et permettait l'entrée des denrées coloniales sous *pavillon neutre*[2].

« Ayant reconnu, dit l'oukase, par la situation

[1] L'histoire de cette guerre et du traité de BOUKAREST, qui la termina, appartient à la troisième partie de notre travail.

[2] Il est intéressant de voir comment, à l'occasion de cette mesure, la situation respective des cabinets de Saint-Pétersbourg et des Tuileries, était appréciée par l'ambassadeur de Suède auprès d'ALEXANDRE. Dans sa lettre au Roi des 18-30 décembre 1810, le baron de STEDINGK, après avoir dit que l'Empereur désire convaincre la Suède des bonnes dispositions qu'il nourrit à son égard, ajoute « Sa Majesté se trouve de nouveau dans une situation critique avec

présente de notre commerce, et par la dépréciation considérable du papier-monnaie dans les transactions d'argent, que l'importation des marchandises étrangères a manifestement lieu au détriment de l'industrie nationale; que cette importation surpasse de beaucoup l'exportation des productions russes; et désirant

l'Empereur des Français. Il existe en ce moment des différends entre eux, dont on ne connaît pas bien les causes, l'ambassadeur de France et le comte de ROMANZOFF ayant le plus grand soin de s'en cacher, mais on ne peut ignorer, que la méfiance régnera éternellement entre ces deux souverains. NAPOLÉON craint que cette cour ne lui échappe, et ne s'y fie guère. ALEXANDRE n'est point sans inquiétude sur les projets de son ami et allié. Il le soupçonne de mettre de l'empêchement à la paix avec les Turcs, et de vouloir favoriser la Suède et la Pologne. Il voudrait se mettre à l'abri des exigences de la France et il y est sujet continuellement. En dernier lieu le duc de VICENCE a fait quelques démarches pour l'établissement du tarif sur les denrées coloniales qui, à la vérité, n'ont pas réussi, la proposition ayant été déclinée, comme elle l'a été en Suède, mais qui n'ont pas laissé d'embarrasser, et qui en font attendre d'autres d'une même nature. Il va bientôt paraître un nouveau sujet de mésintelligence, l'Empereur étant dans l'intention de faire émaner, au commencement de l'année prochaine, un ukase qui défendra l'importation dans son empire de toutes les marchandises quelconques de fabrication étrangère. Les vins ne pourront entrer qu'en pièces, les sucres sans être raffinés. On voudrait par là obvier à la baisse continuelle du change, et quoique l'efficacité de cette mesure ne soit pas démontrée, et que la contrebande ira toujours son train, elle ne fera pas moins jeter les hauts cris en France, et parmi la foule des négociants français, des marchandes de modes, qui se trouvent ici. Pour se convaincre combien cette défense sera pernicieuse à la France, il suffit de savoir que, dans l'année 1808, il a été fait à Saint-Pétersbourg, des remises à Lyon pour 31 millions de livres tournois, quoique les déclarations de la douane n'indiquèrent des marchandises que pour 13 millions. Il est à croire qu'une entreprise pareille ne passera pas sans contradiction de la part de la France, et qu'elle augmentera les germes de division qui existent en grand nombre. Le duc de VICENCE, par attachement pour l'Empereur ALEXANDRE, et pour sa place, fait tout ce qu'il peut pour prévenir le mécontentement ou pour l'adoucir de part et d'autre, mais il n'y réussit pas toujours, et le public, dès qu'il peut s'en apercevoir, s'en réjouit plus que de toutes les victoires remportées sur les Turcs. Dans cet état de choses, il est tout simple que l'Empereur tourne ses regards d'abord sur ses voisins, et peut-être, en dernière perspective, sur l'Angleterre. »

établir, autant qu'il est possible, un équilibre convenable à cet égard; après avoir entendu notre Conseil impérial, nous avons jugé convenable d'établir des principes particuliers, relatifs à l'exploitation de notre commerce extérieur avec les neutres, dont le but est d'arrêter les progrès effrénés du luxe, de diminuer l'importation des marchandises étrangères, et d'encourager, autant qu'il est en nous, l'accroissement des travaux et de l'industrie de l'empire, etc. » L'oukase restreint ensuite l'importation de marchandises aux ports d'Arkhangel, de Pétersbourg, de Riga, de Reval, de Libau, d'Odessa, de Féodossia et de Taganrog, et, par terre, aux bureaux de Polangen, Radziwilof et Dubossary. L'introduction de toute marchandise, produit d'un pays ennemi sans distinction, et celle de toute marchandise non spécifiée dans les états joints à l'oukase, est prohibée. Toute marchandise prohibée à l'entrée, sera détruite; toute marchandise permise, mais qui sera reconnue propriété ennemie, sera confisquée. Dans les états qui renferment la nomenclature des marchandises permises à l'entrée, on ne trouve ni les étoffes de soie, ni les rubans, gazes, articles de mode, draps, toiles, batistes, dentelles, bronzes, porcelaines; en un mot, pas un article fabriqué en France. Les vins sont soumis à un impôt de quatre-vingts roubles par oxhoft. L'introduction des eaux-de-vie est défendue. Par contre, celle des denrées coloniales est permise, et conséquemment, d'une manière indirecte, *la Russie renonce au système continental.* Ce qui rend cet oukase plus intéressant encore, sous le rapport politique, c'est que, pour le maintien de ces dispositions, il fut organisé, sous le nom de *gardes-frontières*, une armée de quatre-vingt-dix mille hommes, commandée par des officiers supérieurs de l'armée de ligne.

Aussitôt que cet oukase parvint à la connaissance de *Napoléon*, il s'en plaignit amèrement, comme d'un manque de procédés à son égard, et saisit ce prétexte pour justifier la conscription de 1811, dont cependant il avait déjà ordonné la levée.

Cette dernière mesure, les armements des Polonais du duché de Varsovie, et le renforcement progressif de l'armée française en Allemagne, dont le quartier général avait été transféré de Ratisbonne à Hambourg, étaient des marques non équivoques des dispositions hostiles de la France. L'empereur *Alexandre* jugea nécessaire de ne plus tarder à se mettre en état de défense, en rassemblant la majeure partie de ses forces sur la frontière occidentale de son empire. Une division, qui, depuis la dernière guerre avec la Suède était demeurée dans l'ancienne Finlande, reçut ordre de marcher sur la haute Dwina. L'armée du Danube qui, à la fin de 1810, se trouvait forte de neuf divisions, ne fut plus composée que de quatre; les cinq restantes furent portées sur le haut Dniester.

Ces préparatifs alarmèrent *Napoléon*, qui crut devoir préjuger que les Russes ne se permettaient d'affaiblir ainsi l'armée du Danube, que parce qu'ils étaient assurés de la paix avec la Turquie. Lui-même, au contraire, se trouvait plus embarrassé que jamais des affaires d'Espagne, qui entraînaient une consommation d'hommes prodigieuse sans amener de résultat satisfaisant pour lui. Il pensa que, dans ces conjonctures, la prudence lui prescrivait de dissimuler encore envers la Russie; et il se détermina, en conséquence, à adresser au cabinet de Pétersbourg de nouvelles protestations sur son désir de conserver la bonne harmonie entre les deux empires[1].

[1] NAPOLÉON attachait une importance extrême, comme nous l'avons

Il était évident que *Napoléon* ne cherchait qu'à gagner du temps pour achever ses préparatifs. Il semblait donc de l'intérêt du cabinet de Saint-Pétersbourg de le prévenir en commençant la guerre dès le printemps de 1811 ; mais la situation politique et militaire de l'Europe ne permettait pas à la Russie de se livrer à des opérations offensives. L'Empereur se détermina

dit, à ce que l'on ignorât son projet d'une attaque *soudaine*. Peu de temps avant le rappel du duc de VICENCE, il fait écrire à cet ambassadeur « que les sentiments du gouvernement français n'avaient jamais été plus pacifiques, que les troupes ne seraient pas augmentées ; » enfin, les communications adressées au duc de VICENCE étaient empreintes du même caractère qui avait présidé à la rédaction des instructions officielles de M. de STADION à M. de METTERNICH, en 1809, et qui avait donné à NAPOLÉON l'occasion de cette allocution si impérieuse dont nous avons rendu compte. CAULAINCOURT demande une audience, et se rend au palais. Il communique sa dépêche à l'Empereur; il lui déclare qu'il ne sera procédé à aucune hostilité. Que va répondre ALEXANDRE? Se laissera-t-il emporter par un mouvement de colère? Fera-t-il son allocution? Non. Il répond avec douceur : *Cela est contraire à toutes mes informations, monsieur le duc; mais si vous me dites, vous monsieur de* CAULAINCOURT, *si vous me dites que vous y croyez, à mon tour, je commencerai à y croire.* Voici la fin de la propre dépêche de CAULAINCOURT à NAPOLÉON : « J'étais assis; à ces mots de Sa Majesté, je me levai, je pris mon chapeau, je saluai l'empereur ALEXANDRE avec respect, et je me retirai sans rien dire. »

On a prétendu que si, dans une semblable circonstance, l'ambassadeur d'Autriche avait fait son devoir, M. de CAULAINCOURT n'a pas fait le sien. Chacun ici mérite sa gloire.

En 1809, l'Autriche, s'était, le plus tard qu'elle avait pu, liée avec l'Angleterre; mais elle agissait sans prévenir son ambassadeur, sans lui commander de la duplicité. M. de METTERNICH ne voulait pas la guerre. Le chef de l'État de la France disait à l'ambassadeur de Vienne : « Je sais ce qu'on fait chez vous, rendez compte de mes mécontentements. » Le ministre, avec politesse, atténuait les accusations : il était dans la ligne de son devoir et de sa dignité. Mais CAULAINCOURT, quoique ne voulant pas personnellement la guerre, est placé dans une autre situation. Le souverain étranger oublie l'agent diplomatique, il ne voit que l'homme de droiture; il interpelle avec une sorte de confiance tendre, le loyal guerrier, le noble caractère qui n'a menti jamais, et qui est étranger au meurtre commis à Vincennes sur le duc d'ENGHIEN. L'honnête homme se lève, et se retire sans accuser le chef qui le charge d'une commission si odieuse.

donc à rester en observation sur ses frontières en attendant l'événement.

Cette année 1811 fut remplie, comme nous le verrons tout à l'heure, par l'échange de Notes diplomatiques entre les ministres français et russes, et par des communications confidentielles entre les deux souverains.

Mais comme déjà les projets de *Napoléon* approchaient de leur maturité, et que de toutes les questions qui l'occupaient, la Pologne n'était pas la moins importante; il jugea opportun d'avoir un Envoyé de confiance à Varsovie. Il avait d'abord porté ses vues sur M. de *Talleyrand* pour cette mission, et lui en avait fait la confidence. Peu de temps après cette ouverture, il apprend qu'on achète à Vienne des ducats pour le compte de son ministre, et que le secret de sa mission a transpiré. Mécontent de voir son projet ébruité, et interprétant cet arrangement domestique comme un agiotage sur les fonds publics de Vienne, il renonça au choix qu'il avait fait de M. *Talleyrand*, et le remplaça par M. *Bignon*.

Dès l'année 1807, il avait semblé à *Napoléon* que le moment était venu de rétablir le royaume de Pologne; mais pour ne pas retarder la paix de Tilsitt, il s'était borné à l'institution du duché de Varsovie. C'était une demi-mesure; elle en a eu tous les inconvénients. Les Polonais se sont vus autorisés à attendre davantage, et la Russie, dont l'inquiétude a dû croître avec leurs espérances, a conservé des arrière-pensées, au sein desquelles les éléments d'une guerre future ont germé rapidement. Aujourd'hui cette guerre est imminente; la Pologne va-t-elle enfin sortir de l'état précaire?

Sur cette grande question, *Napoléon* s'est exprimé sans détour avec ses ministres : *Le rétablissement de la Pologne*, leur a-t-il dit, *m'a toujours paru désira-*

ble pour toutes les puissances de l'Occident. Tant que ce royaume ne sera pas retrouvé, l'Europe sera sans frontières du côté de l'Asie, et l'Autriche et la Prusse resteront face à face vis-à-vis du plus puissant empire de l'Univers. Je n'envisage ici que le bien de tous et n'ai pour mobile aucun avantage qui me soit personnel : je ne prétends au trône de Pologne ni pour moi ni pour les miens. Qu'elle renaisse indépendante et libre ; il me suffira d'en avoir l'honneur.

Toutefois l'entreprise est d'un intérêt trop éloigné pour que la France doive s'y jeter à l'aventure ; je pense même que pour nous le rétablissement de cet État ne saurait être le motif d'une guerre, mais il peut en devenir le résultat.

En ce moment, les événements semblent nous entraîner, et ce n'est pas sans regret que je me verrais forcé d'avancer de plusieurs années l'exécution des desseins que j'avais relégués dans l'avenir. Une rupture avec la Russie peut être hasardeuse ; il faut en prévoir les chances, et ne pas nous interdire la faculté de céder à des résistances qui deviendraient trop fortes. Il ne faut pas écouter un zèle inconsidéré pour la cause polonaise. La France avant tout, c'est là ma politique.

Les Polonais ne sont pas le sujet de la querelle ; ils ne doivent pas être un obstacle à la paix, mais ils peuvent être pour nous un moyen de guerre, et, à la veille d'une si grande crise, je ne les laisserai pas sans direction.

En effet, le baron *Bignon* quittait Paris à la fin de février, et se rendait à Varsovie muni d'instructions fort détaillées et qui méritent la plus grande attention. Elles avaient été délivrées par le ministre secrétaire d'État, duc de *Bassano* et, suivant le seul historien qui en fasse mention, elles portaient en substance :

« Si la démonstration armée de nos troupes sur la Vistule intimide les Russes, au point d'arrêter dans son germe la diversion que l'Angleterre essaye contre nous dans le Nord, on négociera : après un si grand développement de forces, nous aurons le droit de prétendre à des dédommagements, et la reconstruction de la Pologne peut en devenir l'équivalent.

« Si, au contraire, la rupture éclate, les Polonais ne doivent pas seulement joindre leurs armes aux nôtres; il faut que dans cette grande occasion, la dernière peut-être qui leur soit offerte, ils se déterminent à agir d'eux-mêmes et pour leur compte. Cette guerre que nous allons soutenir dans le Nord, ne doit être considérée par eux que comme un moyen ajouté à leurs propres ressources, et il est convenu que la France ne sera pour eux qu'un puissant auxiliaire.

« Qu'ils se préparent donc dès ce moment à tenter les plus grands efforts, et qu'aussitôt que les circonstances le permettront, toute la Pologne monte à cheval.

« L'Envoyé auquel on remet ces instructions, s'arrêtera un moment à son passage à Dresde; il ira voir le roi de Saxe, et lui parlera franchement de ce qui se prépare. On sait que ce prince ne tient pas à la souveraineté du grand-duché; il s'en est plusieurs fois expliqué sans réserve; mais l'Envoyé l'assurera de nouveau que, de la part de la Saxe, aucun sacrifice ne restera jamais sans compensation. »

Mais voici maintenant le texte d'instructions secrètes au moyen duquel on peut suppléer à l'insuffisance de cet extrait.

*Instructions données à M. le baron ***, pour lui servir de direction dans sa mission en Pologne.*

« Monsieur,

« L'Empereur compte assez sur votre dévouement et sur votre habileté pour vous avancer dans sa confiance jusqu'à vous charger d'une mission du plus grand intérêt politique. Cette mission demande activité, prudence et discrétion.

« Vous vous rendrez à Dresde ; l'objet apparent de votre voyage sera de présenter à Sa Majesté le roi de Saxe une lettre que l'Empereur vous remettra demain après son lever. Sa Majesté Impériale et Royale vous a déjà fait connaître ses intentions ; elle vous donnera verbalement ses dernières instructions sur les ouvertures que vous aurez à faire au roi de Saxe.

« L'intention de l'Empereur est que l'on agisse envers ce souverain avec les égards que lui mérite l'estime toute particulière que Sa Majesté professe pour sa personne. Vous vous expliquerez, soit avec le Roi, soit avec les ministres, avec une franchise sans réserve. Vous ajouterez foi aux notions que vous donnera M. le comte de *Senft-Pilsach*.

« De la part de la Saxe il n'y aura point de sacrifice sans compensation.

« La Saxe tient peu à la souveraineté du duché de Varsovie, tel qu'il existe aujourd'hui : c'est une possession précaire et onéreuse. La possession de ce fragment de la Pologne la place dans une fausse position à l'égard de la Prusse, de l'Autriche et de la Russie. Vous développerez ces idées ; et vous traiterez cette question dans le sens de la discussion qui a eu lieu, le 17, dans le cabinet de Sa Majesté, en votre présence. Vous trouverez le cabinet de Dresde peu disposé à vous combattre : sa Diplomatie nous a présenté à plusieurs reprises les mêmes observations. Ce n'est donc point d'un démembrement des États du roi de Saxe qu'il s'agit.

« Après un court séjour à Dresde, vous annoncerez votre départ pour Varsovie, où vous devrez attendre de nouveaux ordres de l'Empereur.

« Sa Majesté Impériale prie le roi de Saxe de vous accréditer auprès de ses ministres polonais.

« Vous concerterez à Varsovie vos démarches avec le prince *Radziwill*, chambellan de l'Empereur, avec le général *Wielhorski*. Ces deux personnages descendent des plus illustres familles de la Pologne; ils ont promis de faire servir l'influence dont ils jouissent parmi leurs concitoyens pour les porter à travailler au bonheur et à l'indépendance de leur patrie. Vous devez donner au gouvernement du Grand-Duché[1] une impulsion propre à préparer les grands changements que l'Empereur se propose d'opérer en faveur de la nation polonaise.

« Il faut que les Polonais secondent les desseins de l'Empereur, et qu'ils coopèrent eux-mêmes à leur régénération. Ils ne doivent considérer les Français que comme de puissants auxiliaires.

« L'Empereur ne se dissimule point les difficultés qu'il aura à éprouver au rétablissement de la Pologne. Ce grand œuvre de politique doit contrarier les intérêts apparents et actuels de ses alliés.

« Le rétablissement de la Pologne par les armes de l'Empire français est une entreprise hasardeuse; périlleuse même, où la France devra lutter également contre ses amis et contre ses ennemis. Entrons dans quelques détails.

« L'objet que se propose l'Empereur est l'organisation de la Pologne avec tout ou portion de son ancien territoire, en évitant la guerre, si cela est possible. Pour y parvenir, Sa Majesté a donné des pouvoirs très-étendus à son ambassadeur à Pétersbourg; elle a envoyé à Vienne un négociateur qui est autorisé à trai-

[1] Cette dénomination est inexacte; les provinces polonaises cédées à à la Saxe ont été réunies sous le titre de *duché* de Varsovie.

ter avec les principales puissances, à offrir de grands sacrifices en territoire de la part de l'Empire français, comme indemnité des cessions à faire pour le rétablissement du royaume de Pologne.

« L'Europe se partage en trois grandes divisions, l'Empire français à l'ouest, les États de l'Allemagne au centre, l'Empire russe à l'est, l'Angleterre ne peut avoir sur le continent que l'influence que les puissances voudront bien lui conserver.

« Il faut empêcher, par une forte organisation du centre, que la Russie ou la France puisse un jour, en voulant s'étendre davantage, envahir la souveraineté de l'Europe. L'Empire français jouit actuellement de toute l'énergie de son existence : s'il ne termine en cet instant la constitution politique de l'Europe, demain il peut perdre les avantages de sa position, et succomber dans ses entreprises.

« L'établissement d'un état militaire en Prusse, le règne et les conquêtes du grand *Frédéric*, les idées du siècle et celles de la Révolution française, mises en circulation, ont anéanti l'ancienne Confédération germanique. La Confédération du Rhin ne tient qu'à un système provisoire. Les Princes qui ont acquis voudraient peut-être la consolidation de ce système; mais les Princes qui ont perdu, les peuples qui ont souffert des malheurs de la guerre, les États qui redoutent la trop grande puissance de la France, s'opposeront au maintien de la Confédération du Rhin, chaque fois que l'occasion s'en présentera. Les Princes, même agrandis par le nouveau système, tendront à s'en éloigner à mesure que le temps les consolidera dans les possessions qu'ils ont obtenues. La France finirait par voir arracher de ses mains un protectorat que sûrement elle aurait acheté par trop de sacrifices.

« L'Empereur pense qu'à une époque finale, qui ne

peut tarder à se produire, il conviendra de rendre la Confédération des puissances de l'Europe à toute leur indépendance.

« La maison d'Autriche, qui possède trois vastes royaumes, doit être l'âme de cette indépendance, à cause de la situation topographique de ses États; mais elle n'en doit pas être la dominatrice. En cas de rupture entre les deux empires de France et de Russie, si la Confédération des puissances intermédiaires était mue par une même impulsion, elle entraînerait nécessairement la ruine de l'une des parties contendantes. L'Empire français serait plus exposé que l'Empire russe.

« Le centre de l'Europe doit se composer d'États inégaux en puissance qui auront chacun une politique qui leur sera propre; qui, par leur situation et leurs rapports politiques chercheront un appui dans le protectorat des puissances prépondérantes. Ces États sont intéressés au maintien de la paix, parce qu'ils seront toujours victimes de la guerre. Dans ces vues, après avoir élevé de nouveaux États, après en avoir agrandi d'anciens, afin de fortifier pour l'avenir notre système d'alliance, il est un intérêt majeur pour l'Empereur et en même temps pour l'Europe, c'est d'établir la Pologne; sans la réédification de ce royaume, l'Europe reste sans frontières de ce côté; l'Autriche et l'Allemagne se trouvent face à face avec le plus puissant Empire de l'univers.

« L'Empereur prévoit *que la Pologne comme la Prusse sera par la suite l'alliée de la Russie*; mais si la Pologne lui doit sa restauration, l'époque de l'union de ces États sera assez éloignée pour laisser l'ordre établi se consolider. L'Europe étant ainsi organisée, il n'y a plus de raison pour que la France et la Russie soient en rivalité; ces deux empires auront les mêmes intérêts commerciaux, ils agiront d'après les mêmes principes.

« Avant le refroidissement avec la Prusse, une première pensée de l'Empereur avait été de faire une alliance solide avec le roi de Prusse, et de poser sur sa tête la couronne de Pologne. Il y avait moins d'obstacles à vaincre puisque déjà la Prusse possédait le tiers de ce royaume. On aurait laissé à la Russie ce qu'elle aurait voulu absolument garder; on aurait donné des indemnités à l'Autriche. La marche des événements a fait changer les projets de l'Empereur.

« Lors des négociations de Tilsitt, il a fallu créer des États précisément dans les contrées qui redoutaient le plus la puissance de la France. Le moment était propice au rétablissement de la Pologne, quoiqu'il eût été l'ouvrage de la violence et de la force. Il aurait fallu prolonger la guerre; l'armée française souffrait du froid et de la disette; la Russie avait des armées sur pied. L'Empereur a été touché des sentiments généreux que lui témoignait l'empereur *Alexandre.* Il éprouvait des obstacles de la part de l'Autriche. Il a laissé dominer sa politique par un égal désir de signer une paix qu'il espérait rendre durable, si, par l'influence de la Russie et de l'Autriche, l'Angleterre avait voulu consentir à une pacification générale.

« Après ce revers, la Prusse avait trop de haine contre nous pour ne pas chercher à modérer sa puissance; c'est dans cette vue qu'a été organisé le Grand-Duché de Varsovie. On lui a donné pour Souverain le roi de Saxe, prince dont la vie entière a été employée à faire le bonheur de ses sujets. On a cherché à satisfaire les Polonais par des institutions qui leur plaisaient et qui convenaient à leurs mœurs et à leur caractère. On a mal agi en tous sens.

« La Saxe, séparée de ses nouvelles possessions par

la Prusse, ne pouvait, avec la Pologne, constituer un corps assez organisé pour devenir fort et puissant. L'ouverture d'une route militaire sur le territoire prussien, pour communiquer de la Saxe avec la Pologne, a grandement humilié la nation prussienne; et les Polonais ont gémi d'être trompés dans leurs espérances.

« L'Empereur stipulait l'occupation des forteresses de la Prusse, pour être certain que cette puissance ne chercherait point à rallumer la guerre. La campagne de 1809 a fait voir combien sa politique avait été prévoyante; elle lui avait fait prendre la ferme résolution de travailler sans relâche à terminer cette organisation de l'Europe qui doit mettre fin à des guerres désastreuses.

« L'Empereur a pensé qu'il devait se montrer formidable par le nombre de troupes qu'il pousse vers la Vistule, par l'occupation des forteresses de la Prusse, afin de commander la fidélité de ses alliés, et d'obtenir par les négociations ce que peut-être il ne faudrait attendre que de la guerre.

« Dans ces circonstances, les dangers sont imminents. Ce n'est pas sans péril que l'on porte des armées à cinq cents lieues de leur territoire; et la Pologne doit attendre autant de ses propres forces que de l'appui de l'Empereur. Si la guerre s'engage, les Polonais, je le répète, ne doivent la considérer que comme un moyen ajouté à leurs propres ressources [1].

. . . .

. . . .

. . . .

« Les peuples du Grand-Duché veulent le rétablissement de la Pologne; c'est à eux qu'il appartient de

[1] A cette lacune correspond le paragraphe 3 de l'analyse citée p. 185.

préparer les voies par lesquelles les provinces séparées pourront arriver à prononcer leur volonté. Le gouvernement du Grand-Duché doit, aussitôt que les événements le permettent, faire confédérer sous les bannières de l'indépendance les démembrements de leur malheureuse patrie. S'il est des Polonais, sous la domination de la Russie ou sous celle de l'Autriche, qui se refusent à retourner à la mère patrie, il faut renoncer à les y contraindre. La Pologne doit tirer sa force de son esprit public, de son patriotisme, autant que des institutions qui constitueront le nouvel état social.

« L'objet de votre mission est donc d'éclairer, d'encourager, de diriger dans leurs opérations les patriotes polonais. Vous rendrez compte de vos négociations au ministre des Relations Extérieures; il instruira l'Empereur de vos succès. Vous m'enverrez des extraits de vos rapports.

« Les malheurs et la faiblesse de la république de Pologne ont été causés par une aristocratie qui n'avait ni règle ni mesure. A cette époque, comme aujourd'hui, la noblesse était puissante, la bourgeoisie soumise, et le peuple n'était rien. Mais au milieu de ces désordres il y avait dans cette nation un amour pour la liberté et pour l'indépendance qui soutint longtemps sa débile existence. Ces sentiments doivent avoir crû par le temps et par l'oppression. Le patriotisme est un sentiment naturel aux Polonais, même aux individus des grandes maisons. L'Empereur tiendra sans restriction la promesse qu'il a faite, par l'article 15 du traité du 9 juillet 1807, de faire régir le Grand-Duché par des constitutions qui assurent sa liberté et les privilèges des peuples, se conciliant avec la tranquillité des États voisins. Il y aura pour la Pologne indépendance et liberté. Quant aux choix du

Souverain, il résultera du traité que Sa Majesté signera avec les puissances. Sa Majesté ne prétend au trône de la Pologne ni pour elle ni pour sa famille. Dans le grand œuvre de la restauration de la Pologne elle n'a en vue que le bonheur des Polonais et la tranquillité de l'Europe. Sa Majesté vous autorise à faire cette déclaration, à la faire formellement lorsque vous le jugerez utile aux intérêts de la France.

« Sa Majesté m'a ordonné de vous transmettre cette note et ces instructions, dont elle a pris connaissance, afin que vous puissiez en faire la matière de vos entretiens avec les ministres étrangers qui seront à Varsovie ou à Dresde.

« L'Empereur fait adresser des notes au ministre de la Guerre et à celui des Affaires Étrangères du Grand-Duché. S'il était besoin de ressources pécuniaires, Sa Majesté viendrait au secours du trésor de la Pologne, par des assignations sur les domaines de l'extraordinaire qu'elle possède encore en Pologne et en Hanovre. »

Au commencement de l'année 1812, tout présageait l'explosion prochaine de la grande crise dont l'Europe était menacée. Quelle en était alors la situation? Dans quelles circonstances se trouvait chaque État isolément, particulièrement les puissances du Nord, l'Allemagne et la Porte? La ressource ordinaire des faibles, la neutralité ne pouvait plus être d'aucun secours; dans le conflit des grands États, c'est la cause la plus sûre de la ruine des États secondaires.

Mais l'ascendant de la politique jusqu'alors dominante en avait préparé un grand nombre à une agression contre la Russie. Ainsi que nous l'avons dit, le chemin était ouvert jusqu'à la frontière; la chaîne des alliances et des places fortes conduisait jusque-là; on y trouvait dans les Polonais d'utiles auxiliaires ; et la guerre qu'on avait eu l'art d'allumer entre la Porte et la Russie privait cette dernière d'une partie considérable de ses forces; mais elle sut à temps, et même avec avantage pour elle, mettre fin à cette querelle, et elle enleva de cette manière à la France une assistance, qui, dans la conjoncture, aurait pu devenir très-dangereuse : le $\frac{16}{28}$ mai 1812, elle signa la paix à Boukarest avec la Turquie, malgré tous les efforts qu'avait faits *Napoléon* pour en détourner le Grand Seigneur[1].

Dans cette vue, en effet, *Napoléon* avait envoyé comme ambassadeur le général *Andréossy* à Constantinople, et pour dernière instruction il lui avait adressé ces paroles remarquables :

« Demandez au sultan *Mahmoud* son alliance, qu'il ne craigne pas de rompre avec les Russes. Décidez-le à commander son armée en personne : que cent mille Turcs, leur Sultan à leur tête, passent le Danube, et je leur promets en retour non-seulement la Moldavie et la Valachie, mais encore la Crimée. »

Nous allons étudier maintenant la série des négociations par lesquelles *Napoléon* voulut ajouter à son système plusieurs alliances qui devaient lui présenter des garanties tant qu'il serait victorieux.

§ II.

Négociations entre la France et la Suède.

La violente humeur qu'exitait chez *Napoléon* la politique du cabinet de Saint-Pétersbourg retomba sur

[1] Voyez comment la Diplomatie russe déjoua les calculs de NAPOLÉON, t. I, p. 84 du *Code diplomatique de l'Europe*. Paris, AMYOT.

la Suède avant de pouvoir s'exhaler contre la puissance qui en était la véritable cause. Nous avons vu *Charles XIII* forcé, par la situation où il se trouvait, d'accéder au système continental. Il en avait pris l'engagement par le traité de Paris, du 6 janvier 1810[1]. C'était souscrire à la ruine de son pays; heureusement la conformation des côtes de la Suède, extrêmement favorable au commerce interlope, rendit impossible l'exécution de cette promesse. Aussi le commerce entre la Grande-Bretagne et la Suède, continua-t-il, à l'aide de la fraude et en éludant les ordres du gouvernement. Cette déviation donna lieu, le 26 octobre 1810, à une explication très-violente de la part de *Napoléon*, avec le ministre de Suède. Rien de plus intéressant que la dépêche où M. de *Lagerbielke* rend compte au Roi de cette scène. Déjà nous avons entendu *Napoléon* dans deux circonstances à peu près analogues[2]; nous allons retrouver ici les mêmes formes, la même violence.

Extrait des dépêches adressées au Roi, par M. le Baron de Lagerbielke, ministre de Suède à Paris, en date du 26 *octobre* 1810.

« Malgré toutes les prévenances personnelles dont je venais d'être l'objet, il m'avait été facile de me préparer à une scène peu agréable. La nature de mes conférences avec le duc de *Cadore*, le départ précipité de M. de *Tchernicheff*, la catastrophe dont la Suède s'était vue menacée pour affaires de commerce, les avantages remportés dans le Portugal, dont on voudrait sans doute profiter pour accabler les Anglais sur

[1] Voy. t. X, p. 385.
[2] Voy. entretiens avec lord Whitworth, t. VIII, p. 140, — avec l'ambassadeur d'Autriche, comte de Metternich, t. XII, p. 11.

tous les points à la fois; toutes ces circonstances réunies m'avaient assez fait juger quel serait l'objet de l'audience; mais j'avoue que je ne m'attendais pas à une explosion aussi violente. Jamais je n'avais vu l'Empereur en colère, et cette fois-ci il l'était à un point qui surpasse toute imagination. Je fus introduit un peu après neuf heures du matin. Je trouvai le duc de *Cadore* avec l'Empereur : et la présence de ce tiers me fit d'abord juger que j'étais appelé pour entendre une déclaration officielle, mais que la discussion ne me serait point permise. Je n'en résolus pas moins de répondre à chaque occasion où je pourrais placer un mot.

« Il m'est impossible de rendre compte à Votre Majesté de tout ce que l'Empereur a dit pendant cinq quarts d'heure au moins, parce que son agitation était si forte, son discours si coupé, ses répétitions si fréquentes, qu'il était trop difficile de tout classer dans la mémoire. Je débutai par la présentation de la lettre de Votre Majesté. « Savez-vous, dit l'Empereur, « quel est le sujet de cette lettre? » Je l'exprimai en ajoutant un compliment. Sans y répondre, l'Empereur continua (chaque reprise du discours de l'Empereur fera suffisamment connaître à Votre Majesté le genre des courtes réponses que je tâchai de placer dans les intervalles).

« Ah çà, monsieur le baron, cessera-t-on enfin de « croire en Suède que je ne suis qu'une dupe? Pensez- « vous que je puisse m'accommoder de cet état mixte « ou métis? Oh, point de sentiments, c'est par les « effets qu'on fait ses preuves en politique. Voyons « ces effets. Vous signâtes la paix avec moi au com- « mencement de l'année, vous vous engageâtes à rom- « pre toute communication avec l'Angleterre; vous

« gardâtes un ministre à Londres, un agent anglais « en Suède jusque fort avant dans l'été; vous n'inter- « rompîtes la communication ostensible par Gothen- « bourg que plus tard encore; et qu'en résulta-t-il? « que la correspondance est restée la même, ni plus, « ni moins active. — Bah ! il n'est pas question d'une « communication par-ci par-là, elle est régulière, elle « est très-considérable. Vous avez des bâtiments dans « tous les ports de l'Angleterre.... — Vraiment du « sel; prend-on du sel dans la Tamise? Des bâtiments « anglais assiégent Gothenbourg. — La belle preuve « qu'ils n'y entrent pas! On échange les marchandises « en pleine mer ou près des côtes : vos petites îles « serviront de magasins pendant l'hiver. Vos bâti- « ments transportent ouvertement des denrées colo- « niales en Allemagne; j'en ai fait saisir une dizaine « à Rostock. Est-il possible qu'on puisse affecter ainsi « de se méprendre sur le premier principe du système « continental? — A la bonne heure, vous n'approuvez « point cela dans votre Note; ce n'est point d'elle que « je me plains, c'est du fait. Je n'ai pas dormi une « seule heure de la nuit à cause de vos affaires; on « pourrait me laisser reposer en paix, j'en ai besoin. « — Encore est-elle convenable cette restitution des « prisonniers anglais qui avaient si imprudemment « attenté à la dignité du Roi et violé son territoire? « — Rendus sans aucune satisfaction ! N'est-ce pas, « Monsieur de *Cadore*? » (Ce ministre, tout tremblant, ne manqua pas de répondre affirmativement, comme à quelques autres questions semblables.) — « Autre vio- « lation du droit territorial, la capture d'un corsaire « français dans l'intérieur du port de Stralsund. — « Mais on ne m'a rien rendu à moi[1]. Ce n'est que pour

[1] Le commerce de Stralsund paya, par ordre du Roi, la valeur de ce corsaire, qui ne fut pris que par une suite de sa propre imprudence.

« ses amis qu'on a ces petites attentions-là! Eh bien, « restez avec les Anglais! S'il faut en juger par le mal « que vous m'avez fait cette année-ci, jamais vous ne « fûtes plus amis des Anglais que dans ce moment. « — Oh, oh! c'est vous qui le dites! c'est vous qui « m'assurez que la Suède aime mieux rester avec moi; « mais des preuves, vous dis-je, des preuves. — A la « bonne heure, votre État, à la suite d'une guerre mal-« heureuse, réclamait des ménagements. Eh bien, « j'en ai eu à mes dépens, comme une dupe. Vous « m'avez enjôlé, vous, vous-même. Vous avez eu l'a-« dresse de gagner la mauvaise saison; vous avez eu « le temps de débrouiller vos intérêts avec l'Angleterre. « Est-il juste, s'il en existe encore contre la foi des « engagements, que j'en supporte la peine? — Vous « avez eu le loisir de vous mettre en état de défense, « vous avez encore l'hiver devant vous. Que risquez-« vous donc? — Oui, le commerce d'exportation, c'est « le cheval de bataille; où est-il donc, ce pavillon « neutre? Il n'y a plus de neutres; l'Angleterre n'en « reconnaît point, je ne peux pas plus en reconnaître. « — Le sel; oui, le sel! on trouve moyen d'avoir ce « qui est nécessaire. — Que fîtes-vous, lorsqu'en 1801 « vous étiez en brouillerie ouverte avec l'Angleterre? « — Souffrir! Croyez-vous que je ne souffre pas, moi? « que la France, que Bordeaux, que la Hollande, que « l'Allemagne ne souffrent pas? Mais voilà précisément « pourquoi il faut en finir. La paix maritime à tout « prix! (Ici l'Empereur s'anime terriblement.) Oui, « la Suède est la seule cause de la crise que j'éprouve. « La Suède m'a fait plus de mal que les cinq coalitions « ensemble. — Mais aujourd'hui, rendue à ses com-« munications avec le reste de l'Europe, elle en profite « pour faire le commerce de l'Angleterre. — Ah! mon-« sieur, du temps, toujours du temps; j'en ai trop

« perdu. Il vous en fallait, dites-vous, pour entrer
« sans trop de sacrifices dans le nouveau système. Il
« m'en fallait aussi, ajoutez-vous, pour faire du bien
« à la Suède. Eh bien, n'ai-je rien fait? Écoutez:
« lorsque vous fîtes choix du Prince de *Ponte Corvo*,
« ne risquai-je rien en lui permettant d'accepter?
« N'ai-je pas été sur le point de me brouiller avec la
« Russie? N'y a-t-on pas cru, n'y croit-on pas peut-
« être encore, que vous de votre côté, les Saxons et
« les Polonais de l'autre, soutenus par moi, s'arme-
« raient pour reconquérir leurs provinces perdues?
« Les têtes ne sont-elles pas dans ce moment même
« fort électrisées en Pologne? Qu'ai-je fait alors? j'ai
« laissé dire: j'ai laissé circuler des bruits qui pou-
« vaient détacher la Russie de mon système. Ce n'est
« que maintenant que, plus en plus détrompé sur la
« politique suédoise, j'ai dû prendre un parti. Je ne
« vous le cacherai point; je viens de renvoyer M. de
« *Tchernicheff* en Russie: je l'ai instruit de la décla-
« ration que je vous fais aujourd'hui. J'engage forte-
« ment l'empereur *Alexandre* à la même démarche de
« son côté. Choisissez; des coups de canon aux An-
« glais qui s'approcheront de vos côtes, et la confis-
« cation de leurs marchandises en Suède, ou la guerre
« avec la France. Je ne puis vous faire grand mal:
« j'occupe la Poméranie, et vous ne vous en souciez
« pas trop: mais je puis vous faire attaquer par les
« Russes, par les Danois; je puis confisquer tous
« vos bâtiments sur le continent, et je le ferai, si
« dans quinze jours vous n'êtes pas en état de guerre
« avec l'Angleterre. — Oui, vous avez raison, il faut
« compter l'allée et le retour du courrier, et quelque
« chose de plus. Eh bien, je vous ordonne, monsieur
« de *Cadore*, d'expédier un courrier sur-le-champ:
« je vous engage, monsieur le Baron, d'en faire au-

« tant. Si, cinq jours après la démarche officielle de « M. *Alquier*, le Roi ne s'est point décidé pour l'état « de guerre avec l'Angleterre, M. *Alquier* partira sur-« le-champ, et la Suède aura la guerre avec la France « et tous ses alliés. — Oui, c'est juste, je n'ai point « positivement demandé l'état de guerre avant ce mo-« ment; mais j'y suis maintenant forcé par tous les « moyens imaginables. D'abord la Suède a prouvé « qu'elle ne peut rester dans un état mixte avec l'An-« gleterre, sans faire le plus grand tort au continent; « ensuite les choses ont pris un développement géné-« ral qui exige une parfaite égalité de mesures, ou « bien un état ouvert d'hostilités. Voyez ce que toutes « les autres puissances ont cru devoir faire. La Russie, « plus forte que les autres, n'a obtenu la paix avec « moi qu'à condition de déclarer sur-le-champ la « guerre à l'Angleterre. L'Autriche, puissance du pre-« mier ordre, si la France n'existait pas, a franche-« ment pris son parti. J'ai assez longtemps été la dupe « de la Prusse, comme la vôtre. Elle vient enfin de « reconnaître, par la catastrophe de la Hollande, qu'il « fallait se déterminer; elle a franchement adopté « l'état de guerre. Le Danemark l'a fait depuis long-« temps; mais à quel titre puis-je exiger de ce pays « ce que je ne puis obtenir de la Suède? Eh! me dis-je « souvent, qui sait si je serai toujours bien avec la « Russie? Qui peut connaître le chapitre des événe-« ments? Ne sera-t-il pas un jour du plus grand intérêt « pour moi d'avoir dans le Nord une puissance amie, « forte de ses propres moyens, ainsi que de mon al-« liance? Mais croit-on en Suède que je pourrai, en « faveur du nouveau Prince Royal, relâcher quelque « chose de mes principes invariables? Au contraire, « la crise politique dans laquelle je me suis mis en « faveur d'elle me fournit un titre de plus. Cependant

« la Suède a une grande obligation au Prince Royal,
« car sans ce choix (nullement influencé par moi),
« j'aurais, il y a deux mois, fait la démarche à la-
« quelle je me vois aujourd'hui forcé. Je me repens
« de ce délai maintenant, qui, vu la saison, vous a
« été si profitable, non parce que je regrette ce qui
« peut vous arriver de bien, mais parce que vous
« m'avez trop maltraité. Depuis longtemps l'office
« qui devait vous être adressé se trouve préparé
« dans les bureaux de M. le duc de *Cadore* (révé-
« rence affirmative du ministre); mais je voulais
« attendre l'arrivée du Prince Royal, qui est instruit
« de ma façon de penser. — Je ne l'ai pas pu. Je vous
« l'ai dit, j'étais sur le point de me brouiller avec
« la Russie; je donnai à toute l'Europe la pensée que,
« dans ce moment décisif, mon système pouvait être
« susceptible de modifications : d'ailleurs, de nou-
« velles plaintes sur la Suède m'arrivaient de toutes
« parts. — Ah, je sais ce que vous avez à me dire;
« j'ai lu tout ce que vous avez écrit. Eh bien, soit, il
« peut y avoir eu des exagérations dans les plaintes,
« mais assez de vérités restent. Je désire que vous
« eussiez eu une meilleure cause à défendre. — Eh,
« non, la position du Prince Royal ne deviendra pas
« si difficile : tout vient d'ici; il n'a point l'embarras
« de l'initiative. — Mais encore, a-t-on cru en Suède
« pouvoir, sans ressentiment de mon côté, servir la
« cause de l'Angleterre parce que j'aime et que j'es-
« time le Prince Royal? J'aime et j'estime aussi le roi
« de Hollande, il est mon frère, et je suis cependant
« encore brouillé avec lui; je fais taire la voix du
« sang pour écouter celle de l'intérêt général. Si vous
« étiez sur mes frontières, je serais à regret forcé
« d'en agir comme je viens de le faire avec la Suisse.
« J'ai fait marcher des troupes; le gouvernement a

« confisqué les marchandises anglaises. Enfin, résu-
« mons-nous. Que la Suède fasse les choses comme
« elle l'entend; je sais que je suis hors d'état de la
« forcer : qu'elle se mette franchement du côté de
« l'Angleterre contre moi et mes alliés, si c'est là son
« intérêt, ou qu'elle se réunisse avec moi contre l'An-
« gleterre. Mais le temps du doute est passé. Les cinq
« jours expirés, M. *Alquier* part, et je vous donne vos
« passe-ports. Vous n'avez fait que dire ce que vous
« deviez dire, mais je ne puis alors que vous ren-
« voyer. Guerre ouverte ou amitié constante, voilà
« mon dernier mot, ma déclaration ultimate. Adieu;
« puissé-je vous revoir sous de meilleurs auspices! »

« L'Empereur me quitta sans vouloir plus m'entendre. En sortant de chez l'Empereur je ne vis plus personne dans l'autre pièce, pas même les officiers de service. Je ne sais ce qui avait donné lieu à cette circonstance extraordinaire, si c'était un ordre ou bien la discrétion spontanée des fonctionnaires, parce que l'Empereur avait souvent élevé la voix d'une telle force qu'il était impossible de ne pas l'entendre dans la pièce voisine.

« J'eus ensuite une conférence avec le duc de *Cadore*, au sortir de laquelle je partis pour Paris. Cet entretien ne fut qu'une répétition de ce qui s'était passé chez l'Empereur, pour que ma dépêche à Votre Majesté, et celle du ministre au baron *Alquier*, s'accordassent autant que possible. Tout étant dit sur le fond, je témoignai cependant au duc de *Cadore* combien j'étais sensible à la forme dure et violente que l'Empereur avait mise dans ses demandes. Le ministre fit valoir de son mieux la satisfaction que j'avais eue, me disait-il, d'adoucir la vivacité de l'Empereur, surtout vers la fin, et fit beaucoup ressortir les passages qui exprimaient quelque intérêt ou qui donnaient quelques espérances pour l'avenir. Il me donna un passe-port de courrier tout préparé d'avance; il me promit de n'envoyer son courrier de Fontainebleau que vers le même temps où j'expédierais le mien de Paris, c'est-à-dire dans la soirée d'aujourd'hui, pour que celui-ci pût prendre un peu l'avance. Il m'assura que M. *Alquier* aurait deux jours pour préparer son office, outre les cinq qui formaient le terme de prescription. Il s'attacha beaucoup au fait qu'il me pria de bien faire valoir, que l'élection de monseigneur le Prince Royal, loin d'avoir provoqué la démarche de l'Empereur, l'avait retardée de quelques mois, et avait par là préparé à la Suède un délai doublement important à cause de la saison. Il ajouta même que la résolution de l'Empereur de faire la démarche pendant que le Prince était encore censé en voyage, avait en partie pour but de ne point le dépopulariser innocemment. »

En conséquence des ordres que *Napoléon* vient d'annoncer à M. de *Lagerbielke*, le ministre de France près la cour de Stockholm, remit, le 13 novembre 1810, à cette Cour, une Note dans laquelle il reprocha à la Suède de rendre inutiles, par ses relations commerciales avec les Anglais, les sacrifices et les efforts du continent; d'être, dans sa prétendue neutralité, l'alliée la plus utile qu'ait jamais eue le gouvernement britannique, et de se constituer ainsi l'ennemie des puissances continentales, après avoir adhéré à leurs principes. Il demanda, au nom de son maître, que la Suède déclarât la guerre à l'Angleterre et ordonnât la saisie des bâtiments anglais dans tous les ports, ainsi que la confiscation des denrées et marchandises anglaises ou coloniales, partout où elles se trouveraient et sous quelques pavillons qu'elles eussent été importées postérieurement à la déclaration du Roi, qui avait interdit ses États au commerce britannique. Il annonça que si, dans cinq jours, le roi de Suède n'avait pas consenti pleinement et sans restriction à cette demande, il avait ordre de se retirer sans prendre congé.

Le maréchal *Bernadotte* venait d'être appelé, par le choix des États de Suède, à la succession du trône des *Gustave*. Cette élection, loin d'avoir été influencée par *Napoléon*, lui causa une vive contrariété. Cependant l'Europe avait les yeux fixés sur le nouveau Prince Royal, dans lequel on ne voulait voir qu'un instrument de *Napoléon*[1]. *Charles-Jean*, arrivé à Stockholm le

[1] Aussi, le gouvernement suédois s'appliqua-t-il à convaincre l'empereur Alexandre que ce n'était point au désir qu'en aurait témoigné Napoléon que cette élection était due.

Voici la dépêche par laquelle le baron de Wetterstedt faisait part de cette nouvelle à l'ambassadeur de Suède à Saint-Pétersbourg.

Oerebro, 28 août 1810.

« Le maréchal Bernadotte, prince de Ponte Corvo, vient d'être élu Prince Royal de Suède, et héréditaire de la couronne de Charles XIII. L'élection a été *unanime dans les quatre ordres*. L'ordre des paysans avait déjà fait son choix à neuf heures trois quarts ce matin. Celui des trois autres ordres a suivi immédiatement après. Pas une voix n'a été contraire. Cette union dans les opinions doit faire impression dans l'étranger ; il est à désirer que la Russie ne s'en effarouche pas. Le général Suchtelen (ministre de Russie à Stockholm) s'est plaint et avec raison, des abus de la liberté de la presse, surtout dans la grande affaire de la succession au trône. Tout cela finira maintenant que le choix est fait, et le gouvernement a déjà pris toutes les mesures compatibles avec nos lois organiques, pour prouver à S. M. l'empereur de toutes les Russies, que le Roi ne désire rien plus vivement que de conserver intactes ses relations de bonne harmonie avec Sa Majesté Impériale.

Apostille de la main du baron d'Engestrom.

« C'est maintenant, monsieur le comte, que la patrie a besoin des talents, de la sagesse de Votre Grandeur, et de la haute considération qu'elle a su se donner en Russie. Il est question de faire comprendre dans ce pays-là, *qu'aucune influence étrangère* n'a déterminé l'élection qui vient de se faire, et qu'elle ne changera en rien le système de modération que le Roi a adopté. »

2 novembre, et assistant pour la première fois au conseil du Roi lorsque les demandes de la France lui furent soumises, ne prit aucune part au vote.

Mais évidemment *Charles XIII* n'avait point d'alternative; il lui fallait accepter la guerre avec la Grande-Bretagne, et il la déclara le 17 novembre 1810. Voici comment le ministre de ce monarque s'exprime sur la situation où se trouvait alors la Suède, dans un rapport présenté au Roi quelques années après l'événement : « Lorsque Votre Majesté, dans un moment si urgent, fixa ses regards sur la position intérieure et extérieure du royaume, elle n'y trouva pas de moyen de prendre une décision libre. Les puissances du Continent ne suivaient alors que l'impulsion de la France, et la saison éteignait tout espoir d'être assisté par l'Angleterre, en cas que le royaume fût attaqué dans le cours de l'hiver. Le terme qui avait été fixé pour donner la réponse, ne laissa pas le temps nécessaire pour s'assurer des dispositions des États limitrophes, et les ressources du royaume, tant en argent qu'en moyens de défense, étaient tellement bornées qu'on ne pouvait raisonnablement se flatter de garantir l'intégrité et la liberté de la Suède. »

Le sacrifice que la Suède fit au maintien de la paix avec *Napoléon*, est peint en couleurs plus vives encore dans deux lettres, que le nouveau Prince Royal écrivit à celui-ci, le 19 novembre et le 8 décembre 1810. « Le Conseil ne s'est pas dissimulé, dit-il dans la première, 1° qu'un état de guerre ouverte, provoqué par nous, causera infailliblement la capture de tous les bâtiments qui sont allés porter du fer en Amérique; 2° qu'à la suite d'une guerre malheureuse, nos magasins sont vides, nos arsenaux sans activité et dépourvus de tout, et que les fonds manquent pour parer à tous les besoins; 3° qu'il faut des sommes considérables pour mettre à couvert la flotte de Calscrona et réparer les fortifications de cette place, sans qu'il y ait aucun fonds pour cet objet; 4° que la réunion de l'armée exige une dépense extraordinaire au moins de sept à huit millions, et que la constitution ne permet au Roi d'établir aucune taxe sans le consentement de la diète; 5° que le sel est un objet de première nécessité en Suède, et que c'est l'Angleterre seule qui l'a fourni jusqu'ici. Mait toutes considérations, Sire, ont disparu devant le désir de satisfaire Votre Majesté. Le Roi et son Conseil ont fermé l'oreille au cri de la misère publique, et l'état de guerre a été résolu, uniquement par déférence pour Votre Majesté, pour confondre nos calomniateurs, pour prouver que la Suède, rendue à son gouvernement sage et modéré, n'aspire qu'après la paix maritime. » Dans la seconde lettre, *Charles-Jean* ajoute : « La Suède, dans le triste état où le dernier règne l'a réduite, ne pouvait ni ne devait plus aspirer qu'à une longue paix. C'était l'unique moyen de réparer, par l'agriculture et le commerce, les pertes qu'elle a faites, de rétablir ainsi par degrés ses finances, et de recréer entièrement son système militaire et son administration. Loin de cela, c'est elle qui vient de déclarer la guerre. Elle a hasardé cette démarche sans avoir un seul bataillon prêt à marcher, sans que ses magasins et ses arsenaux renfermassent le moindre approvisionnement, et, ce qui est pis encore, sans le premier sol pour fournir aux dépenses d'une si grande entreprise. En un mot, dans l'état où se trouve le gouvernement de ce pays, une telle démarche le ferait sans doute accuser de folie, si l'appui de Votre Majesté ne devait pas tout légitimer. »

A peine la déclaration de guerre contre la Grande-Bretagne fut-elle publiée, que *Napoléon* commença à dérouler le plan par lequel la Suède devait être placée dans la même dépendance où se trouvaient les princes de la confédération du Rhin et le Danemark. Le 26 décembre 1810, M. *Alquier* demanda que la Suède mît à la solde de la France six mille matelots pour compléter les équipages de quatre vaisseaux de la flotte de Brest, pendant qu'on lui avait imposé une *guerre maritime* avec l'Angleterre, qui exigeait la présence de tous ses matelots. C'étaient des otages par lesquels on voulait s'assurer de la fidélité du Roi, comme on s'était assuré de celle du Danemark par les matelots qu'il avait fournis pour Anvers. Le roi de Suède allégua les lois constitutionnelles de son pays, pour se refuser à cette proposition.

Le gouvernement français demanda ensuite l'introduction, en Suède, du tarif de Trianon, et l'établissement de douaniers français à Gothenbourg. Bientôt, commençant à dévoiler les projets formés contre la Russie, *Napoléon* demanda la formation d'une confédération du Nord, comme pendant de celle du Rhin : elle devait se composer du Danemark, de la Suède et du duché de Varsovie; lui-même voulait en être le protecteur. Le Roi ayant décliné cette proposition, on la changea bientôt en celle d'une alliance particulière et intime avec la France. Cependant *Napoléon* s'aperçut, sans doute, qu'il ne pouvait pas compter sur l'amitié d'une puissance qu'il avait placée dans des rapports contraires à ses intérêts; il changea alors de langage et de plan. Le gouvernement britannique, paraissant ignorer la déclaration de guerre du 17 novembre 1810, ne traita pas hostilement le commerce de la Suède. Par suite de cette modération, celle-ci échappa à sa ruine; mais les corsaires français furent autorisés à capturer les bâtiments suédois, sous prétexte, tantôt qu'ils n'étaient pas munis de licences, tantôt qu'ils en avaient de la part de l'Angleterre. Les tribunaux français condamnèrent ces vaisseaux comme étant de bonne prise, et les journaux de France retentirent de plaintes contre le commerce illicite que la Suède faisait avec l'Angleterre. Bientôt les armateurs français ne mirent plus de borne à leur audace, ils capturèrent dans le Sund les petits bâtiments de cabotage chargés de comestibles et de produits des manufactures du pays, sous prétexte que leurs cargaisons étaient destinées pour la Grande-Bretagne. *Napoléon* fit arrêter ceux qui se trouvaient dans les ports allemands où ils attendaient des charges; il traita les matelots suédois comme prisonniers de guerre. Ils furent mis aux fers et ensuite envoyés dans les ports d'Anvers et de Toulon pour y servir sur les flottes françaises.

L'année 1811 se passa en discussions entre les deux États; elles furent encore envenimées par le ton que prit M. *Alquier* dans ses Notes aussi bien que dans ses rapports personnels. Son langage révolutionnaire offensa le Roi, qui exigea le rappel de ce ministre[1].

Quelles que fussent au reste les discussions entre la France et la Suède, le Prince Royal n'en fit pas moins des efforts pour témoigner personnellement de ses intentions amicales. Ce fut lui qui engagea le Roi, son père adoptif, à envoyer une ambassade à Paris, pour féliciter *Napoléon* sur la naissance du roi de

[1] Le ministre des Affaires Étrangères de Suède, dans sa correspondance avec les ambassadeurs, rapportait le fait suivant, à la date du 19 février : « Le baron d'ALQUIER eut l'autre jour une audience du Prince Royal. — Il se plaignit alors de la haine qu'on portait aux Français. *Je traverse*, dit-il, *l'armée russe et anglaise pour pouvoir parvenir jusqu'à Votre Altesse. — Elle est même jusque dans son antichambre. — Vous n'y avez pas trouvé la flotte anglaise, à ce que j'espère*, dit le Prince. — L'alliance que faisait ici l'ambassadeur entre l'armée russe et l'armée anglaise mérite d'être remarquée. »

Rome ; ce fut lui qui fit reconnaître le *système continental* en Suède ; et ce fut lui enfin qui, avec toute l'ardeur de la sincérité, informa *Napoléon* d'une trame ourdie contre lui par les républicains français réfugiés en Angleterre.

Néanmoins un article inséré, en 1813, au *Moniteur* du 20 juin, dit que la cour de Stockholm fit connaître, dans le courant de l'année 1811, son désir de réunir la Norvége à la Suède ; que la France ne s'étant pas montrée favorable à ce projet, la Suède s'en éloigna, et entra en négociation avec ses ennemis ; qu'elle renouvela sa proposition, lorsque la guerre devint imminente entre la France et la Russie, en offrant de faire cause commune avec la France, et, qu'une seconde fois, cette proposition fut rejetée.

Enfin, un événement décisif vint combler la mesure des procédés hostiles envers la Suède. Dès le commencement de l'automne précédent, le maréchal *Davout* qui exerçait dans le nord de l'Allemagne un commandement de fer[1], avait annoncé qu'il ferait entrer ses troupes dans la Poméranie suédoise et l'île de Rugen,

[1] Le maréchal Davout s'est justifié du reproche de concussion qui pesait sur lui depuis l'affaire de la banque de Hambourg, dont nous aurons occasion de parler ; il refusait tous les présents qui lui étaient offerts soit par la ville, soit de toute autre manière; Hambourg ne fut donc pour rien dans les *quatorze cent mille livres de rente*, qui étaient, disait-il « *sa seule fortune* ; » mais pouvait-il jamais se justifier, en alléguant les ordres absolus de son maître, du despotisme avec lequel il gouverna un peuple qui, par la douceur de son caractère et par sa docilité, était digne d'un autre sort? Croyait-il que l'histoire lui pardonnerait l'arrestation arbitraire de M. Becker à Gotha, qu'il a enlevé au milieu d'un pays qu'on disait indépendant, aux yeux d'un Prince souverain, et au mépris des lois? Il est d'ailleurs malheureusement trop certain que tout ce que le maréchal Davout a attenté contre le roi et surtout contre la reine de Prusse, entre pour la plus grande part dans l'inimitié qu'à un certain moment les Prussiens montrèrent envers la France. Voilà comme un seul homme peut coûter cher à tout un peuple.

aussitôt que les glaces le permettraient. Cette menace qui, sous l'apparence d'une saisie de denrées coloniales, cachait un but politique, fut réalisée le 27 janvier 1812. Le général *Friant* entra en Poméranie à la tête d'un corps de quinze à vingt mille hommes, accompagné d'une légion de douaniers : il s'annonça comme ami. Le gouverneur, qui n'avait que quelques milliers d'hommes à sa disposition, ne put faire aucune résistance. Les Français occupèrent l'île de Rugen à la faveur des glaces qui la réunissaient au continent. L'entrée des troupes françaises fut immédiatement suivie de l'arrestation des employés suédois en Poméranie. Ils furent conduits dans les prisons de Hambourg. On imposa au pays des contributions énormes ; on força, par des coups de canon, les bâtiments suédois à rester dans les ports, et on les arma aussitôt après en course. Les emplois publics de la province furent donnés à des agents français. Au commencement de mars, les troupes suédoises qui, jusqu'alors avaient fait le service à côté des Français, furent désarmées, et envoyées en France comme prisonnières de guerre.

Peu après *Napoléon*, dont les projets hostiles contre la Russie étaient mûrs, et sentant de quel grand secours pouvait lui être la Suède dans cette entreprise, envoya le duc de *Bassano* chez la Princesse Royale, alors à Paris, pour faire l'ouverture d'un rapprochement, espérant bien que la princesse en rendrait compte au Prince Royal son époux. Trop prudente pour se charger d'une communication verbale, elle pria le duc de *Bassano* de lui donner une Note sur ce qu'il venait de dire de la part de l'Empereur. Cette Note, datée du 7 mars 1812, contenait l'offre de rendre la Poméranie à la Suède aux conditions suivantes : Qu'une nouvelle déclaration de guerre fût publiée contre l'Angleterre; que toute communication avec les croiseurs anglais fût sévèrement défendue ; que les rivages du Sund fussent pourvus de batteries, la flotte équipée, et le canon tiré contre les bâtiments anglais; qu'en outre, la Suède mît sur pied une armée de trente à quarante mille hommes, pour attaquer la Russie au moment où les hostilités commenceraient entre cette puissance et *Napoléon*. Pour dédommagement celui-ci promettait à la Suède la restitution de la Finlande; il s'obligeait en outre, d'acheter pour vingt millions de francs de denrées coloniales, dont le payement s'effectuerait après que les marchandises auraient été déchargées à Dantzig ou à Lubeck; enfin, et ce dernier article aurait besoin d'un commentaire, *Napoléon* permettait que la Suède participât à tous les *droits et avantages* dont jouissaient les États de la confédération du Rhin.

La Note du 7 mars arriva à Stockholm le 22, et le Prince Royal y répondit, le 27, par la lettre suivante, qui termina toute correspondance directe.

Lettre de S. A. R. Monseigneur le Prince Royal à S. M. l'Empereur des Français, en date de Stockholm, le 27 mars 1812.

« Des Notes viennent de me parvenir, et je m'empresse de m'en ouvrir à Votre Majesté Impériale avec toute la franchise qui constitue mon caractère.

« Lorsque les vœux du peuple suédois m'appelèrent à succéder au trône, j'espérai, en quittant la France, pouvoir toujours allier mes affections personnelles aux intérêts de ma nouvelle patrie : mon cœur nourrissait l'espoir qu'il pourrait s'identifier avec les sentiments de ce peuple, tout en conservant le souvenir de ses premiers penchants et en ne perdant jamais de vue la gloire de la France, ni l'attachement sincère qu'il a voué à Votre Majesté, attachement fondé sur une confraternité d'armes, que tant de hauts faits avaient illustrée.

« C'est avec cet espoir que je suis arrivé en Suède. J'ai trouvé une nation généralement attachée à la France, mais plus encore à sa liberté et à ses lois; jalouse de votre amitié, Sire, mais ne désirant jamais l'obtenir aux dépens de son honneur et de son indépendance.

« Le ministre de Votre Majesté a voulu heurter ce sentiment national, et son arrogance a tout gâté : ses communications ne portaient aucun caractère des égards que se doivent mutuellement les têtes couronnées. En remplissant au gré de ses passions les intentions de Votre Majesté, le baron *Alquier* parlait en proconsul romain, sans se rappeler qu'il ne parlait pas à des esclaves.

« Ce ministre a donc été la première cause de la méfiance que la Suède a commencé à montrer pour les intentions de Votre Majesté à son égard. Des événements subséquents ont dû y ajouter un nouveau poids.

« Déjà, Sire, j'avais eu l'honneur de faire connaître à Votre Majesté Impériale, par mes lettres des 19 novembre et 8 décembre 1810, la situation de la Suède et le désir qu'elle avait de trouver en Votre Majesté un appui : elle n'a pu voir, dans le silence de Votre Majesté, qu'une indifférence non méritée, et elle a dû se prémunir contre l'orage prêt à fondre sur le continent.

« Sire, l'humanité n'a déjà que trop souffert : le sang des hommes inonde la terre depuis vingt ans, et il ne manque à la gloire de Votre Majesté que d'y mettre un terme.

« Si Votre Majesté trouve bon que le Roi fasse connaître à S. M. l'empereur *Alexandre* la possibilité d'un rapprochement, j'augure assez bien de la magnanimité de ce monarque pour oser assurer qu'il se prêtera à des ouvertures également équitables pour votre empire et pour le Nord. Si un événement si inattendu et si universellement désiré pouvait avoir lieu, combien les peuples du continent ne béniraient-ils pas Votre Majesté : leur reconnaissance serait augmentée en raison de l'effroi que leur inspire le retour d'un fléau qui a tant pesé sur eux, et dont les ravages ont laissé des traces si cruelles.

« Sire, un des moments les plus heureux que j'aie éprouvés depuis que j'ai quitté la France, c'est celui qui m'a procuré la certitude que Votre Majesté ne m'avait pas tout à fait oublié. Votre Majesté a bien jugé mon cœur : elle a reconnu combien il était tourmenté par la perspective douloureuse de voir les intérêts de la Suède à la veille d'être séparés de ceux de la France, ou de sacrifier ceux de la patrie qui m'a adopté avec une confiance sans borne. Sire, quoique Suédois par honneur, par devoir et par religion, je m'identifie encore par mes vœux avec cette belle France qui m'a vu naître, et que j'ai servie fidèlement depuis mon enfance. Chaque pas que je fais en Suède, les hommages que j'y reçois redoublent dans mon âme ces beaux souvenirs de gloire qui ont été la principale cause de mon élévation, et je ne me dissimule pas non plus que la Suède, en me nommant, a voulu payer ce tribut d'estime au peuple français. »

§ III.

Négociations de la Suède avec la Russie et la Grande-Bretagne.

Dans le même temps qu'avait lieu l'échange de la correspondance précédente, le roi de Suède s'était décidé à suivre enfin le conseil qu'il avait reçu de *Napoléon*, deux ans auparavant, lorsque lui demandant secours et protection[1], il lui avait durement répondu : *Adressez-vous à l'empereur Alexandre, il est grand et généreux.* Quelle qu'en ait été l'ironie, le conseil était excellent; la suite l'a prouvé. *Charles XIII*, en effet, eut recours à ce monarque, et la Suède conclut avec la Russie un traité d'alliance, le 24 *mars*, 5 *avril* 1812, *à Saint-Pétersbourg*, où le Roi avait envoyé le comte Charles de *Lœwenhielm*.

Ce traité est d'une haute importance, et peut être considéré comme la base du système actuel du nord de l'Europe. Il n'a pas été rendu public[2]; on sait pourtant qu'il renferme les dispositions suivantes : Garantie réciproque des États des deux parties contractantes ; — elles conviennent de faire une diversion contre la France et ses alliés, sur telle côte d'Allemagne qu'on jugera convenable; vingt-cinq à trente mille Suédois et quinze à vingt mille Russes y seront employés. — Comme la Suède ne pourra coopérer à cette diversion que lorsqu'elle cessera de regarder la Norvége comme pays ennemi, l'empereur de Russie s'oblige de réunir la Norvége à la Suède, soit par la voie

[1] C'était au moment des négociations pour la paix de Frédrikshamn. Après la perte de la Finlande, le Roi avait écrit à Napoléon pour le prier d'intercéder afin que la Suède conservât les îles d'Aland.

[2] Dès le 13 août, on avait procuré à Napoléon, qui était à Witebsk, une copie de ce traité.

des négociations, soit à l'aide d'un corps auxiliaire de trente-cinq mille hommes qu'il fournira[1], et de garantir à la Suède cette nouvelle acquisition à la paix. —Comme l'occupation du Danemark doit être une opération militaire préalable, le corps auxiliaire russe sera mis pour cela sous les ordres du Prince Royal. — On évitera cependant la guerre avec le roi de Danemark; on lui proposera, au contraire, d'accéder à l'alliance et de renoncer à la Norvége, contre une indemnité pleine et entière, située dans la proximité de ses États d'Allemagne, qu'on s'engagera à lui procurer. — S'il s'y refuse, on lui fera la guerre à forces communes. — Après la réunion de la Norvége, l'armée suédoise sera transportée en Allemagne, et agira d'après un plan d'opérations dont on sera convenu. —Le roi d'Angleterre sera invité à accéder à l'alliance, et à en garantir les conditions.

Trois jours après la conclusion de ce traité, le 27 mars-8 avril, une convention était signée à Stockholm, entre MM. d'*Engestrœm* et de *Nicolaï*, à l'effet de prescrire ce qui doit être observé relativement aux déserteurs, en conformité de l'article 12 du traité de commerce du 1er-13 mars 1801.

Ces traités étaient conclus ou au moins ébauchés, lorsque le ministre d'Autriche, comte de *Neipperg*, invita la Suède à faire cause commune avec elle et avec *Napoléon* contre la Russie. Il avait été sollicité à cette démarche par la lettre suivante que lui écrivit le prince de *Schwarzenberg*, à la date du 14 mars 1812 :

[1] Cette disposition fut changée lors de la conférence d'Abo dont il sera question plus loin.

« Je profite d'une occasion que m'offre M. le duc de *Bassano* pour vous informer, avant que vous ne puissiez en être instruit par notre ministère, que les nœuds d'amitié et de famille qui existent entre notre Cour et celle de France, viennent d'être renforcés aujourd'hui par un lien qui devait en être une suite naturelle pour établir d'une manière solennelle des relations d'intimité et de confiance entre les deux empires. Ce grand événement politique acquiert un intérêt d'autant plus majeur dans un moment où une guerre dans le Nord est près de s'allumer. Notre auguste Maître ayant jugé dans sa sagesse, et conforme à son système d'agir dans le plus parfait accord avec la France, après avoir épuisé vainement toutes les démarches tendantes à la conservation de la paix sur le continent, auprès du cabinet de Saint-Pétersbourg, va se trouver dans le cas de jouer un rôle actif, dans une cause qui est devenue désormais la sienne.

« Dans un état de choses où tous les moyens doivent être dirigés vers un but commun, vous ne pouvez servir plus essentiellement les intérêts de notre auguste Maître, qu'en employant le crédit dont je sais que vous jouissez auprès du gouvernement où vous êtes accrédité, pour le lier à une cause à laquelle un souvenir récent et pénible, ainsi que la perspective favorable de l'effacer pour jamais en récupérant une portion aussi essentielle de la monarchie, que la Finlande, doit imprimer un caractère national tout particulier à la Suède.

« Comme il serait possible que cette lettre vous trouvât sur le continent, où je suppose que vous aviez le projet de vous rendre, je ne puis que vous recommander, de ne vous point dessaisir *dans aucun cas* possible de ma lettre même, mais d'agir, avec votre savoir-faire, dans le sens de l'invitation qu'elle contient ; car, vis-à-vis d'un militaire éclairé, tel que vous, monsieur le Comte, je n'entreprendrai pas d'énumérer les avantages importants qui résulteraient en faveur des armées alliées d'une diversion dans l'extrémité du Nord, conduite par un capitaine habile et expérimenté. »

Le cabinet de Stockholm déclina cette proposition. « Si la France, dit le baron d'*Engestrœm* dans sa réponse, veut reconnaître la neutralité armée de la Suède, qui embrasse le droit naturel d'ouvrir ses ports avec avantages égaux à toutes les puissances, elle n'a aucun motif de s'immiscer dans les événements qui peuvent arriver. La France promet de rendre la Poméranie? Dans le cas où elle refuserait cette action également réclamée par les droits des peuples et par la sainteté des traités, S. M. le roi de Suède accepte, pour cet objet seulement, la médiation de LL. MM. les empereurs d'Autriche et de Russie. Le Roi sera porté à toute réconciliation qui soit compatible avec l'honneur de la nation et le bien du Nord. S. M. le roi de Suède étant convaincu que tous les préparatifs que fait S. M. l'empereur *Alexandre* n'ont absolument d'autre but que la défense, et ne visent qu'à assurer à son empire la même neutralité armée que la Suède, d'accord avec la Russie, voudrait établir, elle s'engage à tout employer auprès de Sa Majesté Impériale, afin qu'il n'y ait pas de rupture avant qu'on se soit accordé sur une époque où des plénipotentiaires suédois, français, autrichiens et russes, pourront s'assembler pour convenir amiablement d'un système de paix qui, fondé sur ladite neutralité, mette un terme aux discussions actuelles entre la France et le Nord, et rende ainsi à l'Europe la tranquillité dont elle a si fortement besoin. »

Presqu'en même temps que cette communication était faite au cabinet de Stockholm, c'est-à-dire le 28 mars 1812, le Chargé d'affaires de Suède à Paris, M. d'*Ohsson*, remettait au duc de *Bassano*, Ministre des Affaires Étrangères, une Note par laquelle, après avoir protesté contre l'occupation de la Poméranie suédoise, il annonce que, par ordre du Roi, le payement des intérêts et capitaux dus en Suède à des pays réunis avec la France, est suspendu jusqu'à ce que la Poméranie soit évacuée. Cette mesure du gouvernement suédois était injuste, et ne saurait être excusée par les exemples qu'on pourrait alléguer; mais rien n'était plus franc et plus loyal que la déclaration suivante qui se trouve dans la même Note: « Comme Sa Majesté a été, par l'occupation militaire de la Poméranie suédoise, mise dans une position à se regarder comme entièrement dégagée de tous les engagements particuliers pris envers la France, et principalement de l'obligation de continuer une guerre que la Suède n'a entreprise que par suite de son accession au système continental, accession qui, de son côté, n'était qu'une suite de la restitution antérieure de la Poméranie; le Roi déclare que, dès ce moment, il se regarde comme neutre à l'égard de la France et de l'Angleterre, et que, par suite de ce système adopté par Sa Majesté, elle prendra tous les moyens qui sont en son pouvoir pour protéger le pavillon neutre de la Suède contre toutes les pirateries qui ne doivent leur durée qu'à une longue patience. »

Après avoir parcouru la longue série des humiliations auxquelles toutes les nations avaient dû se soumettre pour se concilier la faveur de *Napoléon*, on respire quand on est parvenu enfin à l'époque où les

États d'Europe vont commencer à sentir leur force et à parler un langage digne d'eux. C'est par une conduite si énergique que *Charles-Jean* répondit à ceux qui le croyaient envoyé pour mettre le sceau à l'asservissement de la Suède.

Lord *Wellesley* était encore secrétaire d'État pour les Affaires Étrangères, lorsque la Suède entama des négociations avec l'Angleterre. Ses ouvertures furent accueillies avec faveur par ce Ministre et par lord *Castlereagh*, qui lui succéda le 19 mars. Sir Edward *Thornton* fut envoyé en Suède, et établit sa résidence dans le voisinage d'Oerebro, où la Diète s'assembla le 13 avril. On ne connaît aucune pièce de cette négociation; mais le traité qui en résulta a été rendu public. Il fut signé à *Oerebro*, le 12 *juillet* 1812, par sir *Edward Thornton*, au nom de la Grande-Bretagne ; par les barons *Laurent d'Engestrœm* et *Gustave de Wetterstedt* au nom de la Suède.

Par l'*article* 1er, la paix et l'amitié sont rétablies entre les deux puissances; d'où il suit que la Suède renonce au système continental.

L'*article* 2 dit : « Les rapports d'amitié et de commerce entre les deux pays seront rétablis sur le même pied où ils étaient au 1er janvier 1791 ; et tous les traités et conventions qui, à cette époque, subsistaient entre les deux États, seront regardés comme renouvelés et confirmés, et sont, par le présent traité, renouvelés et confirmés. »

Il n'existait, à l'époque du 1er janvier 1791, aucun traité entre les deux États, si ce n'est le traité d'amitié et de commerce qui a été conclu à Stockholm le 5 février 1766, et qui ne renferme que des promesses vagues de bienveillance, d'amitié et de bons offices [1].

[1] Voy. MARTENS, *Recueil*, t. IV, p. 44.

Comme les deux parties ne pouvaient pas avoir un grand intérêt à renouveler cette convention, on doit considérer l'article 2 cité comme abrogeant en ensevelissant dans l'oubli toutes les tentatives qui, depuis la première guerre de la Révolution française, avaient été faites pour établir de nouveaux principes de Droit maritime, plutôt que comme destiné à renouveler quelque ancien engagement.

L'*article* 3, qui dit : « Si, en haine du présent traité de paix et du rétablissement de la bonne intelligence entre les deux pays, quelque puissance que ce soit faisait la guerre à la Suède, S. M. le roi du royaume-uni de la Grande-Bretagne et de l'Irlande s'engage, de concert avec S. M. le roi de Suède, de prendre les mesures nécessaires pour la sûreté et l'indépendance de ses États, » fait sortir le traité d'Oerebro de la catégorie d'un traité de paix, et lui donne le caractère d'un traité d'alliance [1].

Une conséquence immédiate de ce traité fut l'ordonnance que *Charles XIII* publia à Oerebro le 29 juillet 1812, et en vertu de laquelle les ports de la Suède furent ouverts aux bâtiments de toutes les nations sans exception, pour l'importation et l'exportation des productions étrangères et suédoises, d'après les règlements généraux.

§ IV.

Alliance entre la France et la Prusse.

Si la situation isolée de la Suède lui permettait, à l'époque où nous sommes parvenus, de résister au

[1] Le traité d'Oerebro se trouve dans Martens, *Recueil*, t. XII, p. 431.

despotisme de *Napoléon*, la Prusse, dont plusieurs places étaient occupées et toutes les frontières cernées par des troupes françaises, se vit dans la nécessité de céder à l'empire des circonstances, et d'essayer de fléchir, par des actes de condescendance, celui qui plus d'une fois avait mis en délibération s'il laisserait subsister une puissance à laquelle il avait fait trop de mal pour croire qu'on pût lui pardonner. Aussitôt que *Frédéric-Guillaume III* ne douta plus d'une prochaine rupture entre la France et la Russie, il dut prévoir que ses États seraient infailliblement exposés à toutes les calamités de la guerre. Il était à craindre que *Napoléon* ne saisît cette occasion pour anéantir la monarchie prussienne : il n'y avait qu'un moyen d'échapper à ce malheur, c'était de subordonner toute autre considération au salut de l'État, et de faire cause commune avec la France, puisqu'il était impossible de lui résister. D'après les pièces diplomatiques publiées par le gouvernement français, le Roi fit déclarer, dès le mois de mars 1811, au comte de *Saint-Marsan*, ministre de *Napoléon* à sa Cour, qu'il désirait se lier à la France de la manière la plus intime. Cette proposition fut froidement accueillie; on prétendit à Paris que les appréhensions d'une guerre entre la France et la Russie, quelque généralement répandues qu'elles fussent, étaient dénuées de fondement; néanmoins on invita le gouvernement prussien à s'expliquer sur le genre d'alliance qu'il voulait conclure avec la France.

Voici comment répondit à cette demande *Frédéric-Guillaume III*, dans la lettre qu'il adressa, le 14 mai 1811, au général *Krusemark*, son ministre en France :

« La manière dont l'Empereur a bien voulu accueillir, suivant votre dépêche du 16 avril, les explications provisoires dans lesquelles j'ai chargé mon chancelier d'État d'entrer avec M. de *Saint-Marsan*, pour le cas d'une rupture entre la France et la Russie, m'a offert un témoignage précieux des dispositions amicales et bienveillantes de ce monarque à mon égard. Vivement touché de celles-ci, je n'en ai pas été moins charmé de me convaincre par sa réponse, dont le duc de *Bassano* a été rendu l'organe, que les appréhensions d'une guerre entre la France et la Russie, toutes généralement répandues qu'elles étaient, sont destituées de fondement, et je ne puis que former les vœux les plus sincères pour la durée non interrompue des rapports de bonne harmonie encore subsistant entre ces puissances. Me jugeant même intéressé de très-près à travailler au maintien d'aussi heureuses relations, à proportion des moyens que semblait m'en fournir l'amitié personnelle qui règne entre moi et l'empereur de Russie, j'ai constamment tenu à Péterbourg le langage de la modération et de la conciliation[1]. Souvent déjà j'y ai conseillé une accession plus illimitée au système continental; et ce même conseil, je le renouvelle encore dans une lettre autographe que je viens d'adresser à l'empereur *Alexandre*, et dont je m'empresse de vous communiquer ci-joint la copie, pour la porter, par l'entremise du duc de *Bassano*, à la connaissance de S. M. l'empereur des Français.

« Quel que soit l'effet de cette lettre, et le parti auquel la cour de Russie se décide, je n'ai pas besoin de le connaître pour arrêter le mien. Invariablement attaché au système de la France, je me flatte d'avoir fait mes preuves à cet égard. S'il était possible qu'il fût resté encore quelques doutes à l'empereur *Napoléon* sur mon

[1] Voy. ci-après les rapports très-intéressants de MM. de Schoeler et de Knesebeck.

intention sérieuse de concourir en tout au grand but qu'il se propose, il m'eût suffi sans contredit, pour la faire évanouir, des ordres rigoureux par lesquels je viens de renouveler la prohibition absolue de tout commerce et de toute communication avec l'Angleterre, et des mesures énergiques que j'ai spontanément prises pour la défense de mes côtes contre les tentatives éventuelles de l'ennemi commun, mesures dont l'exécution dispendieuse exige l'emploi des deux tiers de mon armée. Après avoir ainsi satisfait sur ce point à tous les désirs de l'Empereur, même avant de les connaître, et me voyant d'ailleurs rassuré par une déclaration officielle sur la crainte de l'explosion prochaine d'une guerre entre la France et la Russie, je me sentirais peut-être embarrassé de donner, dans le moment présent, plus de suite aux premières ouvertures confidentielles faites ici au comte de *Saint-Marsan*, s'il ne m'importait pas de préciser davantage mes idées sur les moyens de resserrer à jamais, et abstraction faite des conjonctures politiques actuelles, les liens d'amitié et d'union qui, à ma grande satisfaction, existent déjà entre la France et moi.

« Je profite donc avec plaisir de l'interpellation de S. M. l'empereur des Français, pour lui proposer à cette fin, et pour tous les cas, une alliance offensive et défensive en vertu de laquelle, dans toutes les guerres qui ne seraient pas étrangères aux intérêts de ma monarchie et où la France se trouverait engagée, soit en Allemagne, soit sur les confins de la Prusse, celle-ci mettrait à la disposition de la France un corps de troupes auxiliaires proportionné à ses facultés, et de la force duquel on conviendrait encore plus particulièrement. De son côté, Sa Majesté Impériale garantirait l'indépendance et l'intégrité de l'état actuel des possessions prussiennes, et m'assurerait sa puissante assistance et les secours nécessaires toutes les fois que je me verrais dans le cas de les réclamer; elle ferait de plus, par sa haute intervention, entrer dans cette alliance les membres de la confédération du Rhin et le duché de Varsovie.

« Les troupes auxiliaires prussiennes n'agiraient que réunies dans un seul corps conduit par un officier supérieur de leur nation et dépendant de ses ordres spéciaux. Ce corps serait employé de préférence à la défense de la Prusse et de ses frontières; mais il concourrait à l'exécution du plan général d'opération; et, sous ce rapport, il serait ou sous les ordres immédiats de S. M. l'Empereur et Roi, ou sous ceux du commandant en chef que Sa Majesté Impériale préposerait à l'armée entière.

« Le cas d'une guerre échéant, on conviendrait de ce qui concerne la marche et le passage des troupes d'après le besoin et les circonstances du moment; mais, en attendant, les troupes françaises qui entreraient dans mes États ou les traverseraient, n'y pourraient marcher que par les routes militaires stipulées et conformément aux conventions subsistantes.

« L'épuisement des ressources de la Prusse me mettant dans l'impossibilité de suffire aux frais que me causeraient mes nouveaux engagements, à moins qu'il ne plût à l'Empereur de me faciliter les moyens de les remplir, et ces engagements ne pouvant d'ailleurs être regardés comme solides qu'en tant qu'ils seront fondés sur une confiance entière et mutuelle à laquelle je crois avoir acquis tous les droits par ma constante déférence pour Sa Majesté Impériale, par mon invariable attachement à son système politique, et surtout par l'offre de mon alliance qui, faite dans les conjonctures présentes, ne saurait plus laisser subsister aucun des motifs d'ombrage qui ont dicté quelques-uns des articles de la convention du 8 septembre 1808, je compte ne point me livrer à un vain espoir en me flattant :

« 1° Que Sa Majesté Impériale aura égard à la juste réclamation de la restitution de Glogau, dont, aux termes des traités, l'évacuation doit avoir lieu maintenant que la première moitié de la contribution se trouve complétement acquittée. Ce n'est pas faute de confiance que je fais cette demande dans l'instant même où des liaisons plus étroites vont unir, j'espère, plus particulièrement mes intérêts à ceux de l'Empereur; elle est motivée par les frais énormes que m'occasionnent l'entretien et l'approvisionnement des forteresses sur l'Oder et des garnisons étrangères qui les occupent. Cette charge est tellement au-dessus des forces de la Prusse, elle est si incompatible avec la dépense qui résultera de ses nouveaux engagements, que Sa Majesté Impériale ne saurait me donner une preuve plus signalée de ses dispositions bienveillantes et de sa confiance, qu'en trouvant moyen de soulager ma monarchie de ce fardeau.

« 2° Que, pour le cas où le corps auxiliaire dût être mis sur pied, l'Empereur voudra bien m'accorder une remise proportionnée de la contribution et sa cessation entière dès que la guerre éclatera en effet, la Prusse étant absolument hors d'état d'en faire les frais et de payer en même temps une contribution aussi onéreuse.

« 3° Enfin, que Sa Majesté Impériale n'insistera plus sur l'article de la convention du 8 septembre 1808, qui empêche l'augmentation de l'armée prussienne, augmentation évidemment indispensable à mesure du besoin que j'aurai de plus de troupes, pour le but convenu et pour la défense de mes États.

« Quant aux avantages que la Prusse, en cas de succès auxquels elle aurait contribué par l'emploi de ses forces et de ses ressources, pourrait se promettre, soit en fait d'acquisitions territoriales, soit en indemnités d'un autre genre, je m'en remets avec confiance à la justice et à l'amitié de mon auguste allié. Mais il est un autre point dont j'aurais à cœur de convenir d'avance avec lui, la situation géographique de la Prusse étant telle qu'une partie de son territoire doit nécessairement être exposée, sinon à devenir le théâtre de la guerre, du moins à en éprouver tous les embarras; je désirerais assurer à ma famille un asile où elle fût à l'abri des inconvénients qui en résulteraient; je me flatte donc que l'Empereur voudra bien non-seulement consentir lui-même, mais aussi s'employer partout où il sera besoin, à ce qu'une partie de la Silésie avoisinante aux États autrichiens soit déclarée neutre pour cet effet, afin qu'en cas de nécessité je puisse, avec les miens, y fixer mon séjour pendant la durée de la guerre. »

« Telles sont, en résumé, les propositions que l'invitation de Sa Majesté Impériale m'engage à lui faire, ensuite des explications préalables qui ont eu lieu ici envers son ministre, de la part de mon chancellier d'État et de mon ministre des Affaires Étrangères. Un précis en a été communiqué au comte de *Saint-Marsan*; ce qui n'empêche pas que, de votre côté, vous ne les preniez pour texte d'un entretien confidentiel que vous aurez à demander à M. le duc de *Bassano*, auquel je vous laisse le maître de faire lecture de la présente dépêche. J'espère qu'informée par lui de son contenu, Sa Majesté Impériale ne verra dans la franchise avec laquelle je m'explique sur ce que je souhaite, ou plutôt sur ce que me dictent ma position et mes besoins, qu'une preuve incontestable de ma confiance sans borne et de mon ardent désir d'établir mes liaisons avec Sa Majesté Impériale sur des bases sûres et durables. Il ne me reste qu'à souhaiter que, leur accordant sa haute approbation, elle daigne autoriser son ministre à ma cour à les admettre dans la négociation ici ouverte, que les miens s'appliqueront dès lors à poursuivre et à terminer promptement avec lui.

« A Berlin, le 14 mai, 1811.

« *Signé* Frédéric-Guillaume. »

Et plus bas :

« Hardenberg, Goltz. »

Une démarche si franche ne put engager *Napoléon* à s'expliquer; ou plutôt son refus d'entrer en négociation sur les bases proposées trahit le secret de sa pensée. Il s'efforça en vain de le cacher, sous le prétexte que des motifs de ménagement pour la Russie lui prescrivaient de surseoir à toute explication sur les propositions du Roi. La Prusse dut, pour le moment, se contenter de cette réponse; mais lorsqu'au mois d'août 1811, les préparatifs énormes de la France ne permettaient plus de douter de ses projets hostiles contre la Russie, elle crut devoir renouveler ses démarches pour sortir d'une situation qui devenait de jour en jour plus critique. Voici les ordres que le baron de *Hardenberg* donna, le 30 août 1811, au baron de *Krusemarck* :

« Monsieur,

« Si les motifs de ménagement pour la Russie qui ont engagé l'empereur *Napoléon* à surseoir à toute explication sur les propositions d'alliance que le Roi lui a faites dans le cours du mois de mars dernier, ont pu, à cette époque, paraître plausibles à Sa Majesté, il n'en est pas de même aujourd'hui, que les préparatifs guerriers de la France contre cette puissance ont pris et prennent encore tous les jours un caractère plus imposant, et que Sa Majesté Impériale, trop grande pour dissimuler, ne cache pas à la cour de Saint-Pétersbourg elle-même le but éventuel de ces mesures. La crainte de lui inspirer à contre-temps de l'ombrage n'ayant point fait suspendre celles-ci, comment arriverait-il qu'elle retardât entre la France et la Prusse cette union plus intime, l'objet des vœux du Roi, union qui, soit qu'il ne s'agisse que d'une démonstration tendante à assurer le maintien de la tranquillité dans le Nord, soit qu'en effet les choses en viennent à une rupture entre les deux cours impériales, offre, dans l'une et l'autre alternative, des avantages manifestes à la France? Tel était le raisonnement sur lequel le Roi fondait l'espoir que, maintenant du moins, l'empereur *Napoléon* daignerait, en réponse à nos susdites ouvertures, entrer en explication avec lui, et c'est en partie dans la vue de les amener que Sa Majesté vous avait chargé de faire officiellement la juste demande de l'évacuation de Glogau.

« C'est avec la plus vive peine que nous avons vu derechef cet espoir déçu par vos dépêches du 13 et du 17 de ce mois. Toutes valables que sont, sous plus d'un rapport, les raisons qui vous ont déterminé à différer la démarche en question, le Roi eût préféré que vous vous en fussiez tenu littéralement à ses ordres. Si actuellement, il vous autorise à en ajourner l'exécution jusqu'à un moment plus opportun, c'est surtout parce que Sa Majesté se flatte que ce moment ne tardera pas à se présenter. A la suite d'un nouvel entretien que je viens d'avoir depuis peu avec M. le comte de *Saint-Marsan*, et dans lequel j'ai fait à ce ministre un tableau aussi détaillé que vrai de la violente situation de la Prusse, et des motifs urgents que nous avons pour désirer ardemment que l'Empereur, prenant en considération les propositions franches et loyales du Roi, veuille enfin mettre un terme à la cruelle incertitude où se trouve Sa Majesté sur les intentions de la France à son égard. Faut-il, monsieur, que je vous retrace à vous-même les principaux traits de ce tableau? Je vous observerai d'abord, pour ce qui concerne nos finances, que l'état présent des choses, s'il n'y est apporté remède, les expose à une ruine complète et inévitable. Grâce aux ressources momentanées que nous a values l'introduction du tarif continental, nous avons pu acquitter mensuellement deux millions de francs de contributions à la France jusqu'au mois de juin dernier et celui-ci compris. Aujourd'hui ces ressources sont épuisées. Aux embarras qui résultent de la privation de celles que fournissait à l'État le commerce maritime en alimentant l'industrie nationale, et en procurant un débouché à nos productions, s'en joignent d'autres provenant de malheurs inattendus, tels que l'incendie de Kœnigsberg, et une récolte manquée dans presque toutes nos provinces. Nonobstant cela, peut-être nous eût-il été possible de continuer sans interruption les payements mensuels susdits, si les avances considérables que nous sommes dans la nécessité de faire au gouvernement français lui-même n'absorbaient une grande partie des fonds qui y étaient consacrés. Il vous sera facile d'en juger, si vous songez qu'il nous a fallu déjà payer comptant une très-forte somme pour frais de transport des marchandises coloniales vendues à la France, et si vous réfléchissez de plus aux énormes dépenses qu'exige l'entretien des troupes françaises et alliées, tant de celles qui traversent les États du Roi pour se rendre à Dantzick, que de celles qui viennent augmenter sans cesse les garnisons déjà si nombreuses de nos propres forteresses. Il en coûte un million quatre-vingt-un mille cinq cent quatre-vingt-treize francs pour entretenir seulement à Stettin, pendant les cinq derniers mois, les troupes qui s'y trouvent en sus du nombre fixé par nos conventions, sans compter même les frais de table des officiers et autres. La dépense pour Glogau, pendant la même époque, s'est élevée à un demi-million ; il est d'une impossibilité absolue et bien démontrée que la Prusse, réduite comme elle l'est dans ses revenus, suffise à la fois à d'aussi fortes avances et au payement ordinaire de ses contributions, et sans doute l'Empereur est trop juste pour ne pas daigner consentir à ce que désormais elle déduise chaque mois sur les unes le montant des autres.

« Mais ce ne sont pas nos embarras pécuniaires, quelque graves qu'ils puissent être, qui sont l'objet principal des sollicitudes du Roi; c'est notre situation politique, dont celle de nos finances n'est, après tout, qu'une conséquence nécessaire. Tout est en armes autour de nous. D'un côté, les armées russes bordent nos frontières; de l'autre, l'attitude de l'armée varsovienne, censée dirigée contre la Russie, peut l'être également contre la Prusse. L'armée saxonne est mise en cantonnements dans notre voisinage, de manière à pouvoir, dans deux marches, atteindre la résidence du Roi. Dantzig seule renferme une autre armée; au lieu de dix mille hommes stipulés par les traités, la France en a fait successivement arriver vingt-trois mille dans nos trois places de l'Oder, où leur entretien coûte, chaque mois, aux caisses de l'État, la somme exorbitante de deux cent cinquante mille écus. Au moment où j'écris, la garnison de Stettin s'élève à dix-sept mille cinq cent quarante-six hommes. Représentez-vous, mon général, combien Sa Majesté doit être profondément affectée, lorsqu'au milieu de tout cela elle apprend qu'il n'est dans ces diverses armées qu'une opinion, qu'une voix sur la destruction prochaine de la Prusse. Fort de sa confiance en Sa Majesté Impériale, le Roi peut sans doute personnellement rejeter loin de lui les soupçons qui provoquent de telles rumeurs; mais est-il maître d'empêcher qu'une opinion, hautement prononcée au sein de ses États par les généraux eux-mêmes, ne devienne l'opinion publique? Dépend-il de lui, tandis que là où vous êtes il ne se fait rien pour la calmer, d'arrêter les funestes effets de cette opinion sur le crédit de la Prusse au dedans et au dehors? Ose-t-il, dans l'incertitude où le laisse la France sur ses vues, malgré l'offre réitérée et le désir constant de Sa Majesté de mettre tous ses moyens à la disposition de l'Empereur, à des conditions sur lesquelles il serait si facile de s'entendre; ose-t-il, dis-je, respecter assez peu les alarmes de son peuple pour ne prendre aucune mesure éventuelle pour sa défense? Une sécurité poussée aussi loin serait sans doute condamnable; et l'Empereur, dont le Roi ambitionne par-dessus tout l'amitié et l'estime, le blâmerait lui-même à juste titre. Nous armons donc, monsieur, puisque les circonstances en imposent impérieusement le devoir au Roi, et que mieux vaut, comme je l'ai dit à M. de *Saint-Marsan*, mourir l'épée à la main que de succomber avec opprobre. Mais c'est pour la France que nous armons, si elle veut d'un allié fidèle, et que, s'arrangeant de gré à gré avec nous, elle préfère sincèrement notre libre assistance à cette lutte dont la voix de ses guerriers nous menace, et qui, de la part du Roi, ne pourrait jamais être que celle du dernier désespoir.

« Voilà, mon cher général, ce que j'ai exposé avec franchise à M. de *Saint-Marsan*, en lui donnant en même temps des renseignements authentiques sur les moyens que nous avons de rendre notre alliance utile à son auguste souverain. Il sait que toutes nos forteresses sont ou vont être dans un état de défense respectable; il sait que, le signal nous en étant donné, il ne nous faudrait que très-peu de temps pour mettre cent mille hommes sur pied. Le comte de *Saint-Marsan* a paru pénétré de la loyauté de nos déclarations, et les a jugées propres à faire un effet favorable sur l'esprit magnanime de l'Empereur. Il y a trois jours qu'il lui en a rendu compte par un courrier. J'ai pensé qu'il était à propos de ne point vous laisser ignorer ceci pour votre information particulière; mais n'envisagez ce que je vous en dis que comme une communication confidentielle; elle ne vous appelle à faire aucune démarche de votre côté, puisque tout ce que j'ai dit dans l'épanchement de mon cœur à M. de *Saint-Marsan*, prenant dans votre bouche un caractère diplomatiquement officiel, serait censé peut-être donner une teinte de menace à des ouvertures qui ne l'ont nullement eue, et dans lesquelles le Roi souhaite vivement que l'Empereur ne puisse pas un seul instant méconnaître la pureté des intentions qui les ont dictées. »

Les pièces officielles qui ont été publiées ne rendent point compte de la suite des démarches que le général de *Krusemarck* a dû faire pour décider le gouvernement français à choisir entre deux partis, celui d'anéantir l'existence politique de la monarchie prussienne et celui de tirer, pour l'expédition qu'il projetait, de cette alliée, plus d'avantages qu'elle ne lui en aurait offert, s'il l'avait incorporée à ses vastes domaines. Ce qui est certain, c'est que M. de *Krusemarck* et M. de *Béguelin*, chargés, le premier de la partie politique et l'autre de la partie financière de la négociation, ont été obligés de marchander, article par article, quelques soulagements pour leur malheureuse patrie[1]. Voici maintenant les résultats de leurs travaux, dont une partie fut communiquée au Sénat dans la séance du 3 juillet 1812, ainsi qu'il résulte de la pièce suivante :

Rapport fait à l'Empereur par le ministre des Relations Extérieures.

« Sire,

« Dès la fin de l'année 1810, la cour de Pétersbourg, ayant changé de système et résolu de se soustraire aux engagements qu'elle avait souscrits à Tilsitt, prit le parti d'appuyer par des armements les actes par lesquels elle violait l'alliance. Elle rassembla des troupes dans ses provinces polonaises, et elle rappela une partie de son armée de Moldavie, qui arriva à marches forcées sur les frontières du duché de Varsovie.

« Dans le mois de février 1811, Votre Majesté demanda des explications sur ces armements extraordinaires; elle dut en même temps conseiller au roi de Saxe de concentrer sur la Vistule les troupes du duché de Varsovie, pour les mettre à l'abri d'une attaque soudaine.

[1] Et cependant, quels qu'aient été les efforts de M. de Béguelin, il ne put échapper aux reproches du premier ministre, baron de Hardenberg, qui trouvait la convention inexécutable, et s'en expliqua même ouvertement avec l'Intendant général de l'armée française : *Vous rendez le fardeau de la guerre trop lourd pour nos peuples*, lui disait-il; *vous les irritez, vous dévorez le reste de nos ressources; nous faisons plus que nous ne pouvons, et quand la misère aura excité des soulèvements, vous vous en prendrez à nous du mal que vous vous serez fait vous-même.* Prédiction qui, à huit mois de là, était accomplie.

« La Prusse, placée dans une position intermédiaire entre la France et la Russie, s'aperçut la première des dispositions du cabinet de Pétersbourg; elle ne pouvait en comprendre les motifs, mais elle en prévoyait les résultats. Elle fit des représentations à la Russie; elle lui montra le danger qu'il y avait d'appuyer des négociations par des armements; elle la conjura de cesser des mouvements qui pouvaient compromettre la Prusse elle-même, et qui devaient attirer sur son territoire les armées que Votre Majesté serait forcée de faire marcher à la défense du duché de Varsovie. Cette démarche, inspirée par le désir de la paix et dictée par la prudence, ne produisit aucun effet; et la Prusse, voyant cette fatalité, qui depuis dix ans a entraîné l'Europe, peser aussi sur la Russie, demanda franchement, dès le mois de mai 1811, à s'unir à Votre Majesté par une alliance.

« Votre Majesté hésita longtemps à prendre des engagements qui devaient faire supposer que l'alliance de Tilsitt n'existait plus. Elle ne connaissait point encore les motifs qui pouvaient porter la Russie à rompre les traités, à se mettre en état de paix avec l'Angleterre, et à menacer l'existence du duché de Varsovie; mais lorsqu'il ne resta plus aucun doute à Votre Majesté, elle m'autorisa à entrer en négociation avec la Prusse, et à conclure le traité qui a été signé le 24 février 1812 (ratifié à Berlin le 4 mars suivant).

« Je propose à Votre Majesté de faire donner communication au Sénat du traité d'alliance conclu entre la France et la Prusse, et d'ordonner qu'il sera promulgué comme loi de l'État, conformément à nos constitutions.

« Je suis avec le plus profond respect, Sire, etc.

« *Signé* le duc de BASSANO. »

Les traités qui furent signés, le 24 février 1812, entre le général *Krusemarck*, M. de *Béguelin* et le duc de *Bassano* forment quatre conventions distinctes. Le premier est un traité d'alliance défensive, composé de cinq articles patents, par lesquels les deux États contractent une alliance défensive contre toutes puissances de l'Europe avec lesquelles l'une ou l'autre serait ou entrerait en état de guerre. Elles se garantissent réciproquement, par l'*article* 2, l'intégrité de leur territoire. Chaque fois que le cas d'alliance surviendra, les dispositions à prendre en conséquence par les deux parties seront réglées par une convention spéciale. *Art.* 3.

Toutes les fois, dit l'*article* 4, que l'Angleterre attentera aux droits du commerce, soit par la déclaration en état de blocus des côtes de l'une ou de l'autre des parties contractantes, soit par toute autre disposition contraire au Droit maritime consacré par le traité d'Utrecht, tous les ports et les côtes desdites puissances seront également interdits aux bâtiments des nations neutres qui laisseraient violer l'indépendance de leur pavillon.

On voit que ces articles sont rédigés d'une manière vague, et qu'ils ne renferment rien qui paraisse dirigé contre la Russie ; mais ils sont suivis de quatre articles secrets qui changent la nature de l'alliance, puisque de défensive qu'elle paraissait elle devient offensive.

« *Art.* 1er. L'alliance contractée aujourd'hui entre S. M. l'empereur des Français, roi d'Italie, protecteur de la confédération du Rhin, médiateur de la confédération suisse, et S. M. le roi de Prusse, sera offensive et défensive dans toutes les guerres des deux hautes parties contractantes en Europe.

« *Art.* 2. Cependant il est convenu, dès à présent,

que, dans les guerres que la France pourrait avoir à soutenir au delà des Pyrénées, en Italie ou en *Turquie*, la Prusse ne sera point tenue de fournir de contingent, faisant cependant, sous les autres rapports, cause commune avec la France.

« *Art.* 3. Les présents articles resteront secrets, et ne pourront être rendus publics ni communiqués à aucun Cabinet par l'une des parties contractantes sans le consentement de l'autre.

« *Art.* 4. Ils seront ratifiés, et les ratifications en seront échangées à Berlin dans l'espace de dix jours, ou plus tôt, si faire se peut. »

Enfin l'alliance fut expressément dirigée contre la Russie par une convention également secrète, que les mêmes ministres signèrent le même jour, et portant entre autres dispositions : qu'elle ferait marcher, dans le cas de guerre avec la Russie, un contingent de vingt mille hommes, composé de quatorze mille hommes d'infanterie, quatre mille de cavalerie, et deux mille d'artillerie, avec soixante pièces de canon, ayant un double approvisionnement, et des équipages militaires pour transporter en farine dix à vingt jours de vivres ; — que ledit contingent serait toujours tenu au complet sous les armes, et qu'il serait prêt à se mettre en marche le 15 mars prochain; — qu'indépendamment de ce corps de troupes, quatre mille hommes tiendraient garnison à Colberg, et fourniraient, s'il était nécessaire, des détachements pour la défense des côtes : douze cents hommes tiendraient garnison à Potsdam, dix mille dans les places de la Silésie, et trois mille dans Graudenz; — *que la Prusse ne ferait aucune levée, aucun rassemblement de troupes, aucun mouvement militaire* pendant que l'armée française serait sur son territoire ou sur le territoire ennemi, à moins que ce ne soit pour l'avantage de l'alliance et de concert entre les deux puissances; — qu'enfin, dans le cas d'une heureuse issue de la guerre contre la Russie, le roi de Prusse recevrait une indemnité en territoire pour compenser les sacrifices et charges de la guerre.

Il faut noter que d'après cette convention, les seules places de Glogau, de Stettin et de Custrin devaient rester occupées par les troupes françaises. Cependant *Napoléon* fit aussi occuper Spandau et Pillau. Lorsque, par la suite, la Prusse se plaignit de cette vexation, le gouvernement français déclara que l'occupation de ces deux places était fondée sur le traité du 24 février 1812. Voici comment on interpréta ce traité. Les deux forteresses sont situées dans la partie des États prussiens que l'article 6 permet aux troupes françaises de traverser et d'occuper. Colberg, Potsdam et Graudenz sont dans le même cas; mais l'article 4 dit expressément que ces trois places auront garnison prussienne; il ne dit pas la même chose de Pillau et Spandau, d'où il suit que les Français sont autorisés à occuper ces deux places, quoique la convention ne le leur accorde pas.

Une *seconde convention spéciale*, signée le même jour, était relative aux mesures ultérieures à suivre dans la guerre avec l'Angleterre. *Napoléon*, qui a divulgué les deux conventions dont nous venons de parler, n'a pas jugé à propos de faire connaître le contenu de celle-ci. Un seul article, favorable au commerce du cabotage entre Lubeck et Memel, a été cité dans une publication semi-officielle que nous avons mentionnée, et la seule où il soit question de cette convention[1].

La *troisième convention* que négocia et signa M. de

[1] Voy. t. X, p. 300.

Béguelin avec le duc de *Bassano*, détermine les fournitures considérables en munitions, vivres et approvisionnements de tout genre que la Prusse dut faire à l'armée française, lors de son passage par la Prusse, ou, en d'autres termes, elle prescrit comment la France absorbera jusqu'aux dernières ressources d'un pays dont la ruine avait déjà été bien avancée par la guerre de 1807, par le séjour prolongé des armées françaises et par le système continental[1].

En considérant le tableau des charges que la convention du 24 février imposa à la Prusse, pays alors peu riche, et n'ayant guère au delà de quatre millions d'habitants, on est tenté de croire que ce pays, épuisé par toutes les vexations qu'il avait endurées, ne pourra pas remplir les engagements qu'il a contractés. Eh bien! non-seulement la Prusse livra tout ce qu'elle avait promis, mais elle éteignit, au mois de mars, d'avril et de mai, les quarante-trois millions d'arriéré qu'elle devait encore sur les contributions; et, ce qui paraît incroyable si cela n'était constaté par des documents authentiques, elle devint, par des fournitures successives, créancière de la France d'une somme qui, à la fin de 1812, se montait à quatre-

[1] Il n'y a point là d'hyperbole. L'intendant général de l'armée, comte Mathieu DUMAS, rapporte à ce sujet une particularité très-significative. « Lorsque je fus à l'Elysée, dit-il, pour recevoir mes dernières instructions, l'Empereur fit joindre à cette pièce importante une copie du traité récemment conclu avec la Prusse, relativement aux prestations en nature exigées de la Prusse. Ces prestations étaient énormes, comme, par exemple, six cent mille quintaux de grains, quarante-quatre mille bœufs, trois mille voitures de transport auxiliaires, etc. La Prusse redevait quarante-trois millions de francs sur les contributions imposées après la paix de Tilsitt, par une convention particulière; mais *il était interdit de régler aucun compte avant la fin de la campagne*, et il y avait dans mes instructions cette phrase remarquable : *Après le compte établi, la Prusse restera encore reliquataire.*

vingt-quatorze millions de francs. Elle renonça, par la paix de Paris de 1814, au remboursement de cette somme. On aurait encore une faible idée des sacrifices que la Prusse fit en 1812, si l'on ne les estimait que d'après les stipulations que nous venons de rapporter. Les administrations françaises ne savaient pas s'habituer à faire une distinction entre un pays *ennemi* et celui d'un *allié;* partout où elles s'établissaient, elles se croyaient autorisées à commander en maîtres. La Prusse l'a éprouvé plus qu'aucun autre pays[1]. La convention du 24 février n'a été exécutée que dans les dispositions qui tombaient à sa charge, et les prétentions des agents français se montrèrent même tellement exorbitantes, que le roi *Frédéric-Guillaume* se vit obligé de réclamer directement auprès de *Napoléon*, par une lettre du 10 mai, qui mérite d'être rapportée.

Potsdam, 10 mai 1812.

« Monsieur mon frère, j'adresse le mémoire ci-joint à Votre Majesté avec cet abandon que m'inspirent et les liens qui nous unissent et les sentiments de bienveillance dont Votre Majesté m'a donné une nouvelle preuve par sa lettre du 3 avril, et par la mission de son aide de camp, le comte de *Narbonne*.

« J'ai apprécié avec une bien vive reconnaissance ce témoignage flatteur de son amitié, et je ne puis mieux y répondre qu'en me servant dans mes relations avec elle, du langage de la loyauté et de la franchise.

[1] Pour citer un seul fait, nous dirons que, jusqu'au mois de septembre 1812, les troupes françaises et alliées ont emmené de la province de Prusse, par violence, soixante-dix-sept mille neuf cent vingt chevaux et treize mille trois cent quarante-neuf voitures, et de huit cercles de la Prusse orientale seulement, vingt-deux mille sept cent vingt-deux bœufs.

« J'ai ratifié les conventions du 24 février, parce que je croyais leur exécution possible : elle ne le sera pas, si on persiste à s'écarter de la base de ces traités.

« Votre Majesté daignera se convaincre par la lecture de ce mémoire, que les sacrifices qu'on demande à la Prusse surpassent de beaucoup ses moyens et ses ressources. Votre Majesté ne saurait approuver ces prétentions, *parce qu'elles sont en opposition des traités et parce qu'elles réduisent mes sujets à la famine et au désespoir.*

« Je me décide à faire les derniers efforts pour remplir mes engagements, et j'en appelle uniquement, pour le reste à la justice et à l'amitié de Votre Majesté.

« Je suis avec la plus haute considération et le plus entier dévouement, Monsieur mon frère, de Votre Majesté Impériale et Royale,

« Le bon frère, ami et allié.

« FRÉDÉRIC-GUILLAUME. »

En exécution des traités de février, le contingent prussien se mit en marche ; il était sous les ordres du général *Grawert* qui, quelque temps après, fut remplacé par le lieutenant général d'*Yorck*.

Ce fut également par suite de son alliance avec la France que le roi de Prusse publia, le 25 avril, un édit prohibant l'introduction de toutes les denrées coloniales venant de Russie, quand même elles seraient accompagnées de certificats d'origine en règle ; et que, le 9 mai, le gouvernement de Berlin fut conféré au général français *Durutte*.

§ V.

Alliance entre la France et l'Autriche.

Quoique, depuis la paix de Schœnbrunn, la monarchie autrichienne formât encore un État puissant, et possédant de grandes ressources, néanmoins la situation particulière où elle se trouvait ne lui permettait peut-être pas de rester neutre dans la guerre qui allait éclater entre la France et la Russie. L'impartialité exige cependant de faire observer la différence qui existait, à cet égard, entre l'Autriche et la Prusse. Les forteresses et le territoire de celle-ci étaient occupés; placée entre deux grandes puissances en armes, et devenant le théâtre de la guerre, elle ne pouvait observer la neutralité. Ces circonstances n'existaient pas pour l'Autriche; mais le cabinet de Vienne a répondu à ce reproche, en disant que *Napoléon* ne reconnaissait d'autre neutralité qu'un désarmement complet, et que, si l'Autriche avait pu se résoudre à ce parti, elle perdait toute influence sur les affaires politiques de l'Europe. Dans cette perplexité, l'Empereur prit une résolution qui, lui laissant les moyens d'influer tôt ou tard sur le rétablissement de la paix, le mit en mesure d'agir d'une manière indépendante et conforme à une saine politique. Il fallait pour cela prendre part à la guerre, mais seulement avec une portion déterminée des forces de la monarchie, et se préparer à porter un coup décisif lorsque le moment serait venu. Indépendamment de ce motif, la crainte que *Napoléon* ne suscitât des troubles dans les provinces polonaises de la monarchie, dut nécessairement influer sur la résolution de la cour de Vienne.

En conséquence, le prince de *Schwarzenberg*, ambassadeur d'Autriche à Paris, eut ordre de conclure avec la France une alliance défensive contre la Russie, laquelle alliance fut signée le 14 *mars* 1812 par ce ministre et par le duc de *Bassano*.

Voici le document qui renferme l'exposé de cette négociation :

Rapport fait à l'Empereur par le ministre des Relations Extérieures.

« Sire,

« Le traité de Tilsitt entre la France et la Russie, était un traité d'alliance offensif contre l'Angleterre. Ce fut au retour de la conférence du Niémen, où l'empereur *Alexandre* avait dit à Votre Majesté qu'il voulait être son second contre l'Angleterre, que vous vous déterminâtes, Sire, à sacrifier les avantages que vous teniez de la victoire, et à passer rapidement de l'état de guerre à l'état d'alliance avec la Russie.

« Cette alliance qui augmentait les moyens de guerre de la France contre l'Angleterre, devait aussi garantir la paix du Continent.

« Cependant en 1809, l'Autriche fit la guerre à la France.

« La Russie, contre le texte précis des traités, ne fut d'aucun secours à Votre Majesté. Au lieu de cent cinquante mille hommes qu'elle pouvait faire marcher, et qui devaient seconder l'armée française, quinze mille hommes seulement entrèrent en campagne, et lorsqu'ils dépassèrent la frontière russe le sort de la guerre était déjà décidé.

« Depuis cette époque, Sire, l'ukase du 19 décembre 1810, qui détruisit nos relations commerciales avec la

Russie, l'admission du commerce de l'Angleterre dans ses ports, ses armements, qui, dès le commencement de 1811, menacèrent d'envahir le duché de Varsovie, enfin sa protestation sur l'Oldenbourg, anéantirent l'alliance; elle n'existait plus lorsque de part et d'autre des armées se formaient pour l'observer.

« Cependant l'année 1811 tout entière fut employée à des pourparlers et à des négociations avec la Russie, dans l'espérance de détourner, s'il était possible, le cabinet de Pétersbourg de la guerre qu'il paraissait avoir résolue, et de parvenir à connaître ses véritables intentions. Il a été prouvé jusqu'à l'évidence que cette puissance se proposait à la fois de se soustraire aux conditions du traité de Tilsitt pour se mettre en état de paix avec l'Angleterre, et d'attenter à l'existence du duché de Varsovie en se servant du prétexte des indemnités réclamées par le duc d'Oldenbourg.

« Votre Majesté décidée à soutenir par la force des armes l'honneur des traités, l'existence et l'intégrité des États de ses alliés, avait senti l'importance de s'unir plus étroitement à une puissance à laquelle elle était déjà attachée par des liens chers à son cœur, et dont les intérêts politiques généraux étaient les mêmes que ceux de Votre Majesté. A cet effet, Sire, un traité a été conclu le 14 du mois de mars dernier, entre Votre Majesté et l'empereur d'Autriche.

« Tout garantit à cette alliance une longue durée : elle assure le repos du midi de l'Europe, et promet à la France qu'elle ne sera plus troublée dans ses efforts pour le rétablissement de la paix maritime.

« Je propose à Votre Majesté de faire donner communication au Sénat du traité d'alliance conclu entre la France et l'Autriche, et d'ordonner qu'il soit promulgué comme loi de l'État, conformément à nos Constitutions.

« Je suis avec le plus profond respect, Sire, etc.

« *Signé* le duc de BASSANO.

Gumbinen, le 20 juin 1812.

Les conditions de l'alliance du 14 mars étaient les suivantes :

Les deux alliées se garantissent réciproquement l'intégrité de leur territoire. *Art.* 2.

En cas d'attaque, elles s'assisteront d'un secours de trois cent mille hommes avec soixante pièces de canon. *Art.* 4.

L'*article* 6, par lequel les deux parties contractantes garantissent l'intégrité du territoire de la Porte ottomane en Europe, est remarquable. Cet article stipule les intérêts d'une puissance qui ne prenait pas de part au traité. Mais cette puissance était en guerre avec la Russie, et une pareille stipulation pouvait l'engager à ne pas accepter la paix que celle-ci lui offrait.

Par l'*article* 7, les deux puissances reconnaissent et garantissent également les principes de la navigation des neutres, tels qu'ils ont été reconnus et consacrés par le traité d'Utrecht, et l'empereur d'Autriche renouvelle, en tant que besoin, l'engagement d'adhérer au système prohibitif contre l'Angleterre pendant la présente guerre maritime.

Il est dit, dans l'*article* 8, que ce traité d'alliance ne pourra être rendu public, ni communiqué à aucun Cabinet, que de concert entre les deux parties.

Ce traité est suivi d'articles séparés, qui ne furent publiés que dix-huit mois après leur signature, à une époque où *Napoléon* croyait n'être plus dans l'obligation de ménager l'Autriche.

Par ces articles, la guerre de la France contre la Grande-Bretagne et dans la Péninsule au delà des Pyrénées, est exceptée du *casus fœderis;* mais celle qui pourra éclater entre la France et la Russie y est nommément comprise. *Art.* 1 *et* 2.

Napoléon garantit à l'Autriche la possession de la Gallicie, même pour le cas où le royaume de Pologne serait rétabli. *Art.* 5.

Les *articles* 6 et 7 doivent être placés ici textuellement.

Art. 6. « Si, le cas arrivant, il entre dans les convenances de l'empereur d'Autriche de céder, pour être réunie au royaume de Pologne, une partie de la Gallicie en échange des provinces illyriennes, S. M. l'empereur des Français s'engage, dès à présent, à consentir à cet échange. La partie de la Gallicie à céder sera déterminée d'après la base combinée de la population, de l'étendue, des revenus, de sorte que l'estimation des deux objets de l'échange ne soit pas réglée par l'étendue du territoire seulement, mais par sa valeur réelle. »

Art. 7. « Dans le cas d'une heureuse issue de la guerre, S. M. l'empereur des Français s'engage à procurer à S. M. l'empereur d'Autriche des indemnités et agrandissements de territoire qui, non-seulement compensent les sacrifices et charges de la coopération de Sadite Majesté dans la guerre, mais qui soient un monument de l'union intime et durable qui existe entre les deux souverains. »

Par l'*article* 9, il est convenu que la Porte ottomane sera invitée à accéder au traité d'alliance[1].

[1] On trouve le traité du 14 mars 1812, avec les articles séparés, dans MARTENS, *Recueil*, t. XII, p. 427.

Le commandement du corps auxiliaire autrichien fut confié au prince de *Schwarzenberg*, qui quitta Paris le 24 mai 1812, pour se rendre à sa destination.

§ VI.

Démarche de Napoléon auprès de l'Angleterre.

Ainsi tout se préparait à la grande lutte qui devait décider de l'indépendance de l'Europe. Cependant *Napoléon* couvrait ses immenses préparatifs par le prétexte de la guerre qu'il faisait à la Grande-Bretagne, dont la prépondérance allait être menacée d'un coup décisif. Ce fut à cette époque que, pour remplacer par quelque invention nouvelle les mots surannés de *système fédératif* et de *système continental*, qui ne faisaient plus d'impression sur la nation, son ministre des Relations Extérieures imagina cette doctrine par laquelle la stipulation d'un traité particulier entre la France et la Grande-Bretagne fut érigée en loi commune des nations, réglant à jamais les droits maritimes des neutres [1]. En partant de ce système, le Ministre justifie, dans son fameux rapport du 10 mars 1812, et les décrets de Berlin et de Milan, et tous les excès dont ils avaient été suivis. Nous avons fait connaître ce rapport [2]; il suffira donc d'en rappeler ici l'objet. Après avoir peint les désastres où l'exécution rigoureuse de ces mesures avait plongé, selon lui, la Grande-Bretagne, le Ministre déclare à son maître que, pour réduire l'ennemi de la liberté des mers, il faut que toutes les forces dis-

[1] Voy. Histoire du Droit maritime, t. V, chap. XXI. — Polémique semi-officielle entre les Cabinets de Londres et de Paris, t. XI, sect. IV.
[2] Voy. t. X, p. 399.

ponibles de la France puissent être portées partout où le pavillon anglais et les pavillons dénationalisés ou convoyés par les bâtiments de guerre de l'Angleterre viendraient aborder. Il propose, en conséquence, la création d'une armée spéciale exclusivement chargée de la garde des côtes, des ports et des forteresses, « et qui rendra à leurs belles destinées ces braves accoutumés à combattre et à vaincre sous les yeux de l'Empereur pour la défense des droits politiques et la sûreté extérieure du pays. »

Dans la même séance du 10 mars, où ce document fut communiqué au Sénat, le ministre de la Guerre donna connaissance d'un autre rapport fait à l'Empereur, et concluant à ce que tous les hommes en état de porter les armes fussent appelés au service, sous le titre de garde nationale de l'Empire divisée en trois bans, savoir : le *premier ban*, composé des hommes de vingt à vingt-six ans, qui, appartenant aux six dernières classes de la conscription mise en activité, n'ont point été appelés à l'armée active lorsque ces classes ont fourni leur contingent; le *second ban*, composé de tous les hommes valides, depuis l'âge de vingt-six ans jusqu'à l'âge de quarante; et enfin l'*arrière-ban*, composé de tous les hommes valides de quarante à soixante ans. Cent cohortes du premier ban (d'environ onze cents hommes chacune) étaient, sur-le-champ, mises à la disposition du ministre de la Guerre.

La doctrine professée par le ministre des Relations Extérieures fut accueillie avec grande faveur par le Sénat : dès lors personne ne douta plus que le traité d'Utrecht n'eût réglé à jamais le Droit maritime des nations; et ce fait, ainsi nouvellement établi, fut répété dans cent discours et adresses. Le Sénat applaudit à l'institution des trois bans, et la sanctionna par un sénatus-consulte du 13 mars 1812. Le rapport de la commission, proposant l'adoption du projet, est un modèle d'apologie qui ne sera point surpassé. Que le le lecteur en juge.

Rapport fait par M. le comte de Lacépède. — Séance du 13 mars 1812, *présidée par le prince archichancelier.*

« Monseigneur, sénateurs, votre commission spéciale a examiné, avec toute l'attention que commandait l'importance du sujet, le projet du sénatus-consulte relatif à l'organisation de la garde nationale de l'Empire, ainsi qu'à la levée de cent cohortes du premier ban de la garde nationale, et elle en a comparé avec soin les diverses dispositions avec les motifs qui vous ont été exposés.

« Ce projet se divise en deux titres.

« Le premier crée une de ces importantes institutions qui signaleront le plus illustre des règnes; le second met en mouvement une partie de la force établie par le premier : l'un est le principe, et l'autre la conséquence et l'application.

« Examinons avant tout les dispositions du premier.

« Il sépare en trois bans la garde nationale de l'Empire; il indique les Français qui, d'après la différence de leur âge, doivent appartenir à chacun de ces trois bans; il règle les renouvellements successifs de leurs diverses parties; il détermine la nature des services que la patrie et le souverain ont le droit d'en attendre.

« Et cependant qu'est-ce que la garde nationale de l'Empire? La nation armée; et quelle nation que celle qui s'étend depuis les bords de la mer Baltique jusques au delà du Tibre, et dont l'antique renommée acquiert chaque jour un éclat nouveau, et par ses heureuses et nouvelles associations et par la gloire immortelle de celui qui la gouverne!

« Cette nation armée n'avait reçu de différentes lois successives que des organisations particulières; elle va recevoir d'une grande loi politique une organisation générale.

« Et quel grand changement va produire cette conception profonde de l'Empereur! L'ordre s'établit à sa voix parmi ce nombre immense de Français que leur zèle et leur bravoure même, non encore réglés par la prévoyance, auraient entraînés vers le désordre et la confusion; et ce mouvement admirable et régulier est le résultat de la haute sagesse de celui qui, combinant avec les fruits de son génie les produits de l'expérience, porte sa vue sur les siècles à venir pour donner le sceau de la durée à tous les monuments qu'il élève.

« Mais quel est le grand et premier effet de cette nouvelle institution?

« La sûreté de l'intérieur et la sécurité publique.

« Jusqu'à ce jour on avait pourvu à la sûreté de l'intérieur des empires par des armées qui devenaient offensives ou défensives suivant les circonstances de la guerre et les hasards des succès.

« Mais la sécurité n'était ni entière ni durable; la crainte d'un revers l'affaiblissait; un mauvais succès pouvait l'anéantir; et quelle situation que celle d'un peuple dont les loisirs et les travaux pouvaient à chaque instant être troublés par l'anxiété et le découragement!

« Qu'on ouvre les fastes de l'histoire, et l'on verra combien de fois des gouvernements faibles n'ont pu rassurer les peuples qu'en dévoilant imprudemment le secret du nombre de leurs troupes, de leurs dispositions militaires, de leurs arrangements politiques, et se sont crus forcés de céder, par des distributions dangereuses et absurdes de leurs forces, à toutes les idées bizarres que suggérait le besoin de la sécurité réuni à de fausses notions sur les véritables éléments d'une bonne défense !

Le projet de sénatus-consulte qui vous est présenté, sénateurs, prévient pour toujours ces malheurs.

« Quand bien même toutes les armées actives dépasseraient nos frontières, et iraient faire éclater la foudre impériale à d'immenses distances, la vaste enceinte de l'Empire présenterait de nombreux défenseurs, que des défenseurs plus nombreux encore pourraient remplacer; et l'Empire français, considéré, si je puis parler ainsi, comme une immense citadelle placée au milieu du monde, montrerait sa garnison naturelle dans une garde nationale régulièrement organisée, et réunissant à la constance et à l'instruction des vieux guerriers toute la vigueur d'une jeune armée.

« Voilà ce que le héros croit devoir faire pour rendre les frontières inviolables, pour tranquilliser les esprits les plus prompts à concevoir des alarmes, pour garantir la sécurité publique de toutes les atteintes du faux zèle, de l'impéritie, et d'une malveillance perfide.

« Voici ce que fait le père de ses sujets pour que ce grand bienfait exige le moins de sacrifices.

« Les cohortes du premier ban se renouvelant par sixième chaque année, les jeunes Français qui en feront partie connaîtront l'époque précise à laquelle, revenus sous le toit paternel, et rendus à leurs affections, à leurs travaux, à leurs habitudes, ils jouiront du prix de leur dévouement.

« Parvenus à l'âge où l'ardeur est réunie à la force, ils trouveront dans leurs exercices militaires des jeux salutaires et des délassements agréables, plutôt que des devoirs sévères et des occupations pénibles.

« La surveillance, la direction, l'administration de leurs cohortes porteront l'empreinte de l'attention paternelle de l'Empereur pour les braves auxquels il confiera la garde du territoire de l'Empire et de ses propriétés les plus précieuses.

« Ils ne seront étrangers à aucun des avantages dont jouissent les anciennes phalanges de *Napoléon*.

« Et la défense expresse que leur fait le sénatus-consulte de quitter les rivages et de franchir les frontières qu'ils doivent garder, sera pour leur courage un frein que ne pourra briser l'impétuosité française.

« Passons maintenant, sénateurs, à l'examen du second titre.

« Vous avez entendu le ministre des Relations Extérieures, celui de la Guerre, et les orateurs du conseil d'État, exposer les principes généraux de la politique franche, ferme et modérée de l'Empereur.

« Le commerce européen doit être affranchi du joug honteux qu'on a voulu lui imposer.

« Ainsi le veut la nature.

« Ainsi le prescrivent les traités les plus solennels.

« Ainsi l'a réglé le célèbre traité d'Utrecht.

« Ainsi le commande impérieusement l'intérêt de l'État.

« Déjà l'ennemi de l'indépendance du Continent éprouve dans son île une partie de ces calamités dont il a voulu inonder la terre.

« Relégué au milieu des mers, qu'il apprenne du malheur à respecter la justice!

« Que, repoussé de l'Europe, il trouve l'aigle française partout où il voudra tenter de jeter des brandons de discorde!

« Il a juré une guerre éternelle.

« Qu'une puissance formidable rende vain cet attentat contre l'humanité !

« Que toutes les armées actives de l'Empire puissent se porter partout où les appellera le plus grand des héros !

« Que cent cohortes du premier ban de la garde nationale répondent à la patrie de ses frontières, de ses rivages, de ses places fortes, de ses ports, de ses arsenaux !

« Que cent mille braves, choisis parmi ceux du premier ban, joignent les drapeaux de la gloire !

« Ici nous retrouvons et la même sollicitude paternelle du monarque, et la même prévoyance du grand capitaine.

« Ce qui concerne le renouvellement successif de la partie du premier ban qui sera mise à la disposition du ministre de la Guerre est réglé avec soin, et tous les Français de ce premier ban qui se seront mariés antérieurement à la publication du sénatus-consulte resteront au milieu de leur jeune famille, faisant par cela seul partie du deuxième ban.

« Le rassemblement d'une partie du premier ban permettra d'exercer plus longtemps dans leurs dépôts les conscrits destinés à compléter ou à augmenter les cadres des armées actives, et tout a été calculé de manière qu'au moindre signal une armée nombreuse pourrait se réunir avec promptitude et se porter avec facilité sur tous les points de nos rivages qui pourraient être menacés.

« Pour mieux juger encore de tous les avantages de l'institution qui vous est proposée, représentez-vous, sénateurs, tous les effets des appels irréguliers des gardes nationales dont vous avez été témoins. Que ceux de nos collègues que leur gloire militaire et la confiance de Sa Majesté ont souvent placés à la tête de ces gardes nationales, réunies à la hâte, vous disent combien ils ont eu à déplorer de désordres inévitables, de marches forcées et vainement pénibles, de dispositions que le temps n'avait pas permis de concerter, de sacrifices presque intolérables, parce qu'ils étaient répartis avec trop de précipitation et d'inégalité, et de pertes inutiles d'hommes, de munitions et d'argent !

« Et si vous rappelez cette circonstance si honorable pour plusieurs départements de l'Empire, où l'orgueil britannique vint se briser contre les rives de l'Escaut, croyez-vous, sénateurs, que si, à cette époque, où vous exprimâtes d'une manière si solennelle le dévouement du peuple français à son empereur, l'institution que la France va devoir à son génie tutélaire avait été établie, l'Anglais eût osé concevoir l'espérance du succès le plus passager ?

« Votre commission a donc l'honneur de vous proposer à l'unanimité d'adopter le projet de sénatus-consulte qui vous est présenté. »

Le cabinet de Londres répondit au rapport du duc de *Bassano* par la déclaration du 21 avril 1812[1]. Nous savons qu'il y réfute l'assertion d'après laquelle les principes qui établissent la liberté du commerce maritime auraient été d'un commun accord consacrés par le traité d'Utrecht ; « comme si, dit la déclaration, un traité qui a été conclu entre deux nations particulières, d'après des considérations spéciales et réciproques, qui ne liait que les parties contractantes, et dont les principes, dans le dernier traité de paix entre les mêmes puissances, n'ont point été renouvelés, devait être regardé comme un acte de déclaration du Droit des gens. » Le gouvernement britannique annonce ensuite

[1] Voy. t. X, p. 396.

que si, dans un temps quelconque, à l'avenir, les décrets de Berlin et de Milan sont révoqués d'une manière expresse et sans restriction, par quelque acte authentique du gouvernement français, promulgué publiquement, dès lors les ordres du Conseil des 7 janvier 1807 et 26 août 1809 seront absolument révoqués.

Lorsque cette déclaration fut publiée, lord *Castlereagh* n'avait pas probablement reçu le message que lui avait adressé le duc de *Bassano,* sous la date du 17 avril 1812, pour lui transmettre les nouvelles ouvertures auxquelles venait de se résoudre l'empereur des Français. « Puisque l'Angleterre, avait-il dit, est devenue le souverain arbitre de la paix et de la guerre, adressons-nous directement à elle. Je la voyais venir; mais aujourd'hui tout est changé! C'est nous qui ferons les premiers pas. Essayons, s'il est possible, d'éviter la guerre, malgré les Russes eux-mêmes, et abordons le mal à sa source. » Et en effet il avait ordonné que la lettre suivante fût expédiée :

Lettre du duc de Bassano à lord Castlereagh.

« Monsieur,

« S. M. l'Empereur et Roi, toujours animé des mêmes sentiments de modération et de paix, a voulu faire de nouveau une démarche authentique et solennelle pour mettre un terme aux malheurs de la guerre. La grandeur et la force des circonstances dans lesquelles le monde se trouve aujourd'hui placé, déterminent Sa Majesté. Elle m'autorise, monsieur, à vous entretenir de ses dispositions et de ses vues.

« Beaucoup de changements ont eu lieu en Europe

depuis dix ans. Ils ont été la suite nécessaire de la guerre qui s'était allumée entre la France et l'Angleterre ; beaucoup de changements arriveront encore, et ils résulteront de la même cause. Le caractère particulier que la guerre a pris peut ajouter à l'étendue et à la durée de ces résultats. Les principes exclusifs et arbitraires ne peuvent se combattre que par une opposition sans mesure et sans terme, et le système de la préservation et de la résistance doit avoir le même caractère d'universalité, de persévérance et de vigueur.

« La paix d'Amiens, si elle avait été maintenue, aurait prévenu bien des bouleversements. Je renouvelle le vœu que l'expérience du passé ne soit pas perdue pour l'avenir.

« Sa Majesté s'est souvent arrêtée devant la perspective des triomphes les plus certains, et en a détourné les regards pour invoquer la paix. En 1805, assurée qu'elle était des avantages de sa position, et quelque confiance qu'elle dût à des présages que la fortune devait sitôt réaliser, elle fit au gouvernement de Sa Majesté Britannique des propositions qui furent éludées, sur le motif que la Russie devait être consultée. En 1808, de nouvelles propositions furent faites de concert avec la Russie ; l'Angleterre allégua la nécessité d'une intervention qui ne pouvait être que le résultat de la négociation elle-même. En 1810, Sa Majesté ne pouvant se dissimuler plus longtemps que les édits du Conseil britannique de 1807 rendaient la conduite de la guerre incompatible avec l'indépendance de la Hollande, autorisa des ouvertures indirectes qui tendaient également à la paix. Elles n'eurent aucun effet, et de nouvelles provinces durent être réunies à l'Empire.

« Le moment présent rassemble à la fois toutes les circonstances des diverses époques où Sa Majesté montra les sentiments pacifiques qu'elle m'ordonne de manifester encore aujourd'hui.

« Les calamités qui désolent la Péninsule et les vastes contrées de l'Amérique espagnole, doivent exciter l'intérêt de toutes les nations et les animer d'une égale sollicitude pour les voir cesser.

« Je m'exprimerai, monsieur, d'une manière que Votre Excellence trouvera conforme à la franchise de la démarche que je suis chargé de faire, et rien n'en montrera mieux la grandeur et la loyauté, que les termes précis du langage qu'il m'est permis de tenir. Dans quelles vues et pour quels motifs m'envelopperais-je de formes qui ne conviennent qu'à la faiblesse qui, seule, a intérêt de tromper?

« Les affaires de la Péninsule et des Deux-Siciles sont les différends qui paraissent les plus difficiles à concilier. Je suis autorisé à vous proposer d'en établir l'arrangement sur les bases suivantes :

« L'intégrité de l'Espagne serait garantie; la France « renoncerait à toute extension du côté des Pyrénées; « la *dynastie actuelle* serait déclarée indépendante, et « l'Espagne régie par une constitution nationale des « cortès.

« L'indépendance et l'intégrité du Portugal seraient « également garanties, et la maison de Bragance ré- « gnerait. Le royaume de Naples resterait au roi de « Naples; le royaume de Sicile serait garanti à la mai- « son actuelle de Sicile.

« Par suite de ces stipulations, l'Espagne, le Por- « tugal et la Sicile seraient évacués par les troupes « françaises et anglaises de terre et de mer.

« Quant aux autres objets de discussion, ils pour- « raient être négociés sur cette base, que chaque puis- « sance gardera ce que l'autre ne peut pas lui ôter « par la guerre. »

« Telles sont, monsieur, les bases de conciliation et de rapprochement offertes à Son Altesse Royale le Prince Régent. »

« Sa Majesté l'Empereur et Roi ne calcule, dans cette démarche, ni les avantages, ni les pertes que la guerre, si elle est plus longtemps prolongée, peut présager à son Empire. Elle se détermine par la seule considération des intérêts de l'humanité et du repos des peuples ; et si cette quatrième tentative est sans succès, la France aura du moins la consolation de penser que le sang qui pourrait couler encore retombera tout entier sur l'Angleterre.

« J'ai l'honneur, etc.

« *Signé* BASSANO. »

On se demande quel peut avoir été l'objet de *Napoléon*, en faisant une pareille proposition? Pouvait-il raisonnablement se flatter que les Anglais consentiraient à évacuer le Portugal et la Sicile, en laissant son frère et son beau-frère maîtres de l'Espagne et de Naples, et lui-même en possession de la Hollande et des ports de la mer du Nord ? On ne peut voir dans cette démonstration qu'une démarche d'apparat, par laquelle *Napoléon* voulait en quelque sorte *se mettre en règle avec l'Europe;* et c'est ce que semble prouver la dernière phrase de la lettre de son ministre.

Lord *Castlereagh* répondit à cette lettre le 23 avril, et sa dépêche écrite avec simplicité et modération, dut faire sur tout lecteur sensé une impression différente de celle qu'en attendait *Napoléon*.

Réponse de lord Castlereagh au duc de Bassano.

« La lettre de Votre Excellence, du 17 de ce mois, a été reçue et mise sous les yeux du Prince Régent.

Son Altesse Royale a senti qu'elle devait à son honneur, avant de m'autoriser à entrer en explication sur l'ouverture que Votre Excellence a transmise, de fixer le sens précis attaché par le gouvernement de France au passage suivant de la lettre de Votre Excellence : « La dynastie actuelle serait déclarée indépendante, « et l'Espagne régie par une constitution nationale « des Cortès. » Si, comme Son Altesse Royale le craint, le sens de cette proposition est que l'autorité royale d'Espagne et son gouvernement, établis par les Cortès, seront reconnus comme résidant dans le frère du chef du gouvernement français et les Cortès formées sous son autorité, et non dans le Souverain légitime, *Ferdinand VII* et ses héritiers, et l'assemblée extraordinaire des Cortès, maintenant investies du pouvoir du gouvernement dans ce royaume, en son nom et sous son autorité, il m'est ordonné de déclarer franchement et explicitement à Votre Excellence que des engagements de bonne foi ne permettent pas à Son Altesse Royale de recevoir une proposition de paix fondée sur une telle base.

« Si cependant les expressions ci-dessus citées s'appliquaient au gouvernement actuel d'Espagne, exerçant l'autorité au nom de *Ferdinand VII*, sur l'assurance qu'en donnera Votre Excellence, le Prince Régent est disposé à s'expliquer pleinement sur la base qui a été transmise pour être prise en considération par Son Altesse Royale, son désir le plus empressé étant, de concert avec ses alliés, de contribuer au repos de l'Europe, et de travailler à une paix qui puisse être à la fois honorable, non-seulement pour la Grande-Bretagne et la France, mais encore pour ceux des États avec lesquels chacune de ces deux puissances a des rapports d'amitié.

« Après avoir exposé sans réserve les sentiments du

Prince Régent sur un point sur lequel il est nécessaire de s'entendre avant d'entrer dans une discussion ultérieure, je me conformerai aux instructions de Son Altesse Royale, en évitant de faire des observations inutiles et des récriminations sur les objets accessoires de votre lettre. Je puis heureusement m'en rapporter, pour la justification de la conduite que la Grande-Bretagne a tenue aux différentes époques rappelées par Votre Excellence, à la correspondance qui eut lieu alors, et aux jugements que le monde en a depuis longtemps portés.

« Quant au caractère particulier que la guerre a malheureusement pris et aux principes exclusifs et arbitraires que Votre Excellence signale comme ayant marqué ses progrès, en niant, en ce qui concerne le gouvernement britannique, que ces maux lui doivent être attribués, je suis autorisé à assurer à Votre Excellence qu'il déplore sincèrement leur existence, comme aggravant inutilement les calamités de la guerre, et que son désir le plus vif, soit en paix, soit en guerre avec la France est de voir les relations entre les nations rendues aux principes libéraux et accoutumés des temps précédents.

« Je saisis cette occasion d'offrir à Votre Excellence les assurances de ma haute considération.

« *Signé* CASTLEREAGH. »

C'est par cette lettre du ministre d'Angleterre que la négociation fut close : « Elle n'a pas duré huit jours dit un historien, et deux feuilles de papier ont suffi pour la contenir; elle a cependant embrassé la question entière.

« Encore un mot et la paix demandée était faite! *Joseph cédera la place à Ferdinand*. Malheureusement ce mot s'arrête sur les lèvres d'un frère ! »

Cette allégation a été réfutée par le général *Jomini*, avec sa puissance de dialectique ordinaire, dans les paroles suivantes qu'il prête à *Napoléon* : « On a dit que je pouvais donner la paix au monde par ce peu de mots : *Joseph* cédera la place à *Ferdinand*, mais que ces mots expirèrent sur les lèvres d'un frère.... C'est une phrase spirituelle, mais fort inexacte. On sait ce qui m'avait toujours éloigné de reconnaître *Ferdinand* : c'était de savoir si l'Espagne serait à nous ou à l'Angleterre. N'ayant pas voulu reconnaître ce prince en 1808, pouvais-je le faire après l'avoir tenu captif, et poussé ainsi plus fortement que jamais dans les rangs ennemis? Ce n'était pas comme frère de *Joseph*, mais comme chef de la nation française, que je repoussais encore cette fois le retour de *Ferdinand*. Pour qu'il n'y eût plus de Pyrénées, il ne fallait pas qu'un de mes ennemis régnât à Madrid. C'est me faire une sanglante injure de croire que j'eusse précipité la France dans une guerre interminable pour un népotisme d'autant plus absurde que *Joseph* ne m'avait pas donné de preuves convaincantes de son attachement à mes intérêts; et je savais très-bien que *Philippe V* avait déclaré la guerre au successeur de *Louis XIV*, dix ans après que ce dernier eût compromis l'existence de la France pour le placer sur le trône. »

§ VII.

Suite du différend entre Napoléon et le Pape[1].

Dans le moment même où *Napoléon* s'adressait à l'Angleterre, il apprit que des agents de cette puis-

[1] Voy. t. XII, p. 149-170.

sance avaient fait avertir *Pie VII* qu'une frégate qui croiserait près de Savone, pourrait s'approcher à certains signaux et le délivrer de sa captivité. En conséquence, *Napoléon* ordonna la translation immédiate du Saint-Père à Fontainebleau. D'ailleurs, quelles que fussent les vives préoccupations de l'Empereur, alors qu'il méditait sa grande entreprise, il n'avait jamais cessé de donner une attention suivie à ses démêlés avec le Pape, lesquels étaient une cause incessante d'agitation en France. *Pie VII* ne voulant pas, en effet, donner la confirmation canonique aux évêques nommés par *Napoléon* aux siéges qui devenaient vacants, il en résultait que les vicaires capitulaires étaient les véritables évêques, et qu'ils étaient presque tous en opposition avec l'évêque choisi par le gouvernement[1]. A la suite de cette opposition, la désorganisation s'était introduite dans les maisons religieuses, commençait même à gagner les maisons d'éducation, et, ce qui était encore plus significatif, dans beaucoup de paroisses on allait jusqu'à refuser de chanter après la messe le cantique *Domine, salvum fac imperatorem*. Toutefois, ce n'était là qu'une des formes de la querelle qui, au fond, était toute politique. On soutenait d'une part que l'Empire, sorti de Rome sous *Constantin*, y était rentré sous *Napoléon*, et que l'autorité temporelle des papes devait disparaître sans retour; d'autre part la chancellerie apostolique prétendait, à bon droit, qu'on lui rendît les États dont on l'avait spoliée, et cette restitution, au dire du gouvernement

[1] En quittant Rome, le Pape avait secrètement donné ses pouvoirs au cardinal DI PIETRO. C'était donc cette Éminence qui ordonnait dans toute la chrétienté, et que les vicaires capitulaires consultaient lorsqu'ils croyaient devoir mettre à couvert leur responsabilité. L'existence de ce chef invisible, que l'on ne découvrit qu'au mois de janvier 1811, explique pourquoi le gouvernement rencontrait partout une conformité d'opposition sur certains points de discipline et de dogme.

français, « elle la poursuivait à l'aide des querelles religieuses, son Cabinet n'ayant pas d'autres armes. »

Mais, pour bien se rendre compte de la complication des difficultés qui subsistaient relativement à l'Église, il faut d'abord se rappeler les principes, les arguments et les procédés des deux parties.

Les maximes de *Napoléon* et du gouvernement impérial concernant le Saint-Siége, avaient, à deux reprises, été solennellement proclamées devant le Corps législatif[1].

« L'histoire, disait *Napoléon* en ouvrant la session de 1809, m'a indiqué la conduite que je devais tenir envers Rome. Les papes, devenus souverains d'une partie de l'Italie, se sont constamment montrés les ennemis de toute puissance prépondérante dans la péninsule ; ils ont employé leur influence spirituelle pour lui nuire. Il m'a donc été démontré que l'influence spirituelle exercée dans mes États par un souverain étranger était contraire à l'indépendance de la France, à la dignité et à la sûreté de mon trône. Cependant, comme je reconnais la nécessité de l'influence spirituelle des descendants du *premier des pasteurs*, je n'ai pu concilier ces grands intérêts qu'en annulant la donation des empereurs français mes prédécesseurs, et en réunissant les États romains à la France. »

[1] NAPOLÉON, qui savait parfaitement tout ce que le prestige de l'opinion donne de force à un gouvernement, ne négligeait aucun des moyens que pouvait lui offrir la publicité pour justifier ses prétentions, accroître sa renommée, et en même temps ruiner celles des autres puissances. C'est ainsi que, dans ce dernier but, il faisait traduire, au ministère des Relations Extérieures (par le comte de L'AUBESPIN) l'ouvrage anglais de CLARKE, regardé comme hostile à la Russie, et qu'il avait commandé à l'ancien oratorien DAUNOU, *l'Essai historique sur la puissance temporelle des Papes*, qui parut d'abord sans nom d'auteur. La troisième édition de ce livre fut donnée en 1811, *de l'Imprimerie du gouvernement*, et détruite en grande partie lors du concordat de 1813. On a bien publié une quatrième édition en 1819, mais elle avait passé au creuset de la censure.

A cette déclaration de principes, le ministre de l'Intérieur ajoutait[1] : « Sa Majesté a eu des différends avec le souverain de Rome, comme souverain temporel. Constant dans ses résolutions, l'Empereur a défendu les droits de ses couronnes et de ses peuples ; il a fait *ce qu'exigeait le grand système politique qui régénère l'Occident*, mais sans toucher aux principes spirituels.

« Personne n'ignore les maux que la souveraineté temporelle du Pape a causés à la religion ; sans elle, la moitié de l'Europe ne serait pas séparée de l'Église catholique. Il n'y avait qu'un seul moyen de la soustraire à de si grands dangers, et de concilier les intérêts de l'État et ceux de la Religion. Il fallait que le successeur de *saint Pierre* fût un pasteur comme *saint Pierre* ; qu'uniquement occupé des âmes et des intérêts spirituels, il cessât d'être agité par des idées mondaines, par des prétentions de souveraineté, par des discussions de limites de territoire, de provinces. C'est donc un bienfait d'avoir séparé la religion de ce qui lui était étranger, et de l'avoir replacée dans son état de pureté évangélique.

« Le concordat qui a rétabli la religion en France a été fidèlement exécuté ; l'Empereur a même fait au delà de ses engagements. Le Pape devait de son côté en observer les conditions. Toutes les fois qu'il n'y avait aucun reproche personnel à faire aux archevêques et évêques nommés par l'Empereur, il devait aussitôt leur donner l'institution canonique ; si cette condition n'était pas remplie, le concordat deviendrait nul, et nous nous trouverions replacés sous le même régime qu'avant le concordat de *François I*^er^ et de *Léon X* : ce régime était celui de la sanction de *saint Louis*, tant regretté par nos églises, par l'école de Paris et par les parlements.

« Des écrits incendiaires et des bulles inspirées par

[1] Exposé de la situation de l'Empire.

l'ignorance, et le plus criminel oubli des principes de la religion ont été colportés dans les diverses parties de l'Empire. Partout ces productions ont été accueillies avec mépris et avec dédain : les faits parlaient trop haut, trente millions de Français, dix-huit millions d'Italiens et tant de peuples des bords de la Vistule aux bords de l'Elbe et du Rhin, attestent les soins qu'a pris le gouvernement français de protéger la religion de nos pères.

« La prévoyance et la sagesse de nos ancêtres nous ont mis à l'abri des attentats de *Grégoire VII* et de ceux qui partageraient ses funestes opinions. La Sorbonne, l'école de Paris, l'Église gallicane, n'ont jamais reconnu aucun de ces principes monstrueux. *Les Rois ne sont comptables qu'envers Dieu,* et le Pape, selon les principes de Jésus-Christ, doit, comme les autres, rendre à *César* ce qui appartient à *César*. La couronne temporelle et le sceptre des affaires du monde n'ont pas été mis dans ses mains par celui qui a voulu qu'il s'appelât *serviteur des serviteurs de Dieu,* et qui lui recommande sans cesse *la charité* et *l'humanité.* »

Dans son discours d'ouverture de la session de 1811, *Napoléon* s'exprimait ainsi :

« Les affaires de la religion ont été trop souvent mêlées et sacrifiées aux intérêts d'un État du troisième ordre. Si la moitié de l'Europe s'est séparée de l'Église de Rome, on peut l'attribuer spécialement à la contradiction qui n'a cessé d'exister entre les vérités et les principes de la religion, qui sont pour tout l'univers, et des prétentions et des intérêts qui ne regardent qu'un très-petit coin de l'Italie. J'ai mis fin à ce scandale pour toujours. J'ai réuni Rome à l'Empire. J'ai accordé des palais aux papes à Rome et à Paris ; s'ils ont à cœur les intérêts de la religion, ils voudront séjourner souvent au centre des affaires de la chrétienté; c'est ainsi que *saint Pierre* préféra Rome au séjour de la Terre Sainte. »

Le ministre de l'Intérieur expliquait avec plus de détails les résolutions que l'Empereur avait prises [1] :

« La réunion de Rome, disait M. de *Montalivet*, a fait disparaître l'intermédiaire fâcheux qui se trouvait entre nos armées du nord de l'Italie et celles du midi, et nous a donné sur la Méditerranée de nouvelles côtes, utiles et nécessaires à Toulon comme celles de l'Adriatique le sont à Venise. Cette réunion porte encore avec elle le double avantage que les papes ne sont plus souverains, et ne sont plus étrangers à la France. Il ne faut qu'ouvrir l'histoire pour se souvenir de tous les maux qu'a faits à la religion la confusion du pouvoir temporel et du pouvoir spirituel; sans cesse les papes ont sacrifié les choses saintes aux choses temporelles.

« Ce n'est pas le divorce de *Henri VIII* qui a séparé l'Angleterre de l'Église de Rome; c'est le denier de *saint Pierre*.

« S'il est avantageux à l'État et à la religion que le Pape ne soit plus souverain, il est également avantageux à l'Empire que l'évêque de Rome, chef de notre Église, ne nous soit pas étranger, et qu'il réunisse dans son cœur, à l'amour de la religion, celui de la patrie, qui caractérise les âmes élevées.

« C'est d'ailleurs le seul moyen de rendre compatible la juste influence que doit avoir le Pape sur le spirituel avec les principes de l'Empire, qui ne permettent pas qu'aucun évêque étranger puisse ou doive y exercer quelque influence. »

Plus loin, le ministre ajoutait :

« Pour la première fois depuis les Romains, l'Italie

[1] Exposé de la situation de l'Empire.

tout entière sera soumise au même système. La réunion des États de Rome était nécessaire à ce grand résultat : ils coupent la presqu'île de la Méditerranée à la mer Adriatique, et l'histoire a prouvé de quelle importance était une communication immédiate entre l'Italie supérieure et le royaume de Naples. Il y a trois siècles que, pendant que *Charles VIII* faisait la conquête de ce royaume, le Pape, changeant tout à coup de sentiment, forma contre lui une ligue formidable : la retraite du Roi se trouva coupée, et il ne revint en France qu'en marchant sur le corps des confédérés, à la tête desquels était le Pape, à Fornoue. Mais pourquoi chercher des exemples dans l'histoire de *Charles VIII*, de *Louis XII* et de *François Ier*? N'a-t-on pas vu de nos jours le Pape accueillir dans sa capitale et dans ses ports les Anglais, qui, de cet asile, agitaient le royaume de Naples et le royaume d'Italie? L'Empereur a demandé que le Pape fermât ses ports aux Anglais. Croirait-on que le Pape ait rejeté cette demande? Il lui a proposé de former une ligue offensive et défensive avec le royaume de Naples et le royaume d'Italie; le Pape a repoussé cette proposition. Il n'est pas une circonstance, depuis la paix de Presbourg, où la cour de Rome n'ait manifesté sa haine contre la France : toute puissance qui devient prépondérante en Italie est aussitôt son ennemie; ainsi, avant la bataille d'Austerlitz, avant celle de Friedland, l'Empereur reçut de Rome des brefs pleins d'acrimonie. On vit ensuite le Pape se plaindre des principes de tolérance consacrés par le Code Napoléon; on le vit s'élever contre les lois organiques qui régissent l'intérieur de l'Empire, et dont il n'avait, à aucun titre, le droit de se mêler. On le vit jeter des brandons dans nos provinces : il s'essayait ainsi à diviser, à ébranler le grand Empire, et l'on ne peut douter de ce qu'il aurait fait si quelque bataille importante avait été perdue. La cour de Rome a trop dévoilé ses sentiments secrets : elle n'a pu méconnaître les services rendus par l'Empereur à la religion ; mais le motif de reconnaissance, qui devait être si puissant pour le chef de l'Église, ne pouvait rien sur la haine du souverain temporel.

« Convaincu de ces vérités, consacrées par l'histoire de tous les temps et par notre propre expérience, l'Empereur n'avait qu'à choisir entre deux partis : ou créer un patriarche et séparer la France de toute relation avec une puissance ennemie qui cherchait à lui nuire, ou détruire une souveraineté temporelle, source de la haine de la cour de Rome pour la France. Le premier parti aurait entraîné des discussions dangereuses, et jeté l'alarme dans quelques consciences; l'Empereur l'a repoussé : le second était l'exercice des droits qui sont inhérents à la couronne impériale et dont l'Empereur ne doit compte à personne; l'Empereur l'a adopté. Les papes, ni aucun prêtre dans l'Empire, ne doivent avoir de souveraineté temporelle. Jamais l'Empereur ne reconnaîtra le droit de la triple couronne; il ne reconnaît que la mission spirituelle donnée aux pasteurs de l'Église par Jésus-Christ, et que *saint Pierre* et ses plus pieux successeurs ont si purement et si saintement remplie au grand avantage de la religion[1]. »

[1] Un rapprochement bien curieux à faire, après cet ensemble de déclarations contre la puissance temporelle des papes, c'est celui qui résulte de la comparaison entre cette doctrine et celle du *gouvernement royal* sur le même sujet. Trois ans s'étaient à peine écoulés depuis l'ouverture de la session de 1811, que le pape Pie VII rentrait dans Rome, et que Louis XVIII était rappelé au trône de saint Louis. Ce prince accrédita aussitôt un ambassadeur auprès du chef de l'Église, et voici les *Instructions* très-remarquables qui lui étaient délivrées par le ministre des Affaires Étrangères, M. de Talleyrand :

« .... Le Pape qui rentre aujourd'hui dans toute son autorité, n'en

Quant à la politique du chef de l'Église, quant aux principes à l'égard desquels il était, disait-il, *irrémo-*

avait jamais joui. Les orages de l'Église avaient commencé sous son prédécesseur. Les *deux puissances* étaient menacées. Bonaparte, essayant déjà les atteintes qu'il porterait plus tard au Saint-Siége, occupa militairement les trois légations de Bologne, Ferrare et Ravenne; et Pie VI fut réduit à consentir au traité de Tolentino, qui le dépouillait de sa souveraineté. Dès la signature de cet acte, le Saint-Siége n'était plus libre. Peu de temps après, les États romains furent envahis, le gouvernement pontifical fut renversé et fit place à une république de quelques mois. Pie VI, enlevé de son palais, changea plusieurs fois d'exil, et mourut dans cette persécution. Son successeur, le Pape actuel, fut nommé loin de Rome. Le Saint-Siége n'avait aucun territoire hors du conclave de Venise, et lorsqu'il fut placé dans l'ancienne capitale par les chances de la guerre, entouré d'abord de troupes étrangères, ayant partout à reconquérir de l'autorité, enchaîné dans ses actes par des entraves mises surtout en France à la religion et au culte, toutes ses démarches envers Bonaparte, qui depuis s'était rendu chef de la France, eurent un caractère de timidité qui montrait la situation déplorable dans laquelle se trouvait le souverain de Rome. Si *l'indépendance doit être le premier sceau de la souveraineté*, s'il est dans l'intérêt des peuples, comme dans les droits des princes, que tous les contrats soient volontairement faits, *de quelle plus haute importance est l'absolue liberté des actes émanés du Saint-Siége! La paix des consciences peut-elle être donnée par la force? L'opinion ne s'y soumet pas.* Les actes de contrainte, en matière de religion, engendrent des troubles, et ne décident aucune question.

« Bonaparte, en s'élevant au consulat, voulait faire servir à l'affermissement de son pouvoir l'autorité du Pape qui arrivait à peine au pontificat et n'était pas encore entré dans Rome. Pour l'entraîner à un arrangement par des motifs qui pussent ébranler Sa Sainteté, il lui fit craindre que la dégradation du culte et les maux de l'Église ne devinssent irréparables si les liens de la France et du Pape n'étaient pas rétablis par un concordat. Il lui fit voir comme autant de concessions qu'il était prêt à faire au Saint-Siége, quelques libertés religieuses que l'opinion de toute la France réclamait impérieusement, et auxquelles il ne pouvait se refuser sans péril pour lui-même, et, en échange de ces apparents sacrifices, *il contraignit le Pape à lui prêter appui, et à imposer des prières aux fidèles et des serments aux évêques pour le maintien de son autorité.* Cette œuvre de la force encouragea Bonaparte; il pensa que le Pape, ne lui ayant pas résisté, céderait à d'autres actes. Les actes qu'il n'était pas parvenu à faire insérer dans un concordat furent relégués dans des lois organiques faites et publiées sans sa participation; et ces lois, quoique le Pape les déclarât contraires à la liberté, *vible*, il les avait expliqués dans une lettre adressée au cardinal *Caprara*, et dont voici les termes :

et même aux principes du culte, n'en furent pas moins maintenues. Les mêmes manœuvres, la même prédominance amenèrent un concordat entre le Saint-Siége et le royaume d'Italie dont BONAPARTE était le chef, et quand il eut arraché ce nouvel acte dont il cherchait encore à étayer son pouvoir, il abusa de ses avantages pour y joindre de nouvelles lois organiques plus contraires aux vues de Sa Sainteté, et qui amenèrent de sa part de vives, mais stériles plaintes. Tel fut l'effet des premières contraintes, et tel fut l'ascendant de celui qui les avait imposées, que, *lorsque* BONAPARTE, *ne se croyant pas revêtu d'un titre assez imposant*, *aspira à l'Empire*, *et voulut substituer aux droits qui lui manquaient*, *une autorité que pût respecter l'Europe*, *il réclama le concours du Saint-Père, et abusant de son manque de liberté, il le réduisit à se rendre à Paris pour la cérémonie du sacre. En se faisant proclamer empereur*, NAPOLÉON BONAPARTE *relevait à son insu*, *et par les secrètes voies de la Providence*, *le trône qu'il devait rendre un jour à la maison royale*. Sous ce titre d'*Empereur* jusqu'alors inconnu en France, il restait placé hors de la ligne de nos Rois, même en saisissant leur autorité, et l'on reconnut moins le souverain que le général dans le rang auquel il s'élevait, et qui redevenait pour lui, comme on en avait vu autrefois l'exemple, le premier grade de l'autorité militaire. Dès ce moment, en effet, il ne se conduisit plus, envers le Saint-Siége, que comme le *chef d'une armée*....

« Tous les projets de NAPOLÉON BONAPARTE se manifestèrent : il voulait détruire la souveraineté du Saint-Siége, sachant bien que l'opinion n'est pas accoutumée à ce *dénûment* de l'autorité pontificale, et ne sépare pas assez les *deux puissances*, pour ne pas croire qu'elles se prêtent un mutuel appui. Ce projet de tout envahir n'était pas formellement annoncé; mais NAPOLÉON déclarait déjà qu'il regardait les États romains comme une dépendance de son Empire qu'il prétendait asseoir sur une grande partie de l'Europe, mais qui, n'ayant de base ni dans la conformité des mœurs, ni dans celle des intérêts, ni dans l'affection des peuples, devait s'écrouler et l'ensevelir sous sa ruine. *La France n'avait point eu ce projet sous ses rois*, *ils avaient constamment montré déférence et affection au Saint-Siége* : mais NAPOLÉON déclarait que ce n'était pas aux rois de France qu'il succédait, mais aux empereurs français. De là toutes ses prétentions à la suzeraineté de Rome et à celle des domaines que les Papes anciens avaient tenus de la libéralité de CHARLEMAGNE....

« Les persécutions prirent un terme, et il fut permis à Sa Sainteté de se mettre en chemin pour rentrer dans ses États ; mais cette tardive expiation fut sans fruit pour son auteur. La Providence ménageait le rétablissement du Pape par d'autres voies, et remettait le sceptre de

« Si Sa Majesté aime la paix, écrivait le Saint-Père, qu'elle restitue à notre siége nos ministres, au siége apostolique les États qui forment le patrimoine de *Saint-Pierre*, et non le nôtre; aux fidèles l'inviolable droit de la libre communication avec leur père et pasteur suprême dont les prive notre captivité; qu'il laisse revenir sur notre sein les cardinaux; qu'il rende les évêques à leurs troupeaux, et alors sera rétablie l'harmonie désirée. Cependant, au milieu des désastres de notre horrible situation, nous ne cessons de prier Dieu, qui tient dans ses mains le cœur des hommes, pour celui-là même qui est l'auteur de tant de maux, et nous croirons toutes nos douleurs abondamment compensées, s'il plaît au Tout-Puissant de nous le faire voir *retourné à de meilleurs conseils*. Si d'après les jugements cachés de Dieu, cela ne doit pas arriver, nous déplorerons hautement dans notre cœur, tous les maux qui pourront naître, et que justement on ne pourra nous imputer. »

Le secrétaire d'État, cardinal *Casoni*, qui avait été chargé de répondre aux plaidoyers français, s'appuyait de l'autorité de *Bossuet*, et transcrivait les lignes suivantes comme un argument péremptoire :

« Dieu voulut que cette Église, la mère commune de tous les royaumes, ensuite ne fût dépendante d'aucun royaume dans le temporel, et que le siége où tous les fidèles devaient garder l'unité à la foi, fût mis au-dessus des partialités que les divers intérêts et les jalousies d'État pourraient causer. L'Église, indépendante dans son chef de toutes les puissances tem-

France aux mains de ses anciens souverains. Cette série de faits et d'observations montre que tous les actes obtenus du Saint-Siége par le gouvernement précédent ont été l'ouvrage de la contrainte. *Rétabli dans son pouvoir et dans son influence sur le monde chrétien, il est à présumer que le Saint-Père ne voudra pas ce qui avait été fait sous l'empire de la ruse et de la force.* »

porelles, se voit en état d'exercer plus librement, pour le bien commun et sous la protection des rois chrétiens, cette puissance céleste de régir les âmes, et, tenant en main la *balance droite* au milieu de tant d'empires souvent ennemis, elle entretient l'*unité* dans tous les corps, tantôt par d'*inflexibles* décrets, et tantôt par de *sages* tempéraments. »

« On ne pouvait pas exprimer, ajoutait le cardinal, ni plus solidement, ni plus clairement, la nécessité où se trouve l'Église romaine de conserver sa neutralité et l'*indépendance de son domaine temporel.* » Aussi, lorsque le Pape fut sollicité, comme nous le dirons tout à l'heure, de régler divers points de discipline ecclésiastique, « il n'était pas sorti de son idée fixe, dit un ministre de *Napoléon;* il se bornait, pour toute réponse, aux observations qu'on lui faisait, à répéter : *A Roma, a Roma;* c'est-à-dire qu'il fallait d'abord lui rendre la puissance temporelle, après quoi il verrait. On avait beau lui parler de l'intérêt des fidèles, du repos de l'État, son refrain était toujours le même : *A Roma;* il ne sortait pas de là. »

Telles étaient les dispositions respectives de *Napoléon* et de *Pie VII*, lorsque dix-neuf évêques français adressèrent en commun au Saint-Père une demande de confirmation des nominations aux siéges épiscopaux, avec des expressions qui indiquaient le dessein *de faire pourvoir à la conservation de l'Église de France par elle-même,* si elle était abandonnée du Pape. De tant de droits du Saint-Siége, il ne lui était plus resté que le droit de confirmation et d'institution canonique des évêques. Alors le Pape, pour obvier à ce danger, envoya le 5 novembre 1810, au cardinal *Maury*, nommé par *Napoléon* archevêque de Paris, et le 2 décembre à M. *Corboli*, archidiacre de Florence, dont *Napoléon* avait donné le siége à l'évêque de Nancy, des brefs qui déclaraient, avec une grande fermeté, que toute institution faite par des évêques était nulle.

Dans les premiers jours de janvier 1811, il y eut une adresse du chapitre de Paris, dont la rédaction était attribuée au cardinal *Maury*. Le supérieur de la communauté de Saint-Sulpice, l'abbé *Émery*, obligé de se trouver au conseil où elle se délibérait, s'opposa fortement à deux assertions erronées que contenait cette adresse : 1° que c'était l'usage antique des églises de France de déférer tous les pouvoirs capitulaires aux évêques nommés ; 2° que c'était en vertu d'un avis de *Bossuet* que tous les évêques nommés par *Louis XIV* dans le temps de ses démêlés avec *Innocent XII*, avaient pris l'administration des églises auxquelles ils avaient été nommés. L'adresse fut changée, mais M. *Émery* ne voulut pas la signer, et l'on présenta à *Napoléon*, destiné à être toujours trompé dans le cours de ces discussions, le premier projet qui renfermait les deux erreurs.

Napoléon, irrité des oppositions qu'il rencontrait, ordonna des mesures de rigueur contre quelques cardinaux. On transporta à Vincennes les cardinaux *di Pietro*, *Gabrielli* et *Opizzoni* ; le prélat de *Gregorio*, et le général des Barnabites *Fontana*. Le prélat *Doria*, qui continuait son service auprès du Pape, et que l'on supposait jouir d'une grande influence, fut relégué à Naples. Quelques anciens serviteurs furent désignés pour être conduits à Fénestrelles. « On ne savait plus que conseiller noirceurs, perfidie et parjure ; on ne savait plus parler que de prison, fers et cachots. »

Le 7 janvier 1811, tandis que le Saint-Père se promenait dans son petit jardin, on envahit ses appartements, et l'on s'empara de tous ses papiers, de ses bréviaires, même de l'office de Notre-Dame. Lorsque

Pie VII apprit cette rigoureuse visite, il écouta ce récit avec sa douceur ordinaire, et se contenta de répéter le mot du Roi martyr : *C'est juste!* Le comte *Berthier*, gouverneur du palais de Sa Sainteté, disparut. Un intendant signifia que chaque individu italien, y compris le Pape, ne recevrait plus que *cinque paoli per diem;* mais cet ordre fut bientôt levé, parce que les habitants de Savone se disputaient le privilége de faire parvenir au Saint-Père toutes les provisions en abondance.

Le 14 juillet, le préfet du département eut ordre d'écrire au Pape la fameuse lettre dont il semblait que l'on voulût faire une sorte de *contre-excommunication* politique :

« Le soussigné, d'après les ordres émanés de son souverain, Sa Majesté Impériale et Royale, *Napoléon*, empereur des Français, roi d'Italie, protecteur de la confédération du Rhin, etc., est chargé de notifier au pape *Pie VII*, que *défense lui est faite* de communiquer avec aucune église de l'Empire, ni aucun sujet de l'Empereur, *sous peine de désobéissance de sa part et de la leur;* qu'il cesse d'être l'organe de l'Église catholique *celui qui prêche la rébellion et dont l'âme est toute de fiel*, que, puisque rien ne peut le rendre sage, il verra que Sa Majesté est assez puissante pour faire ce qu'ont fait ses prédécesseurs, et *déposer un pape*.

Savone, 11 juillet 1811.

Le Pape supporta ces coups avec une admirable résignation. Alors *Napoléon* demanda à un Conseil ecclésiastique, formé par ses ordres[1], « à qui on

[1] Ce comité était composé des cardinaux FESCH, MAURY, CASELLI, de l'archevêque de Malines, des évêques de Mantes, de Trèves, d'Évreux, de Verceil et de l'abbé ÉMERY.

devait s'adresser pour obtenir des dispenses, toute communication étant interrompue entre les sujets de l'Empereur et le Pape. » Il demandait aussi « quel était le moyen de donner l'institution canonique, si le Pape persistait à ne pas donner des bulles de confirmation. »

Le Conseil déclara « que l'Église de France devait pourvoir à sa conservation. » En conséquence, *Napoléon* résolut d'appeler dans une audience les cardinaux, les évêques et tous ceux qui composaient le Conseil ecclésiastique. Le ministre des cultes, *Bigot de Préameneu*, essaya d'abord de faire adopter des propositions entièrement subversives de l'autorité du saint-siége. M. *Émery* écrivit au cardinal *Fesch* qu'on ne pourrait condescendre à ce qu'exigeait le ministre, sans anéantir l'Église. Le cardinal eut le courage d'aller trouver son neveu, et de lui faire des représentations énergiques : « Tous les évêques, lui dit-il, résisteront, et vous allez faire des martyrs. » Devant les représentations de son oncle, *Napoléon* s'arrêta, et, pour le moment, sembla disposé à plus de modération. Mais persévérant dans son projet de réunir en sa présence tous les membres du Conseil ecclésiastique, il ordonna de convoquer aussi les grands dignitaires de l'Empire, afin que cette réunion fût plus importante aux yeux du public. Tous furent appelés inopinément dans une matinée du mois de mars 1811. *Napoléon* parut dans un appareil extraordinaire, accompagné de ses grands officiers. Il regarda si tout le monde était arrivé, et il ouvrit la séance par un discours très-long et très-véhément contre le Pape; il l'accablait d'accusations pour sa résistance obstinée, et démontrait une disposition à prendre désormais les plus fortes résolutions. Quoique le discours de l'Empereur fût un tissu de principes et de faits erronés, aucun des cardinaux ni des évêques n'essaya de faire valoir la vérité contre la force et la puissance. Mais, pour la gloire de la religion, il se trouva dans l'assemblée un simple ecclésiastique qui sauva l'honneur de l'état qu'il professait, et qui fut capable de montrer la vérité sans voile, en présence du « plus formidable des *Césars*. » Cet homme, singulièrement recommandable par sa science, par ses vertus, était l'abbé *Émery*. *Napoléon* l'ayant directement interpellé, lui dit : « Monsieur, que pensez-vous de l'autorité du Pape ? » M. *Émery*, après avoir jeté les yeux avec déférence sur les évêques, comme pour demander une permission d'opiner le premier, répondit : « Sire, je ne puis avoir d'autre sentiment sur ce point que celui qui est contenu dans le catéchisme enseigné par vos ordres dans toutes les églises; et, à la demande : « Qu'est-ce que le Pape? » on répond, « qu'il est le chef de l'Église, le vicaire de Jésus-Christ, à qui tous les chrétiens doivent obéissance : » or, un corps peut-il se passer de son chef, de celui à qui, de droit divin, il doit obéissance? » *Napoléon* fut surpris de cette réponse; il paraissait attendre encore que M. *Émery* continuât de parler. Le noble confesseur ne redoutait rien, et il reprit : « On nous oblige, en France, de soutenir les quatre articles de la déclaration du clergé, mais il faut en recevoir la doctrine dans son entier : or, il est dit aussi dans le préambule de cette déclaration, que le Pape est le chef de l'Église, à qui tous les chrétiens doivent l'obéissance, et, de plus, on ajoute que ces quatre articles décrétés par l'assemblée, ne le sont pas tant pour limiter la puissance du Pape, que pour empêcher qu'on ne lui accorde pas l'essentiel. » Ici M. *Émery* entra dans un assez long développement des quatre articles, montrant que, bien qu'ils parussent limiter la puissance du Pape, en quelques points, cependant ils lui reconnaissaient une autorité si grande et si universelle, qu'on ne pouvait pas s'en passer dans l'Église. M. *Émery* déclara ensuite que si, comme on l'annonçait, on assemblait un concile, « il n'aurait aucune valeur s'il était disjoint du Pape. »

Napoléon, vaincu sur ce point, reprit, après avoir murmuré le mot *catéchisme* : « Hé bien, je ne vous conteste pas la puissance spirituelle du Pape, puisqu'il l'a reçue de Jésus-Christ; mais Jésus-Christ, je l'ai déjà dit, ne lui a pas donné la puissance temporelle; c'est *Charlemagne* qui la lui a donnée, et moi, successeur de *Charlemagne*, je veux la lui ôter, parce qu'il ne sait pas en user, et qu'elle l'empêche d'exercer ses fonctions spirituelles. M. *Émery*, que pensez-vous de cela? — Sire, Votre Majesté honore le grand *Bossuet*, et se plaît à le citer souvent; je ne puis avoir d'autre sentiment que celui de *Bossuet* dans sa défense de la déclaration du clergé, qui soutient expressément que l'indépendance et la pleine liberté du chef de la religion sont nécessaires pour le libre exercice de la suprématie spirituelle dans l'ordre qui se trouve établi de la multiplicité des royaumes et des empires. Je citerai textuellement le passage que j'ai très-présent à la mémoire. Sire, *Bossuet* parle ainsi : « Nous savons bien que les pontifes romains « et l'ordre sacerdotal ont reçu de la concession « des rois, et possèdent légitimement des biens, « des droits, des principautés (*imperia*), comme en « possèdent les autres hommes, à très-bon droit. Nous « savons que ces possessions, en tant que dédiées à « Dieu, doivent être sacrées, et qu'on ne peut, sans « commettre un sacrilége, les envahir, les ravir et les « donner à des séculiers. On a concédé au siége apos-« tolique la souveraineté de la ville de Rome et d'au-

« tres possessions, afin que le saint-siége plus libre et « plus assuré, exerçât sa puissance dans tout l'uni- « vers. Nous en félicitons non-seulement le siége apos- « tolique, mais encore l'Église universelle, et nous « prions, de tous nos vœux, que, de toutes manières, « ce principat sacré demeure sain et sauf. »

Napoléon, après avoir écouté avec patience, prit doucement la parole, et s'exprima ainsi : « Je ne ré- cuse pas l'autorité de *Bossuet;* tout cela était vrai de son temps, *où l'Europe reconnaissant plusieurs maîtres*, il n'était pas convenable que le Pape fût *assujetti à un souverain particulier;* mais quel incon- vénient y a-t-il que le Pape *me soit assujetti à moi*, maintenant que l'*Europe ne connaît d'autre maître que moi seul?* » M. *Émery* fut un peu embarrassé, parce qu'il ne voulait pas donner des réponses qui blessassent l'orgueil individuel. Il se contenta de dire qu'il pouvait se faire que les inconvénients prévus par *Bossuet* n'eussent pas lieu sous le règne de *Napo- léon* ni sous celui de son successeur; puis il ajouta : « Mais, Sire, vous connaissez aussi bien que moi l'histoire des révolutions : *ce qui existe maintenant peut ne pas toujours exister;* à leur tour, les incon- vénients prévus pourraient reparaître. Il ne faut donc pas changer un ordre si sagement établi. »

Comme les évêques de la commission prétendaient qu'il n'y avait pas égalité dans le concordat, parce que si, d'après un des articles stipulés, *Napoléon* ne nommait pas des évêques dans les six mois, le Pape pouvait les nommer, tandis que, si le pape n'instituait pas dans les six mois, nul autre que lui ne pouvait donner l'institution; comme ils voulaient que l'Empe- reur envoyât un message au Pape, pour lui proposer que, dans le cas où il ne donnerait pas l'institution dans les six mois, le métropolitain fût autorisé à la donner en son nom, *Napoléon* interpella M. *Émery* sur ce point, désirant savoir s'il croyait que le Pape ferait cette concession; et M. *Émery* ayant déclaré qu'il croyait que le Pape ne la ferait pas, parce que ce serait anéantir son droit d'institution, *Napoléon* se tourna vers les évêques en disant : « Vous vouliez me « faire faire un pas de clerc, en m'engageant à de- « mander au Pape une chose qu'il ne doit pas m'ac- « corder. »

Napoléon se disposait à rentrer dans ses appartements lorsque plusieurs prélats lui exprimèrent la crainte que M. *Émery*, accablé d'un grand âge, ne lui eût peut-être déplu : « Vous vous trompez, reprit l'Empereur, je ne suis pas irrité contre l'abbé *Émery*; il a parlé comme un homme qui sait et possède son sujet; c'est ainsi que j'aime qu'on me parle. M. *Émery* ne pense pas comme moi, mais chacun ici doit avoir son opinion libre, et un homme tel que M. *Emery* me ferait faire tout ce qu'il voudrait, et peut-être plus que je ne devrais. »

Telle fut cette séance mémorable, où *Napoléon*, bien différent de ce que nous l'avons vu dans ses conférences avec les ministres étrangers, se montra cette fois maître de lui, par la seule influence d'un homme éclairé, sincère et prudent.

Cependant l'état de schisme où se trouvait la France rendant plus pressant chaque jour un accommodement des affaires de l'Église, *Napoléon* convoqua par une circulaire les évêques de l'Empire et ceux du royaume d'Italie, en un concile national qui devait être réuni à Paris le 17 juin 1811. Le but était de pourvoir aux institutions canoniques, mais au fond, il s'agissait d'établir une autorité supérieure à celle du Pape, afin de balancer l'une par l'autre.

Dès le mois de mai plusieurs prélats avaient été députés à Savone pour solliciter la bienveillance du saint-père et lui proposer un rapprochement. Le Pape effectivement parut disposé à des concessions, et autorisa le concile. Cette assemblée décida que les évêchés et les archevêchés ne seraient pas vacants plus d'un an; que six mois après la demande de l'institution faite au pape, s'il n'y avait pas consenti, le métropolitain, et en son absence le plus ancien évêque de la province ecclésiastique, procéderait à l'institution de l'évêque nommé. On pensa que pour faire reconnaître cette décision au Pape, il fallait envoyer auprès de lui des cardinaux dont on se croyait sûr, et qui promissent de l'engager à laisser accommoder complaisamment toutes les affaires. Les cardinaux Joseph *Doria*, Antoine *Dugnani*, Antoine *Roverella*, Fabrice *Ruffo* et de *Bayane*, auxquels on adjoignit monsignor *Bertalozzi*, archevêque d'Edesse, et plusieurs évêques français, furent chargés de cette commission.

La *caravane sacrée*, dit le cardinal *Pacca*, arriva à Savone dans les premiers jours de septembre. La négociation fut ce qu'elle devait être : le Pape, en quelque sorte lié par la parole qu'il avait donnée à la députation du concile, et investi par les agents de *Napoléon*, qui lui prédisaient une longue suite de maux, dont sa résistance seule devenait la cause, non-seulement permit que l'on envoyât des bulles de confirmation, avec les anciennes formules, à différents évêques, mais encore approuva et confirma, par un bref, qui fut alors imprimé, le décret du concile tenu à Paris, et dont la dissolution avait été prononcée le 10 juillet.

Les évêques français qui faisaient partie de la députation, s'empressèrent d'expédier la nouvelle de la victoire remportée sur l'Église romaine; mais tandis qu'ils espéraient retourner bientôt en France pour recevoir des éloges et des récompenses, ils apprirent que *Napoléon* avait rejeté le bref, « parce qu'on y déclarait l'Église romaine mère et maîtresse de toutes les autres Églises, et que l'on obligeait les archevêques et les évêques autorisés à donner l'institution canonique aux évêques nommés depuis six mois, à déclarer expressément qu'ils donnaient cette confirmation au nom du Pape. » Il paraît d'ailleurs que si on eût accepté le bref, il aurait fallu mettre un terme à la détention du saint-père, et tel n'était pas encore le projet du gouvernement impérial.

Pie VII continuait donc de résider à Savone, entouré de toutes les précautions d'une suveillance rigoureuse, lorsque *Napoléon*, apprenant par les rapports de la marine l'établissement d'une croisière anglaise devant Gênes, donna l'ordre de le conduire à Fontainebleau dans le plus grand secret. Effectivement, le 9 juin au soir, le Pape fut prévenu qu'il allait rentrer en France, et reçut l'injonction de changer ses habits, qui auraient pu le faire reconnaître en chemin. On le fit partir dans la matinée du 10, et après un pénible voyage, sans aucun repos, il arriva à l'hospice du mont Cenis, où il tomba si dangereusement malade, que l'officier commandant l'escorte crut devoir demander à Paris, par le télégraphe de Turin, s'il devait s'arrêter ou continuer sa route. Il lui fut enjoint d'exécuter ce qui lui avait été prescrit. En conséquence, « quoique le Pape vînt de recevoir le saint viatique dans la matinée du 14, la nuit suivante on lui fit continuer le voyage. » Pendant tout le trajet, il ne sortait pas de voiture, et quand il devait prendre quelque nourriture, on la lui portait dans le carrosse, « qu'on enfermait à clef dans les remises de la poste. » Cette précipitation, ces formes violentes, observe le cardinal

Pacca, ne pouvaient avoir pour but que d'abattre, par l'affaiblissement des forces physiques, les facultés intellectuelles du Pape, et de mettre à bout sa patience héroïque. Le 20 juin, il arrivait à Fontainebleau dans un état de souffrance encore aggravée ; et il a fallu, pour qu'il ne perdît pas la vie, une assistance toute particulière du ciel. Cette mort cependant n'aurait pas favorisé les vues du gouvernement ; elle les aurait au contraire déconcertées, car il avait déjà beaucoup obtenu des infirmités de *Pie VII*, et il était sur le point d'obtenir davantage, comme en donnera la preuve le concordat signé au retour de Moscou, et dont nous parlerons bientôt.

§ VIII.

Négociations entre la France et la Russie.

L'année 1811, nous l'avons dit précédemment, et les premiers mois de l'année 1812 furent remplis par l'échange de Notes diplomatiques entre les ministres français et russes et par une correspondance directe entre les empereurs *Alexandre* et *Napoléon*. Depuis le mois de mars 1808, c'était le colonel *Tchernitchef* qui était l'intermédiaire habituel de ces communications, et telle avait été leur fréquence que, dans l'espace de quatre ans, l'aide de camp de l'empereur *Alexandre* avait fait le voyage de Saint-Pétersbourg dix ou douze fois.

Mais avant de préciser les objets de ces rapports divers, auxquels se rattachent subsidiairement des démarches faites par le roi de Prusse à Saint-Pétersbourg, il est nécessaire de rendre compte de deux nouveaux griefs provenant de la France, et que l'empereur *Alexandre* ne manqua pas de relever dans ses conversations avec le duc de *Vicence*. Nous voulons parler de l'allocution de l'Empereur au Conseil général de commerce, lorsque celui-ci lui apportait ses félicitations à l'occasion de la naissance du roi de Rome, et de l'entretien de *Napoléon* avec l'ambassadeur de Russie au cercle diplomatique du 15 août 1811.

Du moment que les vœux les plus chers de *Napoléon* se trouvèrent exaucés, les amis de la paix avaient espéré qu'il s'abandonnerait aux douceurs de la vie de famille, et éviterait de compromettre dans de nouveaux hasards l'héritage de son fils[1]. Mais les sentiments qui règlent les actions du commun des hommes ne sont pas ceux des héros et des conquérants, et l'on se trompe toujours à vouloir préjuger la conduite de ceux-ci d'après ce qu'on ferait à leur place. « Si j'étais *Alexandre*, j'accepterais, dit *Parménion*. — Et moi aussi, repartit *Alexandre*, si j'étais *Parménion*. »

Ce nouveau don de la fortune ne parut, au contraire, qu'accroître la confiance superstitieuse de *Napoléon* dans son inépuisable faveur, et peut-être fut-ce l'enivrement du bonheur qui, dans les premiers jours après la naissance de son fils, vint donner encore à ses sentiments et à son langage une exagération présomptueuse, peu propre à calmer l'irritation et à

[1] Cette opinion trouvait même une certaine créance dans les Cabinets. A la date du 5-17 avril 1811, le comte de STEDINGK écrivait au roi de Suède : « J'ai vu le comte de ROMANZOFF le même jour que la nouvelle de la naissance du roi de Rome était parvenue à l'ambassadeur (duc de VICENCE) par un courrier. Lui ayant dit qu'il fallait espérer que la paternité rendrait NAPOLÉON plus circonspect et plus facile, il répondit qu'effectivement il s'attendait à voir les affaires prendre une tournure moins fâcheuse, avec la sagesse et la modération que l'on y mettait du côté de la Russie. En tout, son ton était radouci quand il parlait de la France, et l'on pourrait en induire que l'opinion de son maître est moins prononcée en ce moment contre la France. »

désarmer le ressentiment. A propos des félicitations qui l'assaillirent de toutes parts, l'Empereur, en réponse à celle du Conseil général du commerce et des manufactures, avait adressé une allocution au moins peu réfléchie, dont voici les passages les plus saillants : *On s'est moqué ici, en Europe, de mes décrets de Berlin et de Milan ; en Angleterre, on n'en rit pas. Ces décrets sont devenus les lois fondamentales de mon empire pour la navigation neutre. Le sort du commerce américain sera bientôt décidé. Les relations avec l'Angleterre doivent entièrement cesser.... Si j'ai fait la paix à Tilsitt, c'est que l'empereur* Alexandre *a promis de ne plus communiquer avec les Anglais. Rien ne se serait opposé à ce que je fusse allé à Riga, à Moscou, à Saint-Pétersbourg. Je vous le dis bien haut, messieurs les négociants ; ceux de vous qui ont des affaires à terminer, des fonds à retirer, doivent le faire le plus tôt possible. Le continent restera fermé aux importations de l'Angleterre. Je resterai armé de pied en cap pour faire exécuter mes décrets dans la Baltique.... Si je n'étais que roi de France, je ferais comme Louis XIV et Louis XV. Je suis l'empereur du continent. Il faut remonter à Charlemagne pour avoir une idée de ma puissance.... Autrefois la France ne pouvait construire des vaisseaux qu'en temps de paix. Aujourd'hui je suis maître de toutes les bouches des grandes rivières, de l'Adriatique jusqu'à l'Elbe. Je puis construire en tout temps ; rien ne peut m'empêcher d'avoir une flotte de deux cents vaisseaux et de les armer. Je sais que les Anglais ont de meilleurs amiraux, et c'est un grand avantage ; mais à force de les combattre nous apprendrons à les vaincre. Nous perdrons peut-être une première, une deuxième, une troisième bataille navale ; mais nous gagnerons la quatrième, et je les subjuguerai, parce qu'à la longue, le plus fort doit finir par subjuguer le plus faible.... Dans mon empire, le commerce de l'intérieur s'élève au delà de quatorze milliards. Je sais que Bordeaux, Hambourg et d'autres ports souffrent par l'interruption du commerce maritime. Des règlements minutieux faits par l'Empereur* Alexandre *porteront aussi préjudice aux manufactures de Lyon; ce sont des pertes individuelles, je cherche à les soulager.... La Russie a du papier-monnaie, l'Autriche de même, l'Angleterre en est encombrée. La France est le pays le plus riche du globe. Mes revenus sont clairs. J'ai deux cents millions dans mes caves ici dessous*[1]. *Je n'en ai pas besoin pour prendre mon café et mon chocolat. Ils seront pour l'État si cela devient nécessaire.... Je ne changerai pas de longtemps mon tarif de douanes. Vous êtes fins, messieurs les négociants! Plusieurs d'entre vous font la contrebande; si je vous manque à la première, à la seconde, à la troisième ligne de douanes, je vous saisirai à la quatrième : je poursuivrai l'épée dans les reins tous les fraudeurs.... Dans peu, je prohiberai le sucre et l'indigo. La chimie a fait aujourd'hui tant de progrès, qu'il est possible qu'elle opère dans les relations commerciales, en sens inverse, une révolution aussi extraordinaire que celle qu'a produite la découverte de la boussole.... Ici, comme en Angleterre, les manufacturiers ont fait des folies : ce n'est pas tout de fabriquer, il faut*

[1] On a imprimé que « ces deux cents millions étaient le résidu non employé des contributions de guerre perçues en Prusse et en Autriche.» Mais, d'après d'autres renseignements, puisés à bonne source, le chiffre réel du trésor impérial n'était que de *cent vingt millions*, lesquels provenaient de *quatorze millions d'économies annuelles* faites pendant dix ans sur les revenus de la liste civile. De ces cent vingt millions, cent millions devinrent une ressource précieuse pour réparer les désastres de 1812, et aider aux armements des deux années suivantes; trois millions quatre cent mille francs furent remis à Napoléon lors de son départ pour l'île d'Elbe ; deux millions restèrent à l'Impératrice ; et le surplus formant une dizaine de millions en pièces d'or et d'argent, trois millions d'argenterie et de vermeil, une valeur d'environ quatre cent mille francs de tabatières enrichies de diamants, etc., fut confisqué par le gouvernement provisoire et saisi par un commissaire délégué, M. Dudon.

avoir et connaître les moyens de vendre, et ne point faire dix aunes d'étoffe quand on ne peut en déboucher que quatre. Le commerce est un état honorable; mais les bases essentielles doivent être la prudence et l'économie. Il faut être sages, messieurs; le négociant ne doit pas gagner sa fortune comme on gagne une bataille; il doit gagner peu et constamment.

Le compte rendu de cette audience ayant été transmis à l'empereur *Alexandre*, ce prince en témoigna son vif déplaisir à l'ambassadeur de *Napoléon* : *Il n'y a là*, lui dit-il, *rien d'amical pour mon empire*. Mais il dut ressentir un bien autre mécontentement lorsqu'il apprit la seconde manifestation hostile, c'est-à-dire l'allocution du 15 août, à l'ambassadeur de Russie, en présence du corps diplomatique et de toute la Cour.

Dans les moments où un grand intérêt politique se trouvait agité entre la France et une puissance étrangère, dit M. *Bignon*, c'était chez l'Empereur une fatale habitude, un calcul peut-être, mais selon nous un mauvais calcul qui lui a été plus souvent nuisible qu'utile, d'engager dans un cercle de Cour, et souvent comme à dessein dans un jour solennel, une discussion publique de ses griefs avec l'ambassadeur de cette puissance. Outre qu'un homme du caractère de l'Empereur ne pouvait guère en de telles discussions s'empêcher de laisser échapper des paroles trop vives, ou du moins peu mesurées, il était impossible que, même innocentes et irréprochables, ces paroles ne fussent pas dénaturées et ne donnassent lieu à de malveillantes interprétations. Aussi fallait-il presque toujours que sa Diplomatie, à l'aide d'un texte fourni par le ministère[1], cherchât ou à restreindre la signification

[1] Voy. t. XII, p. 11.

des paroles prêtées à l'Empereur ou même à en corriger le travestissement. Le 15 août vit le renouvellement d'une scène semblable. L'Empereur, dans une allocution au prince *Kourakine*, fit entendre contre la Russie des plaintes, qui, pour certaines hypothèses, offraient des chances de rupture. La conversation roula d'abord sur une prétendue Note rapportée par les journaux anglais, et qui, suivant eux, aurait été adressée à la Russie par le ministre des Relations Extérieures de France, le 30 octobre 1810; mais bientôt ayant quitté ce sujet pour parler à l'ambassadeur de la situation des affaires de la Russie sur le Danube, l'Empereur témoigna qu'il ne concevait rien à ce qui se passait de ce côté, ajoutant : « Je suis comme l'homme de la nature, ce que je ne conçois pas excite ma défiance. » Le prince *Kourakine* expliqua le mauvais état des affaires sur ce point par la trop grande étendue de la ligne sur laquelle on agissait et par l'embarras des finances de l'empire qui nuisait aux opérations militaires.

A ces explications, *Napoléon* répondait : *Si vous me parliez officiellement, je ferais semblant de vous croire; mais comme notre conversation est confidentielle, je vous dirai tout simplement que vous avez été battus parce que vous manquiez de troupes; que vous manquiez de troupes parce que vous avez rappelé cinq divisions en Pologne, non par embarras de finances, mais pour me menacer.* L'Empereur trouvait que les procédés inquiétants de la Russie et l'espèce d'exaltation qu'elle manifestait ressemblaient beaucoup aux sentiments passionnés qu'avait montrés la Prusse en 1806, et de là, s'abandonnant à l'enivrement des souvenirs, il continua ainsi : *Soit bonheur, soit bravoure de mes troupes, soit parce que j'entends un peu le métier, j'ai toujours eu du succès à la guerre. Je ne dis pas que je vous battrai, mais nous nous battrons. Vous savez que j'ai de l'argent; que j'ai huit cent mille hommes; que chaque année met deux cent cinquante mille conscrits à ma disposition; que je puis par conséquent augmenter mon armée en trois ans de sept cent mille hommes, qui me suffisent pour continuer la guerre en Espagne et pour vous la faire en même temps. Si vous comptez sur l'Autriche, je crois que vous vous trompez; car si l'Autriche peut reparaître sur la scène et faire la guerre, ce ne pourra être que pour vous reprendre ce qu'elle a dû vous céder à la dernière.* En prononçant ces mots, l'Empereur avait les yeux sur le prince de *Schwarzenberg*, qui l'entendit, mais ne pouvait que garder le silence. Le prince *Kourakine* ayant renouvelé l'assurance de la fidélité de son souverain aux engagements de l'alliance, *Napoléon* reprit: *C'est le même langage que vous tenez sans cesse à mes ambassadeurs, mais que les faits démentent et que vous démentez vous-même par la protestation contre l'incorporation du duché d'Oldenbourg, que vous avez remise à toutes les cours, dans laquelle vous m'accusez publiquement et que je n'ai pas dû recevoir, parce que je n'aurais pu la considérer que comme une déclaration de guerre.* Ici l'ambassadeur d'*Alexandre* entra dans des détails assez étendus sur les droits de la Russie à l'égard du duché d'Oldenbourg et sur les transactions dont cette principauté avait été l'objet entre cette puissance et le Danemark. L'Empereur, après avoir écouté avec attention ces développements, avoua franchement *que ces rapports intimes de la Russie avec le duché qui était l'occasion des débats, ne lui avaient pas été bien connus; que si cet état de choses, tel qu'il venait de lui être présenté, eût été mis sous ses yeux avant l'événement, l'incorporation n'aurait pas eu lieu.* Certes ce n'est pas pour une usurpation une excuse suffisante, qu'une allégation d'ignorance sur les droits des parties intéressées auxquelles on a porté préjudice. On ne peut pas s'absoudre soi-même du mal fait à un tiers, par le simple aveu d'une légèreté d'action dont on convient sans la réparer; mais cependant de la part de l'empereur *Napoléon*, un pareil aveu est déjà une sorte de satisfaction donnée à la Russie. Témoigner que l'incorporation n'aurait pas eu lieu s'il avait prévu que la Russie dût s'en trouver blessée, c'est constater qu'il a été loin de son intention de rien faire d'offensant pour elle, c'est un commencement de réparation. Aussi, après cette déclaration, l'Empereur témoignait qu'il ne comprenait pas de quelle importance pouvait être pour le Duc la possession d'un pays entouré de troupes et de douanes françaises; pourquoi il refusait d'accepter des indemnités en territoire, ni comment un pareil sujet pouvait devenir une cause de guerre entre les deux puissances. Pour lui, il se prêterait avec empressement à tout ce qu'on désirerait de sa part, dans le but d'assurer au Duc une compensation; *mais pourtant*, continuait-il, *ne vous flattez pas que je dédommage ce prince du côté de la **Pologne**, plutôt la guerre. Jamais je ne céderai un village du duché de Varsovie; j'en ai garanti l'intégrité*[1]. Comme l'ambassadeur se bornait à promettre de faire connaître à sa Cour les sentiments de l'Empereur, celui-ci répliqua : *Votre cour sait depuis longtemps ce que je viens de dire; j'ai dit la même chose à* Tchernitchef, *au comte* Chouvalof, *et mes ambassadeurs ne cessent de le répéter depuis*

[1] Dès le lendemain de cette conversation, le ministre des Relations Extérieures soumettait à l'Empereur un rapport concluant à ce que « dès à présent les armées devaient être mises sur le pied de guerre, de manière que le mois de juin suivant, époque où la saison devient favorable dans les pays où l'Empereur aurait à porter ses armes, Sa Majesté fût en mesure, si elle était forcée à la guerre, de venger la foi des traités qu'on ne jura jamais en vain, de défendre le duché de Varsovie *et de le consolider en ajoutant à son étendue et à sa puissance.* »

quatre mois. *Napoléon* termina l'entretien en disant qu'il ne demandait à la Russie que deux choses : « le rappel des troupes envoyées sur la frontière de la Pologne et le désaveu de la protestation contre l'incorporation du duché d'Oldenbourg; » mais qu'il insistait sur ces deux points. La dernière de ces demandes de *Napoléon* serait une grave exigence, s'il ne fallait pas voir dans son langage un mauvais choix d'expressions. En effet, l'Empereur, si susceptible lui-même sur les prétentions des autres gouvernements, doit bien sentir qu'on ne peut pas convenablement imposer à une puissance comme la Russie le désaveu d'un acte tel que la protestation qui forme le sujet du démêlé. En pareille circonstance, entre des États du même ordre, on est dans l'usage d'accepter pour désaveu des explications plus ou moins précises, selon que l'on est soi-même plus ou moins disposé à une conciliation, et c'est en ce sens que la demande de *Napoléon* doit être entendue.

Sans contredit, le langage public de *Napoléon* tient à une idée arrêtée d'avance, et, ici par exemple, il s'est évidemment proposé un double but : l'un d'avertir la Russie qu'il se croit assuré de la cour de Vienne, l'autre de faire connaître à l'Europe que si la querelle provenant du duché d'Oldenbourg ne s'arrange pas, c'est que, pour satisfaire l'empereur *Alexandre*, le duché de Varsovie devrait faire les frais d'un raccommodement que *Napoléon* ne veut point obtenir à ce prix.

Aussitôt que la conversation dont on vient de lire le résumé parvint à la connaissance de l'empereur *Alexandre*, ce prince expédia un courrier à son ambassadeur pour lui prescrire de déclarer que *lors même qu'on lui offrirait en présent une parcelle du duché de Varsovie, il s'en tenait à Oldenbourg*. *Quand*, disait-il, *on me ferait une telle offre, ou celle de Dantzig, je la refuserais*. Mais en même temps, l'Empereur déclarait qu'il se remettrait volontiers sur le pied de paix, si *Napoléon* en faisait autant.

Par la résolution que venait de prendre l'empereur *Alexandre* concernant le duché de Varsovie, *Napoléon* obtenait un des résultats qu'il avait eus en vue dans son entretien avec le prince *Kourakine*; mais, à cette même époque, il avait encore un dessein d'une tout autre portée : il espérait que si le bruit des armements français faisait rentrer la Russie dans les sentiments de l'alliance, « il retirerait du moins, des sacrifices qu'il allait faire, l'avantage de revenir sur la concession qui assurait à l'empereur *Alexandre* la possession de la Moldavie et de la Valachie[1]. » Cette concession est essentielle à obtenir; elle importe à l'Autriche et elle doit résulter du traité à négocier avec cette puissance. Ainsi le but des grands préparatifs de *Napoléon* est expliqué; ce but, c'est de *détourner la guerre en effrayant la Russie* par l'immensité des forces rassemblées contre elle, et de tirer parti de la terreur qu'on lui aura inspirée, pour *reprendre le consentement* donné à Erfurth sur les principautés turques. C'est donc ici l'intérêt de la Porte Ottomane qui forme le principal mobile de la politique de *Napoléon*, et c'est jusqu'à un certain point pour l'ancien système d'équilibre, pour l'intégralité de la Turquie, qu'il engagera la lutte où il doit périr.

Tandis que des explications se continuaient entre la France et la Russie, le roi de Prusse, de son côté, s'efforçait de prévenir une rupture si dangereuse pour ses propres États. Il avait successivement envoyé à

[1] Voyez articles V et VIII du traité secret d'Erfurth, t. XI, p. 286 et 287.

Saint-Pétersbourg MM. de *Schœler* et de *Knesebeck*, qui étaient porteurs de ses lettres à l'empereur *Alexandre*, et qu'il chargeait en même temps de soumettre à ce monarque des observations de nature à faire comprendre la nécessité où se trouvait la Prusse de s'allier à la France.

Les rapports de ces deux négociateurs vont vous faire connaître des détails d'un haut intérêt.

1.

Dépêche de M. Schœler, colonel au service de ***Prusse****, en mission spéciale auprès de S. M. l'empereur de* ***Russie****.*

« Saint-Pétersbourg, le 6 (18) avril 1811.

« Le très-gracieux rescript de Votre Majesté, du 7 février, relatif aux affaires de Bialystok, m'a été remis le 15 de ce mois par le prince *Repnin*. Le contenu de ce rescript m'avait été communiqué déjà en extrait par le ministre de Votre Majesté. Je fis dès lors, par écrit, les démarches auprès de Sa Majesté Impériale, pour accélérer la décision finale de l'objet mis en question. Le rescript du 7 février m'a fourni un nouveau motif de rappeler la chose au souvenir du monarque.

« Quoique, jusqu'à présent, je n'aie pas encore eu le bonheur de voir remplir mon désir ardent de répondre entièrement, par une prompte terminaison de cette affaire, à la haute confiance dont Votre Majesté a daigné m'honorer, j'ose néanmoins espérer d'y parvenir dans peu, vu que Sa Majesté l'Empereur ne manque pas de me renouveler, chaque fois que je lui en parle, la promesse certaine qu'elle a daigné me faire à cet égard.

« Le délai qu'éprouve cette affaire est une suite naturelle des occupations nombreuses de l'Empereur dans ce moment-ci; ce sont elles aussi qui me privent du bonheur d'avoir des audiences particulières aussi fréquentes qu'autrefois, desquelles je pourrais tirer parti pour de pareilles commissions.

« C'est par la même raison que je n'ai rien de bien important à ajouter à ce que le baron de *Schladen* marque dans ses rapports courants, sur la marche des affaires politiques; je le puis d'autant moins, que je ne manque jamais de participer à l'envoi à Votre Majesté de ce que Sa Majesté Impériale daigne me dire dans des entretiens occasionnels, afin de la mettre à même de mieux apprécier et juger ses notions en général.

« Quant à la grande question sur la guerre et la paix, c'est, d'après mes faibles lumières, la France seule qui la décidera. Le désir de terminer la guerre avec la Porte Ottomane, ainsi que les résolutions récemment prises à l'égard du commerce, sont une suite *nécessaire* de la situation de cet empire. La France ne peut voir d'un œil indifférent la concentration des forces *russes*, vu la grande dispersion des siennes, considération qui devait naturellement l'engager à des mesures pareilles. C'est ainsi que les préparatifs ont commencé des deux côtés, en quelque sorte, sans être projetés, qu'ils ont été augmentés et augmentent encore; mais, quant à l'ouverture même des hostilités, trop de raisons s'y opposent en effet de ce côté-ci pour qu'on puisse s'y attendre, à moins qu'on ne veuille la guerre du côté opposé.

« L'Empereur lui-même *répugne beaucoup à une guerre contre la France*. Un parti considérable regarde la bonne harmonie avec cette puissance comme la seule vraie politique de la Russie; et tous ceux qui sont d'une opinion contraire, pensent, à peu d'exceptions près, que, dans aucun cas, la Russie ne doit pas attaquer la France. On ne saurait donc tenir compte de l'opinion du petit nombre de ceux qui veulent prouver, par l'expérience du passé, qu'en agissant comme ci-dessus, on perdrait le moment favorable et renoncerait légèrement à mettre à profit des avantages essentiels, sans détourner par là la guerre que l'on redoute.

« De Schoeler. »

2.

Lettre de S. M. le roi de Prusse à S. M. l'empereur de Russie, du 12 *mai* 1811.

« Sire,

« Votre Majesté Impériale conçoit sans doute les vives inquiétudes que me donnent ses différends avec la France, et l'appréhension qui en est généralement résultée qu'ils ne finissent par amener une rupture. L'amitié qui nous unit m'autorise, Sire, à vous en parler à cœur ouvert.

« Votre Majesté Impériale, appréciant la position géographique de mes États, voit à coup sûr que, dans le cas prévu, la neutralité de la Prusse serait une chimère; je devrais prendre un parti qui, nécessairement, serait déterminé par mes liaisons et mes engagements avec la France. Il me serait bien douloureux de ne pouvoir suivre ce parti sans voir s'altérer les relations de parfaite intelligence qui jusqu'ici ont si heureusement subsisté entre nous.

« Je me tiens assuré que l'empereur des Français ne veut point la guerre, et il me semble aussi qu'il ne dépendrait que de Votre Majesté Impériale de l'éviter. Je laisse là l'origine de ces différends avec ce souverain, je ne me permets pas de juger jusqu'à quel point ils touchent les intérêts majeurs de la Russie; mais j'ose croire qu'en donnant un peu plus d'étendue à l'application des principes du grand système continental, en écartant les sujets d'ombrage, en s'expliquant enfin avec l'empereur des Français sur ce qui cause ses sollicitudes, Votre Majesté Impériale pourrait conjurer un orage dont les suites sont des plus incalculables. Ne voudrait-elle donc pas user de tous les moyens qui sont en son pouvoir, afin de conserver la paix du continent, à laquelle il semble que le bonheur de ses peuples soit attaché tout comme celui du reste de l'Europe.

« Peut-être qu'en exposant ces idées à Votre Majesté Impériale, je n'exprime que les siennes propres; mais, dans tous les cas, je la conjure de leur accorder quelque attention. Je m'estimerais infiniment heureux si elles étaient accueillies de manière à me faire espérer l'inappréciable avantage d'avoir contribué au prompt retour d'une entière confiance entre l'empereur des Français et Votre Majesté Impériale; je croirais dès lors avoir acquis les plus justes titres à la reconnaissance de tous les peuples du continent, et de nouveaux droits au dévouement de mes sujets.

« Est-il besoin, Sire, que j'excuse la franchise avec laquelle j'ai parlé à Votre Majesté Impériale; je me flatte qu'elle ne verra, dans tout ce que j'ai dit, que le vif désir qui m'anime de maintenir et de consolider entre elle et moi des relations auxquelles j'ai constamment attaché le plus haut prix.

« Je prie Votre Majesté, etc.

« Frédéric-Guillaume. »

3.

Réponse de l'Empereur.

« J'ai reçu en son temps la lettre que Votre Majesté a jugé à propos de m'écrire à la date du 12 mai. J'avais cru que ma manière de voir et mes principes politiques lui étaient connus : ainsi son contenu n'a pu que me surprendre. Je n'ai jamais cherché ni provoqué la guerre. *Ne convoitant rien à mes voisins*, n'ayant nul besoin d'agrandissement, *il n'est pas raisonnable* de me supposer l'envie de troubler la paix. Je crois, au contraire, avoir assez prouvé combien j'étais soigneux à la conserver. Mes mesures n'ont été que des mesures de pure précaution, *commandées par ce qui se passait à côté de moi*. La guerre ne se fera que quand je serai attaqué, et alors le parti que les autres États pourront prendre ne pourra m'empêcher *de me défendre avec vigueur*.

« Je prie Votre Majesté de croire aux sentiments d'attachement que je lui ai voués pour toujours.

« De Votre Majesté, le bon frère, ami et allié,

« Saint-Pétersbourg, le 18 juin 1811.

« ALEXANDRE. »

4.

Rapport de M. de Schœler à S. M. le roi de Prusse.

« Saint-Pétersbourg, le 14 (26) août 1811.

« Je m'empresse de faire à Votre Majesté le rapport d'une conversation que j'ai eu le bonheur inopiné d'avoir avec Sa Majesté l'Empereur, le 3 et le 15 de ce mois, bonheur d'autant plus inopiné, que, dans les conjonctures présentes, je n'ai pas souvent à me réjouir d'une telle faveur.

« L'ordre de me rendre à Kaminiostrow me parvint au moment où je sortais du dîner de l'ambassadeur, qui, pour célébrer cette journée, avait rassemblé tout le corps diplomatique et tous les ministres du pays, et je m'empressai d'autant plus à m'y rendre, que je devais supposer qu'il serait question du bruit qui s'est déjà renouvelé souvent depuis peu de temps, que Votre Majesté était sur le point d'accéder à la confédération du Rhin.

« Je fus bientôt convaincu que je m'étais trompé : le monarque me reçut avec son affabilité et sa bonté ordinaires; mais il évita soigneusement de parler de ces bruits, que je pris cependant occasion de déclarer absolument erronés et prématurés.

« L'Empereur répondit que les rapports du comte de *Lieven* l'en avaient convaincu, et il tourna sur-le-champ la conversation sur plusieurs demandes et réclamations de sujets prussiens que j'avais été chargé de négocier antérieurement près les différents départements; et c'est dans cette occasion que l'Empereur prouva de nouveau son excellente manière de penser et ses grandes connaissances sur tout ce qui a rapport aux détails militaires : il daigna alors m'accorder toutes mes demandes sans la moindre restriction, et me donna plusieurs explications sur la fabrication des armes et autres objets de cette nature, que les sous-ordres avaient évité de me communiquer. Les détails de tous ces objets appartenant à la connaissance de différents bureaux, à Berlin, auxquels j'en ferai un rapport circonstancié, je me bornerai, dans le rapport, à fixer l'attention de Votre Majesté sur les suites de cette conversation, qui, par l'analogie des matières, finit par prendre une tournure politique d'un intérêt bien marquant. N'étant point muni d'ordres spéciaux pour ce cas, je me bornerai à agir et répondre dans l'esprit des ordres parvenus successivement au ministre, baron de *Schladen*. En parlant de plusieurs de leurs arrangements militaires, je passai successivement à parler de la grande extension qui leur avait été donnée depuis quelque temps, et je fis remarquer à Sa Majesté que cette extension devait augmenter la vraisemblance d'une guerre prochaine, et que cette guerre devant amener nécessairement la ruine de la Prusse, Votre Majesté devait aussi désirer, d'autant plus ardemment, qu'il pût enfin être trouvé un moyen de faire finir ses inquiétudes vraiment alarmantes, et cet état de crise ruineux auquel Votre Majesté se trouvait exposée depuis si longtemps.

« L'Empereur prit alors une grande carte de la Russie à la main, pour me prouver, à ce qu'il dit, que ses arrangements et *sa position* n'étaient nullement menaçants, et que depuis les derniers trois mois aucun changement n'avait eu lieu.

« Dans cette carte étaient marqués par les différentes couleurs, les numéros et les signes, les différents cantonnements des divisions, les garnisons des bataillons de réserve, les places de dépôt de toutes les armes, les dernières marches des troupes, et tout cela dans un si parfait détail, qu'au premier aperçu on pouvait juger l'ensemble avec la plus grande clarté. Les cantonnements s'appuyant avec l'aile droite à la Duna supérieure, s'étendent, moyennant quelques sinuosités, vers l'est, depuis le marais de Pinsk, en descendant, jusqu'aux confins de la Moldavie, et sont dans une grande distance des frontières du duché de Varsovie. Les marches des troupes qui ont eu lieu dans les derniers temps finissent toutes vers l'est.

« Dans cette étendue, la position des armées russes, avec sa grande profondeur surtout, n'a rien effectivement de menaçant ni de dangereux pour la France, qui, avec l'esprit qui anime les Polonais, doit connaître parfaitement cette position, et être informée par la même cause de tous les changements qui peuvent avoir lieu dans la suite.

« D'un autre côté, il me paraît prouvé, par toutes les dispositions de l'empereur *Alexandre*, qu'il a augmenté la force intrinsèque de cette armée tant en hommes qu'en armes et munitions de toute espèce d'une manière très-marquante, et qu'il s'est mis dans le cas d'agir d'après les circonstances, sur *différents points* en avant de la frontière, avec une très-grande masse de forces, ou aussi de porter toute la masse de ses forces, qui, indépendamment de ce qui est employé contre les Turcs, peuvent être évaluées à deux cent mille hommes bien comptés et au très-grand complet, sur un seul point, et soutenir ainsi une lutte vigoureuse pendant très-longtemps.

« Admet-on que la France, tant qu'elle aura la guerre à soutenir en Espagne, puisse, moyennant des efforts, rassembler sur l'Oder ou la Vistule, une armée d'égale force, qui, conduite par un très-grand génie, pourra engager cette lutte avec quelque espoir de succès? Il paraît cependant très-vraisemblable qu'elle sera très-longue et très-vigoureuse, et que les résolutions que l'Autriche et la Prusse, ou peut-être aussi cette dernière seule pourraient prendre, influeront pour beaucoup dans les chances et l'issue de cette guerre.

« Après que l'Empereur eut parlé sur cette position des choses, avec le plus grand détail, il dit, sur les différentes observations que je crus nécessaire de faire, qu'il était convaincu que Votre Majesté, en jugeant sa position sans partialité et étant informée de celles de ses armées, ne pourrait pas lui conseiller de changer quelque chose dans les mesures *purement défensives*, tant que S. M. l'empereur *Napoléon* ne trouverait pas à propos de diminuer ses mesures *vraiment offensives*.

« L'empereur *Alexandre* ajouta : « Ce que la Russie « a à prétendre *d'après le traité, ce qu'elle doit prétendre pour pouvoir être tranquille*, est clair comme « le jour; ses griefs et ses demandes sont clairement « prononcés, et, si la France veut réellement conserver la paix, il n'est pas même besoin de négociations ou de nouvelles propositions, et entrer, là-« dessus, en communication de ma part serait inutile « et dangereux; car je renoncerais par là à mon droit « et à mes plaintes fondées, sans voir, pour cela, « finir ou diminuer les armements de la France; ce « qui amènerait *un état de choses* beaucoup plus dan-« gereux et plus désagréable pour moi que le présent.

« Dans cette position de l'Empereur, enfin, il ne « me reste qu'à désirer que l'empereur *Napoléon*, qui « à présent doit être convaincu et qui dit l'être, que « je ne songe pas à l'attaquer, fasse aussi, d'après « cette conviction, dans ses mesures, tels change-« ments qui puissent rassurer la Russie. Si cela arrive « *réellement* comme la France paraît m'en donner « l'espoir, alors je ne tarderai pas un moment à « prendre de mon côté telles mesures qui puissent « dissiper toutes les inquiétudes du Roi votre maître; « mais jusque-là je crois que, pour pouvoir conser-« ver la paix, je dois dans tous les points agir de ma-« nière comme si d'un jour à l'autre je devais être « attaqué.

« DE SCHOELER. »

5.

Rapport de M. Knesebeck chargé d'une mission spéciale auprès de S. M. l'empereur de Russie.

« Saint-Pétersbourg, le 23 mars 1812.

« Sire,

« L'éloignement des lieux n'ayant pas permis de faire plus tôt mon rapport détaillé à Votre Majesté, je me hâte de m'acquitter de mon devoir en le lui soumettant respectueusement aujourd'hui.

« Le jour après mon arrivée à Pétersbourg, je me présentai au comte *Romanzow* pour demander une audience auprès de S. M. l'Empereur.

« Je l'obtins deux jours après, le 16 février : Sa Majesté m'adressa ainsi la parole :

« Qu'est-ce que vous avez à me dire, monsieur de « *Knesebeck?* »

« Je rendis sur cela la lettre de Votre Majesté à l'Empereur, en ajoutant que Votre Majesté m'avait chargé de lui exprimer les vœux qu'elle formait pour la conservation de la paix dans le Nord, qu'elle espérait que l'Empereur partagerait ses sentiments; mais, comme nonobstant cela, la Russie avait rassemblé sur ses frontières de grandes forces militaires; que la France armait de même, et augmentait ses armées en Allemagne, ainsi que ses garnisons et son attirail militaire dans les forteresses sur l'Oder et la Vistule, Votre Majesté craignait avec raison que la guerre vînt à éclater, si le silence que les deux grandes puissances avaient gardé jusqu'ici était prolongé plus longtemps; que Votre Majesté conjurait donc l'Empereur de ne pas éviter les explications que l'empereur *Napoléon* paraissait souhaiter de son côté, et de donner des pouvoirs suffisants à son ambassadeur à Paris, ou d'envoyer une personne chargée expressément de traiter d'une conciliation des différends survenus entre les deux Cours ; que Votre Majesté, en exprimant ces vœux à l'Empereur, s'y croyait autorisée, tant par les liens d'amitié qui existaient entre les deux souverains, que par l'intérêt de son État qui souffrirait plus que tout autre du fardeau de la guerre, puisqu'il était à prévoir que la Prusse serait, dans tous les cas, le pays par lequel les différentes armées passeraient, si elle ne devenait même le théâtre de leurs opérations.

« L'Empereur me répondit que personne ne pouvait plus souhaiter que lui de voir la paix conservée ; qu'il était vrai qu'il avait rapproché ses troupes des frontières ; mais qu'il s'y était vu contraint, parce que la France s'était renforcée de plus en plus sur la Vistule ; qu'elle tenait toujours de fortes garnisons à Dantzig, Stettin, Custrin ; qu'elle n'avait pas rendu Glogau à Votre Majesté, et avait fortifié Thorn, Praga, Modlin, Czieronozick ; que le rassemblement des troupes russes était donc plutôt la suite des armements de la France qu'une mesure guerrière de la part de la Russie : attendu que la réunion d'une masse de moyens militaires pouvait être appelée avec plus de raison un armement que le rassemblement d'une armée qui ne passe pas les frontières de son pays ; que cette mesure était purement défensive ; qu'il pensait avoir donné de ses intentions pacifiques des preuves suffisantes à toute l'Europe, en ne relevant pas l'affaire d'Oldenbourg, en gardant le silence sur l'occupation de Hambourg et de Lubeck, et qu'il tiendrait la même conduite à l'égard de la dernière occupation de la Poméranie suédoise, que la Russie se tenait strictement aux traités stipulés ; qu'il n'y avait donc absolument de sa part rien à expliquer ; mais que, pour donner une nouvelle preuve de ses intentions pacifiques, il avait eu l'idée d'envoyer une personne à Paris, dès que la paix avec la Porte serait signée, pour y porter encore des assurances sincères pour la conservation de la paix, et montrer par là que les relations extérieures n'avaient rien changé à ses intentions[1]; mais qu'il avait lieu de croire que cet envoi ne serait pas agréable à l'empereur *Napoléon*. Je me permis de dire que je croyais pouvoir l'assurer du contraire; mais que si cet envoi devait encore avoir lieu, il serait sans doute à désirer que Sa Majesté l'ordonnât bientôt, puisque deux grandes puissances ne pouvaient jamais rester armées longtemps l'une vis-à-vis de l'autre, sans que la guerre en fût le résultat; que le printemps approchait et faisait craindre que les hostilités ne pussent être commencées avant que cette personne fût partie de Pétersbourg.

« Quelques jours après, dans une conférence que j'eus avec le comte de *Romanzow*, ce chancelier revint sur ce que l'Empereur m'avait déjà dit, qu'il n'y avait rien à expliquer de la part de la Russie, et ajouta que, comme l'affaire d'Oldenbourg était de trop peu d'importance pour pouvoir attirer la guerre, il ne voyait aucun objet qui pût troubler la paix. Je pris cette occasion pour parler du commerce des denrées coloniales qui se fait dans ce moment par les ports de Russie, et de donner à ce ministre la Note ci-jointe, en lui répétant que, si l'envoi d'une personne à Paris pour l'arrangement des différends dépendait de la paix avec la Turquie, comme l'Empereur me l'avait dit, il fallait

[1] Cet Envoyé devait être le comte de Nesselrode, précédemment conseiller d'ambassade à Paris, où déjà son extrême aptitude aux affaires, unie à un vaste fonds de connaissances et à un esprit d'une rare perspicacité avait fixé sur lui l'attention de l'empereur Alexandre. Le comte de Nesselrode venait d'être élevé au poste de secrétaire d'État, et ce fut là le point de départ de la carrière si brillante et si justement honorée du chancelier actuel de l'Empire.

d'autant plus souhaiter que cette paix se fît bientôt. M. de *Romanzow* me répondit que l'Empereur avait donné sur l'arrangement avec la Porte de nouvelles instructions qui étaient parties dernièrement; que les négociations n'avaient été que suspendues, mais que les plénipotentiaires des deux puissances étaient restés ensemble, et qu'il espérait avoir bientôt la nouvelle de la conclusion de la paix.

« En attendant, le roi de Suède avait envoyé le comte de *Lœwenhielm* à Pétersbourg : quelques jours après, le Prince royal y envoya un de ses aides de camp, le chevalier de *Schoukron*, avec une lettre autographe de sa part. A en croire les bruits qui couraient, la Suède se plaignait fortement de l'occupation de la Poméranie suédoise, et devait même avoir offert une alliance à la Russie, en cas de guerre de cette puissance avec la France.

« Dans une seconde audience, l'Empereur daigna m'en parler, et me dit qu'il avait eu occasion encore ces jours de donner une preuve de son désir pour la conservation de la paix, tant en ne relevant d'aucune manière l'occupation de la Poméranie suédoise, que même en éloignant toutes les offres que la Suède lui avait faites : Sa Majesté ne me dit pas en quoi ces offres avaient consisté.

« Sur le commerce, Sa Majesté me dit qu'elle tenait strictement les stipulations des traités, qu'il n'existait absolument aucun commerce, aucune relation même, avec les Anglais; qu'encore, dans le dernier Conseil, quatre vaisseaux dont les papiers n'avaient pas été en règle avaient été condamnés; que le commerce sous pavillon neutre n'était pas considérable; que les cargaisons de trois ou quatre vaisseaux faisaient beaucoup de bruit, parce que les petits chariots russes ne pouvaient charger qu'un ou deux tonneaux, et qu'il était possible qu'on rencontrât toute une ligne de voitures (j'avais fait mention qu'on en rencontrait beaucoup) dont la charge entière ne se monterait pas peut-être à la cargaison d'un seul bâtiment; qu'on n'avait qu'à demander aux marchands et aux propriétaires de l'Empire ce qui en était, pour se convaincre combien le commerce était gêné, et combien la Russie en souffrait; que vouloir la priver encore du reste du commerce avec les neutres était une chose impossible; qu'un souverain avait des devoirs envers sa nation dont il ne pouvait ni ne devait jamais s'écarter.

« Comme je fis mention qu'alors la guerre pourrait bien avoir lieu, puisque le système continental, établi pour recouvrer la liberté des mers, souffrait par le commerce que la Russie faisait avec les Américains, l'Empereur répondit que toujours ce ne serait pas lui qui, dans ce cas, l'aurait commencée, puisqu'il n'avait contracté aucune obligation qui l'empêchât de permettre le commerce avec les neutres, que la nation avait des droits à faire valoir envers lui; que le premier était l'existence, et qu'avec la force armée qu'il tenait sur pied, plus de condescendance serait montrer de la faiblesse; que déjà l'envoi d'une personne à Paris ne pourrait plus se faire, et était contre sa dignité, puisque l'empereur *Napoléon* avait pris une position plus menaçante (la nouvelle du rassemblement des Saxons à Guben, de la marche des Bavarois, était arrivée); qu'à présent, cette démarche aurait l'air comme s'il cherchait à obtenir la paix par la seule crainte de la guerre.

« Je répondis à cela que la situation de l'Europe exigeait qu'on s'élevât, dans ce moment, au-dessus de toutes les petites considérations, et que le cœur magnanime de l'Empereur donnait la certitude qu'il en agirait ainsi; que la conservation de la paix était un si grand but, que rien de ce qui pouvait y conduire ne me paraissait au-dessus de sa dignité; qu'avec trois cent mille hommes sous les armes, cette démarche n'avait pas l'air de faiblesse, mais d'un dernier pas pour le maintien de la paix, et que la dignité d'un grand monarque semblait plutôt exiger une telle démonstration pacifique, qu'elle ne paraissait pouvoir en souffrir; que les suites funestes d'une guerre n'avaient pas échappé à la sagesse de Sa Majesté; que, comme ministre, il me serait permis de dire qu'il me semblait que la guerre ne commençait pas sous des circonstances heureuses pour la Russie, son aile gauche étant encore engagée avec les Turcs; que l'empereur *Napoléon* avait des bases établies sur l'Oder et la Vistule; que la Russie, au contraire, avait une grande frontière à couvrir, et aucune place de conséquence, etc.

« L'Empereur me répondit que cela était vrai; qu'il ne se le cachait pas; que j'avais oublié de dire que lui, pour sa personne, n'était pas aussi grand capitaine que *Napoléon*[1], qu'il n'avait aucun général à lui opposer, et que toutes ces considérations, qu'il avait pesées, et dont il ne faisait pas mystère, pourraient donc convaincre le monde qu'il ne voulait pas la guerre et qu'il ne serait jamais l'agresseur; mais qu'en cas d'attaque, il avait aussi tout préparé pour faire une bonne et longue résistance, et qu'il ne commencerait jamais par montrer de la faiblesse à la nation, ce qui serait à présent le cas, s'il envoyait une

[1] L'Empereur, par un noble sentiment de courtoisie, ne manquait jamais de témoigner son estime pour le génie militaire de NAPOLÉON. A l'époque où le général SAVARY remplissait une mission temporaire à Saint-Pétersbourg, il eut une discussion chez l'empereur ALEXANDRE sur divers officiers de l'armée française. L'Empereur intervint, et répondit, en s'adressant au général : « *Vous avez raison, parce que votre maître est incomparablement au-dessus de tout ce qui a commandé des armées; mais après lui nous verrons.* »)

personne à Paris pour y aller chercher la paix; que d'ailleurs il n'avait rien à expliquer; que le prince *Kourakine* était là, et que c'étaient les fonctions d'un ambassadeur de tout entendre, si l'empereur *Napoléon* voulait s'expliquer.

« Comme j'observai que, d'après tout ceci, je me trouvais au bout de tous mes arguments, et qu'il ne me restait qu'à demander à Sa Majesté s'il ne lui serait pas contraire si, de la part de la France, l'ambassadeur *Lauriston*, ou telle autre personne envoyée à Pétersbourg, fût chargée d'explications qui pussent amener une conciliation, l'Empereur répondit que cela ne lui serait pas contraire, et il me sembla lire dans sa mine qu'il le verrait avec plaisir.

« Je pris donc sur cela la résolution de demander mes audiences pour prendre congé. L'Empereur me l'accorda le 2 de ce mois, et répéta, dans cette audience, encore tout ce qu'il avait déjà dit dans les deux autres, ajoutant seulement que la preuve la plus claire qu'il avait donnée de son amour pour la paix pourrait être qu'il n'avait pas attaqué dès le printemps passé; qu'il avait été déjà, à cette époque, aussi préparé à la guerre qu'à présent; et qu'il aurait pu s'avancer jusqu'à l'Elbe et forcer la Prusse à prendre son parti, sans rencontrer des forces suffisantes pour arrêter ses armées : quoiqu'il ne fût pas guerrier, cet avantage lui paraissait sauter aux yeux; que s'il s'avançait dans ce moment, il pourrait encore gagner du terrain, mais qu'il ne le ferait pas, et que je devais dire à Votre Majesté, *qu'il attendrait le coup de canon tiré sur ses frontières.*

« Mon départ, après cette audience, a encore été différé de quelques jours, par les audiences auprès des Impératrices; et ce n'a été que le 7, que je suis parti de Pétersbourg.

« Je ne suis pas assez heureux pour rapporter à Votre Majesté des résultats positifs; mais je ne reviens pas sans espérances pour la conservation de la paix.

« Voici ce que j'ose penser de l'état des choses.

« L'empereur *Alexandre* veut certainement et sincèrement la paix : apparemment les explications commenceront-elles sur ce que M. de *Tchernicheff* apportera à Pétersbourg. Le parti que Votre Majesté a pris depuis doit être de la plus grande influence, tant sur la résolution de l'empereur *Alexandre*, que sur l'opinion de la nation, et balancera les avantages qui, en cas de guerre, se présenteraient à la Russie, par le parti que la Suède inclinait à prendre. Tout dépend donc des conditions que la France mettra à un arrangement : si elles sont telles, que l'Empereur puisse les présenter à la nation sans avoir à craindre des reproches contraires à la dignité d'un grand souverain, telles qu'on les croie incompatibles avec l'existence de la nation, car, il faut le dire, cette existence tient en partie au commerce, la paix sera conservée; car, ni l'Empereur, ni la nation, ni même les alentours de la Cour, personne ne souhaite ou demande la guerre; mais, la guerre commencée, il ne faut pas se le céler, *la lutte sera terrible, et les Russes se battront en furieux.*

« Les forces militaires doivent être considérables. Le russe, en général, est brave; et la nation, attaquée dans ses frontières, la masse du peuple, agitée par les prêtres, comme ce sera sûrement le cas, cette guerre pourrait bien prendre le caractère d'une guerre nationale et religieuse, et devenir plus longue que peut-être elle n'eût été, si l'empereur *Alexandre* eût adopté le système de se battre hors de ses frontières.

« Je n'ai pas cru devoir taire ces réflexions à Votre Majesté; car celui-là seulement qui a été sur les lieux peut être convaincu de cette vérité : j'en appelle, sur ce point, à tous ceux qui y ont été comme moi.

« Les localités donneront encore de grands obstacles à surmonter. Des marais, de grandes forêts, peu d'habitations, pas de grandes routes soignées, aucune grande rivière qui favorise les opérations ; en général, un pays stérile : tout cela gêne les mouvements, et sera cause que les grandes masses ne pourront pas rester rassemblées longtemps sur un point ; il faudra les disperser par corps, pour pouvoir les nourrir ; *et la défensive donne, sous de tels rapports, de grands avantages au défenseur, comme elle fait naître, à celui qui attaque, des obstacles propres à mettre, aux entreprises des plus grands génies, des bornes insurmontables, si celui qui se défend adopte un système de dévastation en se retirant sur des points bien choisis d'avance, et en perdant du terrain avec sagesse, ou le défendant pied à pied.*

« On sent ces avantages en Russie, les ministres en parlent et les font valoir ; et je crois que ce sera le système de guerre qu'on suivra, bien que peut-être il ne sera décidément arrêté qu'alors même que l'Empereur se sera fixé sur le choix du général en chef à qui il confiera le commandement de l'armée.

« Je suis avec le plus profond respect, Sire, de Votre Majesté, le très-soumis et très-fidèle serviteur,

« CH. DE KNESEBECK. »

C'était peu de mois après l'entretien de *Napoléon* avec l'ambassadeur de Russie, que le Cabinet des Tuileries avait entamé des négociations pour les alliances avec la Prusse et l'Autriche. Dès le lendemain du jour où le traité avec la Prusse fut signé, *Napoléon*, voulant tenter un dernier effort d'*atermoiement*, fit appeler le colonel *Tchernitchef*, et lui dit : « Dans les affaires telles que les nôtres, les faits parlent plus haut que les paroles. Tandis que la plus grande partie de mes forces est en Espagne, sur la foi des traités, pourquoi retirez-vous vos armées de devant le Turc, qui est votre ennemi naturel, pour les amener devant moi qui suis votre allié? Pourquoi votre Empereur tient-il deux cent mille hommes réunis entre Pétersbourg et le duché de Varsovie? N'est-ce pas me forcer à prendre des mesures semblables? Je n'ai sur l'Oder que les cinq divisions de *Davoust*, vous devez bien le savoir; mais je ne veux rien dissimuler : vous me trouvez occupé à porter ma ligne de défense sur un pied respectable. Mes mouvements de troupes commencent, le grand-duché se met sous les armes et mes alliés de la Confédération préparent leur contingent. Vous n'ignorez pas non plus que la Prusse se décide à se ranger de mon côté. C'est une affaire terminée; le traité est signé.

« Tout ceci prend une tournure très-sérieuse; et cependant j'apprends que *Nesselrode* ne viendra pas. C'est un malheur : son arrivée ici aurait pu mettre fin à des querelles qui s'enveniment chaque jour davantage; il faut qu'une négociation ait lieu, et je crois qu'il est encore temps de s'expliquer.

« Les mesures que je viens d'arrêter avec le cabinet de Berlin ont principalement pour objet d'éviter un éclat prématuré qui rendrait ensuite tout accommodement impossible. Dans la position où votre attitude hostile m'a placé depuis quelque temps, je devais m'assurer de la Prusse *par un traité ou par un coup de main*. Le désarmement était un parti trop violent pour ne pas déterminer aussitôt une rupture. Au contraire, l'alliance n'est qu'une précaution toute simple de ma part, mais qui laisse la grande question de la guerre ou de la paix intacte entre nous.

« Plus j'y réfléchis, au surplus, plus je m'accoutume à l'idée que la guerre puisse éclater entre l'empereur *Alexandre* et moi; car enfin de quoi s'agit-il ? »

Rappelant alors les griefs réciproques, et présentant comme faciles et équitables les aplanissements qu'il avait proposés dans son entretien avec le prince *Kourakine*, et que nous allons retrouver tout à l'heure expliqués par le duc *de Bassano*, *Napoléon* ajoutait :

« Aucun de ces débats ne vaut un coup de canon. Retournez auprès de l'empereur *Alexandre*; vous lui remettrez cette lettre : dites-lui bien surtout que je le prie de ne pas différer davantage la négociation qui doit mettre fin à ces malentendus. »

La lettre que *Napoléon* remettait au colonel *Tchernitchef*, et qui portait la date du 24 février, était d'un laconisme inusité jusqu'alors dans la correspondance des deux Empereurs :

« Monsieur mon frère, écrivait *Napoléon*, après l'arrivée du courrier que le comte *de Lauriston* a expédié le 6 de ce mois, j'ai pris le parti de causer avec le général *Tchernitchef* sur les affaires fâcheuses survenues depuis quinze mois. Il ne dépend que de Votre Majesté de tout terminer. Je la prie de ne jamais douter de la considération distinguée que j'ai pour sa personne. Sur ce.... »

L'aide de camp de l'empereur *Alexandre* quitta Paris le 29 février; mais, indépendamment de son message, il partait muni du dernier état général de la grande armée, corps par corps, avec leur force et le détail de chaque espèce d'arme, et qui lui avait été livré par la félonie d'un commis des bureaux de la guerre. D'ailleurs la Russie n'ignorait pas que *Napoléon* avait alors, dans tous les pays soumis à sa domination, un million cent quatre-vingt-sept mille combattants à ses ordres.

Le colonel *Tchernitchef* était arrivé à Saint-Pétersbourg le 10 mars. L'empereur *Alexandre* ne trouve rien dans sa mission qui puisse le faire dévier de la ligne qu'il s'est tracée. Il confie à ses plus intimes qu'il ne peut plus croire aux promesses de *Napoléon* sur le duché de Varsovie, puisque ce prince n'a pas tenu la même promesse faite à Tilsitt, et que d'ailleurs le duché est déjà en ce moment le double du duché consenti par ce traité. Il est persuadé que, si *Napoléon* se résigne à attendre encore quelques années, son dessein bien arrêté n'en est pas moins de recréer la Pologne aussitôt qu'il se sera rendu maître de la Péninsule; ainsi, tant que *Napoléon* aura une petite armée à Dantzick, une autre sur l'Oder, et des alliés polonais sur le Niémen, il ne saurait être tranquille sur l'avenir de la Russie; et, pour gage de sincérité de la part de l'Empereur des Français, il ne saurait demander moins que l'évacuation totale de la Prusse et de la Poméranie suédoise.

C'est donc une méfiance toute naturelle, ou plutôt une prévoyance bien sagement raisonnée qui dicte les propositions qui vont être envoyées à *Napoléon*, et que lui annonce l'Empereur *Alexandre* dans une lettre qui ne le cède en rien, pour le laconisme et la froideur, au dernier message de l'Empereur des Français :

« Monsieur mon frère, répondait l'Empereur, j'ai écouté avec la plus sérieuse attention, le compte que m'a rendu le colonel *Tchernitchef* de l'entretien que Votre Majesté a bien voulu lui accorder en l'expédiant pour Pétersbourg. La communication que le prince *Kourakine* est chargé de faire au ministère de Votre Majesté, de même que celle dont il s'est déjà acquitté précédemment, prouveront au monde combien j'ai toujours été *prêt à tout terminer*. Je resterai constamment dans ces sentiments, et tout ne dépend que de Votre Majesté seule. Je la prie de croire à la considération la plus distinguée que je porte à sa personne. »

Dans la disposition d'esprit où se trouvait l'Empereur *Alexandre*, et par la plus fâcheuse coïncidence, une de ces intrigues dont les Cours ne sont que trop souvent le théâtre vint accroître les soupçons qui l'agitaient. Une cabale organisée, dont le principal auteur est bien connu, supposa des preuves d'une corruption dont l'Empereur des Français aurait été le principal auteur, et le secrétaire de l'Empire de Russie, *Spéranski*, le complice. Ce dernier entretenait, à Paris, une correspondance relative à des objets d'administration intérieure, qui avait été ordonnée par l'Empereur *Alexandre* et autorisée par *Napoléon*; ces communications, tout à fait étrangères à la politique, furent transformées en complot, et *Spéranski*, subitement arrêté à la sortie du Conseil, fut envoyé en exil à Nijni-Novgorod et, six mois plus tard, à Perm. Mais, hâtons-nous de le dire, l'Empereur, bientôt éclairé sur les odieuses calomnies dont son fidèle serviteur était la victime, le nomma gouverneur du pays où il avait été relégué et le chargea ensuite des fonctions de gouverneur général de la Sibérie. En 1821 *Spéranski* fut rappelé à Saint-Pétersbourg, où il vint siéger au conseil de l'Empire. Sous le règne de l'empereur *Nicolas* il fut placé à la tête de la deuxième section de la chancellerie particulière, instituée pour l'achèvement d'un *Digeste ou corps des lois russes*, sous la direction spéciale de l'Empereur. C'est à ce monarque, en effet, que revient l'honneur de l'œuvre admirable du *Svod-Zakonn*, qui seule suffirait pour immortaliser son règne.

Nous arrivons au moment où l'on reconnaît, en France et en Russie, que les conversations particulières et les communications confidentielles demeurant sans conclusion, il devient nécessaire de se parler réciproquement un langage officiel capable d'imprimer un mouvement plus vif à une controverse si longtemps stationnaire. De part et d'autre, il a été rédigé, presque aux mêmes dates, des documents graves, contenant des propositions qui vont se croiser entre elles, savoir : par le duc de *Bassano*, une lettre adressée au comte *Roumantsof*, et, par celui-ci, un *ultimatum*

[1] Le *Digeste de l'empire russe, rédigé par ordre de l'empereur* NICOLAS PAWLOVITCH, est le plus complet de tous ceux qui existent, puisqu'il embrasse toutes les parties de la législation, droit public, administratif, législation civile, pénale, financière, etc. Pour arriver à sa formation, on a dû rassembler d'abord les matériaux, c'est-à-dire procéder à une *collection* chronologique de tous les actes en vigueur ou abrogés, émanés du pouvoir législatif, depuis le code de 1649. Cette collection, publiée officiellement en 1830, comprend cinquante-six volumes in-8, sur deux colonnes, renfermant trente-cinq mille neuf cent quatre-vingt-treize actes. Ce premier travail accompli, le Digeste, *Svod*, ne s'est pas fait attendre; sept années ont été employées à la confection de cette œuvre prodigieuse, qui est devenue obligatoire depuis le 1er janvier 1835. Le système de sa composition repose tout entier sur cet axiome : *Structura nova veterum legum*. Le législateur russe s'est appliqué à présenter en un ensemble méthodique, sans les altérer jamais, les lois existantes. Il ne s'est attaché qu'à éviter les répétitions, et à élaguer tous les actes tombés en désuétude ; l'autorité des sources est en outre maintenue. On le voit donc, le Digeste russe est rédigé sur un plan nouveau. Il est, d'ailleurs, divisé en livres, parties et règlements. Ces règlements sont au nombre de trente-cinq. Une *repetita prælectio* du *Svod* due aux soins du comte BLOUDOF, a été promulguée par un oukase impérial du $\frac{4}{16}$ mars 1843. Elle forme huit codes, comprenant soixante mille articles, répartis en quinze volumes in-4.

C'est ainsi que l'Empereur NICOLAS a doté la Russie d'un bienfait immense, en lui donnant un corps de lois claires et uniformes; entreprise qu'avaient tentée sans y réussir PIERRE LE GRAND et CATHERINE II.

adressé au prince *Kourakine*, pour être remis au ministère français, en réponse aux propositions transmises par l'intermédiaire du colonel *Tchernitchef*.

Ces deux pièces renferment la question de la guerre ou de la paix, et ouvrent une correspondance diplomatique d'autant plus intéressante, que c'est par sa publication que le gouvernement français souleva le voile qui couvrait ses rapports avec le cabinet de Pétersbourg. Toutes les pièces de cette négociation seront reproduites intégralement à la fin de notre récit.

La réponse du Cabinet russe, apportée par M. de *Serdobine*, est arrivée à Paris le 24 avril; le prince *Kourakine* en donna communication confidentielle, le jour même, au duc de *Bassano*, et sollicita en même temps une audience de *Napoléon*. Ce n'est que le 27 avril que l'ambassadeur fut admis aux Tuileries; encore *Napoléon* se borna-t-il à renvoyer à son ministre pour la discussion des propositions de la Russie. Mais le duc de *Bassano*, qui avait l'ordre secret d'éviter toute explication, après avoir entendu, le 28, le prince *Kourakine*, ne lui accorda plus de conférence. L'ambassadeur prit alors le parti d'adresser par écrit les propositions de son gouvernement. Sa Note, à la date du 18 (30) avril, indique pour bases d'un arrangement : — la conservation de la Prusse, et son indépendance de tout lien politique dirigé contre la Russie, d'où suivrait — l'engagement formel de l'entière évacuation des États prussiens et de toutes les places fortes de la Prusse, — une diminution de la garnison de Dantzig, — l'évacuation de la Poméranie suédoise, — et un arrangement avec le roi de Suède. *Alexandre* promettait, par contre, — de n'adopter aucun changement aux mesures prohibitives établies en Russie contre le commerce direct avec l'Angleterre, — et de convenir avec la France d'un système de licences à introduire en Russie, bien entendu que ce système fût reconnu ne pouvoir augmenter par ses effets le préjudice qu'éprouvait déjà le commerce de la Russie. Il promettait de plus — de traiter avec la France, pour la conclusion d'une convention de commerce, — et d'engager le duc d'*Oldenbourg* à accepter un équivalent convenable pour son duché, cas dans lequel l'Empereur retirerait sa protestation.

Des demandes aussi nettement articulées de la part des ministres russes ne laissaient plus d'espoir de s'entendre. Dès ce moment, la guerre est déclarée entre les deux Cabinets, mais elle ne l'est pas encore entre les deux monarques. Le soin avec lequel *Napoléon* vient d'éviter de rien compromettre indique déjà l'arrière-pensée qui l'occupe. En effet, le 25 avril, aussitôt que l'on fut instruit de la réponse apportée par M. de *Serdobine*, l'ordre de partir pour Saint-Pétersbourg a été donné au comte de *Narbonne*, qui est encore à Berlin, où il est allé, disait-il, plaisamment lui-même, « porter des narcotiques, » c'est-à-dire donner des explications sur l'occupation de Spandau par les troupes françaises[1].

Sous le prétexte de faire part au Cabinet russe des ouvertures entamées à Londres, l'aide de camp de *Napoléon* était chargé d'une mission toute confidentielle et d'*observation* que le duc de *Bassano* expliquait assez clairement par ce peu de mots : « Votre mission, écrivait-il au comte de *Narbonne*, a un but politique et un but militaire. Pour atteindre l'un et l'autre, vous devez rester auprès de l'Empereur *Alexandre* aussi longtemps qu'il vous sera possible. » En ce qui concerne le but politique de sa mission, le rôle de l'envoyé était de parler beaucoup des dispositions pacifiques de l'Em-

[1] Voy. ci-dessus, p. 237.

pereur, de son désir d'éviter la guerre; mais il devait cependant se tenir dans des termes généraux, « attendu, lui disait le duc de *Bassano*, que vous ne connaissez pas assez les faits généraux pour entrer en discussion avec l'Empereur *Alexandre*, qui les connaît très-bien. »

M. de *Narbonne* était à la fois porteur d'une lettre particulière, et de pure forme, que *Napoléon* écrivait à l'Empereur *Alexandre*, et de la Note, déjà mentionnée, par laquelle le duc de *Bassano*, après avoir fait une récapitulation détaillée des circonstances qui ont amené la situation présente, propose un mode d'ajustement des difficultés qui, depuis deux ans, sont l'objet des récriminations respectives. Ces deux pièces étaient datées du 25 avril; mais, à ce moment, l'Empereur *Alexandre* avait quitté Saint-Pétersbourg pour s'établir en Lithuanie, au milieu de ses armées. C'est donc à Wilna que M. de *Narbonne* ira s'acquitter de sa mission, dont on va bientôt connaître le résultat par une lettre du comte *Roumantsof* au duc de *Bassano*, en date du 7 (19) mai.

A Paris, le prince *Kourakine*, après quinze jours d'une vaine attente, adressa, le 7 mai, une nouvelle Note au duc de *Bassano*, afin de le presser de répondre à celle qu'il a remise le 30 avril, lui rappelant qu'il ne peut admettre aucune modification aux propositions qu'elle renferme, et déclarant qu'après le départ de l'Empereur *Napoléon*, annoncé pour le 9, il se verrait dans la nécessité d'envisager le manque de réponse comme le choix de la guerre, et par conséquent de demander ses passeports.

Le ministre des Relations Extérieures se détermine alors à reconnaître, par un billet du 9 mai, la réception des Notes du prince *Kourakine;* mais en même temps il lui demande s'il a des pleins pouvoirs pour arrêter, conclure et signer un arrangement sur les différends qui s'étaient élevés entre les deux puissances. Le prince lui répondit sur-le-champ « que le caractère d'ambassadeur dont il était revêtu rendait superflu tout autre pouvoir spécial[1]; — qu'un tel pouvoir ne serait également donné qu'avec la réserve de la ratification impériale, — et que les instructions qu'il avait reçues ne lui permettaient pas de douter que l'arrangement qu'il conclurait avec la France ne fût ratifié. »

Cette réponse ne parut point suffisante au duc de *Bassano*, qui ayant, le même jour, une entrevue avec le prince *Kourakine*, éluda toute discussion sur le fond des propositions russes, en réitérant la demande des pouvoirs spéciaux, et en insistant d'ailleurs pour savoir si le prince *Kourakine* avait l'ordre de sa Cour de réclamer ses passeports. L'ambassadeur répondit qu'il les avait demandés sans ordre, et uniquement parce qu'il est blessé de ce que le ministère français refuse de traiter avec lui.

Deux jours après cet entretien, *Napoléon* étant parti pour Dresde, le prince renouvela la demande de ses passeports, qu'il n'obtint cependant que le 12 juin.

La circonstance, mentionnée plus haut, du départ de l'Empereur *Alexandre* pour se rendre dans ses provinces polonaises, nous oblige à dire par anticipation, que *Napoléon*, dès le lendemain de son arrivée à Dresde, craignant qu'il ne fût pas possible à M. de *Narbonne* de passer la frontière et de pénétrer jusqu'à l'Empereur *Alexandre*, fit appeler dans son cabinet le duc de *Bassano*. « Je veux faire encore une démarche, lui dit-il; écrivez à *Lauriston* qu'il se rende de Pé-

[1] Cet argument, il faut le dire, était plus spécieux que solide. Le Droit des Gens *coutumier* donne une solution différente. Voyez notre *Code diplomatique de l'Europe*, livre VI.

tersbourg à Wilna. Il dira que, pressé d'écarter cette querelle de gens de plume, je lui ai donné l'ordre de franchir les intermédiaires et de parvenir jusqu'à l'Empereur pour obtenir un mot d'explication qui puisse laisser la voie ouverte à notre raccommodement. Il ajoutera que je suis persuadé que l'ambassadeur russe est allé au delà de ses instructions. Envoyez la Note de *Kourakine;* que *Lauriston* mette de ma part le dossier sous les yeux de l'Empereur; il est impossible qu'il n'y ait pas quelque malentendu. » Le ministre des Relations Extérieures transmit à l'ambassadeur de France près la cour de Saint-Pétersbourg les ordres de *Napoléon*, et le chargea spécialement d'exposer « que demander comme condition l'évacuation de la Prusse serait violer l'indépendance de cette monarchie, puisque c'était exiger d'elle la destruction des engagements qu'elle avait contractés (le 24 février), en usant du droit qui appartient à tous les souverains[1]. » La permission de se rendre à Wilna fut, avec beaucoup de ménagement, refusée au comte *Lauriston*, par une lettre que lui écrivit, à la date du 27 mai, le comte *Roumantsof*, et à laquelle répondit, dès le 31 suivant, l'ambassadeur de France, en déplorant que l'on ne voulût point l'entendre « dans un moment décisif où une conférence pouvait être d'un si grand intérêt pour les deux empires. »

Napoléon ne pouvait guère se bercer de l'espoir que

[1] Ce raisonnement était bon pour la forme; nos lecteurs savent si la Prusse a fait acte d'indépendance et de liberté en s'alliant, le 24 février, avec NAPOLÉON. Le cabinet de Berlin exprimait parfaitement sa situation, lorsqu'en informant son agent à Stockholm, le comte de TARRACH, de la signature de l'alliance, il lui disait : « Il fallait en passer par là.... ou par la fenêtre. » Le département des Affaires Étrangères avait alors une double correspondance avec ses agents; l'une ostensible au besoin, et signée par le Ministre; l'autre, entièrement secrète, et signée par M. de *Lecoq*.

les dernières instances de son ambassadeur fussent plus heureuses que les tentatives précédentes de rapprochement faites auprès de l'Empereur *Alexandre*, aussi avait-il prescrit au duc de *Bassano* de rappeler le comte *Lauriston*, le même jour où ce ministre avait envoyé des passeports au prince *Kourakine*. Les deux lettres écrites à cette occasion par le duc de *Bassano* terminent la correspondance officielle dont toutes les pièces vont se trouver ici réunies.

I.

Note adressée par M. le ministre des Relations Extérieures, à M. le comte de Romanzow, chancelier de Russie.

Paris, le 25 avril 1812.

« Monsieur le comte,

« S. M. l'Empereur de Russie avait reconnu à Tilsitt que la génération présente ne serait rendue au bonheur qu'autant que toutes les nations, jouissant de la plénitude de leurs droits, pourraient se livrer en toute liberté à leur industrie ; qu'autant que l'indépendance de leur pavillon serait inviolable ; que l'indépendance de leur pavillon était un droit de chacune d'elles et un devoir réciproque des unes envers les autres ; qu'elles n'étaient pas moins solidaires de l'inviolabilité de leur pavillon que de celle de leur territoire ; que si une puissance ne peut, sans cesser d'être neutre, laisser enlever sur son territoire, par une des puissances belligérantes, les propriétés de l'autre, elle cesse également d'être neutre en laissant enlever sous son pavillon, par une des puissances belligérantes, les propriétés que l'autre y a placées ; que toutes les puissances ont en conséquence le droit d'exiger que les nations qui prétendent à la neutralité fassent respecter leur pavillon, de la même manière qu'elles doivent faire respecter leur territoire; que tant que l'Angleterre, persistant dans son système de guerre, ne reconnaît l'indépendance d'aucun pavillon sur les mers, aucune puissance qui a des côtes ne peut être neutre envers l'Angleterre.

« Avec cette pénétration et cette élévation de sentiments qui le distinguent, l'Empereur *Alexandre* comprit ainsi qu'il ne pourrait y avoir de prospérité pour les États du Continent, que dans le rétablissement de leurs droits, par la paix maritime. Ce grand intérêt de la paix maritime domina dans le traité de Tilsitt; tout le reste en fut la conséquence immédiate.

« L'Empereur *Alexandre* offrit sa médiation au gouvernement anglais, et s'engagea, si ce gouvernement *ne consentait à conclure la paix, en reconnaissant que les pavillons de toutes les puissances doivent jouir d'une égale et parfaite indépendance sur les mers, à faire cause commune avec la France, à sommer, de concert avec elle, les trois cours de Copenhague, de Stockholm et de Lisbonne de fermer leurs ports aux Anglais, et de déclarer la guerre à l'Angleterre; et à insister avec force auprès des puissances, pour qu'elles adoptent les mêmes principes.*

« L'Empereur *Napoléon* accepta la médiation de la Russie; mais l'Angleterre n'y répondit que par une violation du Droit des Gens, jusqu'alors sans exemple dans l'histoire. Elle vint en pleine paix, et sans déclaration préalable de guerre, attaquer le Danemarck, surprendre sa capitale, brûler ses arsenaux, et s'emparer de sa flotte qui était désarmée et en sécurité dans ses ports. La Russie, se conformant aux stipulations et aux principes du traité de Tilsitt, déclara la guerre à l'Angleterre; *proclama de nouveau les principes de la neutralité armée, et s'engagea à ne déroger jamais à ce système.* Ce fut alors que le Cabinet britannique jeta le masque, en publiant, au mois de novembre 1807, ces arrêts du Conseil par lesquels l'Angleterre levait un octroi de quatre à cinq cents millions sur le Continent, et elle soumettait tous les pavillons aux tarifs et aux dispositions de sa législation. Ainsi d'un côté elle se mettait en état de guerre contre toute l'Europe; de l'autre, elle s'assurait les moyens d'en perpétuer indéfiniment la durée, en fondant ses finances sur les tributs qu'elle prétendait imposer à tous les peuples.

« Déjà en 1806, et pendant que la France était en guerre contre la Prusse et la Russie, elle avait proclamé un blocus qui mettait en interdit toutes les côtes d'un empire. Lorsque Sa Majesté fut entrée à Berlin, elle répondit à cette prétention monstrueuse par le décret du blocus des îles britanniques. Mais pour repousser les arrêts du Conseil de 1807, il fallait des mesures plus directes, plus précises, et Sa Majesté, par le décret de Milan, du 17 décembre de la même année, déclara *dénationalisés* tous les pavillons qui laisseraient violer leur neutralité, en se soumettant à ces arrêts.

« L'attentat de Copenhague avait été soudain et public. L'Angleterre préparait en Espagne des attentats nouveaux ourdis avec méditation et dans les ténèbres.

« N'ayant pu ébranler la fermeté du roi *Charles IV*, elle forma un parti contre ce prince, qui ne voulait pas sacrifier à l'Angleterre les intérêts de son royaume; elle se servit du nom du prince des Asturies, et le père fut chassé de son trône au nom du fils; les ennemis de la France et les partisans de l'Angleterre s'emparèrent du pouvoir.

« Sa Majesté, appelée par le roi *Charles IV*, fit entrer ses troupes en Espagne, et la guerre de la péninsule fut amenée.

« Par une des stipulations de Tilsitt, la Russie

devait évacuer la Valachie et la Moldavie. Cette évacuation fut différée. De nouvelles révolutions survenues à Constantinople avaient plusieurs fois ensanglanté le sérail.

« Ainsi, un an s'était à peine écoulé depuis la paix de Tilsitt, les affaires de Copenhague, d'Espagne, de Constantinople, et les arrêts publiés en 1807 par le Conseil britannique, avaient déjà placé l'Europe dans une situation tellement inattendue, que les deux souverains jugèrent convenable de se concerter et de s'entendre : l'entrevue d'Erfurth eut lieu.

« Unis d'intention et animés de l'esprit de Tilsitt, ils se mirent d'accord sur ce qu'exigeaient d'eux de si grands changements : l'Empereur consentit à faire évacuer la Prusse par ses troupes, en même temps qu'il consentait que la Russie non-seulement n'évacuât point la Valachie et la Moldavie, mais réunît ces provinces à son empire.

« Les deux souverains, pénétrés du même désir du rétablissement de la paix maritime, et alors aussi fermement attachés qu'à Tilsitt à la défense des principes pour lesquels ils s'étaient unis, résolurent de faire en commun une démarche solennelle auprès de l'Angleterre. Vous vîntes, monsieur le comte, en suivre les effets à Paris, et vous échangeâtes alors plusieurs Notes avec le gouvernement britannique. Mais le cabinet de Londres qui entrevoyait qu'une guerre allait se rallumer sur le Continent, repoussa toute négociation.

« La Suède s'était refusée à fermer ses ports à l'Angleterre. La Russie, conformément aux stipulations de Tilsitt, lui avait déclaré la guerre. Il en résulta pour elle la perte de la Finlande, que la Russie réunit à son empire. En même temps, les armées russes occupèrent les places fortes du Danube, et firent une guerre avantageuse contre la Turquie.

« Cependant, monsieur le comte, le système de l'Angleterre triomphait : ses arrêts du Conseil menaçaient d'obtenir les plus immenses résultats; et l'octroi, qui devait fournir les moyens d'entretenir la guerre perpétuelle qu'elle avait proclamée, se percevait sur les mers. La Hollande et les villes hanséatiques continuant de commercer avec elle, leur connivence rendait illusoires les dispositions salutaires et décisives des décrets de Berlin et de Milan, qui pouvaient seules combattre victorieusement les principes et les arrêts du Conseil britannique. L'exécution de ces dispositions ne pouvait être assurée que par l'action journalière d'une administration ferme, vigilante, et à l'abri de toute influence ennemie : la Hollande et les villes hanséatiques durent être réunies. Mais, tandis que les sentiments les plus chers cédaient, dans le cœur de Sa Majesté, aux intérêts de ses peuples et à ceux du Continent, de grands changements s'opéraient : la Russie abandonnait les principes pour lesquels elle s'était engagée à Tilsitt, à faire cause commune avec la France, qu'elle avait proclamés dans sa déclaration de guerre à l'Angleterre, et qui avaient dicté les décrets de Berlin et de Milan. Ils furent éludés par l'ukase sur le commerce qui ouvrit les ports de la Russie à tout bâtiment anglais chargé de marchandises coloniales, propriétés anglaises, pourvu qu'il prît le masque d'un pavillon étranger. Ce coup inattendu annula le traité de Tilsitt, et ces transactions fondamentales qui avaient fini la lutte des deux plus grands empires du monde, et qui avaient promis à l'Europe le grand bienfait de la paix maritime. On pressentit dès lors des bouleversements prochains et des guerres sanglantes.

« La conduite de la Russie depuis cette époque fut constamment dirigée vers ces funestes résultats. La réunion du duché d'Oldenbourg, enclavé de toutes parts dans les contrées nouvellement soumises au même régime que la France, était une suite nécessaire de la réunion des villes hanséatiques. Une indemnité fut offerte. Cet objet était facile à régler selon les convenances réciproques. Mais votre Cabinet en fit une affaire d'État, et l'on vit pour la première fois paraître une protestation d'un allié contre un allié. La réception des vaisseaux anglais dans les ports russes et les dispositions de l'ukase de 1810 avaient fait connaître que les traités n'existaient plus; la protestation montra que non-seulement les liens qui avaient uni les deux puissances étaient rompus, mais que la Russie jetait publiquement le gant à la France pour une difficulté qui lui était étrangère, et qui ne pouvait se résoudre que par le moyen que Sa Majesté avait offert. On ne se dissimula point que le refus de cette offre décelait le projet déjà formé d'une rupture. La Russie s'y préparait en effet. Au moment de dicter les conditions de la paix à la Turquie, elle avait rappelé tout à coup cinq divisions de l'armée de Moldavie, et, dès le mois de février 1811, on apprit à Paris que l'armée du duché de Varsovie avait été obligée de repasser la Vistule pour se mettre à portée d'être secourue par la Confédération, tant les armées russes sur la frontière étaient déjà nombreuses et menaçantes.

« Lorsque la Russie s'était déterminée à des mesures contraires aux intérêts de la guerre active qu'elle avait à soutenir, lorsqu'elle avait donné à ses armements un développement onéreux à ses finances et sans objet dans la situation où se trouvaient toutes les puissances du Continent, toutes les troupes françaises étaient en deçà du Rhin, à l'exception d'un corps de quarante mille hommes rassemblés à Hambourg pour la défense des côtes de la mer du Nord et pour le maintien de la tranquillité dans les pays nouvellement réunis. Les places réservées en Prusse n'étaient occupées que par les troupes alliées ; il n'était resté à Dantzick qu'une garnison de quatre mille hommes, et les troupes du duché de Varsovie étaient sur le pied de paix ; une partie même était en Espagne.

« Les préparatifs de la Russie se trouvaient donc sans objet, à moins qu'elle n'eût l'espérance d'en imposer à la France par un grand appareil de forces, et de la porter à mettre fin aux discussions de l'Oldenbourg, en sacrifiant l'existence du duché de Varsovie ; peut-être aussi, ne pouvant se dissimuler qu'elle avait violé le traité de Tilsitt, la Russie n'avait-elle recours à la force que pour chercher à justifier des violations qui ne pouvaient pas l'être.

« Cependant Sa Majesté resta impassible. Elle persista dans le désir d'un arrangement; elle pensait qu'il était toujours temps d'en venir aux armes; elle demanda que des pouvoirs fussent envoyés au prince *Kourakine*, et qu'une négociation fût ouverte sur des différends qui pouvaient se terminer facilement et qui n'étaient assurément pas de nature à exiger l'effusion du sang. Ils se réduisaient aux quatre points suivants :

« 1° L'existence du duché de Varsovie qui avait été une condition de la paix de Tilsitt et qui, dès la fin de 1809, donna lieu à la Russie de manifester des défiances auxquelles Sa Majesté répondit par une condescendance portée aussi loin que l'amitié la plus exigeante pouvait le désirer et que l'honneur pouvait le permettre.

« 2° La réunion du duché d'Oldenbourg, que la guerre contre l'Angleterre avait nécessitée et qui était dans l'esprit de Tilsitt.

« 3° La législation sur le commerce des marchandises

anglaises et les bâtiments dénationalisés, qui devait être réglée par l'esprit et les termes du traité de Tilsitt.

« 4° Enfin les dispositions de l'ukase de décembre 1810, qui, en détruisant toutes les relations commerciales de la France avec la Russie, et en ouvrant les ports aux pavillons simulés chargés de propriétés anglaises, étaient contraires à la lettre du traité de Tilsitt.

« Tels devaient être les objets de la négociation.

« Quant à ce qui regardait le duché de Varsovie, Sa Majesté s'empressait d'adopter une convention par laquelle elle s'engageait à ne favoriser aucune entreprise qui tendrait directement ou indirectement au rétablissement de la Pologne.

« Quant à l'Oldenbourg, elle acceptait l'intervention de la Russie, qui cependant n'avait aucun droit de s'immiscer dans ce qui concernait un prince de la Confédération du Rhin, et elle consentait à donner à ce prince une indemnité.

« Quant au commerce des marchandises anglaises et aux bâtiments dénationalisés, Sa Majesté demandait à s'entendre pour concilier les besoins de la Russie avec les principes du système continental et l'esprit du traité de Tilsitt.

« Enfin, quant à l'ukase, Sa Majesté consentait à conclure un traité de commerce qui, en assurant les relations commerciales de la France, garanties par le traité de Tilsitt, ménagerait tous les intérêts de la Russie.

« L'Empereur se flattait que des dispositions dictées par un esprit de conciliation aussi manifeste amèneraient enfin un arrangement. Mais il fut impossible d'obtenir de la Russie qu'elle donnât des pouvoirs pour ouvrir une négociation. Elle répondit constamment aux nouvelles ouvertures qui lui étaient faites par de nouveaux armements, et l'on fut forcé de comprendre enfin qu'elle refusait de s'expliquer parce qu'elle n'avait à proposer que des choses qu'elle n'osait point énoncer, et qui ne pouvaient pas être accordées ; que ce n'étaient pas des stipulations qui, en identifiant davantage le duché de Varsovie à la Saxe, en le mettant à l'abri des mouvements qui pouvaient inquiéter la Russie sur la tranquillité de ses provinces, qu'elle désirait d'obtenir, mais le duché même qu'elle voulait réunir ; que ce n'était pas son commerce, mais celui des Anglais qu'elle voulait favoriser pour soustraire l'Angleterre à la catastrophe qui la menaçait ; que ce n'était pas pour les intérêts du duc d'Oldenbourg que la Russie voulait intervenir dans l'affaire de la réunion, mais que c'était une querelle ouverte contre la France qu'elle voulait tenir en réserve pour le moment de la rupture qu'elle préparait.

« L'Empereur reconnut alors qu'il n'y avait pas un moment à perdre. Il eut aussi recours aux armes. Il se mit en mesure d'opposer des armées à des armées pour garantir un État du second ordre, si souvent menacé, et qui faisait reposer toute sa confiance sur sa protection et sur sa foi.

« Cependant, monsieur le comte, Sa Majesté saisit encore toutes les occasions pour manifester ses sentiments. Elle déclara publiquement, le 15 août dernier, la nécessité d'arrêter la marche si dangereuse que prenaient les affaires, et le vœu d'y parvenir par des arrangements pour lesquels elle ne cessait point de demander à entrer en négociation.

« A la fin du mois de novembre suivant, Sa Majesté crut pouvoir espérer que ce vœu allait être enfin partagé par votre Cabinet. Vous annonçâtes, monsieur le comte, à l'ambassadeur de Sa Majesté, que M. de *Nesselrode* était désigné pour se rendre à Paris avec des instructions. Quatre mois s'étaient écoulés lorsque Sa Majesté apprit que cette mission n'aurait pas lieu. Elle fit aussitôt appeler M. le colonel *Czernichew*, et lui donna pour l'empereur *Alexandre* une lettre qui tendait de nouveau à ouvrir des négociations, M. de *Czernichew* est arrivé le 10 mars à Saint-Pétersbourg, et cette lettre est encore sans réponse.

« Comment se dissimuler plus longtemps que la Russie élude tout rapprochement? Depuis dix-huit mois, elle a eu pour règle constante de porter la main sur son glaive toutes les fois que des propositions d'arrangement lui ont été faites.

« Se voyant ainsi forcée de renoncer à toute espérance du côté de la Russie, Sa Majesté, avant de commencer cette lutte, qui fera couler tant de sang, a pensé qu'il était de son devoir de s'adresser au gouvernement anglais. La gêne qu'éprouve l'Angleterre, les agitations auxquelles elle est en proie, et les changements qui ont eu lieu dans son gouvernement, ont décidé Sa Majesté. Un sincère désir de la paix a dicté la démarche dont j'ai reçu l'ordre de vous donner connaissance. Aucun agent n'a été envoyé à Londres, et il n'y a eu aucune autre communication entre les deux gouvernements. La lettre dont Votre Excellence trouvera la copie ci-jointe, et que j'ai adressée au secrétaire d'État pour les affaires étrangères de Sa Majesté Britannique, a été remise en mer au commandant de la station de Douvres.

« La démarche que je fais auprès de vous, monsieur le comte, est une conséquence des dispositions du traité de Tilsitt, auquel Sa Majesté a la volonté de se conformer jusqu'au dernier moment. Si les ouvertures faites à l'Angleterre ont quelque résultat, je m'empresserai de vous en prévenir. S. M. l'empereur *Alexandre* y prendra part, ou en conséquence du traité de Tilsitt, ou comme allié de l'Angleterre, si déjà ses relations avec l'Angleterre sont formées.

« Il m'est formellement prescrit, monsieur le comte, d'exprimer, en terminant cette dépêche, le vœu déjà manifesté par Sa Majesté à M. le colonel *Czernichew*, de voir des négociations qu'elle n'a cessé de provoquer depuis dix-huit mois, prévenir enfin des evenements dont l'humanité aurait tant à gémir.

« Quelle que soit la situation des choses lorsque cette lettre parviendra à Votre Excellence, la paix dépendra encore des résolutions de votre cabinet.

« J'ai l'honneur, monsieur le comte, de vous offrir l'assurance de ma plus haute considération.

« *Signé* le duc de BASSANO. »

II.

Note du prince Kourakin au ministre des Relations Extérieures.

« Paris, le 18 (30) avril 1812.

« Monsieur le duc,

« Depuis l'entretien que j'ai eu mardi dernier avec Votre Excellence, et dans lequel elle m'a fait espérer que les communications que je lui ai faites verbalement, d'après le contenu de mes dernières instructions, seraient admises comme base de l'arrangement dont nous avons à nous occuper, je n'ai pu la trouver chez elle, et obtenir de sa part de nouvelles conférences pour la discussion de cet objet et la rédaction du projet de cette convention.

« Il m'est impossible, monsieur le duc, de différer

davantage de rendre compte à l'Empereur, mon maître, de l'exécution des ordres qu'il m'a donnés. Je m'en étais acquitté verbalement envers Sa Majesté l'Empereur et Roi, dans l'audience particulière que Sa Majesté m'a accordée lundi. Je m'en suis acquitté aussi et de la même manière envers Votre Excellence, dans mes entretiens avec elle de vendredi, de lundi et de mardi. Je me flattais que l'envoi d'un projet de convention, fondé sur les bases que j'ai eu ordre de proposer, et qui, à ce que j'espérais, devaient être agréables à Sa Majesté Impériale et Royale, me mettrait à même de prouver immédiatement à Sa Majesté l'Empereur, mon maître, que j'avais rempli ses intentions, et avais eu le bonheur de le faire avec succès. Privé depuis deux jours de la faculté de voir Votre Excellence, de poursuivre et de terminer avec elle le travail si important et si pressant par les circonstances dont nous avons à nous occuper, pour lequel il n'y a pas un seul jour à perdre, et voyant s'évanouir la certitude dont je m'étais flatté, que cet ouvrage serait achevé sans délai et pourrait conduire au but qu'il devait avoir, de prévenir encore les conséquences malheureuses de l'extrême rapprochement où les armées de Sa Majesté l'Empereur et Roi sont parvenues de celles de Sa Majesté l'Empereur, mon maître, il me reste à pourvoir à ma responsabilité envers ma Cour, en m'acquittant officiellement des communications que j'ai reçu ordre de faire à Votre Excellence, et qui jusqu'à présent ne lui ont été données de ma part que de vive voix.

« Il m'est ordonné de déclarer à Votre Excellence que la conservation de la Prusse et son indépendance de tout lien politique dirigé contre la Russie est indispensable aux intérêts de Sa Majesté Impériale; pour arriver à un véritable état de paix avec la France, il faut nécessairement qu'il y ait entre elle et la Russie un pays neutre qui ne soit occupé par les troupes d'aucune des deux puissances; que comme toute la politique de Sa Majesté l'Empereur, mon maître, ne tend qu'à établir des rapports solides et stables avec la France, et que ceux-ci ne sauraient subsister tant que des armées étrangères continueraient à séjourner dans une telle proximité des frontières de la Russie, la première base de toute négociation ne peut être que l'engagement formel de l'entière évacuation des États prussiens et de toutes les places fortes de la Prusse, quels qu'aient été l'époque et le fondement de leur occupation par les troupes françaises ou alliées, d'une diminution de la garnison de Dantzick, de l'évacuation de la Poméranie suédoise, et d'un arrangement avec le roi de Suède, propre à satisfaire réciproquement les deux couronnes de France et de Suède.

« Je dois déclarer que, quand les demandes ci-dessus énoncées seront accordées de la part de la France comme base de l'arrangement à conclure, il me sera permis de promettre que cet arrangement pourra contenir aussi de la part de Sa Majesté l'Empereur, mon maître, les engagements suivants.

« Sans dévier aux principes adoptés par l'Empereur de toutes les Russies pour le commerce de ses États et pour l'admission des neutres dans les ports de sa domination, principes auxquels Sa Majesté ne saurait jamais renoncer, elle s'oblige, par un effet de son attachement pour l'alliance formée à Tilsitt, à n'adopter aucun changement aux mesures prohibitives établies en Russie, et sévèrement observées jusqu'à présent contre le commerce direct avec l'Angleterre; Sa Majesté est prête, de plus, à convenir avec S. M. l'empereur des Français et roi d'Italie, d'un système de licences à introduire en Russie, à l'exemple de la

France; bien entendu qu'il ne pourra être admis qu'après qu'il aura été reconnu ne pouvoir augmenter par ses effets le préjudice qu'éprouve déjà le commerce de la Russie.

« S. M. l'empereur de toutes les Russies s'engagera aussi par cette convention à traiter, par un arrangement particulier, de certaines modifications que la France peut désirer pour l'avantage de son commerce dans le tarif des douanes de Russie de 1810.

« Enfin, Sa Majesté consentira aussi à s'engager de conclure un traité d'échange du duché d'Oldenbourg contre un équivalent convenable, qui sera proposé par Sa Majesté l'Empereur et Roi, et dans lequel Sa Majesté Impériale déclarera retirer la protestation qu'elle a été dans le cas de donner pour mettre en réserve les droits de sa maison sur le duché d'Oldenbourg.

« Telles sont, monsieur le duc, les bases qu'il m'a été ordonné de présenter ici, et dont l'admission, dans ce qui regarde l'évacuation des États prussiens et de la Poméranie suédoise, la réduction de la garnison de Dantzick sur le pied où elle était avant le 1er janvier 1811, et la promesse d'une négociation avec la Suède peut seule rendre possible encore un arrangement entre nos deux cours. C'est avec un vif regret que, malgré l'intervalle qui s'est écoulé depuis que je les ai communiquées verbalement à Votre Excellence, je me vois encore dans une incertitude complète sur les effets qu'auront mes démarches, malgré les augures favorables que je m'étais plu à tirer de l'entretien que Sa Majesté Impériale et Royale a bien voulu m'accorder lundi, et des assurances que Votre Excellence y a ajoutées de son côté. Je ne puis ne pas renouveler à Votre Excellence ce que j'ai déjà pris la liberté de porter moi-même à la connaissance de Sa Majesté l'Empereur, et ce que j'ai eu l'honneur de vous dire aussi à vous-même, monsieur le duc, que si, à mon grand regret, la nouvelle me parvenait que M. le comte de *Lauriston* eût quitté Pétersbourg, il serait de mon devoir de demander sur-le-champ que mes passe-ports me fussent délivrés et de quitter aussi Paris.

« Que Votre Excellence reçoive, etc.

« *Signé* le prince ALEXANDRE KOURAKIN. »

III.

Note du prince Kourakin au ministre des Relations Extérieures.

« Paris, le 25 avril (7 mai) 1812.

« Monsieur le duc,

« Il s'est écoulé près de quinze jours depuis que je me suis acquitté des communications que mes dernières instructions, apportées par le baron *Serdobin*, m'ont enjoint de faire à Votre Excellence, et que je me suis empressé de mettre sous ses yeux deux heures après leur réception. J'ai eu l'honneur de porter aussi moi-même à la connaissance de Sa Majesté Impériale et Royale dans l'audience qu'elle m'a accordée lundi 27 du même mois, les propositions de Sa Majesté l'Empereur, mon auguste maître, qui en faisaient l'objet. Les espérances que j'eus à fonder sur tout ce que Sa Majesté voulut bien me dire, dans cette audience, de son désir extrême de prévenir, par les voies de la conciliation, la rupture qui menace l'Europe d'une nouvelle guerre, me firent concevoir l'attente flatteuse de voir ma démarche réussir au gré de Sa Majesté l'Empereur mon maître, dont les souhaits n'ont jamais été autres que ceux de la conservation de la paix et de son alliance avec la France, et de voir les propositions essentiellement équitables et modérées dont je venais d'être l'organe, devenir la base d'un arrangement amical. Je pouvais d'autant plus me livrer à cette espérance, que vous-même, monsieur le duc, n'avez cessé, dans les premiers entretiens qui suivirent mes communications, de l'encourager par la justice que vous avez rendue à leur esprit conciliant, pacifique, et principalement dirigé à satisfaire S. M. l'empereur *Napoléon* sur toutes les demandes qu'il a formées jusqu'à présent auprès de la Russie. Sa Majesté l'Empereur et Roi, dans l'audience du 27 avril, en m'engageant à discuter immédiatement avec Votre Excellence ces propositions dont j'étais chargé, m'avait autorisé à prévoir la possibilité de rendre compte à l'Empereur mon maître, dans un délai peu considérable, de l'accueil fait à ses offres. Jamais circonstances plus urgentes n'ont autorisé plus justement un désir et des instances pour recevoir une prompte solution : cependant, monsieur le duc, je suis encore toujours à l'attendre. Mes demandes pressantes et réitérées, mes démarches journalières auprès de Votre Excellence n'obtiennent d'autre résultat de sa part que le refus de s'expliquer encore sur nos propositions, fondé sur le défaut d'ordres à cet effet de Sa Majesté Impériale et Royale.

« Il est impossible, monsieur le duc, de se dissimuler les funestes effets que vont inévitablement entraîner ces délais. La proximité chaque jour plus grande des armées de Sa Majesté Impériale et Royale et de ses alliés des frontières de l'empire de Russie, peut amener d'un instant à l'autre des événements après lesquels tout espoir de conserver la paix sera perdu, et qui peut-être même en ce moment ont déjà détruit cette possibilité. Le seul moyen qui peut épargner à l'Europe les malheurs qui vont s'appesantir sur elle, était dans l'acceptation des offres conciliantes que l'Empereur mon maître m'a chargé de présenter. Non-seulement nulle réponse de la part de Votre Excellence ne m'a fait connaître qu'elles fussent acceptées, mais jusqu'à présent elle n'a cessé de se refuser aux explications que je lui ai demandées et lui demande encore, sur la manière dont ces offres sont envisagées, et sur ce qui, dans l'ensemble de nos propositions, a pu ne pas convenir à l'Empereur.

« Au milieu des circonstances critiques où se trouvent les deux empires, la prolongation de semblables délais aux explications propres à produire un rapprochement, ne saurait être interprétée autrement que comme une détermination déjà prise de ne point entrer dans ces explications, et par conséquent, que, *comme* le choix de la guerre : il ne m'est point permis de dissimuler à Votre Excellence, que c'est ainsi que j'envisagerai les nouveaux retards qui seront mis à me donner une réponse catégorique sur les communications dont je me suis acquitté par ordre de Sa Majesté l'Empereur mon maître. Je dois donc vous prévenir, monsieur le duc, que si dans la conférence qu'elle a fixée avec moi pour demain matin, j'avais encore le regret de la trouver sans instructions de Sa Majesté Impériale et Royale pour me répondre sur mes propositions et pour m'annoncer qu'elles sont acceptées sans modification, car Votre Excellence sait qu'il ne m'est permis d'en admettre aucune, je me verrai, par le départ de Sa Majesté l'Empereur et Roi, annoncé pour après-demain, et qui ne me permettrait plus d'espérer la réponse que je réclame, dans la nécessité d'envisager le manque de cette réponse comme le choix de la guerre, et de considérer alors ma présence à Paris comme tout à fait superflue, et qu'avec un profond regret de n'avoir pu contribuer au maintien de cette paix et de cette alliance, à l'établissement desquelles le plus grand bonheur de ma vie est d'avoir participé, il y a cinq ans, je serai forcé de demander à Votre Excellence mes passe-ports pour quitter la France. Je la prie d'avance bien instamment d'obtenir les ordres de Sa Majesté Impériale et Royale pour pouvoir alors me les remettre sans délai.

« Recevez, monsieur le duc, la nouvelle assurance de ma haute considération.

« *Signé* le prince Alexandre Kourakin. »

IV.

Note du ministre des Relations Extérieures au prince Kourakin, ambassadeur de Russie.

« Paris, le 9 mai 1812.

« Monsieur l'ambassadeur,

« J'ai reçu les Notes que vous m'avez fait l'honneur de m'adresser les 30 avril et 7 mai. Avant d'être dans le cas d'y répondre, je dois demander à Votre Excellence si elle a de pleins pouvoirs pour arrêter, conclure et signer un arrangement sur les différends qui se sont élevés entre les deux puissances, et de la prier dans ce cas, et conformément à l'usage de tous les cabinets, de m'en donner préalablement communication.

« J'ai l'honneur d'offrir à Votre Excellence les nouvelles assurances de ma haute considération.

« *Signé* le duc de Bassano. »

V.

Lettre en réponse du prince Kourakine à la note précédente.

Paris, le 27 avril (9 avril) 1812.

« Monsieur le duc,

« Je viens de recevoir la lettre de Votre Excellence en date d'aujourd'hui. Elle me permettra de lui témoigner ma grande surprise des questions qu'elle m'y fait, et que je croyais avoir entièrement prévenues par la franchise avec laquelle je lui ai communiqué sans réserve toutes les instructions que j'ai reçues en dernier lieu de Sa Majesté Impériale, mon auguste maître. Votre Excellence connaît les propositions conciliantes qui en sont l'objet, et qui indiquent d'une manière très-positive le désir instant de mon auguste maître de maintenir la paix, et son alliance avec S. M. l'empereur *Napoléon*. Je suis toujours prêt à m'entendre avec elle sur la forme à leur donner, par la rédaction d'une convention que je signerai avec elle, *sub spe rati*, quoique sans pouvoirs particuliers et spéciaux pour signer cette convention ; le caractère dont j'ai l'honneur d'être revêtu auprès de Sa Majesté Impériale et Royale me suffisant pour cet effet; et je puis promettre à Votre Excellence, d'après la connaissance parfaite que j'ai des intentions de l'Empereur, mon maître, et d'après l'annonce qui m'est faite d'un envoi de pleins pouvoirs spéciaux, au cas où les bases proposées par moi seraient acceptées par Sa Majesté l'Empereur et Roi, que l'arrangement que je signerai sera ratifié par Sa Majesté Impériale. J'observe à Votre Excellence que, quand même j'aurais pour cet objet dès à présent les pleins pouvoirs spéciaux, d'après les usages généralement admis, la ratification des deux Souverains serait encore nécessaire avant que l'acte pût avoir sa pleine et entière validité. J'ai vivement à regretter, au milieu des circonstances si urgentes, où chaque instant peut amener le commencement des hostilités, que le silence qui a été gardé vis-à-vis de moi par le ministre de Sa Majesté Impériale et Royale pendant le long espace de quinze jours sur la manière dont Sa Majesté a envisagé les bases que j'ai été chargé de lui présenter pour ces arrangements ait retardé si considérablement la possibilité de le conclure.

« J'avoue à Votre Excellence mon étonnement de ce qu'elle a cru devoir attendre l'explication que je viens de lui donner, ou plutôt de lui confirmer (puisque j'ai déjà eu l'honneur de lui détailler très-clairement, dans mes entretiens précédents, tout ce qui fait le sujet de la question d'aujourd'hui), avant que de répondre à mes Notes du 30 avril et du 7 mai. Votre Excellence ne fait pas mention de celle du 6 mai[1], sur laquelle je ne suis pas moins fondé à espérer de sa part une réponse que je réclame également. Je la prie instamment de me faire parvenir les trois réponses le plus tôt qu'il lui sera possible. Elles doivent contenir des éclaircissements qui me sont indispensablement nécessaires, par les devoirs très-positifs que m'impose le poste que j'occupe.

« Recevez, monsieur le duc, l'expression renouvelée de ma haute considération.

« *Signé :* le prince Alexandre Kourakin. »

[1] La Note du 6 mai est relative à une affaire particulière et étrangère aux discussions existantes entre les deux pays.

VI.

Lettre du prince Kourakine au ministre des Relations Extérieures.

Paris, le 29 avril (11 mai) 1812.

« Monsieur le duc,

« Je me proposais de me rendre ce matin chez Votre Excellence pour lui rappeler que je n'avais pas eu de réponse à ma lettre d'hier, quand j'ai reçu celle qu'elle m'a fait l'honneur de m'écrire hier au soir, quelques heures avant son départ, que, d'après ce qu'elle a bien voulu me dire, je ne supposais devoir avoir lieu que dans deux ou trois jours. Quoiqu'elle veuille bien m'y annoncer les passe-ports que j'ai désirés, je n'y ai trouvé que celui pour le gentilhomme de la chambre *Kologrivoff*, sur lequel même il n'est point marqué que c'est en courrier qu'il se rend à Saint-Pétersbourg. Je prie Votre Excellence d'avoir la bonté de m'envoyer les trois autres qu'elle m'avait promis pour les personnes attachées à ma chapelle et à ma maison, et qui doivent partir par des voituriers viennois déjà engagés pour cet effet, et envers lesquels, ne pouvant les mettre en route au terme convenu, je suis entraîné dans la perte du prix arrêté avec eux, pour ce transport, d'ici jusqu'à Brody.

Votre Excellence n'a point jugé à propos de répondre aux trois offices que je lui ai adressés le 30 avril, le 6 et le 7 mai, sur les objets les plus majeurs de mes relations avec elle, malgré l'usage établi de répondre à toute communication d'office, présentée par un ambassadeur d'une manière aussi authentique et dans des cas aussi urgents que ceux-ci. Elle ne m'écrit pas non plus, ainsi qu'elle me l'avait promis, pour m'annoncer les motifs qui lui feraient envisager encore comme possible un arrangement entre les deux puissances, et qui devaient me déterminer à prolonger mon séjour à Paris, et à ne point réclamer mes passeports. Ce silence de sa part me replace dans la même situation où je me trouvais lorsque je les lui demandai pour la première fois. N'obtenant point d'elle l'explication officielle et par écrit qu'elle me promettait, des raisons qui devaient m'engager à différer mon départ, explication que je comptais mettre en original sous les yeux de Sa Majesté l'Empereur, mon auguste maître, pour lui faire connaître d'autant mieux l'espérance où vous étiez, monsieur le duc, de la grande possibilité toujours existante d'un arrangement, je me vois forcé à renouveler ma demande la plus pressante pour obtenir ces passe-ports, fondée sur la conviction malheureusement trop certaine où je suis que ma présence ici ne saurait plus être d'aucune utilité. Je prie Votre Excellence de vouloir bien porter cette demande formelle de ma part à la connaissance de Sa Majesté Impériale et Royale, dans son premier travail avec elle. J'ose me flatter que Sa Majesté connaît et se rappellera trop bien les dispositions personnelles qui m'ont fait remplir avec tant de zèle le devoir de travailler au maintien de l'union et de la paix entre les deux Empires, pour ne pas être persuadée que la demande que je fais de quitter mon poste n'est fondée que sur la plus entière et pénible certitude où je suis, que toute espérance d'y servir désormais d'intermédiaire à un rapprochement m'est interdite.

« Quoique j'aie personnellement bien des obligations à Votre Excellence, je regarderai comme la plus grande preuve d'amitié qu'elle m'ait donnée, tout ce qu'elle voudra bien faire pour me mettre à même de quitter le plus tôt que possible un séjour qu'elle conviendra ne pouvoir plus avoir rien que de très-pénible pour moi, depuis que le départ de Sa Majesté Impériale et Royale et celui de Votre Excellence m'ôtent la satisfaction de m'y croire encore propre à produire quelque bien.

« Je quitte Paris pour n'y plus retourner, jusqu'à ce que Votre Excellence m'ait fait parvenir mes passeports. Je vais me rendre à ma campagne, à Sèvres. C'est là que j'attendrai la réponse de Votre Excellence pour pouvoir partir aussitôt, ayant déjà fait tous mes arrangements, et renvoyé toute la partie de ma maison qui ne m'est plus nécessaire, et ne gardant plus que le petit nombre de domestiques qui auront à m'accompagner dans mon voyage.

« Je vous réitère, monsieur le duc, les assurances de ma plus haute considération.

« *Signé :* le prince ALEXANDRE KOURAKIN. »

VII.

Réponse du comte de Romanzoff à la Note du ministre des Relations Extérieures, du 25 avril.

Wilna, le 7 (19) mai 1812.

« Monsieur le duc,

« M. le comte de *Narbonne* m'a remis la dépêche que Votre Excellence lui a confiée. Je n'ai pas tardé un instant à la mettre sous les yeux de l'Empereur. Sa Majesté, toujours fidèle à la ligne de conduite qu'elle s'est invariablement tracée, toujours persévérant dans son système purement de défense, toujours enfin plus modérée à mesure que le développement de ses forces la met davantage à même de repousser les prétentions que l'on pourrait élever contre les intérêts de son Empire et la dignité de sa couronne, se borne à ne s'attacher qu'au vœu par lequel vous voulez bien, monsieur le duc, terminer l'intéressante communication de votre cour. Aimant à prouver constamment combien elle a à cœur d'éviter tout ce qui pourrait apporter dans ses relations avec la France un caractère d'animosité et d'aigreur nuisible à leur conservation, elle m'ordonne de ne point réfuter encore les griefs que vous avez allégués, et de ne pas relever des assertions qui reposent pour la plupart sur des faits souvent entièrement dénaturés ou sur des suppositions entièrement gratuites. Les dépêches adressées au prince de *Kourakine* par le baron de *Serdobine* ont en partie répondu d'avance à toutes les accusations; elles ont représenté sous son vrai jour la conduite loyale que l'Empereur a suivie dans tous ses rapports avec la France; elles ont donné sur le but de nos armements des explications confirmées à un point qui semble même avoir dépassé les espérances de l'empereur *Napoléon*, puisque, malgré les mouvements menaçants de ses armées au delà d'une ligne où, pour la sécurité de nos frontières, elles auraient dû s'arrêter, tout chez nous se trouve encore dans le même état qu'au départ du dernier courrier; en effet, pas un homme n'est entré en Prusse ni sur le territoire du duché de Varsovie, et aucun nouvel obstacle n'entrave, de notre part, le maintien de la paix. Au contraire, les dernières instructions que le prince de *Kourakine* a reçues, lui fournissent tous les moyens de terminer nos différends, et d'entamer cette négociation que votre Cour a désirée. Nous avons appris ce plaisir l'accueil que l'empereur *Napoléon* a fait à nos propositions; la réponse officielle que Votre Excellence y fera, et que le prince *Kourakine* nous annonce, résoudra définitivement l'importante question de la paix ou de la guerre. La modération qui caractérise celle que j'ai l'honneur de vous adresser aujourd'hui, vous offre, monsieur le duc, un sûr garant que l'on ne manquera pas de saisir chez nous toutes les nuances qu'elle pourra présenter en faveur de la paix. Sa Majesté en a trouvé une bien agréable dans la démarche faite auprès du gouvernement britannique. Elle est sensible à l'attention que l'empereur *Napoléon* a eue de l'en informer; elle appréciera toujours les sacrifices que ce souverain fera pour la conclusion de la paix générale; à ses yeux, il n'y en a pas qui soient assez considérables pour obtenir un aussi grand et beau résultat.

« J'ai l'honneur d'offrir à Votre Excellence, etc.

« *Signé :* le comte DE ROMANZOW. »

VIII.

Lettre du ministre des Relations Extérieures au comte de Lauriston, ambassadeur de Sa Majesté Impériale et Royale à Saint-Pétersbourg.

Dresde, le 20 mai 1812.

« Monsieur le comte,

« J'ai l'honneur de vous envoyer les copies de deux Notes du prince *Kourakine*, en date des 30 avril et 7 mai;

« D'une Note que j'ai adressée à cet ambassadeur le 9 du même mois, et de la réponse qu'il m'a faite le même jour;

« Et enfin d'une Note du 11 mai, qui m'est parvenue hier, et par laquelle le prince *Kourakine renouvelle sa demande la plus pressante pour obtenir ses passeports*.

« Sa Majesté ne peut pas croire, monsieur le comte, que cet ambassadeur n'ait pas pris beaucoup sur lui. Elle juge convenable que vous demandiez, par une Note adressée à M. le comte *Soltykoff*, des passe-ports pour vous rendre auprès de M. le comte de *Romanzoff* à Wilna ou dans tout autre lieu de rendez-vous qui vous serait assigné. Vous annoncerez à M. le comte *Soltykoff* que les communications dont vous êtes chargé, et que vous ne pouvez faire qu'au chancelier ou à l'Empereur lui-même, sont aussi importantes que pressantes.

« Vous montrerez à M. le comte de *Romanzoff* toutes les pièces que je vous envoie. Vous exprimerez l'étonnement que Sa Majesté a dû éprouver lorsque je lui ai rendu compte de démarches si inattendues et si contraires aux dispositions que l'empereur *Alexandre* vous avait manifestées à vous-même; lorsqu'elle a vu que dans les Notes de l'ambassadeur de Russie, on présentait l'évacuation de la Prusse comme une condition sur laquelle la France n'avait pas même à délibérer; condition telle que Sa Majesté n'en avait jamais proposé de semblables, après les plus grandes victoires; lorsque enfin, en réclamant l'indépendance de la Prusse, on viole son indépendance, puisqu'on exige la destruction des engagements politiques qu'elle a contractés, en usant du droit qui appartient à tous les souverains. Vous ferez sentir, monsieur le comte, combien les Notes du prince *Kourakine* sont opposées, par leur forme et par leur contenu, aux dispositions pacifiques dont cet ambassadeur donnait l'assurance; par quel esprit de conciliation Sa Majesté est portée à penser qu'en les présentant et qu'en y joignant la demande réitérée de ses passe-ports, il est allé au delà de ce qui lui était prescrit, et avec quel regret, si elles étaient véritablement l'expression des intentions, et le résultat des ordres de la cour de Pétersbourg, Sa Majesté verrait s'évanouir tout espoir de parvenir, par une négociation qu'elle a constamment provoquée, depuis près de deux ans, à arranger enfin les différends qui divisent les deux pays.

« Vous insisterez, monsieur le comte, pour obtenir des explications qui puissent laisser encore la voie ouverte à un accommodement.

« J'ai l'honneur, etc.

« Le duc DE BASSANO. »

IX.

Lettre du comte de Romanzoff à M. le comte de Lauriston.

Wilna, 27 mai au soir 1812 (8 juin.)

« Monsieur l'ambassadeur,

« Sa Majesté Impériale vient d'être informée par le comte de *Soltykoff* que Votre Excellence avait demandé à pouvoir se rendre près d'elle, afin de pouvoir s'acquitter en personne des ordres qu'elle venait de recevoir de la part de l'Empereur son maître.

« Quoiqu'au milieu de ses troupes, Sa Majesté eût trouvé plaisir à se détacher un moment de ses occupations présentes pour recevoir près d'elle l'ambassadeur d'un souverain son allié; mais une circonstance tout à fait étrangère à toutes les pensées de Sa Majesté l'en empêche.

« Elle vient d'apprendre ce matin que le cours des postes aux lettres entre son Empire et les pays étrangers a été suspendu à Memel, et, à ce qu'il paraît, toute communication avec son Empire est interdite.

« Depuis, elle a été avertie qu'un de ses courriers, se rendant de l'une de ses missions près d'elle, n'a obtenu la permission de passer la frontière pour se rendre en ses États, et qu'il a été nécessité de rebrousser chemin.

« Des faits aussi extraordinaires ont besoin d'être éclaircis. Sa Majesté n'étant pas prévenue non plus de la nature des communications dont Votre Excellence est chargée, fidèle à son propre système, qui est de suivre le cours des choses ordinaires dans les relations des deux Cabinets, vous invite, monsieur l'ambassadeur, à préférer de ne point quitter Pétersbourg, et vouloir bien me faire l'honneur de m'adresser par écrit les communications dont vous devez vous acquitter, ou bien d'en écrire directement à Sa Majesté Impériale, à votre choix, et, afin de vous en procurer le moyen, Sa Majesté m'a prescrit de mettre à cet effet à votre disposition le sieur de *Baerens*, officier dans le corps des Felde-Jagers, qui aura l'honneur de vous remettre cette lettre.

« Je prie Votre Excellence, etc.

« *Signé* : le comte DE ROMANZOW. »

X.

Copie de la lettre de M. le comte de Lauriston à M. le comte de Romanzoff.

Saint-Pétersbourg, le 31 mai (12 juin) 1812.

« Monsieur le comte,

« Les bontés que j'ai éprouvées de la part de S. M. l'empereur *Alexandre*, les marques de confiance dont elle avait daigné m'honorer, m'avaient empêché de prévoir aucun obstacle au voyage que je devais faire à Wilna. Je m'y étais donc disposé, malgré les douleurs rhumatismales très-violentes que j'éprouve depuis plusieurs jours, sentant toute l'importance des communications que j'étais chargé de faire à Sa Majesté ou à Votre Excellence dans des circonstances où le moindre retard est nuisible. Quel a été mon étonnement en recevant la lettre de Votre Excellence! J'ai vu mon espoir déçu; j'ai vu que je m'étais abusé sur l'idée de la confiance que je supposais que Sa Majesté voulait bien m'accorder, puisqu'elle me refuse toute communication directe, soit avec elle, soit avec Votre Excellence, dans un moment où cette confiance, que je croyais avoir méritée par ma conduite, par mon zèle constant pour le maintien de l'alliance, pouvait être, je n'hésite pas à le dire, de la plus grande utilité pour les deux Empires. Les raisons même que Votre Excellence met en avant pour arrêter mon départ me sembleraient au contraire devoir le rendre plus nécessaire.

« Dans des circonstances aussi pressantes, monsieur le comte, que peuvent produire des communications par écrit, auxquelles huit jours suffisent à peine pour avoir une réponse, et qui par leur nature même n'offrent aucun moyen de relever assez à temps, pour en éviter les funestes conséquences, toutes les erreurs, tous les mésentendus qu'on peut commettre de part et d'autre, et qui même sont presque inévitables.

« Le but principal, le maintien de la paix, ne serait jamais atteint. C'est parce que l'Empereur, mon maître, avait senti combien les lenteurs sont préjudiciables dans des moments aussi critiques, qu'il m'avait ordonné de me rendre auprès de l'empereur *Alexandre* et Votre Excellence afin d'éclaircir tous les doutes, de lever toutes les difficultés sur des points importants au sujet desquels on ne peut s'expliquer que par cette voie, si l'on veut conserver l'espoir d'un arrangement, qui est constamment l'objet de ses vœux. Dans la position nouvelle où me place la lettre de Votre Excellence, il ne me reste plus qu'à prendre les ordres de ma Cour sur ma conduite ultérieure. J'expédie un courrier pour les solliciter.

« Quant à moi en particulier, monsieur le comte, je ne puis cacher à Votre Excellence que je suis profondément affecté d'un refus que je puis regarder comme m'étant tout à fait personnel, puisque tout autre que moi, envoyé directement par mon maître, soit général, soit aide de camp, eût sans doute obtenu une faveur qui m'est refusée.

« N'ayant aucune nouvelle directe au sujet des communications que Votre Excellence m'assure être suspendues entre la Russie et les pays étrangers, je ne puis répondre à cet article de sa lettre.

« J'ai l'honneur, etc.

« *Signé :* le comte DE LAURISTON. »

XI.

Copie d'une lettre du ministre des Relations Extérieures à M. le comte de Lauriston.

Thorn, le 12 juin 1812.

« Monsieur le comte,

« Vous avez vu par la lettre que j'ai eu l'honneur de vous écrire le 20 du mois dernier, que la déclaration faite par le prince *Kourakine*, le 30 avril, et la demande réitérée de ses passe-ports, avaient paru à Sa Majesté des démarches tellement fortes, tellement décisives dans la circonstance, tellement opposées au langage que cet ambassadeur avait tenu jusqu'alors, qu'elle avait de la peine à croire qu'il n'eût pas pris beaucoup sur lui. Nous avons appris depuis que le gouvernement russe avait fait connaître aux divers Cabinets la condition imposée à Sa Majesté de l'évacuation du territoire prussien comme un préalable indispensable de toute négociation.

« La lettre que vous m'avez fait l'honneur de m'écrire le 22 mai m'annonce que cette déclaration est connue à Saint-Pétersbourg, et je la trouve en même temps indiquée dans les papiers anglais, comme vous pouvez vous en assurer en lisant la feuille ci-jointe.

« On ne peut donc plus douter, monsieur le comte, que le prince *Kourakine* n'ait parfaitement compris ses instructions, et ne s'y soit conformé dans sa déclaration du 30 avril, et lorsqu'il a fait et renouvelé la demande de ses passe-ports.

« Les démarches du prince *Kourakine* avaient déterminé Sa Majesté à partir de Paris. La publicité qui leur a été donnée lui a fait sentir la nécessité de quitter Dresde, et de se rapprocher de son armée.

« Elle avait espéré que, jusqu'au dernier moment, des pourparlers pourraient encore avoir lieu; mais cet espoir cesse d'exister, lorsqu'elle voit que les propositions qu'on aurait réellement à lui faire sont incompatibles avec son honneur. A Austerlitz, lorsque l'armée russe avait été détruite, lorsque l'empereur *Alexandre* voyait la sûreté même de sa personne exposée; à Tilsitt, lorsqu'il ne lui restait plus aucun moyen de soutenir la lutte dans laquelle toutes les forces de son Empire avaient succombé, Sa Majesté ne lui a proposé aucune condition dont son honneur pût s'offenser.

« Il est aujourd'hui trop certain, monsieur le comte, que le gouvernement est résolu à la guerre, pour qu'il convienne que vous restiez plus longtemps à Pétersbourg. Sa Majesté vous ordonne de demander vos passe-ports, et de repasser la frontière. Vous en ferez la demande en adressant à M. le comte *Soltykoff* la note dont la minute est ci-jointe.

« J'ai l'honneur, etc.

« *Signé* : le duc DE BASSANO. »

XII.

Copie d'une Note de M. le comte de Lauriston à M. le comte Soltykoff.

« Le prince *Kourakine*, après avoir fait les communications qui lui ont été apportées par le dernier courrier qu'il a reçu de Russie, ayant demandé ses passe-ports, et ayant réitéré trois fois sa demande, Sa Majesté les lui a fait remettre. Elle m'ordonne de demander les miens, ma mission se trouvant finie, puisque la demande que le prince *Kourakine* a faite de ses passe-ports a décidé la rupture, et que Sa Majesté l'Empereur et Roi se considère, dès cette époque, comme en état de guerre avec la Russie. »

XIII.

Copie d'une lettre du ministre des Relations Extérieures, à M. le prince Kourakine.

Thorn, le 12 juin 1812.

« Monsieur l'ambassadeur,

« Par votre note du 30 avril, vous avez déclaré qu'un arrangement entre nos deux Cours était impossible, si Sa Majesté l'Empereur et Roi n'adhérait pas préalablement à la demande péremptoire de l'entière évacuation des États prussiens.

« Lorsque Votre Excellence m'annonça verbalement cette démarche, je ne lui en dissimulai pas toutes les conséquences. Après la bataille d'Austerlitz, où l'armée russe était cernée; après la bataille de Friedland, où elle avait été défaite, Sa Majesté montra son estime pour la valeur de cette armée, pour la grandeur de la nation russe, et pour le caractère de l'empereur *Alexandre*, en n'exigeant rien de contraire à l'honneur. Il n'était pas possible de penser que dans les circonstances actuelles de l'Europe, votre souverain, qui ne méconnaît sans doute ni le caractère de l'Empereur ni celui de la nation française, si fidèle à l'honneur, voulût déshonorer la France. Sa Majesté l'Empereur et Roi ne pouvait donc voir dans la condition de l'évacuation de la Prusse, comme préalable de toute négociation, qu'un refus positif de négocier.

« Vous avez confirmé cette opinion, monsieur l'ambassadeur, par la demande que vous avez faite de vos passe-ports le 7 mai, et que vous avez réitérée le 11 et le 24.

« J'ai cependant différé de répondre à Votre Excellence, parce que Sa Majesté aimait à se persuader encore que vous étiez allé au delà de vos instructions, en donnant une note, en établissant comme une condition formelle ce qui pourrait être le résultat de la négociation, et en coupant court à toute discussion pour la demande de vos passe-ports.

« Mais lorsque les dépêches de M. le comte Lauriston, les rapports qui parviennent des diverses cours, les publications mêmes des papiers anglais nous ont appris que votre gouvernement a informé sa capitale et toute l'Europe de la résolution qu'il a prise de n'entrer dans aucune négociation avant que les troupes françaises aient rétrogradé jusqu'à l'Elbe, j'ai reconnu, monsieur l'ambassadeur, que je m'étais trompé, et j'ai dû rendre justice à votre expérience et à vos lumières qui vous eussent empêché de vous porter à une démarche aussi extrême, si votre Gouvernement ne vous en avait pas fait un devoir absolu.

« Sa Majesté ne pouvant plus douter des intentions de votre Cour, m'a ordonné de vous envoyer vos passeports, dont elle considère la demande réitérée comme une déclaration de guerre.

« J'ai l'honneur, etc.

« *Signé* : le duc DE BASSANO. »

§ VII.

Résumé de la campagne de 1812.

Vers la fin de l'année 1811, à la trompeuse sécurité dans laquelle on se plaisait en France depuis le mariage de *Napoléon* et la naissance de son fils, succédèrent les bruits et les préparatifs de la guerre. Cependant les projets de l'Empereur restaient enveloppés d'un voile impénétrable. Excepté dans les hautes régions du pouvoir, personne, en réalité, ne savait sur qui devait éclater le grand orage formé dans toutes les parties de l'Europe. Même à l'époque la plus voisine des événements, et du quartier général, qui avait devancé l'Empereur à Posen, on écrivait, les premiers jours de mai : « Le passage des courriers donne lieu à toute espèce de conjectures; elles sont telles que nous nous persuadons parfois (quelque folle que soit cette pensée!) que cette gigantesque armée est destinée à attaquer les établissements des

Anglais dans l'Inde. » Dans une autre correspondance de Cassel, le 28 mai, on lit : « Les immenses préparatifs qui se font de tous côtés, ont tourné toutes les têtes, la fermentation est générale; tous les politiques travaillent; ne vont-ils pas jusqu'à prétendre que nous allons à Constantinople, que le Grand Seigneur en sera enfin chassé, et qu'un frère de l'Empereur le remplacera sur le trône des Osmanlis[1]. »

C'est que *Napoléon*, en gardant un secret si profond sur ses desseins, veut procéder à l'égard de la Russie, comme en 1808 il a procédé à l'égard de l'Espagne; il veut, suivant un observateur parfaitement initié, frapper par une double surprise : surprise de la chose, surprise des personnes.

Avant l'expédition d'Espagne, *Napoléon* faisait semer mille bruits sur sa destination : c'était le siége de Gibraltar, l'occupation d'une partie de la côte d'Afrique, pour intercepter tout à fait le passage du détroit et l'entrée de la Méditerranée. On n'a pas oublié que la cour d'Espagne ne fut informée qu'à l'extrémité du sort qu'on lui préparait, par le voyage rapide d'*Yzquierdo* à Madrid[2].

De même pour tromper la Russie sur la destination des forces françaises, on répandit pendant

[1] Les intentions finales de NAPOLÉON à l'égard de la Turquie ne sont restées à l'état de problème, que parce qu'il a succombé trop tôt. Son établissement en Croatie, en Dalmatie, dans les îles Ioniennes; l'immense matériel de guerre qu'il avait réuni dans ces provinces; les reconnaissances militaires qu'il avait fait faire de toute la Turquie d'Europe par des officiers qui l'avaient traversée sous différents prétextes, ne permettent pas de douter qu'il ne voulût un jour *soutenir, à son profit, le trône croulant* de Constantinople. Aussi, peu de temps après la paix de Tilsitt, dans un moment d'abandon qui ne lui était pas ordinaire, et lorsqu'un de ses grands officiers lui disait qu'il était devenu l'arbitre des destinées de l'Europe, et qu'il ne lui restait plus qu'à jouir en paix de sa gloire, il répondit : « *La paix! elle est à Constantinople.* »

[2] Voy. t. XI, p. 131.

tout l'hiver mille bruits absurdes sur des colonisations imaginaires. On ne parlait que des rassemblements d'artistes, de jardiniers, d'horlogers attachés à l'expédition; des transports des plus riches vêtements, des effets les plus précieux du garde-meuble. Toutes ces annonces étaient autant de diversions tentées sur le public, pour le détourner du but véritable. C'est à ce soin qu'il faut rapporter les protestations, les caresses, les dénégations prodiguées à Paris et à Saint-Pétersbourg[1]. Ce ne fut qu'au moment d'agir

[1] Nous avons cité, p. 181, la particularité remarquable de ces dénégations, dont le duc de Vicence avait été chargé; mais nous ne devons pas omettre d'ajouter que cet ambassadeur avait été rappelé sur ses propres instances. Voyant ce qui se préparait, il ne voulait pas se trouver dans une situation à trahir ses devoirs ou à manquer à la reconnaissance que lui avaient inspirée les procédés délicats dont il avait été l'objet à la cour de Russie pendant les quatre années qu'il y avait été accrédité.

On concevra d'ailleurs avec quels regrets il devait s'éloigner d'une résidence dont il fait l'attrayante description que voici :

« Vous voulez que je vous introduise dans la brillante cour de Russie, où je retrouvai, mises en actions, toutes les traditions du siècle de Louis XIV. A Saint-Pétersbourg alors, on en rêvait, on en raffolait, et, il faut bien le dire, jamais cour ne fournit en elle plus d'éléments de prestige; c'était étourdissant, éblouissant; autour de ce trône tout était gai, jeune, délirant.

« Les jours de réception, les salons du palais réalisaient ce que l'imagination peut créer de plus enivrant : c'étaient les prodiges des *Mille et une Nuits*. Un luxe tout asiastique, des femmes ravissantes de beauté, de grâces et d'élégance, étincelantes de diamants, spirituelles, instruites, frivoles, rieuses, avides de danses, de musique, de fêtes et de plaisirs; des jeunes hommes d'une élégance de mise, de manières et de langage, d'une prodigalité, d'un faste à désespérer tous vos modèles français, les Richelieu, les Narbonne, et autres célébrités.

« Chaque jour amenait de nouvelles parties de plaisir, de nouvelles fêtes. J'avais fort affaire, je vous jure, pour ne le céder en rien, dans mon état de maison, aux enchantements, aux féeries du luxe russe. Les bals, les concerts, la comédie, les soupers employaient les soirées. Dans la journée, les promenades en traîneaux étaient de rigueur. Je vais vous citer un exemple entre mille, qui vous donnera une idée de cette orgie d'argent à l'usage de la Russie.

« Dans un souper, à la suite d'un bal donné à l'ambassade, une asque le duc de *Bassano*, partant de Paris, sans en donner avis, laissa le prince *Kourakine* attendre vainement le rendez-vous qu'il lui avait promis et ses tardifs passe-ports; car on avait poussé la recherche jusque-là : on n'avait cherché qu'à l'endormir.

C'est dans cette vue que le comte de *Narbonne* fut envoyé à Vilna.

C'est dans cette vue que le général *Lauriston* fut adressé auprès de la personne même de l'empereur *Alexandre*.

Le plan de *Napoléon* était double : là, comme en Espagne, d'un côté il voulait arriver à l'improviste sur l'armée russe, et l'écraser en la surprenant; de l'autre, il espérait se saisir de l'empereur *Alexandre*[1]. C'est pourquoi, dans l'espoir de donner le change sur ses desseins, nous le verrons employer tous les moyens — pour accréditer le bruit de son arrivée prochaine à Varsovie, — la nouvelle du rassemblement d'une armée de cent mille hommes en Gallicie, — la formation d'un corps d'armée autrichien en Transylvanie destiné à couper l'armée russe de Moldavie, — et enfin l'entrée en Volhynie du roi *Jérôme*, se dirigeant sur Lublin,

siette de cinq poires coûta cent vingt-cinq louis. Une autre fois c'étaient des cerises à quatre francs la pièce, servies avec la même abondance que si elles n'eussent coûté que un franc la livre. N'allez pas croire que ce fût une exception qui dût être remarquée et exciter l'étonnement; il eût été ridicule que cela ne fût pas ainsi. Souvent avec Rayneval, mon premier secrétaire d'ambassade, jeune homme plein d'avenir et de moyens, nous nous lamentions de cette obligation de jeter ainsi l'argent par la fenêtre. »

[1] « Il avait pris goût en Espagne, dit l'archevêque de Malines, d'en finir ainsi avec les rois. Pendant la campagne de 1814, comme il expliquait ses opérations au duc de Vicence, il termina en disant : *Vous ne savez pas que j'ai failli m'emparer du beau-père! C'eût été une jolie capture? Il ne s'en est guère fallu.... J'ai sans cesse manœuvré pour prendre le quartier général des alliés; cela aurait bien avancé nos affaires à Châtillon : qu'en dites-vous, Caulaincourt?* »

à la tête de cent mille hommes, pour se réunir aux Autrichiens[1].

Ainsi toutes ses mesures, toutes ses démarches étaient non-seulement une tentative pour le maintien de la paix, mais encore une ruse de guerre. Par elles, il espérait rendre les Russes, ou assez négligents pour se laisser surprendre dispersés, ou assez présomptueux, s'ils étaient réunis, pour oser l'attendre. Dans l'un et l'autre cas, la guerre se serait terminée par un coup de main, ou par une victoire.

Depuis que *Napoléon* avait porté en Espagne et en Portugal plus de la moitié de ses meilleures troupes, il avait travaillé constamment à organiser une grande armée en Allemagne, la plus nombreuse qu'il eût commandée en personne. Le seul corps du maréchal *Davout*, cantonné dans les départements de l'Elbe, se montait à près de quatre-vingt mille hommes. On avait dirigé sur les corps qui composaient cette armée l'élite de la dernière conscription. Par une piquante sin-

[1] A Dresde, dansl a seule journée du 26 mai, NAPOLÉON avait dicté trois lettres pour le prince de SCHWARZENBERG afin de lui indiquer les moyens d'accréditer ces bruits. A la même date, il écrivait au roi de Westphalie : « Faites commander à Lublin cent mille rations de pain biscuité, et répandez le bruit de votre arrivée de ce côté avec cent mille hommes. Il faut faire toutes les démonstrations pour faire croire que vous allez vous réunir aux Autrichiens avec cent mille hommes; mais le vrai est que votre mouvement sera inverse, ce que je ne confie qu'à vous seul, et ce que je désire que vous teniez très-secret *sans le communiquer même à votre chef d'état-major*. »

Le 5 juin, il écrivait, de Thorn, au même prince : « Je crois vous avoir fait connaître ce que vous avez de mieux à faire au début de la campagne. D'abord, faire croire que vous allez entrer en Volhynie, et tenir l'ennemi le plus possible sur cette partie, pendant que le débordant sur son extrême droite, j'aurai gagné sur lui douze ou quinze marches dans la direction de Pétersbourg. Je me trouverai sur son aile droite, je passerai le Niémen et lui enlèverai Vilna, ce qui est le premier objet de la campagne. »

gularité, le *bienfait* de l'amnistie accordée à l'occasion de son mariage, avait produit, au moyen de la recherche des réfractaires, un recrutement d'environ cinquante mille hommes. Des approvisionnements de toute espèce, canons, fusils, poudre, munitions, équipages de pont, ont été dirigés sur Dantzick. La garnison de cette place a été portée à vingt mille hommes. Des sommes considérables ont été mises à la disposition du génie pour en augmenter les fortifications.

La cavalerie, le train d'artillerie, les équipages militaires ont été complétés.

Cette organisation, ces apprêts étaient terminés à la fin de février 1812. C'est alors que sont donnés les ordres de mouvement, et que l'Allemagne entière n'est plus qu'une immense place d'armes.

Napoléon songe enfin à se rapprocher de ses troupes, et le voyage de Dresde est annoncé. L'idée première de ce voyage avait paru tenir au désir témoigné par *Marie-Louise* de s'y réunir avec sa famille. L'ambassadeur de France à Vienne avait été chargé de proposer à l'empereur *François* de venir à la cour de Saxe avec l'impératrice et même avec les archiducs et les archiduchesses, frères et sœurs de *Marie-Louise*, qui se faisait un bonheur de passer quelques jours avec eux. Mais le but principal de *Napoléon* avait été de resserrer aux yeux de la Russie, dans cette assemblée des rois et des princes de la confédération du Rhin, les liens de son alliance avec eux, d'engager plus étroitement ses alliés, et, à la faveur de cette apparence de confraternité, combinée avec un grand appareil de forces, d'imposer à la Russie, et de l'amener à des dispositions pacifiques ; car, tout en préparant son agression, il n'entreprenait la guerre à ce moment qu'avec une répugnance extrême, et il conservait au fond de son cœur l'espérance secrète de l'éviter.

Napoléon, après avoir réglé, par un ordre de service, la manière dont il voulait que l'on conduisît les affaires du gouvernement pendant son absence, assembla un conseil extraordinaire de ministres, auquel assistèrent l'archichancelier *Cambacérès* et le prince de *Talleyrand*. Il s'entretint peu de son entreprise; il dit seulement qu'elle était grande et présentait beaucoup de difficultés qu'il espérait cependant surmonter, et il annonça qu'il partait le lendemain « pour faire l'inspection de la grande armée réunie sur les bords de la Vistule. »

Le 9 mai, *Napoléon* quittait Saint-Cloud, accompagné de l'Impératrice. Arrivé, le 11, à Mayence, il reçoit le grand-duc et la grande-duchesse de Hesse-Darmstadt. Le 13, il s'arrête à Aschaffenbourg, chez le Prince-primat, et à Wurtzbourg, chez le grand-duc, où sont déjà réunis le roi de Wurtemberg et le grand-duc de Bade. Le 16, il trouve à Freyberg le roi et la reine de Saxe, qui étaient venus à sa rencontre, et le soir même, ces princes font leur entrée à Dresde : le lendemain, 17, arrivent à la cour de Saxe l'empereur et l'impératrice d'Autriche, les archiducs, la reine de Westphalie, le grand-duc de Saxe-Weymar, les ducs de Saxe-Cobourg, d'Anhalt, et successivement la plupart des princes de la confédération du Rhin, ainsi que les principaux ministres, parmi lesquels on distinguait MM. de *Metternich* et de *Hardenberg*. Le roi de Prusse, qui d'abord, devait recevoir à Berlin la visite de *Napoléon*, fut informé du changement de l'itinéraire, et prié par une lettre affectueuse de venir se joindre aux illustres hôtes du roi de Saxe.

Le Roi se rendit le 26 à l'invitation qui lui était faite, et l'accueil empressé qu'il reçut à son arrivée, ne lui laissa que le désir d'y voir participer le Prince royal qui, effectivement, arriva le lendemain à la cour de *Frédéric-Auguste*.

C'est à Dresde que *Napoléon*, pour la dernière fois, approcha de ses lèvres la coupe enchantée. Le destin, ce capricieux arbitre des vicissitudes humaines, ce grand prêtre perfide qui couronne de fleurs ses victimes avant de les frapper, le destin, dont la main de fer doit bientôt s'appesantir sur *Napoléon*, veut auparavant lui faire goûter encore toutes les jouissances de la vanité, tous les triomphes de l'orgueil : « O vous, s'écrie l'archevêque de Malines, qui voulez vous faire une juste idée de la prépotence que *Napoléon* exerce en Europe, transportez-vous en esprit à Dresde, et venez y contempler ce prince au plus haut période de sa gloire !

« *Napoléon* occupe les grands appartements du château; il y est entouré d'une partie nombreuse de sa maison ; c'est chez lui que se réunissent les hôtes augustes que renferme le palais du roi de Saxe.

« Son lever se tient comme à l'ordinaire, à neuf heures. C'est là qu'il faut voir avec quelle soumission une foule de princes attend le moment de comparaître devant le nouvel arbitre de ses destinées! C'est sur lui que sont tournés tous les regards. L'affluence des étrangers, des militaires, des courtisans; l'arrivée et le départ des courriers ; la foule se précipitant aux portes du palais dès le moindre mouvement de notre empereur, se pressant sur ses pas, le contemplant avec cet air que donnent l'admiration et l'étonnement; l'attente des événements peinte sur tous les visages, la confiance d'un côté, l'anxiété de l'autre, tout cet ensemble présente un des tableaux les plus vastes et les plus piquants que la puissance de *Napoléon* ait jamais offerts. »

Mais il faut écouter encore un éloquent témoin : « *Napoléon*, dit le comte *Philippe de Ségur*, avait souhaité que l'empereur d'Autriche, plusieurs rois et une foule de princes vinssent à Dresde sur son passage; son désir fut satisfait, tous accoururent : les uns, guidés par l'espoir, d'autres, poussés par la crainte; pour lui, son motif fut de s'assurer de son pouvoir, de le montrer et d'en jouir.

« Dans ce rapprochement avec l'antique maison d'Autriche, son ambition se plut à montrer à l'Allemagne une réunion de famille. Là, il était au centre de l'Allemagne, lui montrant son épouse, la fille des *Césars*. Des peuples entiers s'étaient déplacés pour se précipiter sur ses pas, riches et pauvres, nobles comme plébéiens, amis et ennemis, tous accoururent[1].

[1] Il ne fallait cependant se méprendre sur la nature de cet empressement à venir contempler NAPOLÉON. Veut-on connaître, en effet, quelle était la situation des esprits en Allemagne? Voici avec quelle courageuse franchise le roi de Westphalie faisait part à son frère des informations que recueillaient ses ministres : « J'ignore, sire, écrivait ce prince à la date du 5 décembre 1811, sous quels traits vos généraux et vos agents vous peignent la situation des esprits en Allemagne. S'ils parlent à Votre Majesté de soumission, de tranquillité et de faiblesse, ils l'abusent et la trompent. La fermentation est au plus haut degré, les plus folles espérances sont entretenues et caressées avec enthousiasme, on se propose l'exemple de l'Espagne, et si la guerre vient à éclater, toutes les contrées situées entre le Rhin et l'Oder seront le foyer d'une vaste et active insurrection.

« La cause puissante de ces mouvements n'est pas seulement la haine contre les Français et l'impatience du joug étranger; elle existe plus fortement encore dans le malheur du temps, dans la ruine de toutes les classes, dans la surcharge des impositions, contributions de guerre, entretien de troupes, passage de soldats et vexations de tous les genres continuellement répétées. Le désespoir des peuples qui n'ont plus rien à perdre, parce qu'on leur a tout enlevé, est à redouter.

« Ce n'est pas seulement en Westphalie et dans les pays soumis à la France qu'éclatera cet incendie, mais aussi chez tous les souverains de la confédération du Rhin. Ils seront eux-mêmes les premières victimes de leurs sujets, s'ils ne partagent pas leurs violences. Je le répète à Votre Majesté, je souhaite avec ardeur qu'elle ouvre les yeux sur cet

« Dans cette importante entrevue, nous étions attentifs à considérer ce que ces princes y apporteraient d'empressement, et notre chef, de fierté. Nous espérions en sa prudence, ou que blasé sur tant de puissance, il dédaignerait d'en abuser; mais celui qui, inférieur encore, n'avait parlé qu'en ordonnant, même à ses chefs, aujourd'hui vainqueur et maître de tous, pouvait-il se plier à des égards suivis et minutieux? Cependant il se montra modéré, et chercha même à plaire; mais ce fut avec effort et laissant apercevoir la fatigue qu'il en éprouvait. Chez ces princes, il avait plutôt l'air de les recevoir que d'en être reçu.

« De leur côté, on eût dit que, connaissant sa fierté, et n'espérant plus le vaincre que par lui-même, ces monarques et leurs peuples ne s'abaissaient tant autour de lui que pour accroître disproportionnément son élévation, et l'en éblouir. Dans leurs réunions, leur attitude, leurs paroles, jusqu'au son de leur voix attestaient son ascendant. Tous étaient là pour lui seul!

« Son lever offrait un spectacle encore plus remarquable. Des princes souverains y vinrent attendre l'audience du vainqueur de l'Europe.... Cependant, les plus sages d'entre nous s'effrayaient; ils disaient, mais sourdement, qu'il fallait se croire surnaturel pour tout dénaturer et déplacer ainsi, sans crainte d'être entraîné soi-même dans ce bouleversement universel. Ils voyaient ces monarques quitter le palais de *Napoléon*, l'œil et le sein gonflés des plus amers ressentiments. Ils croyaient les entendre la nuit, seuls avec leurs ministres, faisant sortir de leur cœur cette multitude de chagrins qu'ils avaient dévorés. Tout avait aigri leur

état de choses, et qu'elle le juge avec toute la supériorité de son esprit pour prendre les mesures et les précautions qu'elle croira convenables.... Les peuples sont indifférents aux hautes combinaisons de la politique; ils ne sentent que le mal présent qui les presse.... »

douleur ! Qu'elle était importune, cette foule qu'il leur avait fallu traverser pour parvenir à la porte de leur superbe dominateur; car tout, même leurs peuples, semblait les trahir. En proclamant son bonheur, ne voyait-on pas qu'on insultait à leur infortune? Ils étaient donc venus à Dresde pour relever l'éclat du triomphe de *Napoléon;* car c'était d'eux qu'il triomphait ainsi : chaque cri d'admiration pour lui était un cri de reproche contre eux; sa grandeur étant leur abaissement, ses victoires, leurs défaites.

« Cette réunion ne put donc que froisser beaucoup de sentiments. Plusieurs amours-propres en sortirent blessés. Toutefois *Napoléon*, s'étant efforcé de plaire, pensa les avoir satisfaits : en attendant à Dresde le résultat des marches de son armée, dont les nombreuses colonnes traversaient encore les terres des alliés, il s'occupa donc surtout de sa politique.

« Il avait appris que l'empereur *Alexandre* était arrivé à Vilna, le 16 avril, accompagné du prince d'*Oldenbourg* et laissant à plusieurs journées derrière lui le grand-duc *Constantin*, les comtes *Roumantsof*, *Araktchéief* et *Kotchoubeï*. Son entrée dans la Pologne russe a été brillante; il était à cheval, entouré des généraux *Koutaissof*, *Platof*, *Essen*, *Baggavout*, *Markof*, *Toutchkof*, *Wittgenstein*, du ministre de la guerre, *Barclay de Tolly* et d'un nombreux état-major. *Bennigsen* et *Korsakof* l'attendent au bas de l'escalier. L'Empereur a fait l'accueil le plus aimable à toute la noblesse lithuanienne, et s'est montré pour elle prodigue de grâces. Les princes *Sulikoski* et *Lubetski* ont reçu la grande décoration de l'Ordre de *Sainte-Anne*. Les mêmes insignes sont accordés au comte *Oginski; Stroïnoski* doit être palatin de Volhynie, *Oginski*, palatin de Minsk, *Karwiski*, palatin de Podolie, et *Wawreski*, palatin de Vilna. Un trait de lumière, perçant jusqu'à Varsovie, semble mettre en évidence les projets du parti puissant qui ne voit de salut pour la Pologne que dans son union intime avec la Russie. Le bruit court que l'empereur *Alexandre* va se déclarer roi de Pologne.

« *Napoléon* ne peut différer plus longtemps d'envoyer un ambassadeur à Varsovie. Il voudrait y avoir un homme sûr, qui, à l'aide d'un grand état de maison, d'une éloquence entraînante, d'une considération personnelle bien établie, et surtout d'une activité sans bornes, dominât également au Conseil, à la Diète, et sur les flots de l'insurrection polonaise. L'urgence des circonstances ne laisse pas la liberté du choix. Cet ambassadeur, il faut, pour ainsi dire, l'improviser. L'Empereur le cherche dans les personnes qui l'ont suivi, et sur la proposition du grand-maréchal *Duroc*, il se décide pour M. l'archevêque de Malines, l'un des premiers aumôniers de sa maison. La dignité ecclésiastique dont M. de *Pradt* est revêtu semble compléter tous les moyens d'influence qui nous sont nécessaires. »

Voilà quels étaient les mobiles assurément fort judicieux de la détermination du cabinet impérial : le nouvel ambassadeur va maintenant nous apprendre, dans le plus piquant récit, comment il reçut cette marque d'une faveur inespérée. « Je me doutais bien, dit l'archevêque de Malines, que ce n'était pas le soin de remplir les observances religieuses qui avait motivé mon appel dans cette expédition. J'avais quelquefois porté mes idées sur des vues que l'Empereur pouvait avoir à l'égard du clergé polonais, cette supposition me paraissait moins improbable que toute autre ; mais, pour le rôle qu'il me destinait, certes, je ne m'en fusse jamais douté. Enfin, l'heure étant arrivée, il se déclara, et voici comment :

« Le dimanche 24 ou 25 mai, il me fit appeler

après la messe, et là, après m'avoir de nouveau parlé de ma santé, il me fit part de ses vues sur moi ; mais il ne s'expliqua qu'à demi, car ce ne fut que chez le duc de *Bassano* que je connus la nature et le titre de ma mission. Il ne me parla que de m'envoyer. « Allez, « faites, je vous essaye. Vous pensez bien que ce n'est « pas pour dire la messe que je vous ai fait venir.... « Il faut tenir un état immense.... Soignez les femmes, « c'est essentiel dans ce pays. Vous devez savoir la « Pologne : vous avez lu *Rulhière*.... Dans quinze jours « on a des cuisiniers.... Pour moi, je vais battre les « Russes : la chandelle se brûle. A la fin de septembre, « il faut avoir fini ; peut-être y a-t-il déjà du temps « perdu. Je m'ennuie ici : je suis depuis huit jours à « faire le galant, le petit *Narbonne*, auprès de l'impé- « ratrice d'Autriche.... » Sur quelques observations que je lui fis sur la conduite à tenir en Pologne, à l'égard des puissances copartageantes devenues ses alliées, il répondit assez vaguement, mais de manière à faire très-bien entendre, qu'après en avoir fini avec la Russie, il saurait bien en finir avec l'Autriche, la forcer à accepter l'Illyrie ou à s'en passer ; il articula nettement qu'il ne savait pas encore à qui il donnerait le royaume de Pologne rendu à son intégrité. Quant à la Prusse, son sort n'était pas douteux : le dépouillement le plus absolu et complet du royaume de Prusse et de Silésie.... Il me fit part de l'arrivée du Pape à Fontainebleau, en disant que l'apparition de quelques vaisseaux anglais sur la rade de Savone avait servi de prétexte à sa translation. Il ajouta : *Je vais à Moscou ; une ou deux batailles en feront la façon. Je brûlerai Toula, voilà la Russie désarmée. On m'y attend. Moscou est le cœur de l'empire : d'ailleurs je ferai la guerre avec du sang polonais. Je laisserai cinquante mille Français en Pologne ; je fais de Dantzick un Gi-*

braltar; je donnerai cinquante millions par an aux Polonais; ils n'ont pas d'argent, je suis assez riche pour cela. Sans la Russie, le système continental est une bêtise. L'Espagne me coûte bien cher; sans elle, je serais le maître du monde. Quand cela sera fait, mon fils n'aura qu'à s'y tenir; il ne faudra pas être bien fin pour cela. Allez voir Maret. Voilà mot pour mot sa conversation, bien importante sans doute par les lumières qu'elle jette sur ses plans. Il emmiella tout cela de quelques louanges à mon profit et de ces éloges qu'il sait donner quand son intérêt l'exige, et qu'il retire avec délices aux jours de sa colère : ces jours-là, on n'est plus qu'un sot, un imbécile.

« Il ne doutait pas du succès le plus plein et le plus entier. Cette confiance, il faut le dire, était partagée par tout ce qui l'approchait, nationaux et étrangers[1].

[1] « Aussi brigue-t-on de toute part la faveur de servir dans la grande armée. C'est peut-être la dernière campagne que l'Empereur fera en personne; on se presse de lui donner encore cette preuve de dévouement. Il n'est pas jusqu'aux généraux employés en Espagne qui ne demandent à passer dans le Nord. Nos jeunes gens les plus riches, les élèves les plus distingués de nos écoles savantes, les fils des plus grandes familles se disputent les places d'officiers d'ordonnance, les moindres grades de l'état-major général. Les têtes se montent; les ambitions de tous les âges et de tous les rangs prennent leur essor devant une brillante perspective, on ne parle que de l'expédition qui s'apprête; *elle fera pâlir celle d'Égypte*. Jamais l'imagination n'a secondé plus vivement l'instinct d'honneur qui pousse les Français à se précipiter partout où les dangers leur promettent la gloire! « Nous partons pour « Moscou, nous reviendrons bientôt! » Tels sont les adieux de tous ceux qui reçoivent des lettres de service. »

Il est juste cependant de signaler une exception importante. Les hommes d'État les plus compétents, les plus éclairés, étaient loin de partager cette confiance : le comte de Ségur, le duc de Vicence, le duc de Frioul, qui, à différentes époques, comme ambassadeurs ou envoyés, avaient *appris* la Russie. Le prince de Talleyrand, l'archichancelier Cambacérès, le duc de Gaete, le comte Mollien, le comte Molé, le comte Daru, tous ces conseillers, tous ces ministres n'avaient pas déguisé à Napoléon leurs appréhensions sur la funeste issue de son entreprise. Le duc de Vicence a même résisté au risque de se briser.

« La foudre fût tombée à mes pieds, que je n'eusse pas senti un froid plus mortel couler dans mes veines, que ne fut celui dont je fus saisi par l'annonce de ma nomination. J'avais toujours eu en horreur l'expédition de Pologne. J'avais passé l'hiver à démontrer au ministre de la police, le duc de *Rovigo*, qui avait l'habitude de s'entretenir avec moi, que cette entreprise, soit comme coup de main rapide sur Moscou, soit comme guerre réglée en Pologne, en se bornant aux rives de la Dwina et du Borysthène, présentait les plus graves inconvénients. Par je ne sais quel pressentiment, je m'apitoyais sur le sort de ces malheureux soldats que je voyais, en traversant Paris, s'acheminer vers cette terre qui devait les dévorer.

« Quand le fardeau de cet honneur inattendu vint fondre sur ma tête, tout Dresde me crut aux anges; j'étais au désespoir : si quelque chose apportait un peu de distraction à ma noire affliction, c'était la considération de la fausseté des jugements des hommes qui s'accordaient sûrement à me féliciter, à m'envier, à me regarder comme arrivé au terme péniblement amené d'une longue ambition, tandis que le repos et le sommeil avaient fui de moi.

dans la lutte qu'il soutenait contre les prétextes qui servirent de base à la guerre. « Dans une discussion, disait-il, où j'avais épuisé en vain les meilleures raisons, poussé par un mot piquant de l'Empereur, je lui répondis : Sire, ma vie vous appartient, disposez-en sur les champs de bataille pour la sainte cause du pays. Mais ici mes convictions sont en opposition avec les vôtres, ma conscience, mon honneur n'appartiennent qu'à moi.... et je serais un lâche si, pour complaire à Votre Majesté, je désertais la cause de la France.

— Que prétendez-vous dire, Monsieur? dit-il en s'avançant vivement vers moi.

— Je répète à Votre Majesté, pendant qu'il en est temps encore, que cette guerre ne peut avoir qu'un résultat funeste pour le pays; que toutes les puissances se lèveront en masse contre une seule ; vous vous perdez, Sire, et la France, c'est vous... »

« D'après l'ordre de l'Empereur, je me rendis chez M. *Maret*. Je ne pus le joindre que dans les corridors du château : là il me notifia que j'étais ambassadeur ; qu'il y avait un traitement fixe de cent cinquante mille francs, réduit par des retenues et des frais de change à cent quarante mille francs. Il m'ajourna au lendemain; mais ce jour et les suivants, tous mes efforts furent vains. Ce ministre, allant sans cesse de chez lui au château, était obsédé par les ministres des grandes et des petites puissances avec lesquelles il avait à traiter. Il restait avec chaque ministre des trois et quatre heures. Les appartements étaient remplis de pauvres désespérés comme moi, qui attendaient leur délivrance, et l'ouverture de la porte qui devait les conduire à la lumière. J'en fus privé pendant quatre jours, et ce ne fut qu'au bout de ce noviciat diplomatique, qui ne parut pas m'introduire dans cette carrière par des chemins de fleurs, que je pus enfin arriver au ministère. Je le trouvai perdu au milieu d'un nombre infini de portefeuilles, sans ordre et sans classement. Il me témoigna un vif empressement de se défaire de moi, pour passer à quelque autre causerie. Il m'annonça des instructions. Le seul article sur lequel il fut possible de le fixer concernait les Polonais, sujets mixtes du duché de Varsovie, de l'Autriche et de Prusse. Il me fut recommandé de les considérer comme Polonais purs. Il ne fit d'exception que pour les Polonais qui n'avaient aucun lien avec le duché de Varsovie; et il me fut donné à entendre que si des ménagements avec les deux puissances étaient indispensables dans les circonstances, *le temps de ces ménagements passerait, et qu'alors d'autres arrangements auraient lieu.*

« J'eus beau me tenir collé à sa porte les jours suivants, elle ne s'ouvrit pas pour moi.

« L'Empereur était parti; le duc me pressa d'en faire autant. On m'envoya un livret contenant l'état de l'armée russe, dressé sur les informations, bonnes ou mauvaises, des agents répandus depuis Pétersbourg jusqu'à Constantinople.

« Enfin, au moment de monter en voiture, arrivèrent mes instructions! Qui pourrait dire de combien de pieds de rouge couvriraient le front de leur auteur ces misérables instructions, si elles étaient publiées aujourd'hui! Qu'y trouvai-je?... Un cours complet de clubisme. Il n'était question que des moyens révolutionnaires en usage depuis vingt ans parmi ces perturbateurs du genre humain : adresses, pétitions, publications faites pour tenir les esprits dans une fermentation continuelle. Une des phrases les plus remarquables portait : *qu'il fallait pousser les Polonais jusqu'au transport, en évitant le délire.* M. de *Bassano* m'a rappelé plusieurs fois dans ses lettres cette agréable antithèse. C'est avec ce bel esprit que ces Messieurs font de la Diplomatie. Du reste, aucun plan, aucun moyen n'était indiqué; il n'était question que de cette éternelle paperasserie qui me reportait aux jours heureux de l'Assemblée constituante. Tous les révolutionnaires n'ont pu sortir de là. Ils y sont encore.

« Je remarquai que ces maigres instructions n'indiquaient en aucune manière l'idée de mettre toute la Pologne à cheval, comme l'Empereur l'avait dit au préfet de Metz [1], et il est vraiment singulier que

[1] L'Empereur, en arrivant à Metz, était descendu à l'hôtel de la Préfecture où il avait passé la nuit très-gaiement. Dans le cours de la conversation, il avait dit à M. de VAUBLANC qu'il allait mettre à cheval toute la Pologne; et sur ce que M. de VAUBLANC lui avait témoigné quelque étonnement à ce mot, il répéta : « Toute la Pologne, oui toute la Pologne, *seize* millions de Polonais; » et parla ensuite avec ivresse de ses succès et de leurs suites à venir.

les cent quatre dépêches que j'ai reçues du duc de *Bassano*, dans le cours de l'ambassade, n'en disent pas un mot. Elles sont aussi vides sur cet article que sur les autres. C'est avec ce lest que je m'embarquai pour la Pologne. »

Tandis que *Napoléon* semblait retenu à Dresde par des fêtes et des hommages, il s'occupait, en réalité, à donner ses derniers ordres à ses lieutenants, à leur faire connaître ses intentions véritables et secrètes pour l'ouverture de la campagne, et il attendait en même temps l'issue des tentatives faites à Saint-Pétersbourg et à Vilna. C'était particulièrement le résultat de la mission de M. de *Narbonne* qu'il était impatient de connaître : « le retour de cet agent devait dissiper tous les doutes et mettre à nu la vérité de la situation. »

Le 28 mai, M. de *Narbonne* arrive à Dresde, apportant la réponse du comte *Roumantsof* à la Note du duc de *Bassano*, du 25 avril. M. de *Narbonne* avait été reçu par l'empereur *Alexandre;* mais il a trouvé ce prince inébranlable dans ses résolutions. Son attitude froide et inflexible, sa réserve, sa persistance dans les conditions qu'il a fait signifier par son ambassadeur, ne permettent plus de croire que la lutte désormais puisse être évitée. Les dernières paroles d'*Alexandre* à M. de *Narbonne* annonçaient même les partis extrêmes auxquels il pourrait se décider : *Dites bien à l'Empereur que je ne serai point l'agresseur.... Il peut passer le Niémen; mais jamais je ne signerai une paix dictée sur le territoire de la Russie.... Quand même il serait maître de Moscou, je ne croirais point ma cause perdue. — En effet, Sire,* lui avait répondu le comte de *Narbonne*, *vous n'en seriez pas moins alors le plus puissant monarque de l'Asie.*

Maintenant, pour *Napoléon*, les moments sont precieux ; il ne peut plus différer son départ pour l'armée. Le lendemain même du jour où il vient de connaître la réponse de l'empereur *Alexandre* et de son chancelier, il quitte Dresde, laissant dans cette ville *Marie-Louise*, qui devait aller passer un mois à Prague avec sa famille.

Napoléon, après s'être arrêté à Posen pour donner quelques soins aux affaires du duché, arrive à Thorn le 2 juin, s'en éloigne inopinément, le 6, pour visiter Dantzick[1], et rejoint le quartier général à Kœnigsberg, le 12. « Avant de quitter cette ville, dit le baron *Fain*, il a reçu, par l'aide de camp *Flahaut*[2], les rapports *les plus satisfaisants* de l'armée autrichienne. » Mais voici une autre version intime assez piquante, et qui prouve que les Autrichiens, non plus que les Prussiens, n'étaient pas fort désireux de jouer un rôle très-actif dans ce grand drame.

« Tandis que le prince de *Schwarzenberg* se trouvait à Lemberg, un officier supérieur, attaché à l'état-major du major général, fut envoyé en Gallicie pour sonder les intentions des Autrichiens, et tâcher de découvrir si l'on pouvait réellement compter sur une coopération efficace et immédiate de ce corps d'armée. Il avait en même temps une mission à Varsovie auprès du prince *Poniatowski*. Cet officier fut bien reçu par

[1] C'est à cette occasion que les autorités de Dantzick apprirent que ce pays était réuni à l'Empire français. « En arrivant, dit le général Rapp, Napoléon débuta avec moi par une question assez plaisante : — « Qu'est-ce que les Dantzickois font de leur argent, de celui qu'ils « gagnent, de celui que je dépense chez eux ? » Je lui répondis que leur situation était déplorable, qu'ils étaient aux abois. « Cela changera : « répliqua-t-il, c'est une chose convenue, je les garde maintenant pour « moi : il n'y a que les grandes familles qui prospèrent. »

[2] Le comte de Flahaut, pair de France et ambassadeur à Vienne sous le règne de Louis-Philippe, et aujourd'hui sénateur.

le prince de *Schwarzenberg*, mais assez mal par les autres officiers. Il reconnut que, loin de nous être favorables, les Autrichiens marchaient sous nos drapeaux avec une grande répugnance. Il se hâta de revenir auprès de *Berthier*, qui l'introduisit auprès de l'Empereur, pour que *Napoléon* jugeât, par le récit du témoin oculaire, de la situation des esprits dans l'armée autrichienne. *Napoléon* écouta attentivement le rapport qui lui fut fait; puis, sortant et s'adressant à un assez grand nombre de généraux et de grands personnages réunis pour l'attendre, il leur dit précisément l'inverse de ce qui était, assurant avec affectation que le prince de *Schwarzenberg* et le corps sous ses ordres brûlaient de combattre les Russes et de rivaliser avec l'armée française.

« Un motif politique, facile à comprendre, le faisait agir ainsi; mais il ne pouvait ignorer, après cela, combien peu on devait compter sur le contingent fourni par la cour de Vienne. »

C'est à Gumbinen, dernière ville sur la frontière de la Prusse orientale, où *Napoléon* séjourne du 19 au 21, que la rupture est déclarée. Les dépêches du comte *Lauriston* et les explications verbales du secrétaire d'ambassade, baron *Prévost*, viennent confirmer les paroles de l'empereur *Alexandre* au comte de *Narbonne*. Dès lors commence la guerre, et *Napoléon* se dirige vers le Niémen, à la tête de la grande armée, qui depuis un mois était prête à marcher au premier signal.

Arrivé à Wilkowisky, il adresse à l'armée la proclamation suivante :

« Soldats!

« La seconde guerre de Pologne est commencée! La première s'est terminée à Friedland et à Tilsitt, la

Russie a juré éternelle alliance à la France et guerre à l'Angleterre. Elle viole aujourd'hui ses serments! Elle ne veut donner aucune explication de son étrange conduite, que les aigles françaises n'aient repassé le Rhin, laissant par là nos alliés à sa discrétion. La Russie est entraînée par la fatalité! Ses destins doivent s'accomplir. Nous croirait-elle donc dégénérés? Ne serions-nous donc plus les soldats d'Austerlitz? Elle nous place entre le déshonneur et la guerre : le choix ne saurait être douteux. Marchons donc en avant! Passons le Niémen, portons la guerre sur son territoire! La seconde guerre de Pologne sera glorieuse aux armes françaises comme la première; mais la paix que nous conclurons portera avec elle sa garantie et mettra un terme à cette orgueilleuse influence que la Russie a exercée depuis cinquante ans sur les affaires de l'Europe.

« De notre quartier impérial de Wilkowisky, le 22 juin 1812.

« Napoléon. »

Dans une autre proclamation particulièrement destinée aux Prussiens et aux Polonais, mais qui avait surtout pour but de donner le change et sur la marche des armées et sur les desseins ultérieurs de *Napoléon*, on lisait :

« Je me vois de nouveau dans la nécessité de faire la guerre contre le Nord. Soldats, je vais la faire aux Russes. Au commencement de juillet nous serons à Saint-Pétersbourg. Je punirai l'empereur *Alexandre* et j'établirai une barrière contre lui par la Pologne, afin que le cabinet de Pétersbourg ne nuise plus au Continent.

Aux Polonais.

« Polonais, je viens pour vous donner un Roi et pour étendre vos frontières. Votre royaume sera plus considérable qu'il ne l'était sous *Stanislas*. Le grand-duc de *Wurtzbourg* sera votre roi. Le roi de Prusse nous voue son amitié et nous donne des preuves de son attachement le plus sincère, en mettant toutes ses troupes à notre disposition. Réunissez-vous à elles et oubliez votre ancienne inimitié contre cette nation. »

« Les routes militaires par Berlin, Potsdam, Charlottenbourg demeurent libres. Le grand quartier général de l'armée française sera établi à *Varsovie*, et celui de l'armée prussienne à Kœnigsberg. L'armée prussienne se concentre à Breslau.

« *Napoléon* dirigera de Berlin le gros de l'armée; le roi de Prusse se rendra à Breslau avec toute sa cour, ses ministres, sa garde. Le royaume de Prusse doit être agrandi, tel qu'il était avant 1806. Le roi de Prusse sera empereur du Nord. »

La déclaration de guerre de l'empereur de Russie, datée de Vilna, le 25 juin/6 juillet 1812, est conçue en ces termes :

« Depuis longtemps nous avions remarqué, de la part de l'empereur des Français, des procédés hostiles envers la Russie; mais nous avions toujours espéré les éloigner par des moyens conciliants et pacifiques. Enfin, voyant le renouvellement continuel des offenses les plus manifestes, malgré notre désir de conserver la tranquillité, nous avons été contraints de compléter et de rassembler nos armées. Cependant nous nous flattions encore de parvenir à une réconciliation en restant aux frontières de notre Empire, sans violer l'état de paix, et seulement prêts à nous défendre. Tous ces moyens conciliants et pacifiques ne purent conserver le repos que nous désirions. L'empereur des Français, en attaquant subitement notre armée à Kowno, a le premier déclaré la guerre. Ainsi, voyant que rien ne peut le porter à seconder nos vœux pour le maintien de la paix, il ne nous reste plus, en invoquant le secours du Tout-Puissant, témoin et vengeur de la vérité, qu'à opposer nos force aux forces de l'ennemi.

« Il n'est pas nécessaire de rappeler aux commandants des corps, aux chefs et aux soldats leur devoir et leur bravoure. Le sang des valeureux Slaves coule dans leurs veines. Guerriers! vous défendrez la religion, la patrie et l'indépendance! Je suis avec vous. Dieu est contre à l'agresseur!

« ALEXANDRE. »

Indépendamment de cette proclamation, la guerre fut annoncée à la nation par la lettre suivante, que l'Empereur écrivit au maréchal comte *Solkitof*, commandant en chef à Saint-Pétersbourg :

« Comte Nicolas Ivanowiez! les troupes françaises ont passé la frontière de notre Empire. La stricte observation de l'alliance a été payée par la plus perfide agression. Pour conserver la paix, j'ai épuisé tous les moyens compatibles avec la dignité de ma couronne et les intérêts de mon peuple. Tous mes efforts ont été sans succès. L'empereur *Napoléon* a fermement décidé dans sa pensée de ruiner la Russie. Les propositions les plus modérées sont restées sans réponse. Une invasion inopinée a dévoilé, d'une manière évidente, la fausseté des protestations pacifiques encore récemment renouvelées. Il ne me reste donc plus qu'à prendre les armes, et à employer tous les moyens que la Providence a mis en mon pouvoir pour repousser la force par la force. J'ai pleine confiance dans le zèle de mon peuple et dans la bravoure de mes troupes. Étant menacées dans leurs propres foyers, elles les défendront avec la fermeté et l'intrépidité qui les caractérisent. La Providence sanctifiera notre juste cause. La défense de la patrie, la conservation de l'indépendance et de l'honneur national nous ont forcé à ceindre l'épée. Je ne poserai pas les armes tant qu'un seul guerrier ennemi restera sur le territoire de mon Empire. Ma bienveillance est avec vous.

« ALEXANDRE.

« Vilna, le 13 juin de l'an 1812. »

L'armée française et alliée, suivant un état dressé pour le cabinet de l'Empereur, était ainsi composée :

Tableau de la composition et de la force des corps de la grande armée, relevé sur l'état de situation au 1er juin 1812.

Sa Majesté L'EMPEREUR et ROI, commandant en personne.

S. A. S. le prince de WAGRAM et de NEUCHATEL, vice-connétable de l'Empire, colonel général des Suisses, major général, expédiant les ordres de l'Empereur.

Maison de l'Empereur.

DUROC (duc de Frioul), général de division, grand maréchal du palais.

CAULAINCOURT (duc de Vicence), général de division, grand écuyer.

TURENNE (comte de), chambellan.

Ségur (Philippe, comte de), maréchal des logis du palais.
Canouville (Ernest, baron de), maréchal des logis du palais.
Saluces (baron de), écuyer.
Lambertye de Gerbevillers (baron de), écuyer.
D'Hericy (baron), écuyer.
Baillon, capitaine fourrier des logis.
Émery, capitaine fourrier des logis.
Devienne, page.
Dumanoir, page.

Cabinet.

Fain (baron), secrétaire ordinaire.
Menneval (baron), secrétaire ordinaire.
Mounier (baron), maître des requêtes, secrétaire.
Deponthon, colonel du génie, secrétaire.
Lelorgne, secrétaire interprète.
Vouzowitch, lieutenant aux lanciers de la garde, interprète.
Bacler d'Albe (baron), adjudant commandant, directeur du cabinet topographique.
Lameau, capitaine ingénieur géographe.
Duvivier, capitaine ingénieur géographe.

Aides de camp.

Généraux de division.	Aides de camp.
Rapp (comte)........................	Waldener. Zurlheim.
Lauriston (comte)....................	Longuerne.
Le Brun (duc Ch. de Plaisance).......	Lebrun. Briqueville.
Mouton (comte de Lobau)............	Perrin. Castellane.
Durosnel (comte)....................	Savignac. Labretonière. Dampierre.
Narbonne (Louis, comte de)..........	Ruelle. Chabot[1] (F. de).

Hogendorp (comte).
Kosakowski (comte).
Sangkowko (prince).
Pac (comte de).

[1] Aujourd'hui duc de Rohan, prince de Léon.

Officiers d'ordonnance.

Capitaines.

GOURGAUD.
MONTESQUIOU (Anatole, baron de).
MORETON DE CHABRILLAN (comte de).
MORTEMART (baron de).
MONTMORENCY (baron de).
MONTAIGU (comte de).
ATHALIN.
HAUTPOUL (d').
CHRISTIN (chevalier).
TEINTEGNIES (Clément de).
GALZ MALVIRADE (de).
LAURISTON (baron de).
DESSAIX (baron).
CARAMAN (Victor de).
ARENBERG (prince Pierre d').

État-major particulier de S. A. S. le prince, major général.

Aides de camp.

GIRARDIN (comte Alexandre), général de brigade. Passé au commandement de la cavalerie du premier corps, le 15 août.
LEJEUNE (baron), colonel du génie.
FLAHAUT (baron de), colonel.
PERNET (baron), chef d'escadron.
ASTORG (d'), *id.*
BONGARS, *id.*
FESENZAC (baron de), *id.*
NOAILLES (baron de), capitaine.
LECOUTEULX (baron), *id.*
MONTESQUIOU (baron Anatole), *id.*

L'état-major général était commandé par le comte de MONTHION, aide-major général.

Le comte de LARIBOISSIÈRE, chef de l'artillerie.

Le comte CHASSELOUP DE LAUBAT, chef du génie.

Les généraux barons GUILLEMINOT et JOMINI, chargés de services particuliers.

L'intendant général comte DUMAS dirigeait l'administration.

On comptait dans l'armée 9 maréchaux de l'Empire, 108 généraux de division et 217 généraux de brigade.

RÉCAPITULATION
DE L'EFFECTIF DE LA GRANDE ARMÉE,
AU 1er JUIN 1812,
Relevée sur la situation existante du dépôt de la guerre.

DÉSIGNATION des CORPS D'ARMÉE.	DÉSIGNATION des NATIONS.	NOMBRE D'HOMMES. Officiers d'état-major.	Officiers de troupe. Français.	Officiers de troupe. Étrangers.	S.-Officiers et soldats. Français.	S.-Officiers et soldats. Étrangers.	TOTAL.	TOTAL par corps d'armée. Hommes.	TOTAL par corps d'armée. Chevaux.
État-Major général et gendarmerie.	Français.	249	45	»	1 086	»	1 380	1 380	»
1er Corps d'armée. Prince d'*Eckmuhl*.	Français.	199	1 544	»	58 553	»	60 296	66 719	9 641
	Badois.	»	»	38	»	1 602	1 640		
	Espagnols.	»	»	41	»	2 170	2 211		
	Mecklembourgeois.	»	»	18	»	400	418		
	Hessois.	»	»	30	»	1 455	1 485		
	Polonais.	»	»	34	»	635	669		
2e Corps d'armée. Duc de *Reggio*.	Français.	129	931	»	33 412	»	34 472	44 661	7 574
	Portugais.	»	»	37	»	1 655	1 692		
	Croates.	»	»	41	»	1 726	1 767		
	Suisses.	»	»	263	»	6 467	6 730		
3e Corps d'armée. Duc d'*Elchingen*.	Français.	139	603	»	22 454	»	23 196	42 908	8 089
	Portugais.	»	»	92	»	2 905	2 997		
	Illyriens.	»	»	62	»	2 817	2 879		
	Wurtembergeois.	»	»	353	»	13 483	13 836		
4e et 6e Corps d'armée sous les ordres du Prince *Eugène*.	Français.	203	1 148	»	38 159	»	39 510	77 033	15 107
	Croates.	»	»	45	»	1 559	1 604		
	Espagnols.	»	»	36	»	1 448	1 484		
	Dalmates.	»	»	65	»	1 927	1 992		
	Italiens.	»	»	617	»	19 146	19 763		
	Bavarois.	»	»	312	»	12 368	12 680		
5e, 7e et 8e Corps d'armée sous les ordres du Roi de Westphalie (1).	Polonais.	225	»	908	»	39 420	40 553	78 687	18 626
	Saxons.	»	»	466	»	18 868	19 334		
	Westphaliens.	»	»	545	»	18 255	18 800		
9e Corps d'armée. Duc de *Bellune*.	Français.	40	634	»	28 375	»	29 049	49 479	3 752
	Bergois.	»	»	158	»	4 232	4 390		
	Badois.	»	»	101	»	4 780	4 881		
	Hessois.	»	»	89	»	3 582	3 671		
	Polonais.	»	»	212	»	7 276	7 488		
10e Corps d'armée. Duc de *Tarente*.	Français.	72	»	»	»	»	72	51 507	6 386
	Prussiens.	»	»	1 015	»	33 926	34 941		
	Polonais.	»	»	259	»	9 349	9 608		
	Saxons.	»	»	22	»	847	869		
	Bavarois.	»	»	50	»	1 655	1 705		
	Westphaliens.	»	»	87	»	3 441	3 528		
	Wurtembergeois.	»	»	20	»	764	784		
A reporter...............		1 256	3 905	6 076	182 039	218 158	412 374	412 374	69 175

(1) 5e *Poniatowski* (Prince). — 6e *Saint-Cyr*. — 7e *Reynier* (Comte). — 8e D'*Abrantès* (Duc).

DÉSIGNATION des CORPS D'ARMÉE.	DÉSIGNATION des NATIONS.	NOMBRE D'HOMMES. OFFICIERS d'état-major.	OFFICIERS de troupe. Fran-çais	OFFICIERS de troupe. Étran-gers.	S.-OFFICIERS et soldats. Fran-çais.	S.-OFFICIERS et soldats. Étran-gers.	TOTAL.	TOTAL par corps d'armée. Hom-mes.	TOTAL par corps d'armée. Che-vaux.
	Report......	1 256	3 905	6 076	182 039	218 158	412 374	412 374	69 175
11e Corps d'armée. Duc de *Castiglione*.	Français.	60	1 111	»	47 669	»	48 840	62 946	2 488
	Westphaliens.	»	»	47	»	1 697	1 744		
	Hessois.	»	»	43	»	1 613	1 656		
	Saxons.	»	»	77	»	2 642	2 719		
	Napolitains.	»	»	258	»	7 729	7 987		
Réserves de cavalerie. Roi de Naples.	Français.	197	1 015	»	26 061	»	27 273	44 451	45 829
	Prussiens.	»	»	56	»	1 354	1 410		
	Wurtember-geois.	»	»	22	»	568	590		
	Bavarois.	»	»	42	»	1 019	1 061		
	Saxons.	»	»	94	»	2 109	2 203		
	Polonais.	»	»	323	»	8 492	8 815		
	Westphaliens.	»	»	155	»	2 944	3 099		
Garde impériale. Ducs d'*Istrie* et de *Trévise*.	Français.	73	1 129	»	40 972	»	42 174	50 716	16 606
	Polonais.	»	»	169	»	8 373	8 542		
Grand parc d'artillerie, du génie, etc.	Français.	137	367	»	18 657	»	19 161	20 248	11 005
	Polonais.	»	»	26	»	756	782		
	Saxons.	»	»	7	»	228	235		
	Bavarois.	»	»	1	»	69	70		
Troupes dans les places.	Français.	96	12	»	252	»	360	7 732	295
	Polonais.	»	»	40	»	1 777	1 817		
	Saxons.	»	»	42	»	1 576	1 618		
	Westphaliens.	»	»	18	»	897	915		
	Wurtember-geois.	»	»	34	»	1 361	1 395		
	Mecklembour-geois.	»	»	45	»	1 582	1 627		
32e Division militaire.	Français.	22	36	»	992	»	1 050	1 050	
Division danoise.	Danois.	»	»	236	»	9 615	9 851	9 851	1 926
Division princière — Général *Carra-Saint-Cyr*.	Anhaltois.	»	»	45	»	1 616	1 661	7 304	345
	Schwartzbour-geois.	»	»	35	»	1 315	1 350		
	Francfortais.	»	»	42	»	1 645	1 687		
	Wurtzbour-geois.	»	»	73	»	2 533	2 606		
Troupes en marche.	Français.	»	549	»	24 565	»	25 114	27 407	11 452
	Polonais.	»	»	17	»	1 095	1 112		
	Westphaliens.	»	»	18	»	938	956		
	Portugais.	»	»	7	»	218	225		
Dépôt général de cavalerie. Général *Bourcier*.	Français.	10	67	»	3 664	»	3 741	3 741	1 317
Troupes qui ne font partie d'aucun corps.	Portugais.	»	»	10	»	250	260	260	270
	Total.............	1 851	9 191	7 998	344 871	234 169	648 080	648 080	160 708

RÉSUMÉ.

Français.	Officiers	11 042	355 913
	Sous-officiers et soldats	344 871	
Étrangers.	Officiers	7 998	322 167
	Sous-officiers et soldats	284 169	
	Plus l'armée autrichienne évaluée à sous le commandement du prince *Schwarzenberg*.	30 000	
	Total général		678 080

Cette situation présente l'effectif des troupes cantonnées en Allemagne à l'époque du 1er juin; mais, déduction faite des déficit d'usage, on peut évaluer à plus de 500 000 hommes la force des troupes qui ont successivement pénétré sur le territoire russe. Elles étaient protégées par 1372 bouches à feu, et avaient à leur suite plus de 20 000 voitures.

Napoléon, comme on le voit, confiait à ses meilleurs généraux, aux maréchaux décorés des titres de leurs victoires, les divers corps de la grande armée. Mais il divisa ses troupes en trois masses principales, réunissant chacune plusieurs corps, et leur donna le nom d'aile droite, de centre et d'aile gauche. Le commandement de ces trois grandes fractions fut concentré dans la famille impériale [1]. Ainsi *Napoléon*,

[1] Un écrivain militaire explique la détermination de l'Empereur par les raisons que voici :

« On s'est beaucoup élevé, dit-il, contre l'idée de confier à des jeunes gens, parce qu'ils sont princes, de grands commandements en face de l'ennemi; sans doute, cela peut avoir de très-grands inconvénients; cependant, si l'on réfléchit à la position particulière dans laquelle se trouvait en 1812 la grande armée, on comprendra cette idée de l'Empereur. La France n'était pas seule à former l'armée envahissante; une grande partie des troupes était étrangère; il fallait pour les commander des hommes imposant le respect par leurs noms et leurs positions, des hommes sur le dévouement desquels NAPOLÉON pût compter, dont les intérêts fussent les siens propres. Beaucoup de maréchaux, de généraux même, sans avoir atteint le degré de démoralisation où ils arrivèrent deux ans plus tard, commençaient cette guerre sans plaisir, nous dirons presque avec dégoût; il n'était donc peut-être pas inutile de les placer sous les ordres des jeunes princes ayant le feu sacré, prêts à tout pour acquérir de la gloire et pour seconder les vues du chef de leur famille. Ces jeunes parents de NAPOLÉON, on les retrouva pour commander l'armée après nos deux grands désastres; EUGÈNE, lors du départ de MURAT, à Vilna, JÉRÔME à la retraite sur Laon, après Waterloo. »

se réservant la direction immédiate du centre, mit l'aile droite sous les ordres de son frère *Jérôme*, roi de Westphalie, encore fort jeune, puisqu'il n'avait que vingt-six ans, mais de la conduite et de la vigueur duquel il avait été très-satisfait pendant les campagnes de Prusse et de Pologne [1], et confia l'aile gauche au prince *Eugène*, vice-roi d'Italie, son fils adoptif, n'ayant lui-même guère plus de trente ans, mais déjà vieux soldat d'Égypte, grièvement blessé devant Saint-Jean-d'Acre [2].

Le front attaquable des provinces que la Russie présente les premières à l'invasion, embrassait, de la mer Baltique aux confins de la Moldavie, une étendue de deux cents lieues. Elle était flanquée, à droite, par les armées de l'empire ottoman, à gauche par la Suède. *Napoléon* avait compté sur l'assistance de ces deux puissances, mais on sait que, dès le début, *Bernadotte* s'allia avec la Russie, et que le grand vizir conclut, à Boukarest, un traité que le Sultan ratifia dans le cours de la campagne. Ces résultats des négociations habiles du cabinet de Pétersbourg, rétrécissant à l'égard des Russes le théâtre de la guerre, leur permirent d'opposer, dans la suite, toutes leurs troupes à l'effort des armées françaises.

La partie de la frontière qui se trouvait menacée, est couverte par la forêt de Bélovége, par les marais de Pinsk et par le cours du Niémen. Cette dernière portion devait être particulièrement considérée par la défense. Elle était d'ailleurs forcément le front d'opé-

[1] Voy. *Opérations du neuvième corps de la grande armée, en Silésie, sous le commandement en chef de S. A. I. le prince* JÉRÔME NAPOLÉON, 1806-1807. 2 vol. in-8, avec atlas.

[2] *Notice historique sur le prince* EUGÈNE, duc de LEUCHTENBERG, par le baron D'ARNAY.

rations des Français qui avaient pour bases les forteresses de la basse Vistule et de la Prégel.

Depuis Grodno jusqu'à son embouchure, le Niémen est traversé par les grandes communications entre l'Allemagne et la Russie. Les chaussées de Kœnigsberg et Varsovie à Saint-Pétersbourg et Moscou, se croisent à Vilna, près du sommet de l'angle droit que forme son cours, d'où il résulte que Vilna devait être le centre des dispositions de l'empereur *Alexandre*, qui effectivement y avait établi son quartier général.

L'armée russe, qui présentait une ligne morcelée, s'étendant depuis l'embouchure de la Duna jusqu'aux sources du Bug, était partagée en trois armées, dites de l'Ouest. La première, sous le commandement en chef de *Barclay de Tolly*, forte d'environ cent quarante mille hommes, occupait le Niémen, s'appuyant sur les places de Riga et de Dunabourg, et sur un vaste camp retranché, élevé près de Drissa, en avant de la Duna. — La droite, aux ordres de *Wittgenstein*, s'établit à Rossiény et Keydany, pour couvrir les avenues secondaires de Pétersbourg. — La gauche, sous *Doctorof*, se mit entre Grodno et Lida, à cheval sur les routes secondaires de Moscou, éclairant le fleuve par les Cosaques de *Platof*. — L'avant-garde, général *Baggavout*, occupa Kowno; enfin le centre, grand-duc *Constantin*, prit position à Vilna et dans les environs.

La seconde armée, général en chef *Bagratione*, forte d'environ cinquante mille hommes, était concentrée entre Bug et Niémen, de Byalistock à Wolkowisk, avec une attitude offensive pour déboucher sur le flanc des colonnes d'attaque.

La troisième armée, dite de réserve, dont on ignorait d'abord le but et la composition, se rassembla près de Loutzk, sur la route de Vienne à Kief. On apprit bientôt que *Tormassof* la commandait, qu'elle comptait quarante-cinq mille hommes et qu'elle était destinée comme celle de *Bagratione*, à opérer offensivement.

En outre, des garnisons donnant un total d'environ quarante mille hommes, occupaient Riga, Dunabourg et Mozyr, où le général *Ertell* gardait les défilés du marais de Pinsk. Ces quarante mille hommes ne furent utilisés que plus tard; on ne voulait point les déplacer avant de savoir par quel point pénétrerait *Napoléon*.

Telles étaient les forces que l'empereur *Alexandre* plaça en première ligne. Il y joignit, par la suite, l'armée de Moldavie (soixante mille hommes), que les indécisions du Sultan retinrent à Jassy jusqu'à la conclusion de la paix; le corps de Finlande, aux ordres de *Steingell* (quatorze mille hommes); plus les milices de Moscou et les volontaires de Saint-Pétersbourg (cent vingt mille hommes).

Voici l'état des armées russes :

TABLEAU DE LA PREMIÈRE ARMÉE DE L'OUEST,
sous les ordres du général en chef BARCLAY DE TOLLY.

Chef d'état-major, général LAVROF, remplacé successivement par le général PAULUCCI, et ensuite par YERMOLOF.

Général de service, colonel KIKINE.

Chef de l'artillerie, général KOUTAÏSOF.

Chef du génie, général TROUSSON.

	Bataill.	Escadr.	Rég. cosaq.
1er Corps. Lieutenant général, comte WITTGENSTEIN; divisions, BERG, SAZONOF, KAKHOFSKOÏ....................	28	16	3
2e Corps. Lieutenant général, BAGGAVOUT; divisions, prince EUGÈNE DE WURTEMBERG, OLSOUFIEF....................	24	8	»
3e Corps. Lieutenant général, TOUTCHKOF; divisions, KONOVNITSYNE, STROGONOF....	26	6	»
A reporter....	78	30	3

	Bataill.	Escadr.	Rég. cosaq.
Report....	78	30	3
4e Corps. Lieutenants généraux, comte CHOUVALOF et OSTERMANN; divisions, TCHOGLOKOF, BAKHMÉTIEF...........	22	8	»
5e Corps. S. A. I. le grand-duc CONSTANTIN; gardes et réserves, YERMOLOF, DEPRERADOVITCH, GALITSYNE...........	16	20	»
6e Corps. Le général d'infanterie DOCTOROF; divisions, KAPTSÉVITCH, LIKATCHEF..............................	24	8	»
1er Corps de cavalerie. Lieutenant général, OUVAROF......................	»	24	»
2e Corps de cavalerie. Le général-major, baron KORF..........................	»	24	»
3e Corps de cavalerie. Le général-major, comte PAHLEN......................	»	24	»
Cosaques. Le général comte PLATOF.....	»	»	14
Total....	140	138	17

Environ 130 000 hommes, sans les 8000 Cosaques du comte PLATOF.

DEUXIÈME ARMÉE DE L'OUEST,

sous les ordres du général d'infanterie prince BAGRATIONE.

Chef d'état-major, le général-major comte de SAINT-PRIEST.
Quartier-maître général, général-major WISTITSKI 2e.
Général de service, colonel MARIN.
Chef de l'artillerie, général-major LOWENSTERN.
Chef des ingénieurs, général-major FORSTER.

	Bataill.	Escadr.	Rég. cosaq.
7e Corps. RAEFSKY, PASKÉVITCH, KOLUBABINE, WASSILTCHIKOF..............	24	8	»
8e Corps. BOROSDINE, prince CHARLES DE MECKLENBOURG, WORONZOF, NEVEROVSKI.	22	20	»
4e Corps de cavalerie. SIEVERS..........	»	24	»
Cosaques..............................	»	»	9
Total....	46	52	

Environ 50 000 hommes.

TROISIÈME ARMÉE DE L'OUEST,

sous les ordres du général en chef TORMASSOF.

Chef d'état-major, genéral-major INZOF.
Quartier-maître général, général-major RENNE.
Chef de l'artillerie, général-major SIEVERS.

	Bataill.	Escadr.	Rég. cosaq.
Corps du lieutenant général KAMENSKI ; divisions, TCHERBATOF	18	8	»
Corps du lieutenant général MARKOF ; deux divisions	24	8	»
Corps du lieutenant général SAKEN ; divisions, SOKOKINE, LASKINE	12	24	»
Cavalerie de LAMBERT	»	36	»
Cosaques	»	»	9
Total....	54	76	9

Environ 45 000 hommes.

TABLEAU DE L'ARMÉE DE MOLDAVIE,

sous les ordres de l'amiral TCHICHAGOF, *à l'époque de son départ de Boukarest, le* 19 *juillet* 1812.

Chef d'état-major, lieutenant général SABANÉIEF.
Quartier-maître général, général-major BERG.
Général de service, général-major TOUTCHKOF.

	Bataill.	Escadr.	Rég. cosaq.
1er Corps. Général d'infanterie, comte LANGERON	12	8	3
2e Corps. Lieutenant général, ESSEN 3e...	12	8	3
3e Corps. Lieutenant général, WOÏNOF...	11	12	3
4e Corps. Général-major, BOULATOF......	6	20	1
Corps de réserve. Lieutenant général, SABANÉIEF	9	8	1
Détachement venu de Servie. Général, LINDFORST	9	8	2
Total général....	59	64	13

Environ 60 000 hommes avec les Cosaques.

CORPS DE FINLANDE.

	Bataill.	Escadr.	Rég. cosaq.
Lieutenant général, comte STEINGELL....	16	3	»

Ce corps devait être de 14 000 hommes; mais l'insuffisance des embarcations et un sinistre en mer le réduisirent à 10 000 hommes.

A la fin de la campagne, l'organisation subit d'importantes modifications, surtout aux armées des ailes sous WITTGENSTEIN et TCHICHAGOF.

	Bataill.	Escadr.	Reg. cosaq.
Au 16 (28) octobre, la première, réunie au corps de Finlande, se composait de trois corps, forts de................	75	38	3
Au 8 septembre, la deuxième, ou armée du Danube avait sept corps...........	102	116	18

1er corps, comte LAMBERT; 2e corps, prince TCHERBATOF; 3e corps, comte LANGERON; 4e corps, ESSEN; 5e corps, WOÏNOF; 6e corps, BOULATOF; réserve, SABANÉIEF, et un détachement sous le général ENGELHARDT.

Lorsque *Napoléon* se fut assuré des positions de l'ennemi, il subdivisa ses forces en cinq colonnes; il donna l'ordre à *Macdonald* (extrême gauche) de se déployer par Tilsitt pour tenir en échec *Wittgenstein;* il prit avec lui *Davout*, *Oudinot*, *Ney*, la garde et *Murat*, avec les corps de cavalerie, de *Montbrun* et *Nansouty*, pour les concentrer autour de Pilwiski et enlever Kowno, puis Vilna; il plaça en avant de Marienpol, sous le commandement d'*Eugène*, les quatrième, sixième corps et la cavalerie de *Grouchy*, prêts à se jeter par Pilony, entre *Barclay* et *Doctorof;* il disposa, pour déboucher de Grodno et pousser à *Bagratione*, le roi de Westphalie, avec les cinquième, septième et huitième corps et la cavalerie de *Latour-Maubourg;* enfin il destina *Schwarzenberg* (extrême droite) à couvrir, par Drogiezin, le duché de Varsovie et à contenir *Tormassof*.

A l'approche de ces masses formidables, les Russes, trop inférieurs en nombre, ne firent aucun mouvement et comprirent qu'il fallait renoncer au Niémen. Ils formèrent d'abord le projet de se concentrer à Vilna, puis, lorsque cette ville fut menacée, *Barclay* marqua la retraite sur Swentziany et Drissa.

Napoléon, suivant sa coutume, n'était pas dans l'intention de traîner la guerre en longueur; l'étude des pays difficiles qu'il voulait envahir, lui avait fait entrevoir l'application du système qui avait si promptement abattu l'Autriche et la Prusse, et qui réduisait une campagne à une marche habile suivie d'une action décisive.

Le Dniepr et la Duna servaient de base, l'une à *Barclay*, l'autre à *Bagratione*. Ces deux fleuves qui se jettent, le second dans la mer Baltique, le premier dans la mer Noire, à une distance de trois cent cinquante lieues, prennent leur source sur un étroit plateau, dont la crête est la ligne de partage des eaux de l'Europe et de l'Asie, et dont l'abord est couvert par les anciennes villes de Witebsk et de Smolensk, derniers boulevards de Saint-Pétersbourg et de Moscou. Maître de cette position centrale, il ne faut plus qu'une grande bataille pour porter les armes victorieuses jusqu'aux murs de l'une ou de l'autre de ces capitales. *Napoléon* avait combiné son opération pour y pénétrer d'emblée, pour disloquer, chemin faisant, les armées ennemies, pour les forcer d'accepter le combat avec tous les désavantages d'une retraite précipitée.

Pendant qu'*Eugène* et *Jérôme* immobiles, se tenaient l'arme au bras pour ne pas trop promptement donner l'éveil à *Bagratione*, *Macdonald* déboucha de

Tilsitt, et, dans la nuit du 23 au 24 juin, *Napoléon* franchit le Niémen à la tête de deux cent cinquante mille hommes[1], se dirigeant sur Kowno, où il arriva le soir même. Le 28, il était aux portes de Vilna, dont les Russes n'avaient disputé l'entrée que pour se donner le temps de détruire d'immenses magasins qui eussent été une précieuse ressource pour les Français.

Le 30 juin, *Eugène* avait passé le Niémen à Pilony, et *Jérôme* à Grodno. Mais, dès la veille, un violent orage était venu fondre sur toute la Lithuanie. Ce fut un véritable désastre. Le tonnerre tomba sur divers points de la ligne : trois grenadiers de la garde furent frappés de la foudre près de la tente de l'Empereur. Des généraux romains se seraient peut-être arrêtés devant ce sinistre présage. L'ouragan, les inondations, le froid excessif qui succéda à l'orage, causèrent de très-grandes pertes à l'armée. On estima à dix mille le nombre des chevaux qui périrent pendant la nuit ou dans les deux jours suivants. Les chemins, devenus impraticables, il fallut ralentir ou même arrêter la marche des troupes, abandonner cent pièces de canon, et sacrifier des convois qui transportaient une quantité prodigieuse d'approvisionnements et de munitions.

Bientôt la disette se fit sentir : trente mille traîneurs se répandirent dans les campagnes et vinrent ensuite encombrer les villages et les hôpitaux.

Cet événement, contre lequel la volonté des hommes était impuissante, entrava l'exécution des projets de *Napoléon*. Il fut d'abord contraint lui-même de suspendre les opérations de la gauche; et l'aile droite, à laquelle devait se joindre *Davout* avec quarante mille hommes, et qui était destinée à couper le corps d'armée de *Bagratione* du centre de l'armée russe et à le rejeter en Volhynie; l'aile droite, disons-nous, fut obligée de rester dans ses cantonnements, à Grodno, jusqu'au 4 juillet, et, par suite d'autres incidents, la combinaison, qui eût peut-être assuré, dès le début, le sort de la campagne, échoua au moment où rien ne semblait devoir s'opposer à sa réussite.

Jusqu'à ce jour, presque tous les historiens ont attribué ce non-succès au roi de Westphalie, et ont reproché au commandant de l'aile droite :

1° D'avoir fait à Grodno un séjour inutile et fâcheux ;

2° D'avoir poursuivi *Bagratione* avec mollesse;

3° D'avoir quitté le commandement des troupes qui lui avaient été confiées, par un mouvement d'amour-propre froissé.

« Mais, pour écrire l'histoire, dit un auteur militaire[1], il ne suffit pas de vouloir être impartial, il faut, avant tout, pouvoir consulter des documents authentiques, irrécusables, nombreux et puisés à bonne source, ou avoir été en position d'apprécier par soi-même; il faut être décidé à ne sacrifier à aucune considération personnelle.

« Or, *jusqu'ici aucun auteur n'a eu à sa disposition les pièces qu'il nous a été donné d'étudier, et n'a pu puiser aux mêmes sources que nous.*

« Aucun écrivain n'a expliqué les causes véritables qui contraignirent le roi de Westphalie à séjourner quatre jours à Grodno, et à quitter l'armée à Nesvij.

« Rien ne nous sera plus facile que de démontrer que ce séjour de *Jérôme* à Grodno, loin d'être volontaire, fut *forcé*; que sa poursuite contre *Bagratione* fut pleine de vigueur et de sagesse, qu'elle fut telle, en un mot, que le général russe ne put percer sur le camp retranché de Drissa, ainsi qu'il en avait l'ordre

[1] M. Albert Ducasse : *Mémoires pour servir à l'histoire de la campagne de 1812, en Russie*, *suivis de lettres de* Napoléon *au roi de Westphalie pendant la campagne de* 1813. Paris, 1852, in-8, avec carte.

de *Barclay de Tolly;* que le roi de Westphalie le maintint toujours sur sa droite, ne le perdit pas de vue, et manœuvra de telle sorte, que l'aile droite de l'armée française se trouva, à un moment donné et opportun, réunie tout entière. Il nous sera facile encore d'expliquer le retour de *Jérôme* dans ses États, et de prouver qu'à sa place et dans sa position, peu d'hommes eussent agi autrement.

« Quelques auteurs ont attribué son départ à un ordre de l'Empereur, le fait est faux; d'autres ont prétendu qu'il avait voulu emmener avec lui l'armée westphalienne formant le huitième corps, cela est également faux. *Chambray* et *Boutourlin* disent : le premier, « A Nesvij, *Jérôme* reçut des dépêches dans « lesquelles *Napoléon* se plaignait de la lenteur de sa « marche et l'en réprimandait; bientôt après *Davout* « lui transmit l'ordre qui le mettait sous son com- « mandement. Blessé du peu d'égards avec lequel le « traitait son frère, il quitta brusquement l'armée « pour retourner dans sa capitale, etc. »

« Cette appréciation ferait croire que *Jérôme* ignorait l'ordre secret donné à *Davout* de prendre le commandement de l'aile droite, comme le plus ancien général, en cas de réunion de ses troupes avec celles du roi de Westphalie. Or, cet ordre du 6 juillet avait été envoyé à *Jérôme* aussi bien qu'au prince d'*Eckmühl;* tous deux le reçurent en même temps. Le commandant de l'aile droite fut justement blessé des exigences inconvenantes de *Davout* et non de l'ordre de l'Empereur.

« Il ne quitta pas l'armée aussi brusquement que le dit *Chambray*, puisqu'il prévint l'Empereur, le maréchal *Davout* et les corps sous ses ordres.

« *Boutourlin* écrit :

« *Napoléon*, mécontent de la poursuite molle de « son frère, lui *ôta* son commandement de l'armée et

« mit le corps de *Junot* et de *Poniatowski* ainsi que la « cavalerie de *Latour-Maubourg* sous les ordres du « maréchal *Davout* qui les attira à soi. »

« *Napoléon* non-seulement n'ôta pas le commandement à *Jérôme*, mais il fit tout ce qui dépendait de lui pour que le roi de Westphalie le reprît après s'en être démis volontairement. *Junot* ne commandait pas encore les Westphaliens, alors sous les ordres du général *Tharreau*. Si *Davout* eût pris le commandement de l'aile droite, dans les conditions de l'ordre secret du 6 juillet, l'Empereur ne lui aurait pas fait adresser les reproches contenus dans la lettre du major-général, en date du 20 juillet.

« La cause du départ de *Jérôme* est bien simple :

« Le prince d'*Eckmühl*, profitant d'un ordre secret de l'Empereur pour satisfaire à des ressentiments personnels contre *Jérôme*, donna *une fausse* interprétation à cet ordre, et voulut soumettre le roi de Westphalie à des exigences telles, que ce dernier préféra abandonner son magnifique commandement. Cependant, comme l'ordre de l'Empereur, quoique mal interprété, mettait les troupes de l'aile droite entre les mains de *Davout*, *Jérôme* ne voulut pas être un obstacle, il se sacrifia, et la suite a malheureusement prouvé que ses prévisions étaient justes, car le prince d'*Eckmühl* ne fit pas ce qu'on était en droit d'attendre de lui, quoiqu'il eût seul le commandement de l'aile droite, qu'il avait exigé d'une façon si violente.

« En effet, au lieu de livrer à *Bagratione* une bataille décisive, au lieu de contraindre les Russes à combattre contre des forces bien supérieures aux leurs, *Davout* balança, tergiversa, manœuvra pour gagner la Bérésina avant *Bagratione*, et finalement malgré son beau combat de Mohilew, laissa la deuxième armée de l'ouest rallier la première, ce que *Jérôme* avait empêché jusqu'alors. C'est au moment où *Jérôme*, par une bataille décisive dont toutes les chances étaient en notre faveur, allait couronner ses opérations contre *Bagratione*, que le prince d'*Eckmülh* voulut faire valoir l'ordre éventuel de l'Empereur, qu'il força le roi de Westphalie à partir, et à ne pas profiter des avantages que les commencements de la campagne avaient si bien préparés. Tout cela est positif, prouvé par des pièces irrécusables. *Napoléon* témoigna son mécontentement à *Davout* par une lettre dans laquelle il lui fit dire qu'il avait outre-passé ses instructions et qu'il n'était pas en droit d'exiger, à ce moment, le commandement de toute l'aile droite, l'éventualité prévue ne s'étant pas réalisée.

« Ensuite, il faut le reconnaître, les Russes se montrèrent, dans cette circonstance, dignes de leurs adversaires. Le prince *Bagratione* manœuvra avec autant d'adresse que de prudence. Il fit des marches rapides et hardies, décidé à sauver son armée ou à périr avec elle. Sa retraite fut des plus habiles et sa persévérance aussi bien que la patience de ses troupes méritent de grands éloges [1]. »

A peine *Napoléon* était-il à Vilna qu'un des ministres de l'empereur de Russie, le général *Balaschof*, se présenta au quartier impérial, et vint ainsi ranimer une lueur d'espérance. Il était porteur d'une lettre autographe de l'empereur *Alexandre*, datée du 25, et conçue en ses termes :

« Monsieur mon frère,

« J'ai appris hier que malgré la loyauté avec la-

[1] Voy. p. 159-187 des *Mémoires* précités.

quelle j'ai maintenu mes engagements avec Votre Majesté, ses troupes ont franchi les frontières de la Russie, et je reçois à l'instant de Pétersbourg une Note par laquelle le comte de *Lauriston*, pour cause de cette agression, annonce que Votre Majesté s'est considérée comme en état de guerre avec moi, dès le moment où le prince *Kourakine* a fait la demande de ses passe-ports. Les motifs, sur lesquels le duc de *Bassano* fondait son refus de les lui délivrer, n'avaient guère pu me faire supposer que cette démarche servirait de prétexte à l'agression. En effet, l'ambassadeur n'y a jamais été autorisé, comme il l'a déclaré lui-même; et aussitôt que j'en fus informé, je lui ai fait connaître combien je le désapprouvais, en lui donnant l'ordre de rester à son poste. Si Votre Majesté n'est pas intentionnée de *verser le sang des peuples pour un malentendu de ce genre, et qu'elle consente à retirer ses forces du territoire russe, je regarderai ce qui s'est passé comme non avenu, et un accommodement entre nous est encore possible*. Dans le cas contraire, Votre Majesté me forcera de ne plus voir en elle qu'un ennemi que rien n'a provoqué de ma part. Il dépend de Votre Majesté d'épargner à l'humanité les calamités d'une nouvelle guerre. Je suis, etc. »

Napoléon, au lieu de reconnaître ce qu'il y avait de grandeur et d'humanité dans la résolution que prenait, à un pareil moment, l'empereur *Alexandre*, n'attribua cette démarche qu'au désir de gagner du temps pour réunir l'armée russe disséminée. D'ailleurs, comme il voyait déjà dans ses mains toute l'armée de *Bagratione*, et qu'un pareil succès lui promettait le droit d'imposer ses volontés, il demanda seulement au général *Balaschof* s'il avait des pouvoirs, offrant de traiter à l'instant même de la paix, mais ne voulant pas, disait-il, renoncer aux fruits de ses manœuvres, et par conséquent repasser le Niémen avant que cette condition fût réglée par la paix elle-même. Le général *Balaschof* n'ayant ni instructions ni pouvoirs, et se bornant à réclamer une réponse à l'objet spécial de sa mission, *Napoléon* écrivit une lettre récriminatoire, où il reproduisait tous les arguments de la Note du duc de *Bassano*, du 25 avril, et par laquelle il déclinait la proposition d'*Alexandre*. Voici le texte de cette lettre :

« Monsieur mon frère,

« J'ai reçu la lettre de Votre Majesté. La guerre qui divisait nos États se termina par le traité de Tilsitt. J'avais été à la conférence du Niémen avec la résolution de ne pas faire la paix que je n'eusse obtenu tous les avantages que les circonstances me promettaient. J'avais en conséquence refusé de voir le roi de Prusse. Votre Majesté me dit : « Je serai votre « second contre l'Angleterre. » Ce mot changea tout; le traité de Tilsitt en fut le corollaire. Depuis, Votre Majesté a désiré que des modifications fussent faites à ce traité. Elle voulut garder la Moldavie et la Valachie et porter ses limites sur le Danube; elle eut recours aux négociations. Cette importante modification au traité de Tilsitt, si avantageuse à Votre Majesté, fut le résultat de la conférence d'Erfurth. Il paraît que vers le milieu de 1810, Votre Majesté désira de nouvelles modifications au traité de Tilsitt. Elle avait deux moyens d'y arriver, la négociation ou la guerre. La négociation lui avait réussi à Erfurth : pourquoi cette fois prit-elle un moyen différent? Elle fit des armements considérables, déclina la voie des négociations, et parut ne vouloir obtenir des modifications au traité de Tilsitt que par la protection de ses nombreuses armées. Les relations établies entre les deux puissances, après tant d'événements et de sang répandu, se trouvaient rompues. La guerre devint imminente. J'eus aussi recours aux armes, mais six mois après que Votre Majesté eut pris ce parti. Je n'ai pas levé un bataillon, je n'ai pas tiré un seul million de mon trésor pour l'extraordinaire de la guerre, que je ne l'aie fait connaître à Votre Majesté et à ses ambassadeurs. Je n'ai pas laissé échapper une occasion de m'expliquer. Votre Majesté a fait devant toute l'Europe une protestation que les puissances n'ont l'habitude de faire qu'au moment de se battre, et lorsqu'elles n'espèrent plus rien des négociations. Je n'y ai pas répondu. Votre Majesté a, la première, réuni ses armées et menacé *mes frontières*. Votre Majesté, la première, est partie pour son quartier général. Votre Majesté, après avoir constamment, pendant dix-huit mois, refusé de s'expliquer, m'a fait remettre par son ministre une sommation d'évacuer la Prusse comme préalable de toute négociation. Peu de jours après, ce ministre a fait la demande de ses passe-ports, et répété trois fois cette demande. Dès ce moment, j'étais en guerre avec Votre Majesté. Je voulus cependant garder l'espérance que le prince *Kourakine* avait mal entendu ses instructions, et qu'il n'était pas autorisé à cette sommation *sine quâ non* de n'entendre à rien que la Prusse ne fût évacuée, ce qui était me placer entre la guerre et le déshonneur, langage inconvenant, que n'autorisaient ni les événements passés, ni la force respective des deux États, ni enfin le souvenir, qu'elle ne peut avoir perdu, que, dans les circonstances les plus critiques, je l'ai assez honorée, elle et sa nation, pour ne lui rien proposer qui pût être le moindrement contraire à la délicatesse et à l'honneur. Je chargeai donc le comte *Lauriston* de se rendre auprès de Votre Majesté et de son ministre des relations extérieures, de s'expliquer sur toutes ces circonstances, et de voir s'il n'y aurait pas moyen d'amener l'ouverture d'une négociation, en considérant comme non avenue la sommation étrange et déplacée du prince *Kourakine*. Quelques jours après, j'appris que la cour de Berlin avait été instruite de cette démarche du prince *Kourakine*, et qu'elle-même était fort surprise d'un langage aussi extraordinaire. Je ne tardai pas d'apprendre qu'à Pétersbourg aussi cette démarche était connue, et que les gens sensés la désapprouvaient. Enfin, les journaux anglais m'apprirent que les Anglais la connaissaient. Le prince *Kourakine* n'avait donc fait que suivre littéralement ses instructions. Toutefois, je voulais encore conserver de l'espoir, et j'attendais la réponse du comte *Lauriston*, lorsque je reçus à Gumbinen le secrétaire de légation *Prévost*, qui m'apprit que, contre le droit des gens, contre le devoir des souverains en pareille circonstance, sans égard pour ce que Votre Majesté devait à moi et à elle-même, non-seulement elle avait refusé de voir le comte *Lauriston*, mais même, chose sans exemple! que l'oubli avait été porté au point que le ministre aussi avait refusé de l'entendre et de conférer avec lui, quoiqu'il eût fait connaître l'importance de sa communication et la lettre de ses ordres. Je compris alors que le sort en était jeté; que cette Providence invisible, dont je reconnais les droits et l'empire, avait décidé de cette affaire comme de tant d'autres. Je marchais sur le Niémen, avec le sentiment intime d'avoir tout fait pour épargner à l'humanité ces nouveaux malheurs et pour tout concilier avec mon honneur, celui de mes peuples et la sainteté des traités. Voilà, Sire, l'exposé de ma conduite. Votre Majesté pourra dire beaucoup de choses; mais elle se dira à elle-même qu'elle a, dix-huit mois, refusé de s'expliquer d'aucune manière; qu'elle a depuis déclaré qu'elle n'entendait à rien qu'au préalable je n'eusse évacué le territoire de mes alliés; que par là elle a voulu ôter à la Prusse l'indépendance qu'elle paraissait vouloir lui garantir, en même temps qu'elle me montrait les Fourches Caudines. Je plains la méchanceté de ceux qui ont pu donner de tels conseils à Votre Majesté. Quoi qu'il en soit, jamais la Russie n'a pu tenir ce langage à la France; c'est tout au plus celui que *Catherine* pouvait tenir au dernier roi de Pologne.... La guerre est donc déclarée entre nous. Dieu même ne peut pas faire que ce qui a été n'ait pas été; mais mon oreille sera toujours ouverte à des négociations de paix; et quand Votre Majesté voudra sérieusement s'arracher à l'influence des hommes ennemis de sa famille, de sa gloire et de celle de son empire, elle retrouvera toujours en moi les mêmes sentiments et la vraie amitié. Un jour viendra où Votre Majesté s'avouera que si depuis 1810, elle n'avait pas changé, que si, voulant des modifications au traité de Tilsitt, elle avait eu recours à des négociations loyales, ce qui n'est pas changer, elle aurait eu un des plus beaux règnes de la Russie. A la suite de désastres éclatants et réitérés, elle avait, par sa sagesse et sa politique, guéri toutes les plaies de l'État, réuni à son Empire d'immenses provinces, la Finlande et les bouches du Danube; mais aussi j'y aurais beaucoup gagné; les affaires d'Espagne auraient été terminées en 1811; probablement la paix avec l'Angleterre serait conclue en ce moment. Votre Majesté a manqué de persévérance et de confiance, et, qu'elle me permette de le lui dire, de sincérité. Elle a gâté tout son avenir. Avant de passer le Niémen, j'aurais envoyé un aide de camp auprès de Votre Majesté, selon l'usage que j'ai suivi dans les campagnes précédentes, et si les personnes qui dirigent la guerre auprès d'elle et qui, malgré les leçons de l'expérience, paraissent si désireuses de la faire, n'avaient témoigné beaucoup de mécontentement de la mission du comte de *Narbonne*, et si je n'avais dû considérer, comme le résultat de leur influence, la non-admission de mon ambassadeur. Il m'a paru alors indigne de moi de pouvoir laisser soupçonner que, sous prétexte de procédé, en envoyant quelqu'un auprès de Votre Majesté, je pusse avoir tout autre but. Si Votre Majesté veut finir la guerre, elle m'y trouvera disposé. Si elle est décidée à la continuer, et qu'elle veuille établir un cartel sur les bases les plus libérales, telles que de considérer les hommes aux hôpitaux comme non prisonniers, afin que, de part et d'autre, on n'ait pas à se presser de faire des évacuations, ce qui entraîne la perte de bien du monde; telles que le renvoi tous les quinze jours des prisonniers faits de part et d'autre, en tenant un rôle d'échange grade par grade, et toutes autres stipulations que l'usage de la guerre entre les peuples civilisés a pu admettre, Votre Majesté me trouvera prêt à tout. Si même Votre Majesté veut laisser établir quelques communications directes malgré les hostilités, le principe, ainsi que les formalités, en serait aussi réglé dans ce cartel. Il me reste à terminer, en priant Votre Majesté de croire que, tout en me plaignant de la direction qu'elle a donnée à la politique qui influe si douloureusement sur notre vie et sur nos nations, les sentiments que je lui porte n'en sont pas moins à l'abri des événements, et que, si la fortune devait encore favoriser mes armes, Votre Majesté me trouvera, comme à Tilsitt et à Erfurth, plein d'amitié et d'estime pour ses belles et grandes qualités, et désireux de le lui prouver.

« Sur ce, etc. »

Cette lettre resta sans réponse. Le général *Balaschof* avait apporté les dernières lignes que l'empereur *Alexandre* voulût adresser à *Napoléon*.

Un second incident marqua le séjour de *Napoléon* à Vilna. Nous avons vu que les Polonais étaient travaillés depuis longtemps par des émissaires, et préparés au rôle qu'ils devaient jouer dans le grand drame. Par un décret du 10 avril, le roi de Saxe avait établi une garde nationale composée de tous les hommes de vingt à cinquante ans. Un second décret du 26 mai institua un Conseil autorisé à prendre, en l'absence du Roi, toutes les mesures qu'exigerait le salut de l'État et à exercer tous les pouvoirs que la Constitution déléguait au Souverain.

Aussitôt que l'ambassadeur de France fut arrivé à Varsovie, le conseil, en vertu des pouvoirs dont il était revêtu, convoqua une diète extraordinaire qui ouvrit ses séances le 26 juin. Par un mouvement d'enthousiasme, elle se constitua, le 28, en confédération générale de la Pologne; et cette confédération, « exerçant dans toute leur plénitude les pouvoirs qui appartiennent à l'association générale de la nation, » déclara que le royaume de Pologne et le corps de la nation polonaise étaient rétablis. Elle rappela du service de Russie tous les officiers, soldats, employés civils et militaires, nés Polonais. Après quoi elle se sépara, et ses membres se retirèrent dans leurs provinces pour y obtenir des actes d'adhésion; un conseil général de douze membres resta investi de tous les pouvoirs de la confédération. Le roi de Saxe, invité par une députation du conseil général à adhérer à la confédération, signa, le 12 juillet, son acte d'accession. Une autre députation se rendit auprès de *Napoléon* qu'elle trouva à Vilna. « L'intérêt de l'empire de Votre Majesté, lui dit le palatin *Wybicki*, veut le rétablissement de la Pologne; peut-être l'honneur de la France y est-il également intéressé. Si le démembrement de la Pologne fut le signe de la décadence de la monarchie française, que son rétablissement prouve la prospérité où Votre Majesté a élevé la France. La Pologne opprimée a tourné les yeux, durant presque trois siècles, vers la France, cette nation grande et généreuse. Mais ses destinées ont réservé ce dénoûment au chef de la quatrième dynastie, à *Napoléon le Grand*, devant qui la politique de trois siècles a été l'objet d'un moment, et l'espace du midi au nord ne fut qu'un point.... Sire! dites un mot : dites que *la Pologne existe!* et votre décret sera pour le monde l'équivalent de la réalité. »

Voici la réponse de *Napoléon :*

« J'ai entendu avec intérêt ce que vous venez de me dire. Polonais, je penserais et j'agirais comme vous; j'aurais voté comme vous dans l'assemblée de Varsovie. L'amour de la patrie est la première vertu de l'homme civilisé.

« Dans ma position, j'ai bien des intérêts à concilier, et bien des devoirs à remplir. Si j'eusse régné lors du premier, du second ou du troisième partage de la Pologne, j'aurais armé tout mon peuple pour vous soutenir. Aussitôt que la victoire m'a permis de restituer vos anciennes lois à votre capitale et à une partie de vos provinces, je l'ai fait avec empressement, sans toutefois prolonger une guerre qui eût fait couler le sang de mes sujets.

« J'aime votre nation. Depuis seize ans j'ai vu vos soldats à mes côtés, sur les champs d'Italie comme sur ceux d'Espagne.

« J'applaudis à tout ce que vous avez fait; j'autorise les efforts que vous voulez faire; tout ce qui dépendra de moi pour seconder vos résolutions, je le ferai.

« Si vos efforts sont unanimes, vous pouvez concevoir l'espoir de réduire vos ennemis à reconnaître vos droits; mais, dans ces contrées si éloignées et si étendues, c'est surtout sur l'unanimité des efforts de la population qui les couvre, que vous devez fonder vos espérances de succès.

« Je vous ai tenu le même langage lors de ma première apparition en Pologne; je dois ajouter ici que j'ai garanti à l'empereur d'Autriche l'intégrité de ses États, et je ne saurais autoriser aucune manœuvre, ni aucun mouvement qui tendrait à le troubler dans la paisible possession de ce qui lui reste des provinces polonaises; que la Lithuanie, la Samogitie, Witebsk, Polotsk, Mohiloff, la Wolhynie, l'Ukraine, la Podolie soient animées du même esprit que j'ai vu dans la Grande-Pologne, et la Providence couronnera par le succès la sainteté de votre cause; elle récompensera ce dévouement à votre patrie, qui vous a rendus si intéressants et vous a acquis tant de droits à mon estime et à ma protection, sur laquelle vous devez compter dans toutes les circonstances. »

Bien que *Napoléon* fût déterminé à tout entreprendre pour arriver au rétablissement de la Pologne, il ne pouvait, sans mécontenter les deux puissances copartageantes, dont les troupes formaient les deux ailes de son armée, et sans rompre tout moyen d'arrangement avec la Russie, reconnaître formellement et définitivement le nouveau royaume; aussi devait-il être fort circonspect dans sa réponse; mais si cette allocution ne satisfaisait pas les Polonais qui s'étaient flattés que leur patrie recouvrerait ses anciennes limites, elle suffit néanmoins pour répandre l'esprit de rébellion dans les provinces russes; c'est là ce que voulait d'abord *Napoléon*.

En arrivant à Vilna, il avait reçu les félicitations d'usage d'une députation, et lui avait demandé si la ville offrirait des ressources suffisantes pour les besoins de ses troupes; les députés lui répondirent de la manière la plus satisfaisante et dans les termes les plus positifs; mais lorsqu'on voulut procéder à une distribution régulière, on reconnut que les Russes, en partant, avaient tout anéanti; les moulins étaient détruits, les manutentions démolies, les magasins dévastés, à ce point que l'on n'eut d'autre moyen que de faire donner aux troupes qui se portaient en avant quelque peu de farine, et d'autre expédient pour procurer du pain à la garde et aux officiers, que d'en faire fabriquer par les israélites habitant le faubourg, et qui avaient tous des fours dans leurs maisons. Le quatrième bulletin de l'armée française disait : « Dans la situation présente des choses, si l'armée russe croyait avoir quelque chance de victoire, la défense de Vilna valait une bataille; et, dans tous les pays, *mais surtout dans celui où nous nous trouvons*, la conservation d'une triple ligne de magasins aurait décidé un général à en risquer les chances. » Une phrase de ce bulletin trahit la situation réelle; en effet, les vivres étaient rares dans le pays où se trouvait l'armée française; mais l'armée russe ne devait pas risquer une bataille pour sauver ce qu'elle trouvait en abondance dans les contrées où elle se retirait. Détruire les moyens de subsistance de l'ennemi, et lui livrer des combats qui leur laissassent assez de forces pour qu'ils pussent les renouveler le lendemain, afin de défendre ainsi pied à pied le territoire; telles étaient les maximes des Russes. Plus elles contrariaient les vœux et les besoins de leur ennemi, plus ils étaient décidés à les mettre rigoureusement en pratique.

Napoléon, maître de Vilna, voulut y établir une *section de cabinet impérial*, à la tête duquel il plaça le duc de *Bassano*. Les Envoyés étrangers, qui jusqu'à présent suivaient l'Empereur, s'arrêtèrent auprès du ministre des Relations Extérieures. « C'est la première fois que *Napoléon* ne garde pas auprès de sa personne ce ministre de son intimité; mais en s'enfonçant dans le pays des Russes, il cède à la nécessité de laisser aux portes du territoire ennemi une autorité supérieure à toutes les autorités civiles et militaires, et d'une expérience assez consommée pour suppléer à l'interruption possible des communications. Les fonctions dont le duc de *Bassano* est investi n'ont rien de commun avec le commandement militaire : elles sont d'une nature plus élevée; c'est le pouvoir ministériel dans toute son étendue. Le prince de *Schwarzenberg*, le général *Reynier*, le duc de *Tarente*, le duc de *Bellune* et tous les commandants de troupes agissant autour de Vilna devront correspondre avec lui. De son côté, le Ministre correspond avec soin, d'après les instructions qu'il recevra de l'Empereur, et pourvoira d'urgence aux cas imprévus. Si la route cesse un moment d'être sûre, le duc de *Bassano* est autorisé à alléger les courriers, même ceux de Paris, et à suppléer au plus pressé par quelques lignes de chiffres. »

En même temps *Napoléon* institua un gouvernement provisoire de la Lithuanie, ou des gouvernements russes de Vilna, Grodno, Minsk et Byalystok. Des proclamations publiées par les agents qu'il nomma, exhortèrent les habitants à secouer le joug de la Russie. Il faut dire que si *Napoléon* avait espéré que des intrigues pour soulever ces peuples contre l'empereur *Alexandre* auraient le même effet qu'avaient eu, en

1806, ses appels à la révolte contre le gouvernement prussien[1], il se trompa. Les motifs de désunion que la différence du langage et de la religion avait fait naître entre les Polonais et les Prussiens n'existaient pas à l'égard des Russes. Ceux-ci n'avaient rien fait pour troubler les Polonais dans leurs habitudes, et comme *Napoléon* l'avait dit lui-même à M. de *Flahaut*, à son retour de Varsovie, *ils ne leur avaient pas fait de mal, il n'y avait pas eu de cruautés d'État.*

La première armée de l'Ouest était parvenue à se retirer dans le camp retranché de Drissa, préparé depuis un an et qui était situé sur la rive gauche de la Duna, dans un rentrant que forme cette rivière devant Drissa. Elle y fut suivie par les corps des maréchaux *Ney* et *Oudinot*; celui-ci passa même la Duna près de Dunabourg, et l'on s'attendait qu'il y aurait une bataille décisive, dont la perte aurait exposé Pétersbourg, lorsque, par suite du plan convenu, *Barclay de Tolly* abandonna sa position où il laissa seulement le corps de *Wittgenstein*, et se retira sur Witebsk et Smolensk pour se rapprocher de *Bagratione* et de la seconde armée de l'Ouest.

Le 23 juillet, *Bagratione*, harcelé dans sa marche par le maréchal *Davout*, résolut de combattre à Mohileff. Le dixième bulletin rend compte de cette affaire en termes assez équivoques. Le fait est que le général russe parvint à son but, qui était d'atteindre Smolensk, point de réunion convenu des deux armées de l'Ouest, et dont on voulait le tenir éloigné.

Le 25 juillet, et les deux jours suivants, *Murat* et *Eugène* livrèrent à Ostrowno des combats sanglants au comte *Ostermann-Tolstoï* qui remplaçait à ce moment *Chouvalof* et commandait l'arrière-garde de la

[1] Voy. t. VIII, p. 391.

première armée, dont la destination était d'arrêter les Français pour que le gros de l'armée pût effectuer sa retraite. Après avoir fait perdre beaucoup de monde aux Français, les Russes abandonnèrent Witebsk qui était en flammes, tandis qu'*Ostermann* marchait sur Smolensk; la jonction des deux armées de l'Ouest fut ainsi consommée.

Pendant ces événements, le général *Tormassof* avait avec succès exécuté la tâche dont il s'était chargé, en arrêtant l'extrême droite de l'ennemi, composée d'Autrichiens et de Saxons. D'après le onzième bulletin, le général *Kamenskoï*, avec deux divisions, avait été coupé de l'armée de *Bagratione;* ce qu'il y a de positif, c'est que, sans que les Français s'en aperçussent, *Kamenskoï* se joignit au général *Tormassof*, et attaqua, le 26 juillet, à Kobryn, l'avant-garde saxonne, commandée par le général *Klengel;* celui-ci fut forcé de capituler avant que le général *Reynier* et les Autrichiens pussent venir à son secours. A son tour, le prince de *Schwarzenberg* força le camp de *Tormassof*, le 12 août, à Gorodetchna, et le replia sur le Styr.

Au commencement d'août, les hostilités furent interrompues pendant dix jours, l'extrême chaleur et les privations dont souffrait l'armée française ayant engagé *Napoléon* à lui faire prendre ce qu'on appela des quartiers de rafraîchissement. Nous profitons de cet intervalle pour rendre compte des négociations qui eurent lieu dans les mois de juillet et août 1812.

On n'a pas oublié qu'au moment où le traité de Pétersbourg avait été conclu, la Russie était encore en guerre avec la Grande-Bretagne et la Turquie; cette situation, au moment d'une rupture avec la France, pouvait devenir fort critique; cependant l'empereur *Alexandre*, confiant dans la valeur de ses troupes, n'attendait rien que du succès des armes, et le comte *Roumantsof* semblait éloigner, par ses froideurs et ses exigences, tout moyen de pacification avec le Divan et le cabinet de Saint-James.

Le prince royal de Suède, qui suivait d'autres inspirations, s'appliqua, aussitôt après la signature de l'acte du 5 avril, à convaincre le Cabinet russe qu'au prix des plus fortes concessions, il devait traiter avec le Grand Seigneur et l'Angleterre. En conséquence, lui-même, pendant la durée de la diète ouverte, à Oérebro, en avril 1812, activa directement les négociations commencées entre le ministre russe *Suchtelen* et le ministre anglais *Thornton;* tandis que, de l'aveu de l'empereur *Alexandre*, il envoyait à Constantinople, le comte de *Tawast*, pour presser les conférences qui se tenaient à Boukarest.

Cependant les négociations entre l'Angleterre et la Russie n'avaient encore produit, au milieu du mois de juin, qu'un projet de traité, qui parvint le 22 à l'Empereur, alors de passage à Vidzy. Le même jour, ce monarque fit adresser à ses plénipotentiaires à Oérebro, la lettre suivante, qui porte évidemment un double caractère : l'élan chevaleresque d'*Alexandre* en avait dicté le commencement; la politique du chancelier se révélait à la fin :

« Messieurs, écrivait le comte *Roumantsof*, Sa Majesté Impériale, qui n'a rien de plus cher que les intérêts de la Suède, se porte avec plaisir à un nouveau sacrifice qui puisse la satisfaire. Elle vous prescrit, Messieurs, de signer la paix avec l'Angleterre, dès que vous serez invités à le faire par Sa Majesté Suédoise, et de la signer pure et simple, d'après le projet que vous avez envoyé par votre dernier courrier, et que je vous retourne ici, approuvé par Sa Majesté Impériale, sans rien stipuler en faveur de la Russie.

« Vous voudrez bien, Messieurs, porter à la connaissance du Roi et à celle du Prince royal, l'ordre que vous venez de recevoir, et qui met entièrement à leur disposition le droit de résoudre une aussi grande question que l'est celle de la pacification de la Russie avec l'Angleterre. Jamais la Suède ni aucune autre puissance n'a reçu un témoignage plus grand, plus honorable, du cas que l'on fait de son amitié.

« Sa Majesté, Messieurs, ne fait pas de doute que le Roi s'y montre sensible, et s'attend à ce que la coopération promise par ce monarque, et qui fait la base sur laquelle repose notre traité d'alliance, aura positivement son plein et entier effet; que l'accord des deux puissances, que leur énergie constate aux yeux de l'Europe entière, prouvera combien cette nouvelle alliance a de force et d'utilité réelle et réciproque.

« *Signé* le comte de ROMANZOW. »

Les prescriptions que renfermait cette lettre furent ponctuellement exécutées. Le même jour où la réconciliation eut lieu entre la Grande-Bretagne et la Suède [1], 18 *juillet* 1812, les différends entre la

[1] Voy. ci-dessus, p. 219, où la date du 18 doit-être rétablie.

A cette occasion, nous devons ajouter une particularité relative au traité d'Oérebro entre l'Angleterre et la Suède. Par un article secret de ce traité, un subside de cinq cent mille livres sterling avait été promis à CHARLES XIII. Or, au mois d'octobre, une faible partie seulement de ce subside, cent cinquante mille livres, avait été comptée. En outre, le ministre anglais avait déclaré, par une Note officielle, que son gouvernement était prêt à céder une colonie (la Guadeloupe) à la Suède, et cette promesse ne s'était point réalisée. Enfin l'Angleterre n'avait pas encore donné son acquiescement à la réunion de la Norvége à la Suède. Nous verrons plus tard cette hésitation du cabinet de Saint-James influer sur les résolutions du Prince royal de Suède.

Grande-Bretagne et la Russie se trouvèrent aplanis. La paix fut signée *à Oérebro* par le général *Suchtelen* et le baron de *Nicolaï* au nom de la Russie, et par sir *Edouard Thornton* pour l'Angleterre.

Les dispositions du traité sont générales, du moins pour ce qui regarde les articles patents. On convient, par l'*art.* 2, que les rapports d'amitié et de commerce entre les deux empires seront rétablis sur une base telle qu'ils doivent avoir lieu entre des nations qui se favorisent davantage.

Si, en haine du rétablissement de la bonne intelligence entre les deux gouvernements, une puissance quelconque faisait la guerre à l'une ou à l'autre partie contractante, les deux monarques promettent de s'assister réciproquement. *Art.* 3.

Les deux parties se réservent de convenir incessamment de tout ce qui a rapport à leur intérêt réciproque, politique et commercial. *Art.* 4.

Indépendamment des rapports commerciaux, il y avait un objet politique à régler entre les deux États : c'était la restitution de l'escadre russe que les Anglais avaient prise dans le Tage en 1808[1]. Cet objet doit avoir été réglé par un article secret, ainsi que celui des subsides payés par la Grande-Bretagne, et qui ont été évalués à sept cent mille livres sterling. Les feuilles anglaises assurèrent que, pour avoir un gage que la Russie ne renoncerait pas à son alliance avec l'Angleterre, et pour que celle-ci ne se vît pas exposée à faire en pure perte des sacrifices considérables, l'Empereur avait consenti à envoyer ses flottes en Angleterre, au nombre de dix-huit vaisseaux de ligne et douze frégates.

Tel était, au reste, le besoin de la paix en Russie, qu'un oukase impérial du $\frac{4}{16}$ août ouvrit les ports de

[1] Voy. t. IX, p. 191.

l'Empire au commerce anglais avant l'échange des ratifications du traité. Presque au même moment, lord *Cathcart* arrivait à Saint-Pétersbourg comme ambassadeur extraordinaire.

Un autre traité fut signé le 20 juillet, à Velikié-Louki, petite ville du gouvernement de Pskof. C'est un traité « d'amitié, d'union et d'alliance » entre la Russie et le Conseil suprême de gouvernement, agissant au nom de *Ferdinand VII*, roi d'Espagne, et siégeant à Cadix. Le négociateur espagnol était don *Francisco Zea Bermudez* : le chancelier *Roumantsof* signa pour la Russie. Les deux parties se réservent, par l'*art.* 2, de convenir, sans délai, de l'exécution de l'alliance, et de se concerter sur tout ce qui était relatif à leurs intérêts respectifs et à leur résolution de faire une guerre vigoureuse à leur ennemi commun, l'empereur des Français.

L'empereur de Russie reconnaît, par l'*art.* 3, les Cortès générales et extraordinaires réunies à Cadix, ainsi que la Constitution qu'elles ont établie.

Les rapports de commerce sont rétablis dès le jour de la signature du traité. *Art.* 4[1].

L'empereur de Russie avait laissé en Finlande les deux divisions de son armée, anciennement destinées à maintenir la possession de ce pays, et qui, depuis le traité de Pétersbourg, devaient coopérer avec les Suédois à la conquête de la Norvége[2]. Aussitôt que la

[1] Voy. Martens, N. R., t. III, p. 230.

[2] Il convient de mentionner ici une transaction qui eut lieu, entre le Danemark et la France, le 7 du mois de mars 1812. Dans la prévision d'un débarquement de troupes suédoises ou anglaises, ces deux puissances avaient signé une convention secrète confirmative du traité d'alliance de Fontainebleau, du 31 octobre 1807. (Voy. t. X, p. 341.) Le roi de Danemark s'engageait (*art.* 2) à tenir dans le Holstein dix

session de la diète d'Oérebro fut close, le Prince royal de Suède se rendit à Abo, où l'empereur *Alexandre* s'était transporté pour conférer avec lui « sur les moyens de résister à l'empereur des Français, et de soustraire l'Europe au joug qu'il faisait peser sur elle. »

Ne pouvant rapporter ici les détails trop vifs que renferme, sur cette entrevue, une lettre écrite à *Adlersparre*, le 8 septembre 1812, par M. *Ehrenström*, un des hommes qui ont été mêlés de la manière la plus intime aux événements de l'époque, nous dirons seulement que le Prince royal de Suède fut accueilli par l'Empereur avec la plus grande distinction, et qu'une convention nouvelle vint modifier le traité de Pétersbourg.

Lorsque les articles du traité furent agités, le Prince royal, à la sollicitation des Suédois qui l'accompagnaient et auraient voulu quelques garanties, exprima le désir que les îles d'Aland fussent restituées à la Suède. L'Empereur, dans une des dernières séances, répondit : « J'accorderais avec plaisir ce qu'on me demande, mais je suis certain que cela me déconsidérerait aux yeux de la nation russe. Je préfère vous remettre les îles d'Oesel et de Dagö, ainsi que Riga, mais *en dépôt* seulement.

Le Prince royal pria alors l'Empereur de lui dire franchement s'il croyait qu'une telle disposition serait mal accueillie par ses sujets ; sur la réponse affirmative du monarque, *Charles-Jean* reprit : « Je renonce à toute garantie, je n'en veux d'autre que celle de

mille hommes de troupes, prêts à se porter sur la rive gauche de l'Elbe, à la première réquisition du commandant de la 32e division militaire. L'empereur NAPOLÉON prenait un engagement corrélatif. Un pareil nombre de troupes françaises devait être mis de suite à la disposition du Danemark, s'il était attaqué.

votre parole, et je m'en rapporte entièrement à Votre Majesté. » Touché d'un tel procédé, l'empereur *Alexandre* serra affectueusement la main du Prince en lui disant : « Je n'oublierai de ma vie la réponse loyale et généreuse que vous me faites. »

La convention additionnelle d'*Abo*, signée *le* 30 *août*? portait en substance les dispositions suivantes :

Pour donner plus d'extension au traité d'alliance signé à Pétersbourg le 24 mars (5 avril) dernier, S. M. l'empereur de toutes les Russies, afin d'accélérer l'époque à laquelle S. M. le roi de Suède doit opérer une diversion en faveur de l'armée russe, dans le nord de l'Allemagne, s'engage à porter à trente-cinq mille combattants le corps auxiliaire promis à la Suède : vingt-cinq mille hommes seront rendus en Scanie vers la fin du mois de septembre prochain, et les dix mille hommes restants à la fin de novembre, si la saison le permet. Aussitôt que ces forces seront réunies sur le point convenu, S. M. le roi de Suède commencera les opérations, d'abord contre les îles danoises. Au cas où le roi de Danemark ne se déciderait pas à céder volontairement le royaume de Norvége à la Suède, et à joindre ses troupes à l'armée russe et suédoise, pour les faire agir de concert contre l'ennemi commun, le Prince royal de Suède, commandant les troupes combinées, attaquerait l'île de Séeland, sauf à n'en point disposer sans l'assentiment du gouvernement britannique. En réciprocité des facilités que S. M. l'empereur de Russie promet à la Suède, si, à la suite des événements militaires, Sa Majesté obtient que les frontières de l'empire russe soient portées jusqu'à la Vistule, S. M. le roi de Suède déclare qu'il regardera cet accroissement de territoire comme une juste indemnité des efforts que l'Empereur aura faits contre l'ennemi commun, et lui en garantira la possession. Sa Majesté Britannique sera également invitée à donner une pareille assurance et garantie à S. M. l'empereur de toutes les Russies.

Relativement à la diversion à opérer en Allemagne ou ailleurs par l'armée aux ordres de S. A. R. le Prince royal de Suède, ainsi que relativement à toutes les autres stipulations arrêtées soit par le traité d'alliance du 24 mars, soit par les conventions additionnelles de Vilna, en date du 3 juin, il n'y sera apporté aucun changement autre que ceux stipulés par la présente convention. Les hautes parties contractantes réuniront leurs instances pour obtenir du gouvernement britannique son accession au traité d'alliance signé par elles et à la réunion de la Norvége à la Suède.

Un article séparé et secret portait : « Les deux hautes parties contractantes voulant, d'un commun accord, donner à la présente alliance la force et le caractère d'un pacte de famille, s'engagent réciproquement, au cas qu'une puissance quelconque cherchât à troubler la sûreté et la tranquillité de la Suède ou de la Russie, à se prêter, afin de réprimer ces projets hostiles, les secours qui pourraient être nécessaires, et qui n'excéderaient jamais le nombre de douze à quinze mille hommes. »

Ce traité supplémentaire était signé, pour l'empereur de Russie, par le chancelier comte *Roumantsof*; et pour le roi de Suède, par le comte Charles de *Lœwenhielm*, qui avait tenu la plume pendant les conférences.

Cette négociation s'est termimé par un incident bien remarquable. Ausitôt après la signature du traité, *Charles-Jean* passa la revue des troupes qui lui étaient destinées. C'est alors qu'il tint à l'Empereur ce discours inattendu : « Sire, vos troupes sont belles et bonnes, elles appartiennent à l'élite de votre armée. Mais elles seraient fort utiles à *Wittgenstein*, qui se défend comme un lion sur la Duna contre *Macdonald* et *Oudinot*, mais qui s'affaiblit. Envoyez-lui ces trente-cinq mille hommes. » — « C'est beau ce que vous faites là, Prince, répondit l'empereur *Alexandre* ; mais je ne dois pas l'accepter ; comment auriez-vous la Norvége ? » — « Si vous êtes heureux, répliqua *Charles-Jean*, je l'aurai toujours ; vous tiendrez vos promesses. Si vous succombez, Sire, l'Europe est asservie ; les couronnes seront flétries ; on ne les portera que sous le bon plaisir de *Napoléon* : mieux vaut labourer un champ que régner à cette condition. »

L'empereur *Alexandre* accepta, et une partie de l'armée russe en Finlande fut immédiatement transportée en Livonie. Quant à la Suède, elle fit, pendant tout le reste de la campagne, des préparatifs, soit pour son expédition en Norvége, soit pour celle que nous lui verrons entreprendre en 1813 ; car, jusqu'au mois de mars de cette année, la politique adroite du cabinet de Stockholm ne laissa pas deviner contre quel ennemi ils étaient dirigés.

Avant de se rendre à Abo, *Alexandre* avait visité l'ancienne capitale de l'empire des Tsars, alors brillante de richesses et renfermant une population immense. Le but de ce voyage était d'organiser un armement général contre les Français, et de rendre la guerre nationale en inspirant aux Russes cet enthousiasme qui dispose aux plus grands sacrifices. La fin couronna l'œuvre. Dans une assemblée de la noblesse, tenue à Moscou, on résolut de lever et d'armer dans tout le gouvernement un homme sur dix ; les négociants fournirent un million et demi de roubles ; la noblesse de Smolensk équipa vingt mille hommes, celle de Novgorod dix mille. Tous les gouvernements s'empressèrent à l'envi de suivre un si noble exemple.

De son côté, *Napoléon*, que son séjour beaucoup trop prolongé à Vilna[1] et à Vitebsk rendait d'autant plus impatient d'atteindre un ennemi qui, sans cesse, éludait avec habileté une action générale, organise une armée expéditionnaire (c'est l'expression dont il se sert) à la tête de laquelle il va se placer. Le 10 août, l'armée française se remet en mouvement pour se diriger sur Smolensk. Les Russes continuent en bon ordre leur mouvement rétrograde. Le 14, après une affaire sérieuse à Krasnoï, *Murat* et *Ney* s'emparent de cette ville. Le 16, l'armée arrive près de Smolensk. Des mesures de défense avaient été prises sur ce point important, regardé comme la clef de Moscou, et cependant *Napoléon* est convaincu que les Russes ont abandonné cette place. A trois heures du matin, il fait appeler le général Auguste *Caulaincourt*, et lui donne l'ordre d'y établir le quartier général. Mais le général revient et apprend à l'Empereur qu'à une demi-lieue de la ville les troupes de *Ney* ont rencontré les tirailleurs de l'ennemi, qui s'apprête à une sérieuse défense. Néanmoins l'ordre est donné d'entrer de vive force dans Smolensk[2]. On dirait que tout doit

[1] A Vilna, depuis le 28 juin jusqu'au 16 juillet; à Vitebsk, depuis le 28 juillet jusqu'au 13 août. — Le séjour de Napoléon à Vilna pendant dix-sept jours est considéré comme la faute militaire la plus grave de sa vie. « S'il eût marché incontinent avec la garde et Davout sur Minsk, il eût sans doute enveloppé Bagratione. S'il eût, au contraire, suivi Barclay avec la garde, Davout et le vice-roi, il fût arrivé, le 12, à Polotsk, il eût rejeté Barclay sur Riga : la campagne était glorieusement terminée pour lui. » (Jomini.)

[2] Au moment où Napoléon parcourait la droite, les généraux Eblé et Guilleminot s'étaient arrêtés pour examiner les positions ; le pre-

s'abaisser devant *Napoléon,* que sa fortune commande à tout. Triste et pernicieuse confiance ! On verra dans le cours de cette campagne l'armée française supporter avec courage toutes les privations, affronter avec intrépidité des périls de toute espèce, mais arroser de son sang les routes où la fatalité l'entraîne.

Le 17, au point du jour, *Napoléon* parcourt toute la ligne.

La gauche, appuyée sur le Dniepr, est sous le commandement du maréchal *Ney*. Le centre, sous celui du maréchal *Davout*, et la droite, également appuyée sur le fleuve, est commandée par le prince *Poniatowsky*.

Les généraux *Raiéfsky* et *Paskévitch* défendaient la place avec vingt mille hommes; le reste de l'armée commandée par *Barclay de Tolly* se trouvait sur les hauteurs de la rive droite du fleuve, où l'on avait établi de nombreuses batteries.

Napoléon ayant fixé lui-même les positions de son artillerie, l'attaque ne tarda pas à devenir générale. Les Français s'efforcèrent, pendant tout le jour, à prendre d'assaut les divers faubourgs de la ville, dont chacun formait une forteresse redoutable. A mesure que les Russes en abandonnaient un, il devenait la proie des flammes. A six heures du soir, *Napoléon* fit bombarder la ville même. Les Russes s'y maintinrent pendant plusieurs heures, pour laisser à *Bagra-*

mier dit alors de sa voix sentencieuse et grave : *Il veut toujours prendre le bœuf par les cornes ! Comment n'envoit-il pas les Polonais passer le Dniepr à deux lieues au-dessus de la ville?* Ces généraux pensaient que l'armée française étant de beaucoup supérieure à celle des Russes, on pouvait, par des manœuvres sagement combinées, forcer l'ennemi à la retraite, et s'emparer de Smolensk sans en venir à un moyen aussi meurtrier que celui de faire avancer sous la mitraille de la place des masses d'infanterie qui devaient y être écrasées, avant d'avoir réussi, par l'effet de la grosse artillerie, à faire taire celle de la place.

tione, formant l'arrière-garde, le temps de se retirer jusqu'à Dorogobouch. Les autres divisions défilèrent successivement; enfin, à une heure du matin, le général *Korf* quitta la ville avec les dernières troupes et passa le Dniepr. En partant de Smolensk, il propagea l'incendie que les obus des Français avaient allumé, et qui se répandit dans un instant avec une telle violence, que lorsque enfin les Français eurent franchi l'enceinte, ils ne trouvèrent qu'un vaste bûcher parsemé de morts et de mourants. Les habitants eux-mêmes avaient aidé à détruire leurs maisons. Le rédacteur du treizième bulletin termine par cette réflexion qui mérite d'être consignée dans l'histoire : « Au milieu d'une belle nuit d'août, Smolensk offrait aux Français le spectacle qu'offre aux habitants de Naples une éruption du Vésuve. »

La prise de Smolensk avait coûté douze mille hommes : on avait besoin de repos après un tel succès; la journée du 18 fut consacrée à réparer les ponts, ce ne fut que dans la soirée que les troupes restées en colonne dans la ville commencèrent à défiler.

Le maréchal *Ney* passa sur la rive droite du Dniepr afin de poursuivre l'armée russe. Celle-ci prit une formidable position à Valoutina, qu'elle défendit vaillamment, et d'où on ne put la déloger, le 19, qu'en sacrifiant six à sept mille hommes. Perte d'autant plus déplorable, que *Junot*, en refusant sa participation alors qu'elle eût été décisive, rendit la victoire inutile. Cette affaire coûta la vie au général *Gudin*, qui, avant d'expirer, désigna le général *Gérard* pour le remplacer dans son commandement. Le 20, à huit heures du matin, *Napoléon* se rendit sur le champ de bataille; en le parcourant, quoique les pertes fussent à peu près égales de part et d'autre, il dit : « Voilà comme j'aime un champ de bataille :

quatre Russes contre un Français ; *Gérard*, c'est fort bien. »

A son retour dans Smolensk, *Napoléon* reçut des nouvelles du maréchal *Oudinot* et du prince de *Schwarzenberg*. Le premier avait été blessé et remplacé par *Gouvion-Saint-Cyr*, qui venait d'obtenir sur *Wittgenstein* un avantage assez important à Polotsk le 18 août, pour qu'à cette occasion il fût élevé à la dignité de maréchal de l'Empire. Mais cette victoire fut pour les Bavarois couverte d'un voile funèbre. Munich comptait beaucoup de familles dans le deuil et dans la douleur; *Maximilien-Joseph* perdait le général *Deroi*, officier distingué, qu'il honorait du titre de son vieil ami.

Le prince de *Schwarzenberg* se maintenait dans ses positions ; mais il annonçait que les forces de l'ennemi augmentaient tous les jours par l'arrivée des troupes de Moldavie sous les ordres de *Tchitchagof*, qui venait de succéder au prince *Koutousof*.

Tandis que *Napoléon* consacrait le temps de son séjour à Smolensk à régler l'organisation du gouvernement de la province et à l'expédition de ses ordres aux différents corps d'armée, quelques bons esprits pensaient qu'à une époque aussi avancée de la saison, il était de la prudence de ne pas entreprendre une seconde campagne, qu'il était convenable de s'établir sur le Dniepr, et de s'occuper sérieusement, jusqu'au retour de la belle saison, de donner une constitution au royaume de Pologne[1]. Mais à la vue des positions

[1] Une correspondance, à la date du 19 août, renferme sur ce projet les détails suivants :

« On s'occupe à l'état-major de donner des cantonnements à l'armée en arrière de Smolensk, on veut la répartir de manière à couvrir la Pologne, pour faciliter et régulariser l'insurrection polonaise ; il est question en même temps de s'étendre du côté de l'Ukraine. C'est une des plus riches contrées en bétail et en chevaux, dont nous avons grand besoin. On passerait le reste de l'automne et l'hiver à se refaire, à enlevées à Valoutina, *Napoléon* enthousiasmé, s'est expliqué de manière à ne laisser aucun doute sur

incorporer les recrutements qu'on ferait venir de France et d'Allemagne.

« On s'occuperait des siéges de Riga et de Bobruisk, et surtout d'empêcher l'armée russe, des frontières de Turquie, de rejoindre celle de Barclay de Tolly, ou de nous inquiéter sur nos derrières.

« Les corps d'armée commandés par le comte Saint-Cyr et le duc de Tarente se rattacheraient à notre gauche qui se rapprocherait d'eux, et l'armée du prince de Schwarzenberg, tiendrait l'extrême droite de la grande armée.

« Ce plan paraît réunir tous les suffrages, on croit même qu'il pourrait amener une paix glorieuse avant l'ouverture de la campagne, s'il était exécuté avec la sagesse et les ménagements qu'il exige à l'égard des habitants des pays à occuper pendant le long espace de huit mois.

« Dans tous les cas, au mois d'avril prochain, nous aurions une armée de cinq cent mille hommes, bien reposée, bien acclimatée, et bien munie, et six mois devant nous pour les opérations militaires.

« Pour moi, quels que soient mes intérêts personnels, j'aimerais mieux rester en Pologne que de voir nos troupes s'enfoncer plus avant en Russie, dans un état de fatigue et de dénûment dont la progression ne peut produire que des résultats malheureux. Il n'est que trop certain que nos malades, n'ayant pas plus de secours à espérer que nos blessés, peuvent à l'avance être comptés comme autant d'hommes perdus pour l'armée.

« Que de tristes chances une nouvelle incursion ne nous préparerait-elle pas ! »

Bien que Napoléon ait toujours été dominé par l'idée fixe de conquérir la paix par une grande bataille sous les murs de Moscou, et par l'occupation de cette ville où tant de richesses accumulées lui promettaient d'énormes contributions de guerre, il est certain que, dans l'origine, son projet était de terminer la première campagne à Smolensk. Il espérait même n'employer les efforts de son armée que pendant cette première campagne, et faire la seconde avec une armée polonaise qu'il aurait levée en parcourant les vastes provinces du nouveau royaume. Voici les propres paroles de Napoléon : *Cette guerre-ci doit être courte ; il faut chasser les Russes ; ils n'ont pas su posséder le pays.... Il n'y a en Pologne que quelques familles, il fallait se les attacher ; il fallait s'en assurer ; le reste est une masse facile à gouverner.... Je rétablirai la Pologne, je laisserai ce qu'il faudra pour maintenir ce que j'aurai fait.... Je lèverai cent vingt mille hommes, et je ferai la guerre avec le sang polonais..., il faut ménager le sang français, il est précieux.... Cette guerre-ci ne ressemble pas à celle d'Espagne ;*

l'élan qu'il veut donner à l'armée[1]. Il donne l'ordre de marcher sur Moscou, et le 24 à minuit, il se détermina à quitter Smolensk.

Plus l'armée française avançait, plus elle éprouvait un sentiment mêlé d'étonnement et d'horreur. Elle voyait avec admiration les traces d'une culture qu'on n'attendait pas dans un pays représenté comme habité par des barbares; mais le soldat contemplait avec stupeur les décombres fumants et la désolation qui se présentaient à chaque pas. Le Français ne pouvait concevoir les sacrifices inouïs que faisaient les Russes pour sauver leur indépendance nationale; l'armée n'avait pas encore vu une telle manière de faire la guerre; pas même en Espagne.

Les Russes feignirent d'abord de vouloir tenir à Dorogobouch; mais ils abandonnèrent cette résolution aussitôt que tous les magasins et la ville même furent devenus la proie des flammes. Viazma et Gjatsk, où les Français entrèrent le 29 août et le 1er septembre, ne leur offrirent également que des maisons incendiées.

Cependant depuis trois jours, une pluie constante fatiguait l'armée. Elle succédait à une chaleur de vingt-six degrés, pendant laquelle il avait fallu traverser huit lieues d'un pays manquant absolument d'eau. Les pertes en hommes et en chevaux étaient

quand je voudrai, celle-là finira.... En Espagne, il faut une justice lente, mais sévère, tous les jours la même.... Ici c'est autre chose.... Les Russes ont fait ce qu'ils pouvaient; mais il leur manquait l'expérience de notre siècle....

Les observateurs peuvent aujourd'hui reconnaître ce que les quarante dernières années ont valu d'expérience au cabinet de Saint-Pétersbourg.

[1] On raconte que, s'étant porté sur le terrain où le combat de Valoutina avait eu lieu, à l'aspect des positions enlevées avec tant de bravoure par la division GUDIN, NAPOLÉON ne put y tenir, et s'écria : « Avec de pareilles troupes on doit aller au bout du monde. A Moscou! » A quoi tient le sort des hommes et des empires!

d'autant plus nombreuses que le soldat ne recevait aucune distribution, et que, plus on approchait de Moscou, moins le pays offrait de ressources; en un mot, l'existence des hommes était un problème.

D'un autre côté, la saison était avancée, et l'on regardait comme impossible de pousser plus loin. Telle était l'opinion du major-général, qui essaya de soumettre à l'Empereur quelques sages représentations: « Allez-vous-en, lui dit *Napoléon*, je n'ai pas besoin de vous; vous n'êtes qu'une.... Rentrez en France, je ne retiens personne de force. »

A ces dures paroles, le prince de *Neuchâtel*, se grandissant de toute la dignité d'un dévouement éprouvé et sans bornes, lui fit cette noble réponse: « Quand l'armée est devant l'ennemi, le vice-connétable ne la quitte pas. Il prend un fusil et se met dans les rangs des soldats. »

Quelques instants plus tard, le maréchal *Ney* étant entré chez l'Empereur, lui déclara que si la pluie ne cessait pas, il était impossible de pousser plus loin, que les troupes étaient exténuées[1].

[1] Beaucoup de personnages partageaient l'opinion du prince de NEUCHATEL et du maréchal NEY, peut-être même y eut-il à ce moment, comme plus tard, quelques murmures: « Mais, dit le comte de SÉGUR, ce ne fut point en présence de NAPOLÉON; il semblait, tant la confiance et la soumission étaient invétérées pour cet homme qui leur avait soumis le monde; dont le génie, jusque-là toujours victorieux et infaillible, s'était mis à la place de leur libre arbitre, et qui, pendant si longtemps, ayant tenu le grand livre des pensions, celui des rangs et celui de l'histoire, avait eu de quoi satisfaire, non-seulement les esprits avides, mais aussi tous les cœurs généreux. » Il est certain que NAPOLÉON connaissait bien la toute-puissance des ressorts qu'il faisait mouvoir pour entraîner les hommes, et voici une bien franche profession de foi à cet égard. La veille de la bataille de Wagram, interrogeant le général DUMAS, il lui disait: *Vous étiez de ces imbéciles qui croyaient à la liberté? — Oui, Sire, j'étais et je suis encore de ceux-là. — Et vous avez travaillé à la révolution, comme les autres, par ambition? — Non, Sire, et j'aurais bien mal calculé; car je suis pré-*

Cette fois *Napoléon* écouta sans donner aucun signe d'impatience, et dit au maréchal : « Si la pluie continue pendant la journée, demain nous nous retirons sur Smolensk. » Le ciel devait en décider autrement; le soleil parut, et l'ordre de départ fut donné dans la même journée. Ici, comme à Valoutina, la fatalité entraînait *Napoléon*. Il fallait que les destins s'accomplissent!

Le 4 septembre, *Napoléon* partit de Gjatsk pour se rapprocher de l'avant-garde. L'armée marchait avec la confiante habitude d'arriver sans coup férir, lorsque le 5 au matin, on reconnut des forces considérables à six lieues de Mojaïsk, seule ville qui restât à enlever avant d'arriver à Moscou.

C'est ici qu'il convient de signaler une mutation importante qui avait eu lieu dans le commandement des armées russes.

Quoique tous les hommes de guerre fussent d'accord pour rendre justice aux talents du comte *Barclay de Tolly*, cependant la noblesse et la nation demandèrent avec instance que l'on mît à la tête des armées un Russe d'origine et de nom. L'empereur *Alexandre*, déférant au vœu public, nomma généralissime de toutes les forces russes le comte *Koutousof*, qu'il avait déjà appelé au conseil de l'Empire et élevé à la dignité de prince, après la signature du traité de Boukarest. « Cet illustre vieillard, dont toute la vie consacrée au service de la patrie garantissait le dévouement,

cisément au même point où j'étais en 1790. — Vous ne vous êtes pas bien rendu compte de vos motifs; vous ne pouvez pas être différent des autres; l'intérêt personnel est toujours là. Tenez, voyez MASSÉNA, *il a acquis assez de gloire et d'honneurs, il n'est pas content, il veut être prince comme* MURAT *et* BERNADOTTE; *il se fera tuer demain pour être prince; c'est le mobile des Français; la nation est essentiellement ambitieuse et conquérante.*

réunissait justement les qualités les plus nécessaires pour contre-balancer la fortune de *Napoléon*. Doué d'un esprit vaste et pénétrant, il joignait les lumières de sa propre expérience à celle des grands capitaines, ses devanciers, dont une étude approfondie l'avait mis à même d'apprécier les hauts faits. Sage comme *Fabius*, artificieux comme le premier *Philippe* de Macédoine, il devait deviner et renverser les projets du moderne *Annibal*, qui n'avait que trop souvent triomphé jusqu'alors par un mélange de ruse et d'impétuosité, armes redoutables pour des adversaires d'un génie médiocre, mais qui ne pouvaient manquer de se briser contre la prudence éclairée du commandant en chef des Russes. »

Koutousof, *qui a toute la pensée de l'empereur* Alexandre, *et a reçu de ce monarque des pouvoirs illimités*, inaugure son commandement par des actes de dévotion qui ajoutent à la confiance de l'armée et enflamment le courage de la nation. Il se rend d'abord à Moscou, *et là concerte avec le comte* Rostoptchine *les mesures que nous verrons sous peu mises à exécution par ce gouverneur*.

Dès le 28 août, *Koutousof* arrivait au quartier général de Tsarévo-Zaïmitché. Dès lors cessent les dénominations de première et seconde armée : *Barclay de Tolly* et *Bagratione* sont placés sous les ordres du feld-maréchal.

A vingt-cinq lieues de Moscou la grande route rencontre, au-dessus de Borodino, la Kologa, petite rivière aux bords escarpés qui, après l'avoir côtoyée à droite, la coupe obliquement, parcourt encore mille toises et se jette dans la Moskva. Au delà du ruisseau, le terrain s'élève en amphithéâtre; il est sillonné de ravins, couvert de bois qui lui donnent un aspect sauvage et en rendent l'abord difficile. C'est là que les Russes s'étaient retranchés. Leur ligne est protégée par des positions formidables et par des redoutes et des redans qui croisent leurs feux. Les points principaux sont les villages de Borodino et de Chewardino, les hauteurs de Gorki, de Seménofskoïé et Outitsa. Entre Borodino et Séménofskoïé est la plus forte des redoutes, grande batterie en forme de bastion, qui plonge sur toute la plaine du centre, et menace la droite et la gauche de l'armée française. Au centre, une redoute construite en avant du front, à neuf cents toises, près du village de Chewardino, servait, pour ainsi dire, d'avant-garde.

Napoléon trouva les positions de l'ennemi très-belles, occupées avec intelligence, mais il en saisit aussitôt le côté vulnérable. La gauche (*Bagratione*) et le centre étaient compris entre les deux routes de Smolensk qui se croisent à deux lieues au delà de Borodino. Si la grande armée perçait tout entière dans cet intervalle, en pivotant sur l'aile gauche; si elle culbutait d'emblée *Bagratione*, on pouvait espérer de prévenir *Barclay*, commandant la droite, au point de jonction des deux routes, l'acculer en désordre à la Moskva, et de terminer enfin la campagne.

Le 5 septembre, *Napoléon* avait fait établir ses tentes et le bivouac de sa garde sur un terrain élevé en face du village de Borodino. Pendant que ses colonnes débouchaient, et entraient en ligne parallèlement à la position de l'armée russe, l'Empereur, ayant reconnu que la redoute élevée en avant de la ligne ennemie, au delà du village de Chewardino, était la véritable clef de la position retranchée, la fit attaquer sur-le-champ par la division du général *Compans;* cette redoute, que le prince *Gortchakof* était chargé de défendre, fut prise et reprise trois fois, mais après un dernier engagement furieux, les Français parvinrent à s'y maintenir[1]. Ce succès était important. *Napoléon* pouvait maintenant pénétrer à fond dans le détail des dispositions dont il avait entrevu l'idée générale, et baser à coup sûr les combinaisons de l'attaque.

Le 6 septembre, *Napoléon* détermine l'ordre de bataille :

Extrême gauche. — 4e corps, 1re et 2e divisions du 1er corps, traversant la grande route (vice-roi).

Centre. — 3e et 8e corps (maréchal, duc d'*Elchingen*).

Extrême droite. — 1er et 5e corps (prince d'*Eckmühl*).

La cavalerie (roi de Naples), suivant l'urgence.

La garde impériale, en réserve.

Le soir, à neuf heures, l'Empereur ayant fait appeler dans sa tente quelques-uns des officiers de sa maison, dicte les dispositions d'attaque dont voici le texte :

« Il sera construit pendant la nuit deux redoutes vis-à-vis celles de l'ennemi qui ont été reconnues pendant la journée. La redoute de droite sera armée de quarante-deux bouches à feu; celle de gauche, de soixante-douze. A la pointe du jour, celle de droite commencera à tirer, celle de gauche répondra aussitôt, et le vice-roi jettera dans la plaine une masse considérable de tirailleurs, qui fourniront une fusillade bien nourrie. Les 3e et 8e corps, sous les ordres

[1] Le combat s'était prolongé jusqu'à dix heures du soir. NAPOLÉON, surpris de ce qu'après une action aussi meurtrière, on eût à peine quelques prisonniers, le duc de VICENCE lui dit : *Les Russes sont inébranlables, il faut les démolir.* — *Eh bien!* répliqua l'Empereur, *demain j'aurai mes réserves et mes parcs d'artillerie, et nous les démolirons.* En effet, le surlendemain, six cents bouches à feu tonnaient dans la plaine.

du duc d'*Elchingen* jetteront aussi quelques tirailleurs, de même que le prince d'*Eckmühl*.

« Le prince *Poniatowski* (5ᵉ corps) se mettra en mouvement à minuit, de manière à arriver, à six heures du matin, à deux lieues en arrière de la gauche de l'ennemi.

« L'action ainsi engagée, l'Empereur donnera lui-même ses ordres.

« L'ordre du jour ci-après sera lu aux troupes à la pointe du jour :

« Soldats !

« La voilà, cette bataille que vous avez tant désirée;
« désormais la victoire dépend de vous; elle est né-
« cessaire : elle amènera l'abondance et nous assure
« de bons quartiers d'hiver et un prompt retour vers
« la patrie. Soyez les soldats d'Austerlitz, de Fried-
« land, de Witebsk, de Smolensk, et que la postérité
« la plus reculée dise en parlant de vous : Il était à
« cette grande bataille sous les murs de Moscou ! »

L'expédition des ordres était terminée à dix heures, et chacun en se retirant emportait le sentiment intime d'une confiance impossible à définir : il est vrai que *Napoléon* avait dicté ses ordres avec une sérénité et un calme qui donnaient à sa parole une sorte d'autorité infaillible, et qui tout à la fois imprimaient aux apprêts de ce grand jour un caractère imposant et solennel.

L'armée russe s'était préparée au combat par la prière. Des prêtres, portant une image révérée, parcouraient les rangs; les soldats recevaient à genoux leurs bénédictions, leurs exhortations et leurs vœux : *Koutousof*, dans un langage approprié aux mœurs, aux idées et aux habitudes de ses soldats, leur rappelait les sentiments de religion dont ils étaient pénétrés : « Frères, leur disait-il, vous voyez devant vous, dans cette image, objet de votre piété, un appel adressé au ciel pour qu'il s'unisse aux hommes contre le tyran qui trouble l'univers. Non content de détruire des millions de créatures, images de Dieu, cet archirebelle à toutes les lois divines et humaines pénètre à main armée dans nos sanctuaires, les souille de sang, renverse vos autels et expose l'arche même du Seigneur, consacrée dans cette sainte image de notre Église, aux profanations des mains sacriléges. Ne craignez donc pas que ce Dieu, dont les autels ont été insultés par ce vermisseau que sa toute-puissance a tiré de la poussière, ne soit point avec vous; ne craignez pas qu'il refuse d'étendre son bouclier sur vos rangs.

« C'est dans cette croyance que je veux moi-même combattre, vaincre et mourir, certain que mes yeux mourants verront la victoire. Soldats, remplissez votre devoir; songez à vos femmes et à vos enfants qui implorent votre protection. Songez à votre Empereur qui vous contemple, et avant que le soleil de demain ait disparu, vous aurez écrit votre foi et votre fidélité dans les champs de votre patrie, avec le sang de l'agresseur et de ses légions. »

Ainsi, pouvait-on dire, ces guerriers, si redoutables au jour du combat, maintenant humblement agenouillés, et mêlant aux chants religieux leurs ferventes prières pour la patrie, au salut de laquelle ils allaient faire le noble sacrifice de leur sang, présentaient un spectacle à la fois sombre et touchant. Chaque soldat se sent appelé à venger la patrie en remportant la victoire, ou à mériter la palme du martyre en périssant pour la plus belle des causes.

La journée du 7 septembre restera à jamais célèbre par la bataille de la Moskva ou de Borodino, une des plus terribles qui se soient données depuis que les hommes étudient l'art de s'entre-détruire.

A six heures du matin, *Napoléon*, entouré d'un nombreux état-major, se porte en avant de la redoute enlevée le 5, à Chewardino. Les trompettes sonnaient, les tambours battaient; dès que les troupes l'aperçurent, ce ne fut qu'acclamations. *C'est l'enthousiasme d'Austerlitz*, dit l'Empereur : *faites lire la proclamation.*

Cependant *Napoléon* était dans un état de souffrance causé par la fatigue des deux nuits précédentes qu'il avait employées à reconnaître lui-même les positions de l'ennemi, à placer ses corps d'armée, à déterminer les points d'attaque. C'est ce qui a fait dire qu'il n'avait pu déployer toutes les ressources de son génie, et que son étoile commençait à pâlir au sein même de la victoire.

Resté une heure à la redoute, il descendit ensuite vers une espèce de ravin, où il passa la plus grande partie de la journée. De ce point, il ne pouvait découvrir qu'une partie du champ de bataille; cependant quelques obus et quelques boulets arrivaient jusqu'à la station qu'il avait choisie.

Les feux de l'artillerie ne commencèrent qu'à sept heures, afin de laisser au prince *Poniatowski* le temps d'exécuter son mouvement. Mais bientôt l'attaque devint générale sur toute la ligne. Douze cents pièces de canon vomissaient la mort des deux côtés, sur l'espace d'une demi-lieue.

La défense des Russes est opiniâtre; mais c'est surtout au centre qu'ils opposent la plus énergique résistance; la fatale redoute décime les rangs des Français; elle est prise, reprise et disputée de nouveau.

Impatient de faire cesser le carnage, *Napoléon* ordonne que l'on s'empare de cette gigantesque batterie à épaulement et à fossés. *Caulaincourt*, qui exécute cet ordre, tourne la batterie, s'élance à la tête du 5ᵉ régiment de cuirassiers, et tombe frappé mortellement en pénétrant dans son enceinte, près de laquelle déjà *Montbrun* venait d'être tué.

Jamais on ne vit plus d'acharnement que dans cette journée; à peine manœuvrait-on; on s'attaquait de front avec fureur. Les 1ᵉʳ et 3ᵉ corps enlevèrent deux fois les deux redoutes de gauche. La grande redoute de droite, que les Russes avaient reprise, ne céda qu'à la deuxième attaque du prince *Eugène*, qui ne la quitta plus. Le 4ᵉ corps enleva le village de Borodino, et soutint un mouvement que fit la droite de l'armée russe pour tourner la position. Déjà sur toute la ligne les Français prenaient l'avantage; les Russes, cherchant en vain à ressaisir leurs positions, restaient pendant des heures entières écrasés sous le feu de l'artillerie; à deux heures, ils s'éloignent pour se reformer derrière les deux ravins de Goritzkoï et Séménofskoïé.

« Les Français étaient donc maîtres de la grande redoute et des flèches en avant de Séménofskoïé, mais ces ouvrages n'étaient pour ainsi dire que les dehors de la position; celle que l'armée russe occupait derrière les ravins de Goritskoï et de Séménofskoïé n'était point entamée. Ainsi, pour décider la victoire, les Français auraient dû livrer de nouveaux combats, soit en essayant d'en déposter de vive force les Russes, soit en renforçant convenablement le corps de *Poniatowski*, afin de lui donner les moyens de culbuter entièrement les troupes de *Baggovouth* et d'obliger le prince *Koutousof* à évacuer la position en menaçant les derrières et sa communication avec Moscou. »

Dans ce moment important de la journée, le maréchal *Ney* fait demander à *Napoléon* le secours de la cavalerie de la garde, afin de compléter la victoire. L'Empereur n'avait pas encore quitté la position qu'il occupait depuis le commencement de la bataille.

On sonne à cheval.

Ces escadrons sacrés s'avancent lentement; les destinées du monde semblent leur être confiées; le respect, la crainte, l'espérance passent dans tous les cœurs.

Cependant cette troupe s'arrête : l'Empereur en a autrement ordonné!...

Un maréchal de l'Empire s'était approché de *Napoléon*, et lui avait dit :

Sire, Votre Majesté est à huit cents lieues de sa capitale.

Ces paroles, prononcées à voix basse, furent entendues néanmoins par le comte *Daru*, et ce ministre déplora, ainsi que la plupart des généraux, un conseil de prudence qui rendait nulle l'issue de la journée[1].

« Il est incontestable, dit *Boutourline*, qu'en mettant en action les trente-deux bataillons et les vingt-sept escadrons qui composaient ce corps d'élite, *Napoléon*

[1] Ici, nous reproduisons les impressions du moment. Mais il a été répondu, au nom de l'empereur NAPOLÉON : « Quant au reproche d'avoir refusé à NEY de lui envoyer la jeune garde, il est constant que la chose eût été opportune, mais il serait injuste de le considérer comme une faute. L'ennemi montrait encore une contenance assurée; toutes les batailles avec les Russes avaient été longues, opiniâtres, sanglantes; je pensais qu'ils devaient avoir des troupes fraîches, venant de leur droite; j'ignorais en outre que les gardes eussent été entièrement défaites : je ne devais pas engager mes dernières ressources avant eux. Ce n'est pas à huit cents lieues de sa base qu'on risque une pareille manœuvre. Ce fut pour n'avoir pas eu une bonne réserve que CHARLES XII fut forcé de fuir seul en Turquie, après la bataille de Pultava. Après avoir reconnu le point décisif, j'allais en effet lancer MORTIER avec la jeune garde, quand l'échauffourée arrivée à ma gauche vint suspendre l'exécution d'une attaque qui eût sans doute décidé la victoire. » (JOMINI.)

eût réussi à culbuter définitivement l'armée et à décider sa déroute pendant les quatre heures de jour qui restaient. »

Cependant le soir même de la bataille, *Napoléon* voulut expliquer les motifs de sa résolution. Il fit appeler dans sa tente le ministre secrétaire d'État, et l'intendant général de l'armée. Après leur avoir parlé de l'issue de la bataille, il continua ainsi : *On s'étonnera que je n'aie pas fait donner mes réserves pour obtenir de plus grands résultats : mais j'ai dû les conserver pour frapper un coup décisif dans la grande bataille que nous livrera l'ennemi devant Moscou : le succès de la journée était assuré ; je devais songer au succès de la campagne, et c'est pour cela que je garde mes réserves.*

Le 8 septembre, lorsque le jour parut, il éclaira un champ de bataille jonché de quatre-vingt mille tués ou blessés.

Les Russes avaient cinquante mille hommes hors de combat, quinze mille tués, trente mille blessés et environ deux mille prisonniers. Les généraux-majors, comte *Koutaïsof* et *Toutchkof* (4e) furent tués. Au nombre des blessés se trouvaient les lieutenants généraux *Toutchkof* (1er), prince *Galitsyne*, prince *Gortschakof* et les généraux-majors prince *Charles de Mecklenbourg*, comte *Woronzof*, comte *Saint-Priest*, *Krétof*, *Backmétof* (2e), *Yermolof* et *Likatschef*. Mais la perte la plus sensible pour l'armée fut celle du prince *Bagratione*, qui mourut le 12 septembre des suites de ses blessures. Le lieutenant général *Toutchkof* eut le même sort.

La perte des Français, d'après un état officiel, dont il ne fut pas permis de révéler le chiffre[1], s'est élevée

[1] Cette interdiction est facile à comprendre, puisque le dix-huitième bulletin évaluait la perte des armées françaises à dix mille

à vingt-huit mille hommes; savoir douze officiers généraux tués : *Montbrun*, *Caulaincourt*, *Chastel*, *Romeuf*, *Lanabert*, *Marion*, *Compère*, *Huart*, *Plauzonne*, *Damas*, *Bessières*, *Gérard*. —Trente-neuf blessés, parmi lesquels *Nansouty*, *Belliard*, *Latour-Maubourg*, *Friant*, *Grouchy*, *Rapp*, *Compans*, *Guilleminot*, *Bonamy*, *Morand*, *La Houssaye*, *Tharreau*, *Leppel*. Trente-sept colonels blessés, dix tués; six mille cinq cent quarante-sept officiers, sous-officiers et soldats tués, et vingt et un mille quatre cent cinquante-trois blessés [1].

La victoire de la Moskva n'avait pas été décisive, et *Koutousof* voulait, dès le lendemain, recommencer la bataille; mais informé de l'énormité de ses pertes, il se mit en retraite et la continua avec autant d'ordre que de précision dans la direction de Moscou, constamment suivi et observé par l'avant-garde ennemie.

Dans la soirée du 13, l'armée russe ayant pris poste à une demi-lieue en avant de Moscou, sa droite appuyée à Fili sur la Moskva, la gauche sur la hauteur de Vorobiévo, et le centre aux villages de Troïtskoïé et de Volynskoïé, *Koutousof, quoique déterminé à abandonner la capitale*, mais ne voulant paraître s'être décidé à en venir à cette fâcheuse extrémité que de l'avis de ses principaux lieutenants, soumit à leur délibération la question suivante : Doit-on attendre l'attaque de l'ennemi dans la position occupée par l'armée, ou faut-il évacuer la capitale sans combat?

hommes; en revanche, il portait bien effectivement celle des Russes de quarante à cinquante mille.

[1] Quant à l'énorme consommation de poudre, les états remis par le général, comte Lariboissière, attestent qu'il a été tiré soixante mille coups de canon (quatre-vingt-onze mille, suivant un autre rapport), et brûlé un million quatre cent mille cartouches dans la journée du 7 septembre. Or, la bataille ayant duré environ dix heures, c'est par minute cent coups de canon et deux mille trois cents coups de fusil! Et le feu des Russes était au moins égal....

Avec une armée présentant à peine un total de quatre-vingt-dix mille hommes, dont le quart se composait de nouvelles levées, et parmi lesquelles dix mille miliciens n'étaient armés que de piques, avec une armée composée d'éléments encore si imparfaits, aller affronter les cent vingt mille hommes que *Napoléon* avait à ses ordres, la question pouvait être réduite à ce simple énoncé : la conservation de l'armée importe-t-elle plus au salut de la patrie que celle de la capitale? Ainsi posée, la question était résolue.

Koutousof leva le camp de Fili et se mit en marche pour traverser Moscou. Toutes ses troupes n'avaient pas encore évacué la ville, que le roi de Naples parut à l'entrée de la ville et se disposa à poursuivre l'arrière-garde russe. Un combat engagé dans les rues de Moscou pouvait amener la ruine de cette arrière-garde et la perte d'une partie du matériel de l'armée russe; aussi le général *Miloradovitch*, pour prévenir ce malheur, se décida-t-il à envoyer un parlementaire au roi de Naples, pour lui annoncer que si les Français l'attaquaient pendant qu'il traverserait la ville, il était résolu à se défendre jusqu'à la dernière extrémité et à s'ensevelir sous les ruines de la capitale, *à laquelle il ferait mettre le feu sur-le-champ*. Cette menace fit naître des pourparlers, dont le résultat fut une convention verbale, par laquelle le roi de Naples s'engagea à ne pas inquiéter la sortie des Russes de Moscou. Cette condition fut loyalement exécutée, et bientôt l'armée russe disparut si rapidement que l'on perdit sa trace dans la direction de l'est.

Le 14 septembre, *Murat* et *Eugène* se présentèrent aux portes de l'ouest et du nord pour prendre possession de la ville. A la vue de ses tours, de ses palais, de ses dômes dorés, privations, fatigues, combats, tout fut oublié. On se livra à la joie du triomphe, à l'espoir d'une prompte et glorieuse paix[1].

Pendant que ces choses se passaient, *Napoléon* attendait aux portes de la ville, et non sans impatience, qu'on vînt lui présenter les clefs; cette impatience s'explique d'autant mieux qu'une heure avant d'y arriver, il avait dit au général *Durosnel*, son aide de camp, commandant le quartier général impérial : « Allez en ville; réglez le service, et réunissez la députation qui devra m'apporter les clefs. »

Mais à peine le général *Durosnel* avait-il traversé le pont de la Moskva, qu'une vingtaine de personnes se précipitèrent avec effroi à sa rencontre; c'étaient des

[1] Cette ville immense, de dix lieues d'enceinte, et que le prince de LIGNE caractérisait d'une manière aussi juste que piquante, en disant que c'étaient « cinquante villages groupés autour de trois cents châteaux, » se montrait alors partagée en quatre enceintes. D'abord le *Kreml**, citadelle triangulaire, qui occupe le point le plus élevé de la métropole et forme pour ainsi dire à lui seul une ville distincte. Ses hautes tours, ses murailles crénelées, sont baignées par la Moskva et rappellent les monuments du moyen âge. Toutefois, les bâtiments qu'elles renferment diffèrent essentiellement de style : d'un côté, l'arsenal, l'hôtel des archives et le palais du sénat, sont des monuments modernes; de l'autre, le vieux Kreml a conservé son ordre tout à la fois oriental et gothique. Au pied de la tour, célèbre sous le nom du grand IVAN, que NAPOLÉON habitait, se développe une double rampe qui conduit aux appartements, d'où l'on découvre la vaste étendue de cette admirable cité, dont l'œil peut à peine atteindre les limites.

Autour du Kreml est la *ville chinoise* (*Kitaï-Gorod*), quartier du commerce, immense rendez-vous des marchands de tous les pays de l'Europe et de l'Asie ; c'est là que se trouvait le bazar.

La *ville blanche* (*Béloï-Gorod*) entoure la ville chinoise; c'est le quartier de la noblesse et où l'on voit en grand nombre les hôtels les plus magnifiques.

Enfin, la *ville de terre* (*Zemlanoï-Gorod*) forme la dernière enceinte; c'est, en réalité, un vaste faubourg circulaire qui entoure Moscou. Des chaumières de paysans, des terres cultivées même s'y trouvent à côté de superbes palais.

Une merveilleuse description de Moscou est due à la plume élégante de la marquise LONDONDERRY.

*. Mot slavon qui signifie forteresse, citadelle.

négociants, la plupart allemands ou français, qui venaient, frappés de stupeur, invoquer secours et protection. On apprit alors que la ville avait été abandonnée, et que, d'une population de deux cent quarante mille habitants, il n'en était resté que douze à quinze mille, qui étaient ou des bourgeois, ou des étrangers, ou des gens de la lie du peuple; mais personne de marque, soit de la noblesse, du clergé ou des marchands.

A la nouvelle de cet événement funeste, *Napoléon* se décida à passer la nuit du 14 dans le faubourg de Dorogomilof, et n'entra que le lendemain à huit heures du matin dans le palais des tsars, après avoir traversé une partie de la belle et opulente cité. Pendant ce trajet, *Napoléon* avait été frappé du tableau qui s'offrait à ses regards. Toutes les maisons étaient exactement fermées, on ne rencontrait pas un seul habitant. Ce silence, cette torpeur d'une grande capitale imprimaient sur tous les visages une tristesse profonde. Les cris de joie des soldats en découvrant la ville : « Moscou! Moscou! la terre promise! » leur délire bruyant étaient remplacés par une stupeur complète.

Cette solitude est effrayante, dit *Napoléon*. En effet, la prise de chaque ville coûtait des flots de sang, et, dans toutes, on retrouvait cette effrayante solitude, ce silence de mort. Le moral de l'armée en était vivement impressionné.

Le soir, *Napoléon* ne pouvait plus contenir en lui-même les sentiments qui l'oppressaient; s'épanchant alors avec le duc de *Vicence*, il lui dit : « Mon entrée dans Moscou est signalée par de sinistres présages.... Cette guerre ne ressemble à aucune autre. A Eylau, à Friedland, nous avions à combattre des soldats; ici nous avons à vaincre tout un peuple.... Depuis le commencement de la campagne, des villes dépeuplées, désertées jusqu'au dernier habitant, la famine partout!... Il faut suffire, dans un désert, aux besoins matériels d'un peuple innombrable.... Et *Murat!* *Murat*, sans attendre mes ordres, sans prendre d'autres conseils que sa folle tête, va se lancer sur la route de Vladimir.... Je ne puis le rappeler sans accuser notre faiblesse, et, si je lui envoie des renforts, c'est recommencer la guerre!... »

Il s'approcha d'une table, déploya une carte de Pologne : « Voyez, *Caulaincourt*, je ne pouvais rester en Pologne; j'aurais été cerné de tous côtés, en supposant quelques défections parmi mes alliés. Oh! il y avait un grand danger dans cette combinaison, et pourtant!... Non, il me fallait avancer, étonner par la rapidité de ma marche et de mes victoires.... Maintenant le sort en est jeté, il faut qu'avant six semaines je sois à Saint-Pétersbourg, il le faut! J'y prendrai mes quartiers d'hiver.... J'avais pensé à m'arrêter ici, l'armée ne fera que s'y reposer.... Décidément, il faut que je sois à Saint-Pétersbourg le 1er novembre. J'échelonnerai mes troupes, des renforts m'arriveront de France, ils se formeront. Mes places fortes sont approvisionnées pour six mois.... Ceci est une ligue formidable.... Mais j'en triompherai, Dieu aidant!... Dans trois jours, j'aurai ici cent cinquante mille hommes; ils trouveront des toits pour s'abriter. Il faut assurer des vivres, organiser les différents services.... Rien, rien.... le désert! la famine partout!»

« La nuit était déjà avancée, dit le duc de *Vicence*; tout à coup une vive lumière éclaira les fenêtres; nous nous levâmes, nous aperçûmes l'horizon rouge et embrasé; l'air était lourd et étouffant. Des cris « au feu! au feu! » s'élevèrent des cours du Kremlin, où bivaquait la garde. La nuit d'avant, il y avait eu quelques incendies partiels que le maréchal *Mortier*, nommé gouverneur de Moscou, et nous tous avions attribués au désordre inséparable de l'installation des troupes.

« Un officier d'état-major entra et annonça que le feu éclatait simultanément dans divers quartiers et dans des bâtiments ou palais clos et inhabités. Plusieurs généraux arrivèrent; tous les rapports s'accordaient; il n'y avait plus à en douter, la destruction de Moscou était *organisée et commandée*....

« L'Empereur retrouva toute sa force pour se poser en chef couronné. D'un ton calme et assuré, il donna des ordres pour porter secours sur les points menacés et non atteints encore. « Faites la part du feu, sauvez « ce qui peut l'être. Allez, messieurs, je rends cha« que chef de corps responsable de l'exécution de « mes ordres.... que chacun de vous fasse son de« voir.... je vais monter à cheval. Dites à mes soldats « que je serai au milieu d'eux. »

« Et quand enfin nous nous retrouvâmes seuls : « Ceci dépasse toute croyance! C'est une guerre d'ex« termination, c'est une tactique atroce qui n'a pas « de précédent dans les annales de la civilisation.... « Incendier leurs propres villes, ah! » Les paroles sortaient brèves et hachées de sa poitrine haletante, un feu sombre éclairait ses yeux. « Ces gens sont in« spirés par le démon.... Quelle farouche détermina« tion! quel peuple! quel peuple! »

« Oh! de cette heure, *Napoléon* fut frappé à mort! l'énergie morale résistait, la nature succomba! le premier fil de son existence se brisa au Kremlin, son heure fatale a sonné à Sainte-Hélène!... de telles émotions tuent.

« Le lendemain, l'Empereur passa la revue ordinaire de sa garde, dans le Kremlin, et nul n'avait pu lire sur son front dégagé les dévorants soucis de la nuit précédente.

« C'est que *Napoléon* possédait au plus haut degré la vertu obligée des rois, la dissimulation. Il faut sourire quand bien même les épines de la couronne font ruisseler le sang sur le front qui la porte. Il faut sourire quand tous les rêves dorés s'évanouissent, quand toutes les illusions échappent. Il faut sourire, parce que de la confiance morale de chaque homme dépend le salut de tous. Oh ! ce sourire est une des plus dures conditions attachées aux misères du trône. »

Pendant deux jours, les Français avaient été maîtres de toutes les richesses que renfermait Moscou. Dans les palais de la noblesse, on avait trouvé des lettres de recommandation pour les officiers qui les occuperaient. Les nombreux domestiques, le mobilier n'avaient point été évacués. Mais ces apparences pacifiques cachaient les apprêts du sacrifice qui, par la plus virile résolution qu'un peuple ait jamais prise sur lui-même, devait arracher au vainqueur cette superbe proie.

« L'homme énergique, a dit un historien russe, qui s'arma de la torche pour détruire Moscou, ne fit que suivre un devoir tracé par la nation, et dont elle avait déjà donné des exemples depuis le commencement de la guerre. » C'est au comte *Rostoptchine*, nommé gouverneur général de Moscou quelques mois avant la guerre, qu'appartenait l'exécution du projet. Il accomplit cette tâche avec autant de vigueur que d'intelligence[1]. Tant que les troupes russes étaient en

[1] « Un autre à ma place, disait le comte Rostoptchine, aurait peut-être mis moins d'activité ; mais il y avait trois motifs qui réchauffaient sans cesse mon zèle. C'était la gloire de mon pays, l'importance du

ville, l'on n'aurait pu y mettre le feu sans nuire à leur retraite; mais l'on disposa des matières combustibles dans plusieurs maisons, et l'on répandit par la ville une troupe d'incendiaires salariés et dirigés par quelques officiers de l'ancienne police de Moscou, qui y demeurèrent déguisés. Le comte *Rostoptchine* avait même pris la précaution de faire enlever les pompes et autres instruments de secours contre les incendies.

Commencé dans la nuit du 15 au 16, le feu éclata successivement dans différents quartiers de la ville malgré tous les efforts des Français pour l'éteindre. Outre les incendiaires apostés, des particuliers allumaient eux-mêmes leurs propres maisons sans en avoir reçu l'ordre et uniquement par un mouvement de rage contre l'ennemi[1]. Enfin le troisième jour, un vent impétueux du nord-ouest s'étant élevé, l'embrasement devint général, et fit évanouir tout espoir de conserver la ville. Pendant cinq jours, Moscou ne fut qu'un océan de feu, qu'un séjour de désolation et de ruine.

Dans la première journée, *Napoléon* n'avait pas quitté le Kreml; il assistait du haut de la tour Ivan

poste qui m'était confié, et la reconnaissance pour les bienfaits de l'empereur Paul Ier.... J'avais deux objets en vue, dont je faisais dépendre la destruction de l'armée française : c'était de maintenir la tranquillité à Moscou, et d'en faire partir les habitants. Je réussis au delà de mes espérances. »

[1] Le comte Rostoptchine avait donné l'exemple en faisant lui-même mettre le feu à ses deux maisons de campagne. A quelques années de là, rapportant ce fait, il disait : « Les propriétaires qui avaient le plus perdu à l'invasion de Moscou, n'ont pas même présenté de requête à la commission des dédommagements; et il est très-avéré que les deux comtes Rasoumofsky, le général Apraxine, le comte Boutourline et moi, nous avons perdu, en maisons de ville, de campagne et en mobilier, pour plus de cinq millions de roubles. La bibliothèque du comte Boutourline avait été estimée à un million, et il n'en resta pas un volume. Le souvenir de ces pertes passera en héritage aux enfants. »

à l'horrible catastrophe. A l'extérieur, calme et inébranlable, comme nous l'avons dit, il recevait les rapports qui se succédaient à chaque moment. En vain le pressait-on de quitter cette demeure; il résistait avec opiniâtreté aux instances de ceux qui l'entouraient. Enfin, vers les quatre heures de l'après-midi, on annonce que le feu est sur le point d'atteindre l'arsenal, où se trouvent réunies les munitions d'artillerie de la garde, et qu'il ne reste qu'une issue praticable pour sortir du Kreml. C'est alors seulement que *Napoléon* ordonne le départ; il descend lentement les degrés de la tour, suivi du prince de *Neuchâtel* et de quelques-uns de ses officiers; il traverse, appuyé sur le bras du duc de *Vicence*, un petit pont en bois qui communique au quai de la Moskva; là il trouve ses chevaux et se dirige, sans péril, sur le château de Pétrofskoïé, situé à une lieue de là, et séjour habituel des tsars avant de faire leur entrée solennelle à Moscou, où ils sont couronnés.

A la faveur du trouble que la catastrophe venait de jeter parmi les Français, et tandis que *Murat* était lancé à la poursuite de l'armée russe sur la route de Kolomna, où il ne trouvera plus que deux régiments de Cosaques, *Koutousof* exécuta une des plus habiles manœuvres. Par un mouvement circulaire autour de la ville embrasée, il se porta de Bronnitz à Taroutino, où il établit son camp à cheval sur la route du sud, menaçant celle de l'ouest. Ainsi rapproché de la route de Smolensk, il était en mesure d'intercepter l'unique ligne d'opérations de l'armée française. « Cette pensée, qui dénote la portée des vues militaires du général en chef, fut réalisée avec habileté, et mit un terme aux malheurs de la Russie.... Le camp de Taroutino, devenu l'asile de la liberté européenne, présentait l'aspect imposant d'une réunion nombreuse de défenseurs de la patrie, animés d'un esprit public que le découragement ne pouvait atteindre, et que les malheurs éprouvés jusqu'alors n'avaient fait qu'exalter, en excitant dans tous les cœurs le désir d'une sainte vengeance. »

La nouvelle de l'entrée des Français à Moscou fut loin de produire à Saint-Pétersbourg l'impression qu'avait supposée *Napoléon*.

Dès le jour même où les événements de Borodino étaient parvenus à la connaissance de l'empereur *Alexandre*, il avait fait appeler à une audience l'ambassadeur d'Angleterre, lord *Cathcart* : sans lui déguiser aucunement que les armées impériales avaient essuyé de cruelles pertes dans cette sanglante bataille, *et que le sacrifice de Moscou en serait la conséquence*, il le chargea d'informer son gouvernement *que non pour un semblable désastre, mais même pour vingt autres, il ne renoncerait pas à la lutte dans laquelle il était engagé, et que, plutôt que de plier, il préférerait abandonner l'Europe et se retirer en Asie*[1].

Cette inébranlable fermeté d'*Alexandre*, cette constance héroïque, sous le coup d'une aussi grande calamité imprimèrent dans l'âme de lord *Cathcart* un

[1] En concordance avec cette importante communication reçue de lord CATHCART lui-même, il est à propos de citer l'extrait d'une notice publiée en 1838, à l'occasion de l'incendie du palais d'Hiver, résidence de la famille impériale à Saint-Pétersbourg. L'auteur de cet écrit, M. le baron de MEYENDORF, alors conseiller d'État et chambellan de S. M. l'empereur NICOLAS, et aujourd'hui son ambassadeur à Vienne, après avoir rappelé les scènes antérieures dont le palais d'Hiver avait été le théâtre, ajoute : « Ces murs ont vu les longues veilles du chef de l'Empire, dans ces jours mémorables de 1812, qui devaient décider des destinées de la Russie et de l'Europe, alors que le sort mettait son glaive et sa balance entre les mains d'ALEXANDRE. *C'est là que fut résolu le sacrifice de Moscou.* »

sentiment de respect et d'admiration auquel bientôt vinrent s'unir les acclamations de toute la nation anglaise.

Peu de jours après son entretien avec l'ambassadeur d'Angleterre, l'empereur *Alexandre* s'adressait à ses peuples, et leur faisait entendre ces paroles prophétiques :

« Avec une douleur extrême et poignante pour le cœur de chaque enfant de la patrie, l'on annonce que le 3 septembre[1] l'ennemi est entré à Moscou. Mais que le grand peuple russe n'en soit pas abattu ; au contraire, que chacun et tous jurent de se pénétrer d'un nouvel esprit d'intrépidité, de fermeté et de confiance certaine de voir enfin retomber sur la tête de l'ennemi tout le mal et toute la désolation qu'il porte parmi nous. Il a occupé Moscou sans avoir vaincu ni affaibli nos forces armées.

« Le commandant en chef, de l'avis des principaux généraux, a jugé utile et indispensable de céder momentanément à la nécessité, afin de se donner des moyens plus assurés et plus efficaces de changer le triomphe éphémère de l'ennemi en ruine inévitable. Quelque douloureux qu'il soit pour tout Russe d'apprendre que les ennemis de sa patrie sont entrés dans Moscou, sa capitale, il faut considérer qu'ils ne sont entrés que dans une ville déserte, et privée de ses trésors et de ses habitants. L'orgueilleux conquérant, en s'en rendant maître, espérait le devenir de tout l'empire russe, et lui prescrire telle paix qu'il lui plairait de nous accorder ; mais ses espérances seront trompées, et non-seulement il ne trouvera dans cette capitale aucun moyen de nous dicter la loi,

[1] L'ennemi a occupé Moscou le 2, mais l'on croyait que NAPOLÉON n'y avait fait son entrée que le 3.

mais même aucun moyen de subsister. Nos forces militaires, rassemblées autour de Moscou, et de jour en jour plus formidables, ne cesseront de lui fermer tous les passages, et de détruire journellement tous les détachements qu'il envoie au fourrage, jusqu'à ce qu'il reconnaisse combien était vaine l'espérance qu'il avait formée de frapper les esprits par la prise de Moscou, et qu'il ne lui reste plus d'autre ressource que d'en sortir, en s'ouvrant le passage l'épée à la main. Il se trouve dans la situation suivante : il a pénétré sur notre territoire avec trois cent mille hommes [1], dont la plus grande partie est composée d'hommes de différentes nations qui le servent et lui obéissent non par zèle, ni pour la défense de leur patrie, mais par timidité et par une crainte honteuse. La moitié de cette armée hétérogène se trouve détruite, soit par nos braves troupes, soit par la désertion, les maladies et l'inanition. Avec le reste, il est venu à Moscou. Sans contredit, sa marche rapide et hardie, ou plutôt téméraire, jusqu'au cœur de la Russie, et même jusqu'à son antique capitale, satisfait son ambition, et lui donne l'occasion de se vanter et de s'enorgueillir ; mais la fin couronne l'œuvre. Il n'est plus dans ces contrées où un seul pas hardi glaçait d'épouvante tous les esprits, et mettait à ses pieds l'armée et la nation. La Russie n'a pas l'habitude de la soumission ; elle ne supportera pas le joug, et ne renoncera pas à ses lois, à sa religion, à sa liberté et à ses richesses ; elle les défendra jusqu'à la dernière goutte de son sang. Le zèle et l'ardeur qui se manifestent partout, par les armements volontaires et spontanés, montrent clairement combien est forte et inébranlable notre patrie, défendue par l'intrépide

[1] L'on a vu que l'armée ennemie comptait bien au delà de trois cent mille hommes.

esprit de ses fidèles enfants. Ainsi, que personne ne se livre donc au découragement; et, d'ailleurs, comment s'y livrer, lorsque tous les ordres de l'État rivalisent de courage et de fermeté; lorsque l'ennemi, avec les débris de ses armées qui s'épuisent, se voit éloigné de son pays, isolé au milieu d'une population nombreuse, et entouré de nos armées, dont l'une lui est opposée de front, tandis que trois autres s'efforcent de lui couper la retraite et d'empêcher de nouveaux renforts d'arriver jusqu'à lui; lorsque l'Espagne, non-seulement a secoué son joug, mais même qu'elle menace d'envahir son propre territoire; lorsque la plus grande partie de l'Europe, dévastée et pillée par lui, tout en le servant forcément, observe et attend avec impatience le moment de se soustraire à une domination tyrannique et insoutenable; lorsque son propre pays ne voit pas de fin à l'effusion du sang qu'il a versé pour les intérêts de son ambition.

« Dans cette situation misérable de tout le genre humain, quelle gloire pour la nation, qui, après avoir supporté tous les maux que la guerre entraîne, parviendra, à force de patience et de courage, non-seulement à reconquérir pour elle-même une paix stable et inaltérable, mais à en étendre les bienfaits aussi sur les autres puissances, et même sur celles qui, contre leur propre gré, lui font la guerre. Il est doux et convenable à une nation vertueuse de rendre le bien pour le mal. Dieu tout-puissant! tourne des regards miséricordieux sur l'Église russe, qui, prosternée devant toi, t'adresse ses prières; renforce de courage et de patience ton peuple fidèle, qui combat pour la justice. Qu'à l'aide de ton secours il triomphe de l'ennemi, qu'il le terrasse, et qu'en se sauvant lui-même, il sauve la liberté et l'indépendance des rois et des royaumes. »

Au résumé, « la destruction de Moscou fut, pour la Russie, un événement avantageux, sous tous les rapports. Par là, on priva *Napoléon* des ressources qu'il espérait y trouver; d'ailleurs, la capitale une fois détruite, les partis pusillanimes n'étaient plus proposables. Ceux qui, pour conserver les richesses de Moscou, auraient penché vers la paix, désespérés de leur perte, ne pouvaient plus songer qu'à la vengeance. Un sacrifice aussi grand, aussi inouï, que celui de la capitale, faisait assez voir *l'énergie d'un gouvernement déterminé à tous les sacrifices*, plutôt que de plier sous un joug honteux; cette résolution, manifestée d'une manière aussi éclatante, tout en relevant le courage des Russes, dut nécessairement abattre celui des ennemis.

« *Napoléon*, en dirigeant tous ses efforts sur Moscou, croyait frapper au cœur la Russie, qu'il estimait déjà terrassée par la prise de son ancienne capitale. Quel dut donc être son effroi lorsqu'il vit que *les Russes ne la considéraient que comme un grand amas de pierres, auquel la destinée de la Russie n'était nullement attachée*, et qu'ils se préparaient à la guerre avec plus d'ardeur que jamais? Dès lors il dut pressentir le dénoûment tragique de son entreprise. En outre, Moscou, n'ayant commencé à brûler qu'après l'entrée des Français, il devenait facile de persuader au vulgaire que c'étaient les ennemis qui y avaient mis le feu. Cette opinion, en exaspérant le peuple des campagnes, donna un caractère plus prononcé à la guerre nationale qui s'allumait sur les derrières de l'armée française. »

Moscou avait donc réellement cessé tout à la fois d'être une position militaire et politique. Cependant les églises, le Kreml et le dixième environ des maisons étaient intacts. On avait sauvé d'immenses ressources. L'armée, si longtemps privée de vivres et d'abris, avait besoin de repos[1]. Il fallait amener à Moscou les vingt mille blessés des ambulances de Borodino et de l'abbaye de Kolotkoï : il fallait donc faire halte. Un simulacre de négociations, comme on le verra tout à l'heure, cacha d'abord les vrais motifs de l'inaction de l'armée; et, au lieu de marcher à *Koutousof*, elle se mit sur la défensive autour de Moscou. *Eugène* observa les routes du nord, où se montrait un nouveau corps commandé par *Winzingerode*. *Ney* prit position sur la route de l'est, et *Murat*, qui s'étant ravisé, avait quitté les routes de Vladimir et de Kolomna, vint se placer à Vinkovo, en présence du camp de Taroutino.

Napoléon n'était resté que deux jours à Pétrofskoïé; de retour à Moscou, il employait toutes ses heures à organiser et à renforcer son armée, à augmenter ses munitions au moyen de quatre cent milliers de poudre trouvés hors la ville et des boulets ramassés sur le champ de bataille, à soigner les blessés et à réunir les moyens de transport sur Smolensk. Une halte de trente jours suffit à peine pour pourvoir à tant de nécessités et pour mettre l'armée en état de commencer la retraite.

C'est en effet à cette dernière extrémité qu'il fallait d'abord préparer les esprits, et, tout en présentant l'incendie et le séjour à Moscou, au point de vue qui convenait, les bulletins dont on va lire quelques fragments, n'avaient pas d'autre but.

[1] L'administration générale de l'armée, qui jusque-là avait été dans l'impuissance de rendre aucun service, parvint à réunir et à conserver les denrées échappées aux flammes, et à faire des distributions régulières de vivres aux troupes stationnées dans la ville ou dans un rayon assez rapproché; mais on manquait de viande, et l'on devait aller au loin, non sans danger, faire des fourrages.

« On trouve tous les jours des caves pleines de vin et d'eau-de-vie. Les manufactures commençaient à fleurir à Moscou : elles sont toutes détruites. L'incendie de cette capitale retarde la Russie de cent ans[1]. Le temps paraît tourner à la pluie. La plus grande partie de l'armée est casernée à Moscou. » 21e *bulletin du 20 septembre.*

« Le consul général de *Lesseps* a été nommé intendant de la province de Moscou[2]. Il a organisé une municipalité et plusieurs commissions, toutes composées de gens du pays.... On découvre tous les jours des magasins de sucre, de pelleteries, de draps, etc.... La plus grande partie de l'armée est cantonnée à Moscou, où elle se remet de ses fatigues. » 22e *bulletin du 27 septembre.*

« Les drapeaux pris par les Russes sur les Turcs dans différentes guerres[3], et plusieurs ornements servant au sacre des empereurs trouvés dans le Kremlin, sont partis pour Paris. On a trouvé une madone enrichie de diamants. On l'a aussi envoyée à Paris.... Il paraît que *Rostoptchine* est aliéné. A Woronovo, il

[1] Comme ville manufacturière et commerçante, Moscou est aujourd'hui la plus industrieuse de l'Empire ; les nationaux l'ont surnommée la Manchester de la Russie. Quant à la Russie elle-même, au lieu d'être retardée d'un siècle, elle a appris à connaître sa force, ses richesses et ses ressources gigantesques.

[2] « M. de LESSEPS, dit le duc de VICENCE, était consul général à Saint-Pétersbourg, avant et pendant mon ambassade. NAPOLÉON faisait grand cas de son consul et me l'avait particulièrement recommandé. Instruit, spirituel, très-aimable et contant à merveille, M. de LESSEPS était fort considéré, et l'empereur ALEXANDRE le traitait fort bien. Une année s'était à peine écoulée, et, en regard des merveilles de Saint-Pétersbourg, nous considérions les décombres fumants de la seconde ville de l'empire de Russie. »

[3] Les ornements qui servaient aux sacres, estimés à vingt et un millions, avaient été expédiés avant l'entrée des Français, à Nijeni-Novgorod et à Vologda. Quant aux drapeaux pris dans les guerres sur les ennemis de la Russie, ils sont tous à l'arsenal de Pétersbourg.

a mis le feu à son château.... On regardait *Rostoptchine* comme une espèce de *Marat*[1]. Il a pu se consoler dans la société du commissaire anglais *Wilson*.... Il

[1] NAPOLÉON, qui s'est reproché dans l'exil les diatribes qu'il avait lancées dans ses bulletins et ses journaux contre les souverains et leurs ministres, parce que, personnellement blessés, il les avait trouvés implacables en 1814; NAPOLÉON ne pouvait guère attendre de la reconnaissance d'un homme qu'il outrageait par la qualification la plus odieuse qui se puisse imaginer : MARAT ! assimiler à MARAT l'ancien ministre des Affaires Étrangères de PAUL Ier ! Aussi, lorsque le comte ROSTOPTCHINE a voulu répondre et expliquer les actes de son administration, desquels, après tout, il n'était responsable qu'envers l'Empereur, son maître, voici comment il s'est exprimé à l'égard de l'empereur des Français, et comment il juge les révolutionnaires dont MARAT était l'idéal; c'est une page écrite d'hier : « Jusqu'à la guerre de 1806, je n'avais pas plus de haine pour NAPOLÉON que le dernier des Russes; j'ai évité d'en parler tant que j'ai pu; car je trouve que l'on a écrit sur son compte trop et trop tôt. Les peuples de l'Europe se rappelleront longtemps les maux qu'il leur a fait éprouver par la guerre; et, dans la classe éclairée, deux générations existantes se partageront entre l'enthousiasme pour le conquérant, et la haine pour l'envahisseur; je ferai même ici franchement ma profession de foi à son égard. NAPOLÉON a été à mes yeux un grand général après ses campagnes d'Italie et d'Égypte; bienfaiteur de la France, quand il entraîna la révolution durant le Consulat; despote dangereux pour l'Europe, dès qu'il se fut fait Empereur; conquérant insatiable jusqu'en 1812; homme enivré de gloire et aveuglé par la fortune, dès qu'il entreprit la conquête de la Russie; génie abattu à Fontainebleau et après Waterloo; et à Sainte-Hélène, prophète JÉRÉMIE.

« Enfin, je pense qu'il mourut de chagrin d'avoir cessé de troubler le monde, et de se voir relégué sur un rocher pour y être dévoré par le souvenir du passé et les tourments du présent, sans pouvoir accuser personne que lui-même, ayant été lui seul l'auteur de son élévation et de sa chute. J'ai regretté bien souvent que le général TAMARA, chargé en 1789, pendant la guerre avec les Turcs, d'organiser une flottille dans la Méditerranée, n'ait pas accepté la proposition de NAPOLÉON de passer au service de la Russie; mais le grade de major auquel il prétendait comme lieutenant-colonel de la garde nationale corse, lui valut un refus. J'ai eu cette lettre plusieurs fois entre les mains.

« Quant aux révolutionnaires français et à leurs élèves dans d'autres pays; j'ai abhorré leur dessein dès qu'il a été évident par la réussite. Tout ce qui s'est passé en Europe depuis trente ans a servi à me confirmer dans mon opinion sur le compte de ceux dont les principes tendent à bouleverser des gouvernements, n'importe sous quelle dénomination fait depuis huit jours du soleil, et plus chaud qu'à Paris dans cette saison. On ne s'aperçoit pas qu'on soit dans le Nord. » 23e *bulletin du 9 octobre.*

« La première neige est tombée hier. Dans vingt jours il faudra être en quartiers d'hiver. » 24e *bulletin du 14 octobre.* »

Toutes ces énonciations, nous l'avons dit, n'avaient

ces gens se cachent ou sont connus; l'égoïsme les guide, l'intérêt les aveugle.

« Malheureusement dans ce siècle où tant d'événements ont accoutumé deux générations à se soustraire aux principes qui imposent le respect dû à l'autel et au trône, une poignée de factieux ou d'ambitieux parvient aisément à séduire une portion du peuple, en lui parlant, selon les circonstances, de bonheur, de richesse, de liberté, de gloire, de conquête et de vengeance. On le soulève, on le fait marcher et on le précipite dans un abîme de maux. On est arrivé au point d'envisager la révolution comme un besoin de l'esprit du siècle ; et, pour grossir l'avalanche de la révolte, on fait briller en perspective les avantages d'une constitution, sans s'embarrasser si elle convient au pays, aux habitants et aux voisins; voilà la maladie du siècle. C'est une fièvre plus dangereuse que toutes les fièvres et que la peste; car elle est non-seulement épidémique et contagieuse, mais elle se gagne par la lecture et la conversation. Ses symptômes sont bien prononcés; elle commence par un flux de grands mots qui semblent sortir de la bouche d'un législateur, d'un ami de l'humanité, d'un prophète ou d'un chef puissant. Ensuite vient un déluge d'insultes contre toute autorité, une soif de pouvoir, un appétit désordonné de richesses, une transpiration de projets, enfin le transport au cerveau, pendant lequel le malade veut grimper le plus haut possible en bouleversant tout ce qu'il rencontre.

« Malgré tous les efforts des agitateurs, les peuples égarés pour quelque temps finiront toujours par être ramenés à l'ancien ordre de choses, soit par la réflexion, soit par la lassitude, soit par les excès mêmes; car on reconnaît bientôt que tout le monde ne peut être riche, et qu'il n'y a pas assez de place sur le trône pour des milliers de sujets qui veulent se métamorphoser en souverains pour régner sur une nation qui ne s'en soucie pas. Il est déjà prouvé par l'histoire que tout peuple qui se révolte contre son souverain empire sa condition, et paye cher son égarement, puisque si dans la lutte le maître légitime triomphe des factieux, il ne sera pas disposé à leur accorder ce qu'ils désirent; et, dans le cas contraire, si le souverain légitime succombe dans la défense de ses droits contre les sujets révoltés, alors ceux-là passeront tout de suite sous un despotisme militaire, car à défaut d'un Napoléon, il se trouve partout plus d'un Iturbide. »

d'autre but que de masquer la nécessité où l'on se trouvait d'abandonner Moscou. Mais quel résultat pouvait-on espérer d'une retraite pendant laquelle on serait harcelé par toute l'armée de *Koutousof* sur les flancs et les derrières, pendant qu'il était à prévoir que, dans le nord, *Wittgenstein*, renforcé par des troupes venues de la Finlande, et, dans le sud, *Tormassof*, auquel s'était réuni *Tchitchagof* avec l'armée revenue de la Moldavie, feraient des efforts pour repousser les corps qui leur restaient opposés, et pour se réunir sur les bords de la Bérézina, avant que l'armée française pût y arriver? C'était là, en effet, le plan d'opérations qu'avait dicté l'empereur *Alexandre*.

On a vu que *Napoléon*, aussitôt qu'il fut rentré au Kreml, avait fait toutes les dispositions apparentes pour prolonger le séjour de l'armée à Moscou. Cependant la plupart de ses généraux étaient d'avis qu'il fallait se hâter de renoncer à une occupation aussi stérile que dangereuse. Mais « on n'était pas d'accord sur ce qu'il convenait de faire. Le roi de Naples proposait de marcher sur Kalouga, d'en détruire les établissements et de revenir cantonner sur le Borysthène. On ne pouvait pas suivre les Cosaques au bout du monde; nous étions toujours prêts à combattre, mais nous ne voulions plus courir. Tel était le sens de la proclamation qu'il conseillait avant de se mettre en mouvement. Le vice-roi pensait, au contraire, qu'il fallait marcher aux Russes, les battre, pousser sur Pétersbourg, et se diriger ensuite sur Riga : on eût rallié *Macdonald*, après quoi on se fût établi sur la Duna. D'autres présentaient d'autres plans : tous étaient bons, tous étaient praticables; mais l'Empereur avait des données particulières; il voyait juste si on n'eût reçu les inspirations de l'Angleterre. On s'est beaucoup appesanti sur ce séjour; c'est une faute puisque les événements l'ont condamné; mais ceux qui se récrient n'avaient ni le secret des affaires, ni celui des négociations; ils peuvent, sans trop de modestie, croire que la sagacité de ce grand homme n'était pas au-dessous de celle que la nature leur a départie. Il s'est trompé, nous en avons senti les conséquences. On saura peut-être un jour quelles combinaisons l'ont égaré. Quoi qu'il en soit, on resta, on négocia, on batailla, on ne décida rien. »

Nous avons dit qu'en effet *Napoléon*, dans la nécessité de réorganiser son armée et de la mettre en etat d'effectuer sa retraite, avait d'abord résolu d'attendre à Moscou les chances d'une négociation, qui servirait au moins à dissimuler sa véritable position. Il craignait d'ailleurs qu'une marche rétrograde immédiate n'exaltât les espérances et ne doublât les forces de l'ennemi; il fallait faire bonne figure à mauvais jeu, donner un peu à la fortune et profiter de l'effroi qu'il croyait avoir répandu pour tenter un accommodement. *Napoléon* saisit donc l'occasion d'un entretien qu'il eut avec le conseiller d'État *Toutelmine*, directeur de l'hospice des Orphelins, qui avait été préservé de l'incendie, pour le charger d'insérer quelques expressions pacifiques dans la lettre par laquelle cet administrateur rendait compte à l'Impératrice mère du salut de l'établissement dont elle était protectrice. Deux jours après, il écrivit directement à l'empereur *Alexandre*, et confia sa lettre à M. *Jacoflef*, gentilhomme russe employé dans le gouvernement civil. On était au 24 septembre, il fallait huit jours pour avoir une réponse; ce temps écoulé sans aucune nouvelle, *Napoléon* envoya le général *Lauriston* au prince *Koutousof* avec une proposition d'échange de prisonniers pour le maréchal, et une lettre pour l'empereur *Alexandre*. *Koutousof*, prétextant la nécessité de demander des ordres, ne permit pas au comte *Lauriston* de se rendre à Saint-Pétersbourg, mais se chargea de faire parvenir la lettre, qu'il expédia en effet par l'aide de camp général, prince *Volkonsky*[1].

[1] Nous avons un moyen de contrôle fort instructif du récit de l'invasion française; c'est un entretien du prince Koutousof avec un prisonnier français de distinction; nous rapporterons successivement quelques passages de cet entretien. Et d'abord, relativement à la mission du général Lauriston, « le maréchal est convenu qu'il n'avait rien négligé pour traîner en longueur tous les pourparlers, « parce qu'en politique, on « ne rejette pas un avantage qui s'offre de lui-même; » qu'il n'avait réellement aucune autorisation pour travailler à la paix; qu'il n'avait consenti à envoyer des courriers à Saint-Pétersbourg que d'après les instances du comte de Lauriston, qui eût fait lui-même le voyage, si le maréchal avait cru pouvoir prendre sur lui d'y consentir. La distance entre Moscou et Pétersbourg demandait du temps, et précisément le maréchal en avait besoin pour faire marcher toutes les armées de la Russie; celle de l'amiral Tchitchagof surtout était destinée à fermer tous les passages sur la Bérézina; les autres devaient occuper les corps d'armée commandés par les maréchaux Saint-Cyr et Oudinot sur la Duna, et par le prince Schwarzenberg en Volhynie, de manière à ce qu'ils ne pussent porter aucun secours à l'armée principale, lorsqu'elle commencerait son mouvement, et surtout lorsqu'elle arriverait à la Bérézina, si toutefois elle parvenait à cette distance sans être débandée et détruite.

« Le maréchal Koutousof trouvait alors toutes sortes d'avantages à laisser couler le temps; il savait que l'armée française à Moscou était mal vêtue et sans fourrures, que la saison des froids s'approchait; il était persuadé qu'elle ne pourrait résister; il savait qu'elle faisait journellement des pertes en fourrageant, en maraudant, que le pays sur lequel elle se trouvait était ruiné, il y avait beaucoup plus de motifs pour la laisser s'y affaiblir que pour l'en chasser. D'ailleurs, il croyait, avec le temps, le climat, et le renfort de vingt-cinq mille Cosaques que le comte Platof lui amenait, compléter sa destruction, sans exposer ses soldats. Que tandis qu'on courait aux armes de toute part en Russie, des lettres faites à dessein qu'elles soient interceptées, avaient persuadé Napoléon du contraire; que pendant qu'il était si mal informé de l'attitude menaçante de son ennemi, le maréchal Koutousof savait que depuis que Napoléon habitait le Kreml, chaque jour son esprit en désordre enfantait un nouveau projet, détruit par le projet du lendemain; que dans ce qu'il avait connu des ordres donnés

Du reste, le maréchal et les généraux russes montraient les dispositions les plus satisfaisantes; les apparences justifiaient d'autant mieux cette opinion que le roi de Naples avait des communications faciles avec *Koutousof*, et qu'il avait même reçu le général *Bennigsen* à son quartier général[1].

Maintenant peut-on expliquer l'obstination de *Napoléon* à prolonger le séjour de l'armée au centre de la Russie, au milieu des ruines fumantes de l'ancienne capitale de l'Empire, en supposant qu'il comptait sur les ouvertures faites par les différentes voies que nous avons indiquées, — ou même sur une négociation secrète entamée à Saint-Pétersbourg? On assure qu'effectivement, et en dernier lieu, un intermédiaire, naguère en grande affinité avec l'ambassade de France, était chargé de soumettre à l'empereur *Alexandre* des propositions « où il n'avait qu'à choisir[2]; » en un mot,

pendant un mois, il n'avait vu ni prévoyance ni plan suivi, et que c'est précisément parce que NAPOLÉON s'attachait uniquement et ostensiblement à l'idée de la paix, qu'il avait été impossible de ne pas juger qu'en effet il ne lui restait d'autre espoir de salut que la paix. »

[1] « Nos avant-postes, dit un officier français, communiquent familièrement avec les avant-postes russes. Les Cosaques réguliers se plaignent des fatigues de la guerre ; les officiers causent avec les nôtres; on fait des échanges. Le général SÉBASTIANI informe l'Empereur des dispositions pacifiques de l'ennemi et de l'impatience que montrent les Russes de voir se terminer la guerre ; sa confiance augmente en raison de ses espérances. On se flatte d'ouvertures d'autant plus prochaines, que l'armée russe, dit-on, n'a plus d'infanterie, que sa cavalerie est harassée, et que les officiers et les soldats n'aspirent qu'au repos. »

[2] Il paraît que cette formule était restée dans l'esprit de NAPOLÉON, car on la retrouve indiquée dans le *Mémorial* de LAS CASÈS, à l'occasion de la mission du général BALASCHOF. « Nul doute, disait l'Empereur, que si j'avais été convaincu de la bonne foi d'ALEXANDRE, je n'eusse accédé à sa demande. Je serais revenu au Niémen, il n'eût pas passé la Duna, Wilna eût été neutralisé; nous nous y serions rendus, chacun avec deux ou trois bataillons de notre garde. nous eussions traité en personne. *Que de combinaisons j'eusse introduites!... Il n'eût eu qu'à choisir!... Nous nous serions séparés bons amis....* »

de lui offrir tout ce qu'il avait désiré à Tilsitt, à Erfurth....

C'est sur l'importance des sacrifices que *Napoléon* aurait faits dans cette circonstance, à ses propres desseins peut-être, à ses vues d'avenir, qu'il avait fondé l'espoir d'amener *Alexandre* à traiter de la paix[1].

Il n'avait pas eu la même confiance dans le succès de la lettre particulière transmise par l'intermédiaire du prince *Koutousof*, car voici ce que déclarait le duc de *Vicence* : « Le général *Lauriston* fut chargé de porter une lettre particulière de *Napoléon* à *Alexandre*. Ni l'Empereur, ni moi, nous n'en espérions aucun résultat. Mais pourquoi ne le dirais-je pas ? L'Empereur, écrasé sous le poids de la responsabilité du sort de l'armée qu'il avait entraînée à huit cents lieues du pays, l'Empereur faisait noblement ployer son orgueil devant sa conscience. Cette humiliation, car c'en fut une, était une nécessité qu'il eût voulu racheter de tout son sang. Cet acte est une des grandes actions de la vie de *Napoléon*.... Voilà toute la vérité sur cet épisode de Moscou. »

[1] Une intéressante particularité démontre à quel point, dans l'intimité de NAPOLÉON, ces propositions inspiraient de confiance. « J'étais un jour seul avec le prince de WAGRAM, dit le comte DUMAS, sur le balcon de l'appartement de l'Impératrice, qu'il occupait, et qui était fort élevé au-dessus de celui de l'Empereur. Nous observions les vains efforts que faisaient des ouvriers, sous la direction des ingénieurs, pour détacher de dessus le dôme de la principale église, l'immense *croix d'Ivan*, objet de la vénération du peuple russe. Cette croix ne pouvant être arrachée sans détruire la clef de la coupole, dans laquelle elle était profondément scellée, on prit le parti de la scier et de la limer ; elle tomba avec un grand fracas sur le sol, et fut ensuite dépecée et soigneusement emballée pour être transportée à Paris. Le major-général, affligé, indigné de cette spoliation impolitique, me dit : *Est-il possible qu'on fasse une telle chose, quand on a la paix dans sa poche!* Je rapporte les propres expressions du major-général, qui, même dans l'intimité, n'aurait pas hasardé cette indiscrétion, s'il n'avait été convaincu que les bases de la négociation étaient déjà posées. »

L'empereur *Alexandre*, ainsi qu'il l'avait déclaré à l'ambassadeur d'Angleterre, resta inflexible. Loin d'accueillir aucune des ouvertures qui lui étaient faites, il écrivit au prince *Koutousof* pour témoigner son mécontentement de ce que l'on avait reçu le comte de *Lauriston* au quartier général russe. « L'expérience n'avait que trop appris que les traités de paix n'étaient considérés par *Napoléon* que comme des trêves dont il profitait pour créer de nouveaux moyens d'agression. D'ailleurs, on l'a dit déjà, les intérêts qui divisaient les deux empires étaient trop importants pour qu'on pût se flatter de les concilier. Il ne s'agissait rien moins que de l'assujettissement final ou de la libération complète de l'Europe. L'empereur *Alexandre*, pénétré de l'importance de la cause qu'il défendait, avait résolu de ne plus consentir à aucun ajournement de la décision de ce grand procès. Attaqué sur son territoire, il avait pris les armes avec la ferme volonté de courir tous les hasards, plutôt que de les poser avant d'avoir établi des bases solides de la tranquillité générale, en détruisant l'influence humiliante que *Napoléon* exerçait sur toutes les puissances du continent. Cette résolution généreuse que les malheurs du commencement de la compagne ne purent ébranler, devint le signal d'une guerre à mort entre les deux empires. »

Tandis que *Napoléon* attendait à Moscou dans une pernicieuse sécurité, tout à coup, le 18 octobre, l'événement le plus inattendu vint dessiller tous les yeux. Les Russes avaient attaqué les cantonnements de *Murat*, à Vinkovo, et lui avaient enlevé deux mille hommes et douze pièces de canon.

A cette nouvelle, l'ordre de départ est aussitôt donné. Le lendemain 19, après un mois et cinq jours de l'occupation de la ville sainte de la Russie, commence la mémorable retraite, dont les désastres ont amené dans Paris la coalition européenne.

Le 25e bulletin portait : « D'un côté, on a armé le Kremlin et on l'a fortifié; dans le même temps, on l'a miné pour le faire sauter. Les uns croient que l'Empereur veut marcher sur Toula et Kalouga pour passer l'hiver dans ces provinces, en occupant Moscou par une garnison dans le Kremlin; les autres croient que l'Empereur fera sauter le Kremlin et brûler les établissements publics qui restent, et qu'il se rapprochera de cent lieues de la Pologne, pour établir ses quartiers d'hiver dans un pays ami, et être à portée de recevoir tout ce qui existe dans les magasins de Dantzick, de Kowno, de Wilna et Minsk, pour se rétablir des fatigues de la guerre : ceux-ci font l'observation que Moscou est éloigné de Saint-Pétersbourg de cent quatre-vingts lieues de mauvaise route, tandis qu'il n'y a de Witepsk à Saint-Pétersbourg que cent trente lieues; qu'il y a de Moscou à Kieff deux cent dix-huit lieues, tandis qu'il n'y a de Smolensk à Kieff que cent douze lieues; d'où l'on conclut que *Moscou n'est pas une position militaire* : or, Moscou n'a plus d'importance politique, puisque cette ville est brûlée et ruinée pour cent ans[1].... *Toute l'armée est en marche.* Le maréchal duc de *Trévise* est resté à Moscou avec une garnison. Le temps est très-beau, comme en France en octobre,

[1] Deux ans après l'incendie, grâce à la sollicitude paternelle de l'empereur ALEXANDRE, il n'y avait plus vestige du désastre. Des souscriptions furent ouvertes dans tout l'Empire, et la libéralité du souverain, rivalisant d'efforts avec la générosité patriotique des sujets et l'enthousiasme universel, Moscou, comme le phénix, renaquit de ses cendres, et se revêtit d'un éclat qu'on ne lui avait pas encore connu. En 1842, on comptait 23 183 constructions, dont 458 églises, monastères ou chapelles, 2097 bâtiments publics, et 17 290 maisons particulières (5485 en pierre, et 11 805 en bois). La population de Moscou est aujourd'hui de 350 000 âmes.

peut-être un peu plus chaud; *mais dans les premiers jours de novembre on aura des froids.* Tout indique qu'il faut songer aux quartiers d'hiver. Notre cavalerie surtout en a besoin. L'infanterie s'est remise à Moscou, et elle est très-bien portante. » 25e *bulletin du* 20 *octobre* 1812.

Le plan réel de *Napoléon* était de marcher sur Kalouga, afin de rallier d'abord le roi de Naples, et de là gagner Smolensk, en remontant la vallée de la Lougra, que les armées n'avaient encore ni parcourue, ni épuisée.

La première difficulté à vaincre est de déborder *Koutousof*, qui tourne le dos au Niémen, et de placer le front des deux armées en sens inverse. Elles comptent chacune plus de cent mille hommes. Mais l'armée française est appesantie par les innombrables bagages qu'elle traîne à sa suite : plus de quarante mille voitures de toute espèce encombrent la route; ceux qui sortent de Moscou, avertis par l'expérience, se sont prémunis contre la disette, et se sont embarrassés d'énormes provisions que bientôt ils devront abandonner.

Napoléon laisse le maréchal *Mortier* avec deux divisions de la jeune garde dans le Kreml, avec l'ordre de le faire sauter[1], et arrive le 23 à Borovsk. Le temps est superbe, « les habitants de la Russie ne reviennent pas du temps qu'il fait depuis vingt jours; ce sont le soleil et les belles journées du voyage de Fontainebleau. »

[1] L'explosion produite par cent quatre-vingt milliers de poudre comprimés dans les mines, eut lieu le 23, à deux heures du matin. On lisait dans le 26e bulletin : « Tout a été détruit : cette ancienne citadelle, le premier palais des Czars ont été. » En réalité, un clocher, deux pans de murs, deux tourelles, le quart de l'arsenal ont sauté. Le palais des Tsars est resté intact, le feu même n'y a pas pénétré. Les réparations ont à peine coûté cinq cent mille francs.

Le 24, l'avant-garde du vice-roi venait à peine de pénétrer dans la petite ville de Malo-Jaroslavetz, la seule qu'il y eût encore à traverser avant d'arriver à Kalouga, lorsqu'elle fut attaquée à l'improviste par deux régiments russes. *Eugène* accourut avec le 4ᵉ corps, au secours de *Delzons*, frappé mortellement, et après un combat sanglant qui dura toute la journée, et pendant lequel la ville fut prise et reprise sept fois, il resta maître de ses ruines fumantes.

Quoique l'avantage, dans cette fatale rencontre, fût resté à l'armée française, *Napoléon* renonça à poursuivre l'armée russe, qui elle-même se repliait sur ses renforts, mais était toujours à cheval sur la ligne de retraite, et il jugea préférable de reprendre l'ancienne route de l'armée par Giatsk et Viazma. On sait qu'il voulait prendre une route intermédiaire pour gagner Smolensk par Ielnia, mais il craignit qu'en suivant une route trop rapprochée des Russes, on ne leur donnât trop d'avantage pour des attaques de flanc. Ce n'était pas sans une vive anxiété que *Napoléon* se déterminait à abandonner un pays neuf et fertile pour prendre une route tracée par l'incendie et jalonnée par la mort. Ce mouvement rétrograde, qui reportait l'armée, après dix jours de marche, à douze lieues de Moscou, commença à troubler le moral du soldat, et l'inquiétude fit des progrès d'autant plus rapides, qu'à partir de ce moment, la température, la faim, les Cosaques, tout ce qu'il y a de fléaux, commencèrent à exercer leurs ravages.

Le 27, l'armée continue son mouvement sur Mojaïsk, qui est encore encombrée de blessés du 7 septembre.

Le 29, on entre dans Giatsk, où l'on trouve également un grand nombre de blessés : partout des blessés, toujours des blessés, et l'administration est dans l'impuissance de leur porter aucun secours !

Le 31 on arrive à Viazma ; mais le 3 novembre, *Miloradovitch* attaque l'arrière-garde et engage un combat qui pouvait amener la perte de la moitié de l'armée française, si *Koutousof*, avare du sang de ses soldats, n'avait pas craint de s'exposer à une action générale.

Sur ces entrefaites, l'arrière-garde, éprouvée déjà par des pertes considérables, passa successivement du commandement de *Davout* sous celui du vice-roi, et définitivement sous celui du maréchal *Ney*.

Le 2 novembre, *Napoléon*, qui depuis quinze jours n'avait reçu aucune nouvelle de France, trouva à Semlevo cinq ou six estafettes qui lui apprirent que le jour même où il faisait sauter le Kremlin, une conspiration ayant pour but le renversement du trône impérial avait éclaté à Paris : « Quoi ! s'écrie-t-il, des complots, des conspirations ! Voilà donc à quoi tient mon pouvoir ? Il est donc bien aventuré s'il suffit d'un seul homme, d'un détenu pour le compromettre ! Ma couronne est donc bien peu affermie sur ma tête si, dans ma capitale même, un coup de main hardi de trois aventuriers peut la faire chanceler ! Après douze ans de gouvernement, après mon mariage et la naissance de mon fils, après tant de serments, ma mort peut devenir un moyen de révolution ! Et *Napoléon II*, on n'y pensait donc pas ? »

Quoique la téméraire entreprise de *Malet* eût jeté Paris et les autorités dans la stupeur, elle avait été immédiatement réprimée, mais elle n'en fit pas moins une profonde impression en France et en Europe. De ce moment, *Napoléon* sentit la nécessité de quitter l'armée aussitôt qu'il le pourrait avec sûreté, afin d'accourir à Paris et de relever ces prestiges de force et de stabilité, dont tous ses efforts avaient pour but d'entourer son gouvernement.

La nouvelle de la conspiration se répandit sourdement dans l'armée et vint ajouter à toutes les causes de découragement qui existaient déjà. La discipline était perdue, la plupart des soldats abandonnaient leurs rangs, et l'ennemi devenait de plus en plus audacieux.

Dans cette situation, l'Empereur abusé sur l'état de ses troupes, et plus encore sur leur esprit que sur leur nombre, veut les rallier, attendre et combattre. C'est alors que le maréchal *Ney*, osant lui dire la cruelle vérité, fait entendre ces paroles sévères : « Vous voulez combattre et vous n'avez plus d'armée! »

On renonce au projet de prendre l'offensive, on se dirige, le 5, sur Dorogobouch, et l'on n'aspire plus qu'à gagner Smolensk, qui promet le repos et l'abondance. Mais c'est à ce moment d'espoir que l'armée reçut le coup mortel. Depuis plusieurs jours le froid avait commencé à l'assaillir. Déjà nombre de traîneurs, exténués par la marche et les privations, avaient jeté leurs armes; déjà le passage des malheureux Français était marqué par une longue file de voitures, de canons abandonnés, de blessés, de malades expirants, de corps sans sépulture, lorsque dans la nuit du 6 au 7 novembre, la température descendit subitement aux degrés les plus rigoureux de l'hiver. Nuit funeste où des milliers d'hommes périrent, qui tua presque tous les chevaux, désorganisa les convois et acheva de rompre les rangs.

« Dès lors commencèrent ces scènes d'horreur qui placent la retraite des Français parmi les plus effroyables calamités dont l'humanité ait eu à gémir. Ce n'était plus que par centaines à la fois, que les hommes périssaient d'inanition et de froid. Toute la route était jonchée de cadavres, et présentait le tableau hideux d'un champ de bataille continu. Parmi les cadavres, on rencontrait des groupes de mourants qui, dans un féroce délire, dévoraient les restes de leurs malheureux camarades morts peu d'instants auparavant. Par cette pâture aussi dégoûtante qu'atroce, ils cherchaient à soutenir les misérables restes d'une vie qui allait leur échapper à leur tour. Ceux qui n'ont pas été témoins oculaires de ces épouvantables événements, auront peine à ajouter foi aux récits que l'histoire se verra, avec regret, obligée d'en faire pour l'instruction et l'effroi de la postérité. »

Cependant l'infanterie de la garde résistait encore et marchait en bon ordre autour de la voiture dans laquelle l'Empereur voyageait avec le roi de Naples.

Le 9 novembre, l'avant-garde entre dans Smolensk. On essaye de faire des distributions de vivres, mais la faveur dont la garde impériale est l'objet, excite la fureur des autres troupes : on pilla et on mourut de faim. D'ailleurs ces secours tardifs étaient impuissants. Ce n'était plus Smolensk, c'était Minsk, c'était Vilna que voulait atteindre cette foule éparse, incertaine, marchant au hasard, et pliant sous le faix de la vie.

Tandis qu'*Eugène*, de Dorogobouch, s'était détaché à droite pour pénétrer jusqu'à Vitebsk, à gauche on devait rallier *Victor*, dont la division *Baraguay-d'Hilliers* devait occuper le point important d'Ielnia, embranchement de la route de Kalouga. On espérait qu'ils pourraient flanquer assez fortement l'armée pour lui donner un instant de relâche. Mais à chaque pas on apprenait de nouveaux désastres. *Victor* avait été appelé au secours de *Saint-Cyr*, que *Wittgenstein* pressait trop fortement, et l'on ne pouvait plus compter ni sur *Eugène*, ni sur *Baraguay-d'Hilliers.* Celui-ci s'était laissé prévenir par *Koutousof;* il perdit à Liakhovo la brigade *Augereau*, et fut ramené en désordre sur les troupes qu'il avait mission de raffermir. De son côté, *Eugène*, informé que depuis dix jours Vitebsk est au pouvoir de *Wittgenstein*, se replia sur Smolensk, traversant le Vop sur les glaçons, marchant pendant trois jours dans des marais impraticables, et toujours harcelé par les Cosaques; il avait dû sacrifier artillerie, convois, blessés et traîneurs.

Ces coups étaient accablants. On était débordé par *Koutousof* et par *Wittgenstein*. Il restait quarante mille hommes sous les armes. On manquait de munitions, de subsistances; le froid était à vingt degrés de Réaumur. Il fallut, après quatre jours de halte employés à reformer les colonnes de marche, quitter Smolensk et se diriger sur Krassnoï. Ce point devait être le Poltava de la grande armée française. Le défilé de Krassnoï est en effet une embuscade que la nature semble avoir formée pour arrêter une armée. Il est coupé par un ravin profond, dont les bords escarpés et glacés n'offrent d'autre passage qu'un pont étroit qui débouche sur une route rapide et encaissée, que le verglas a rendue plus difficile encore.

Napoléon divise ses forces en quatre corps, laissant entre eux l'intervalle d'une demi-marche. Le 14, il sort de Smolensk avec la garde impériale, *Eugène* devra suivre à quelques heures le mouvement de l'Empereur. *Davout* partira le 15, et le maréchal *Ney* n'abandonnera la ville que le 17, après en avoir fait sauter les murailles.

L'armée russe marchait parallèlement à la route qui suit la rive gauche du Dniépr, à une ou deux lieues de distance : elle avait prevenu les Français à Krassnoï, et leur destruction paraissait inévitable. Cependant l'avant-garde russe, à l'arrivée de *Napoléon*, s'était repliée, et il avait pu s'établir dans la ville, où il resta vingt-quatre heures afin d'attendre que les trois corps d'armée échelonnés entre Krassnoï et Smolensk, fussent liés de manière à pouvoir se soutenir. Mais déjà les Russes avaient coupé la route ; le vice-roi, après une vive attaque, ne parvint à Krassnoï qu'en faisant un détour par sa droite et dérobant sa marche à l'ennemi à la faveur de la nuit.

Le maréchal *Davout* fut dégagé par l'attaque que fit faire l'Empereur contre le corps qui s'était le plus rapproché de Krassnoï. Ce mouvement offensif déconcerta celui de l'ennemi, en partageant son attention.

Mais le maréchal *Ney* était encore en arrière, et jamais situation n'avait été plus périlleuse. Cependant on ne pouvait l'attendre sans risquer une affaire générale qu'il était impossible de livrer avant de s'être saisi des ponts du Dniépr. L'Empereur prescrit donc la retraite sur Orcha, mais en ordonnant à *Davout* de tenir le défilé pendant vingt-quatre heures, temps qu'il a jugé indispensable au maréchal *Ney* pour parcourir les dix lieues qui le séparent de Krassnoï.

Napoléon, après s'être arrêté le 17 à Liadouï, le lendemain à Doubrovna[1], arrive à Orcha le 19, où il

[1] Une circonstance qui mérite d'être notée, se rattache au séjour de Doubrovna. NAPOLÉON, à son retour du champ de bataille de Malo-Jaroslavetz, avait failli être enlevé par une irruption soudaine de Cosaques. Cette échauffourée pouvait d'autant mieux se renouveler à toute heure, que maintenant l'armée russe était précédée par les corps de partisans du comte ORLOF-DENISOF, de DAVIDOF, de SESLAVINE, de FIGNER, qui tous montraient une grande témérité ; NAPOLÉON, ne voulant pas rester exposé à tomber vivant aux mains de l'ennemi, se munit à Doubrovna d'un sachet de poison, qu'il ne quitta plus depuis, ainsi que nous aurons occasion de le voir en 1814.

apprend que *Davout* a quitté Krassnoï sans attendre le dernier corps. Cependant l'intrépide maréchal *Ney*, n'ayant avec lui que six mille hommes, avait osé attaquer l'armée russe, malgré sa force au moins décuple et son excellente position. Après un combat héroïque, vainement sommé de déposer les armes, il avait résolu de périr avec la poignée de braves qui lui restait plutôt que de capituler en rase campagne. A la faveur de la nuit, il avait marché en arrière de sa droite, traversé le Dniépr sur des glaçons mouvants, résisté pendant trois jours aux attaques incessantes des Cosaques de *Platof*, et malgré les efforts de l'ennemi qui déjà l'avait devancé sur l'autre rive, il était parvenu à rejoindre le quartier général à Orcha[1]. « Cette marche hardie, un des plus curieux épisodes de la campagne, couvrit de gloire le maréchal *Ney*, et le 3e corps lui dut son salut, si l'on peut donner le nom de corps d'armée à huit ou neuf cents hommes qui arrivèrent à Orcha, reste de six mille qui avaient combattu à Krassnoï[2]. »

C'est ici que se termine la première période de la

[1] NAPOLÉON était au château de Baranouï, à deux lieues d'Orcha, lorsqu'on vint lui apprendre l'arrivée du maréchal et sa jonction avec le vice-roi, qui s'était porté au-devant de lui. On peut se faire une idée de la joie qu'il éprouva par l'expression figurée du prix dont il aurait payé son salut, en disant : *J'ai plus de deux cents millions dans les caves des Tuileries, je les aurais donnés avec reconnaissance pour la rançon de mon fidèle compagnon d'armes.* C'est que le maréchal NEY avait justifié cette pensée que NAPOLÉON exprimait dans un langage symbolique et pittoresque qui lui était familier : « Mieux vaut une armée de cerfs commandée par un lion, qu'une armée de lions commandée par un cerf. »

[2] On trouve le récit détaillé de ce fait d'armes dans le *Journal de la campagne de Russie en 1812*, par le lieutenant général de FEZENZAC (pair de France et ambassadeur à Madrid sous le règne de LOUIS PHILIPPE). L'auteur commandait le 4e régiment de ligne, appartenant au corps du maréchal NEY. Des *trois mille* hommes qui avaient fait la campagne dans ce régiment, M. de FEZENZAC en a ramené *deux cents* sur la Vistule.

retraite. L'armée française, sortie de Moscou, présentait « une colonne de cent quarante mille hommes et d'environ cinquante mille chevaux de toute espèce, cent mille combattants marchant à la tête avec leurs sacs, leurs armes, plus de cinq cent cinquante canons et deux mille caissons d'artillerie. » Aujourd'hui cette immense caravane, cette nation errante, est réduite à trente mille hommes, vingt-cinq pièces d'artillerie, et une cavalerie presque nulle[1] !

[1] Voici les observations importantes auxquelles a donné lieu cette phase de la retraite :

« Dans la marche depuis Malo-Jaroslavets jusqu'au Dniépr, on n'a pu s'empêcher de remarquer avec surprise l'imprévoyance de Napoléon, qui ne fit rien de ce que l'on devait attendre de son habileté reconnue, pour alléger à ses troupes le poids des maux qu'elles devaient endurer. En effet, il est inconcevable que l'empereur des Français, au lieu de s'obstiner à suivre la route dévastée de Smolensk, n'ait pas songé plutôt à tourner de Gchat sur Sytcherka, pour se diriger ensuite par Biéloï et Poretzié sur Vitebsk. Cette ligne de retraite, un peu plus longue que celle qu'il suivit, était en revanche incomparablement plus avantageuse sous le rapport des subsistances, dont les ennemis n'auraient pas manqué dans une contrée à la vérité peu fertile, mais qui, n'ayant point encore servi de théâtre de la guerre, aurait présenté des ressources suffisantes pour un simple passage d'armée. L'on ne comprend pas non plus pourquoi Napoléon faisait marcher ses troupes à de si grandes distances l'une de l'autre. S'il avait partagé son armée en différentes colonnes, suivant à la même hauteur les chemins de traverses qui courent parallèlement à la grande route, l'on aurait pu croire qu'il se divisait ainsi pour agrandir la sphère de son approvisionnement dans cette contrée ruinée; mais échelonnant, comme il le fit, les différents corps sur la même route, il ne remédiait en rien à la pénurie des vivres, et ne faisait qu'exposer isolément les corps à l'attaque des masses russes qui les côtoyaient. Nous avons vu que dans les journées de Krassnoï, l'armée ennemie paya cher cette faute de son chef. L'empereur des Français est d'autant moins excusable dans cette circonstance, qu'il ne fit qu'aggraver cette faute par sa marche de Smolensk sur Krassnoï, tandis qu'il ne dépendait que de lui d'en atténuer l'effet en se couvrant du Dniépr, dont son armée aurait dû suivre la rive droite pour se porter de Smolensk à Orcha. En s'épargnant la nécessité de passer le Dniépr la première fois à Smolensk, et la seconde à Orcha, il aurait bien compensé le retard que le mau-

La seconde période de la retraite, cinquante lieues jusqu'à la Bérézina, s'annonçait sous des auspices plus heureux. Les Russes étaient devancés sur la rive droite du Dniépr. Orcha avait fourni un parc d'artillerie et des vivres. L'armée allait effectuer sa jonction avec le corps de *Dombrowski* et avec celui d'*Oudinot*, qui réunis, formaient trente mille combattants. Les Russes, retardés par le combat du 17, poursuivaient avec moins de vigueur. On approchait des grands approvisionnements de Minsk, de Vilna, et, par une grâce qui semblait providentielle, la température était devenue plus douce. On pouvait donc espérer de concentrer sur la Bérézina, et de réorganiser une armée au sein de l'abondance et du repos. Mais il aurait fallu que *Wittgenstein* et *Tchitchagof* fussent contenus. Or, *Wittgenstein* avait défait *Saint-Cyr* dans les combats du 18 au 20 octobre à Polotsk, enlevé Vitebsk le 7 novembre, et marchait vers le sud pour opérer sa jonction avec *Tchitchagof*. De son côté, l'amiral s'était emparé de Minsk le 13 novembre, de Borissof le 21, et interceptait le passage de la Bérézina, tandis que *Schwarzenberg* et les Saxons, malgré leur succès contre *Saken*, à Wolkowisk, le 16, s'étaient néanmoins retirés derrière le Bug. Les deux ailes de l'armée française étaient donc disloquées, et les Russes pouvaient se livrer à l'exécution de leur plan offensif[1].

vais état des chemins à la droite du Dniépr aurait pu apporter à sa marche. »

[1] Sur cette partie de la retraite, voici comment s'exprimait le prince Koutousof dans l'entretien que nous avons mentionné : « Vous avez dû « voir, continua le maréchal, que lorsque votre armée a quitté Moscou, « je lui ai fermé les nouveaux débouchés qu'elle a voulu se frayer, « je n'ai dévié de mon plan d'éviter les engagements qu'à Malo-Jaros- « lavetz, parce qu'il m'importait de la rejeter sur le chemin qu'elle « avait déjà dévasté. J'étais certain que sauf quelques cabanes de bois

Le 23 novembre, *Napoléon* est arrivé à Bobr. Le maréchal *Victor*, qui protége la retraite, harcelé sans

« qu'elle a brûlées, il n'y avait plus rien à détruire; j'avais ordonné au « comte de PLATOF une marche de flanc sur votre droite, vous étiez « suivis par mon armée, dont j'avais détaché une partie sur votre flanc « gauche, sans permettre à vos fourrageurs de s'écarter de la route. « Vous avez été escortés comme des prisonniers depuis Viazma jusqu'à « Smolensk; il ne tenait qu'à moi de vous détruire avant votre arrivée « dans cette ville; mais assuré de votre perte, je ne voulais pas expo- « ser un seul de mes soldats. Vous voyez depuis que vous êtes avec « moi, que je les fais reposer tous les trois jours, et si l'eau-de-vie ou « les vivres me manquaient, je m'arrêterais aussitôt, je m'enfermerais « chez moi sans oser me montrer à mon armée: *Voilà comme nous « autres barbares du Nord, nous conservons les hommes.*

« J'ai fait périr vos chevaux de faim sur la route de Viazma à Smo- « lensk; je savais par là que ce qui vous resterait d'artillerie, vous « seriez forcé de me l'abandonner dans cette dernière ville; la chose « est arrivée comme je l'avais prévu. En partant de Smolensk, « vous ne pouviez plus m'opposer ni cavalerie ni artillerie; mon « avant-garde vous attendait près de Krassnoï avec cinquante pièces « de canon. Voulant vous détruire sans éprouver de résistance, j'avais « ordonné de ne tirer que sur les queues de colonnes, et de n'envoyer « la cavalerie que sur les corps ébranlés. Votre Empereur m'a servi « au delà de mes espérances, en mettant une journée d'intervalle « entre chacun de ses corps d'armée. Sans que mes troupes aient quitté « cette position, pendant quatre jours, la garde et les trois corps « d'armée qui la suivaient, sont venus successivement y laisser, cha- « cun à leur tour, la moitié de leurs soldats : ce qui est échappé à « Krassnoï, passera difficilement à Orcha; dans tous les cas nos dispo- « sitions sont faites sur la Bérézina de telle sorte que ce sera là le « terme de la course de votre armée et de son chef, si mes ordres sont « exactement suivis.

« Vous aviez certainement d'excellents soldats, plusieurs débris des « régiments sont venus, à Krassnoï, mourir sur nos canons avec un « courage digne d'une meilleure fortune et d'un autre général. »

« Le prince me demanda, après une pause, si, dans le cas où NAPOLÉON échapperait à la Bérézina, la France lui était assez dévouée pour lui prodiguer encore son sang et ses trésors, si le Sénat favoriserait de nouvelles levées et se montrerait plus attaché à NAPOLÉON qu'à l'intérêt de la nation. Je répondis, quant à la première question, que la nation française paraissait en général très-fatiguée de la guerre, parce qu'elle voyait le commerce souffrant, la terre prête à manquer de bras, et les impôts toujours croissants; que les levées ne s'opéreraient que par des moyens coercitifs.

répit par *Wittgenstein*, lui livre, vers Tchasnitchki, un combat sanglant et indécis, mais dont l'effet est d'attirer sur lui toutes les forces du général russe et de

« La question relative au Sénat m'ayant été répétée, le prince ajouta : « Si je ne me trompe, le Sénat conservateur doit veiller aux droits et « aux intérêts de la nation française? Il ne peut ignorer tout ce que « vous venez de me dire de sa répugnance à servir des projets ambitieux « qui ne font qu'augmenter la misère publique. C'est une des plus « belles fonctions que l'homme puisse avoir à remplir que celle de vos « sénateurs. Quel parti croyez-vous qu'ils prennent, si NAPOLÉON « peut revenir à Paris? On saura bientôt qu'il a perdu sa grande « armée; il faudra qu'il en demande d'autres et beaucoup d'ar- « gent? »

« Je répondis qu'il y avait dans le Sénat beaucoup d'hommes fort estimables, pénétrés de la dignité et de l'importance de leurs fonctions; mais que bien certains d'être en minorité, ...

. . . .

« A ce compte, me dit le maréchal, il pourrait donc y avoir encore « bien des malheurs et bien du sang versé s'il échappait à la Béré- « zina; mais si on aime tant la gloire en France, je ne vois pas de « plus belle occasion pour s'exposer à mourir avec honneur et illustrer « son nom aux yeux de toute l'Europe, que celle où se trouveraient « ceux de vos sénateurs qui auraient le courage de résister à BONA- « PARTE pour sauver la nation : elle n'a pas de plus grand ennemi que « lui ! Comment n'ouvre-t-elle pas les yeux ? Il a perdu le jugement; « toute cette campagne le prouve. S'il avait voulu continuer sa course « plus loin que Moscou, nous avions encore cinq cents lieues de pays à « lui abandonner; mais ses forces étaient épuisées depuis la Moskva.

« Cette guerre entreprise contre un empire aussi vaste que le nôtre, « n'est qu'une extravagance que vos vieux généraux, le Sénat et le « Conseil n'auraient jamais dû permettre. »

« Je répondis à M. le maréchal, qu'il n'y avait rien de moins prouvé que les communications faites par BONAPARTE avant cette guerre aux premiers corps de l'État ; qu'on n'avait cessé de blâmer en France son injuste agression contre l'Espagne, et l'opiniâtreté qu'il avait mise à soutenir cette guerre qui a vidé les coffres et fait périr tous nos vieux soldats ; mais que BONAPARTE ne permettait pas les observations opposées à ses desseins militaires, qu'il n'avait cette déférence qu'en matière civile. « *Ainsi donc*, repartit le maréchal, *les Français*, *si bien « civilisés*, *ont choisi le héron de la fable de La Fontaine.* » Cette piquante apostrophe suspendit la conversation. »

l'éloigner de Borissof. Le 24, le maréchal *Oudinot* a surpris et battu l'avant-garde de *Tchitchagof*, qui a brûlé le seul pont qui rendît possible la retraite sur Minsk. Mais *Napoléon* vient d'apprendre que la brigade *Corbineau*, partie de Glubokoë, avait passé entre *Wittgenstein* et *Tchitchagof*, en traversant la Bérézina à un gué assez facile, au-dessus de Borissof.

Le 25, l'Empereur entre dans Borissof, et se porte aussitôt vers le pont qui a été détruit; après avoir examiné la position, il prend la résolution d'opérer le passage à quatre lieues au-dessus de Borissof, point indiqué par le général *Corbineau*.

Le maréchal *Oudinot* se rendra à Stoudianka, point choisi pour le passage, et jettera deux ponts sur la Bérézina, l'un sur chevalets, pour l'artillerie et la cavalerie, l'autre de pontons, pour l'infanterie.

Pendant ce temps, *Oudinot* sera relevé au pont de Borissof par les corps arrivant du Dniépr, et qui, faisant de grandes démonstrations pour le passage au-dessous de Borissof, donneront le change à l'amiral, qui occupe toujours la grande route de Minsk avec des forces considérables.

Le 26, les ponts sont établis, malgré vingt accidents et des difficultés inouïes : le temps presse, car *Koutousof* débordait de tous côtés. La foule impatiente encombre les abords; vainement le prince de *Neuchâtel*, le roi de Naples, le vice-roi cherchent à rétablir l'ordre; la présence de l'Empereur est elle-même impuissante. Rien ne peut contenir la multitude effarée! Chacun croit trouver son salut sur l'autre rive de la Bérézina.

Enfin, *Oudinot* défile sur les ponts; *Ney*, la jeune garde passent ensuite, et à quatre heures le matériel commence à rouler sur le pont de chevalets. La nuit vint, nuit pleine d'angoisses; le froid reprenait son intensité, les Russes recevaient des renforts par la rive droite, et de l'autre côté, *Koutousof* et *Wittgenstein* pouvaient à chaque instant paraître.

Le 27, le maréchal *Victor* arrive à Stoudianka. Dès l'aube, le défilé continue. *Davout*, la vieille garde, l'Empereur passèrent, et *Victor*, qui avait laissé dans Borissof la division *Partouneaux*, les releva sur les hauteurs de Stoudiandka.

Pendant la nuit du 27 au 28, le passage s'effectue dans la plus affreuse confusion; le désordre est au comble. Des milliers de voitures sont entassées à l'entrée et à la sortie des ponts; la force l'emporte sur le droit, le plus faible est foulé aux pieds. A neuf heures du matin, la canonnade la plus vive s'étend de la gauche à la droite, et décrit les trois quarts d'un cercle où l'Empereur est placé. Déjà *Wittgenstein* foudroie les ponts sur lesquels cent obus viennent éclater. Il veut se rendre maître du passage. L'air retentit des cris et des gémissements des femmes et des enfants. Dans leur effroi, les uns se précipitent dans le fleuve et cherchent à le passer à la nage, les autres tentent de le guéer; et tous, épuisés par de vains efforts, viennent s'engloutir dans les marais de la Bérézina.

Tout faisait pressentir une bataille pour le lendemain. En effet, *Wittgenstein* arrivait sur les pas de *Victor*, et pointant sur Borissof, il surprend, au sortir de la ville, la division *Partouneaux*, qui s'était égarée, comme elle se portait vers les ponts. Elle se défendit vaillamment; mais elle fut obligée de mettre bas les armes. Ce désastre fut le prélude du combat. A peine Borissof évacué, l'amiral y rentra et se mit en communication avec *Wittgenstein*. D'un autre côté, *Koutousof* ayant passé la Bérézina à Ousza, ils concertèrent une attaque générale sur les deux rives, résolus de réparer l'inaction de la veille et d'anéantir l'armée française.

Jamais position ne fut plus critique. *Davout* et *Eugène* avaient prolongé leur marche jusqu'à Zembine pour s'assurer la route de Vilna, et ils étaient séparés, par une vaste fondrière, de l'Empereur, qui avait entre lui et *Victor*, la Bérézina.

La tâche des généraux russes était de rompre à la fois les treize mille hommes de *Victor*, et les deux lignes formées par *Oudinot*, *Ney* et la garde, fortes environ de trente mille baïonnettes.

Le maréchal *Oudinot* tient tête à *Tchitchagof*, qu'il s'efforce de refouler sur la route de Minsk. Il tombe grièvement blessé, et son commandement passe au maréchal *Ney*, qui parvient à faire plier l'amiral sous le poids d'une charge générale.

Le maréchal *Victor* oppose une résistance énergique au choc impétueux de *Wittgenstein*. Sa belle conduite arrache à l'Empereur cette exclamation : « Voilà une des belles journées de *Victor*. »

Cependant les forces de *Wittgenstein*, qui reçoivent continuellement des renforts, menacent d'écraser le maréchal, dont le corps ne cesse d'être décimé par la mitraille : ses munitions sont sur le point d'être épuisées; ses soldats, privés de nourriture, sont exténués par un combat de huit heures, et néanmoins se défendent encore avec opiniâtreté.

Enfin *Victor* reçoit l'ordre d'abandonner ses positions et « d'avoir passé la Bérézina à cinq heures du matin, après avoir brûlé les innombrables voitures qui couvrent les deux rives. » L'ordre du passage s'exécute; mais lorsque *Victor* arrive au quartier général de Zaniski, le neuvième corps n'existait plus. Des treize mille hommes qui le composaient en dernier lieu, il ne restait plus sur la rive gauche qu'une faible arrière-garde, outre les douze ou quinze mille non-combattants. Nous ne redirons pas les horreurs du bivouac de Stoudianka. On sait que ces infortunés, dont la démoralisation était portée jusqu'au vertige, avaient refusé de marcher pendant la nuit, et que le 29, à la pointe du jour, lorsque l'arrière-garde *se fraya sur leurs corps un passage sanglant*, lorsque les sapeurs s'approchèrent, prêts à embraser les ponts, tous s'étaient précipités, saisis d'une frayeur tardive. Mais, au calcul du général *Éblé*, il aurait fallu six jours pour leur passage, et, pour sauver l'armée, il fallait à tout prix gagner quelques heures de marche sur l'ennemi. La nécessité commandait le sacrifice!

Un nombre immense de prisonniers de tout sexe et de tout âge, quelques pièces d'artillerie, mais surtout des équipages, des fourgons auxquels on n'avait pas eu le temps de mettre le feu, et qui renfermaient des valeurs considérables, tombèrent aux mains de l'avant-garde de *Wittgenstein*[1].

Depuis le passage de la Bérézina, il n'y avait plus de sécurité que dans le carré de la garde, au centre

[1] Voici les remarques de BOUTOURLINE sur le passage de la Bérézina : « L'impartialité ne nous permet pas de dissimuler que la conduite de l'empereur des Français dans cette importante circonstance est au-dessus de tout éloge. Le danger imminent où il se trouva, ranima encore une fois son génie militaire, qui, depuis Moscou, semblait sommeiller. Investi de tous côtés, NAPOLÉON ne perd pas la tête; il trompe, par des démonstrations habiles, les généraux qui lui sont opposés, et glissant, pour ainsi dire, entre les armées qui s'apprêtent à fondre sur lui, il exécute son passage sur un point bien choisi, où tout l'avantage du terrain se trouve de son côté. Le mauvais état des ponts dont il ne dépendait pas de lui d'améliorer la construction fut l'unique cause qui, en ralentissant l'opération, la rendit si périlleuse. Ainsi les grandes pertes que les Français éprouvèrent, ne sauraient être attribuées à NAPOLÉON, et ne doivent être mises que sur le compte des circonstances malheureuses où son armée se trouvait, et qu'il n'était plus en son pouvoir de maîtriser. »

duquel se trouvait la voiture occupée par l'Empereur et le roi de Naples. Le duc de *Vicence*, le grand maréchal *Duroc*, le comte *Daru*, les généraux aides de camp et le major général suivaient cette voiture, se pressaient les uns contre les autres pour s'abriter d'un vent pénétrant et glacial. La marche était lente et silencieuse; les soldats se traînaient avec peine; leurs traits, hâves et décharnés, attestaient leurs souffrances; l'énergie seule soutenait ces cœurs dévoués : ils tombaient, ils mouraient; mais ils ne s'arrêtaient pas.

Chaque soir la garde établissait ses bivouacs autour de la cahute où reposait l'Empereur, et chaque soir on comptait les pertes de la journée. Les feux s'allumaient lentement et s'éteignaient souvent avant le jour, qui ne paraissait que pour révéler à son tour les pertes cruelles de ces nuits meurtrières.

Enfin, le 5 décembre, dans l'après-midi, *Napoléon* arrive à Smorgoni et assemble les chefs de l'armée. Après leur avoir retracé les événements de la campagne dans une vive allocution qu'il termine par cet aveu : *Chacun de nous a fait des fautes; la mienne est d'être resté trop longtemps à Moscou. Il n'y a qu'Eugène qui se soit conduit comme un vieux capitaine;* il leur annonce qu'il se rendra à Paris, où le rappellent les circonstances les plus pressantes, et que le roi de Naples est investi du commandement de l'armée[1].

[1] On trouve rapporté en ces termes le départ de Smorgoni :

« Depuis longtemps nous n'avions pas de nouvelles de France, nous ne savions pas même ce qui se passait dans le grand-duché; nous l'apprîmes à Molodetschno. NAPOLÉON reçut dix-neuf estafettes à la fois. C'est là, je crois, qu'il arrêta le projet de quitter l'armée; mais il ne l'exécuta qu'à Smorgoni, à dix-huit lieues en avant de Vilna. Nous y arrivâmes. L'Empereur me fit demander vers les deux heures; il ferma soigneusement les portes de la pièce qu'il occupait, et me

Il quitte en effet Smorgoni le soir même à onze heures, ayant à ses côtés le duc de *Vicence*, et ac-

dit : « Eh bien, RAPP, je pars cette nuit pour Paris; ma présence y « est nécessaire pour le bien de la France, et même pour celui de « cette malheureuse armée. J'en donne le commandement au roi de « Naples. » Je n'étais pas préparé à cette confidence; car j'avoue franchement que je n'étais pas dans le secret du voyage. « Sire, lui « répondis-je, votre départ fera une fâcheuse sensation parmi les « troupes, elles ne s'y attendent pas. — Mon retour est indispensable; « il faut que je surveille l'Autriche, et que je contienne la Prusse. — « J'ignore ce que feront les Autrichiens; leur souverain est votre « beau-père : mais pour les Prussiens, vous ne les retiendrez pas, nos « désastres sont trop grands; ils en profiteront. » NAPOLÉON se promenait les mains derrière le dos; il garda un instant le silence, et reprit : « Quand ils me sauront à Paris, qu'ils me verront à la tête de la na- « tion, et de douze cent mille hommes que j'organiserai, ils y regarde- « ront à deux fois avant de me faire la guerre. DUROC, CAULAINCOURT « et LOBAU partiront avec moi; LAURISTON ira à Varsovie, et toi tu « retourneras à Dantzick; tu verras NEY à Vilna, tu t'arrêteras avec « lui au moins pendant quatre jours; MURAT vous rejoindra; vous tâ- « cherez de rallier l'armée le mieux qu'il vous sera possible. Les ma- « gasins sont pleins, vous trouverez tout en abondance. Vous arrêterez « les Russes; tu feras le coup de sabre avec NEY, s'il est nécessaire. « Il doit avoir maintenant la division LOYSON qui compte au moins « dix-huit mille hommes de troupes fraîches; WRÈDE lui amène aussi « dix mille Bavarois, d'autres renforts sont en marche. Vous pren- « drez des cantonnements. » On pourrait croire, d'après ce discours, que NAPOLÉON s'illusionnait sur la situation de son armée; mais il n'en était rien, il voulait seulement relever les esprits abattus. Dans l'entretien qu'il eut, aux portes de Vilna, le lendemain 6, avec le duc de BASSANO, il disait : « Quant à l'armée, il n'y en a plus. On ne peut « appeler armée une troupe de débandés, errant çà et là pour cher- « cher leur subsistance et des abris. On en ferait encore une armée « si, sur un point rapproché quelconque, on pouvait donner du pain à « des affamés, des souliers, des vêtements à des hommes qui ne peu- « vent continuer de marcher sur la glace avec de mauvaises chaus- « sures, et qui sont en proie à un froid de plus de vingt degrés; mon « administration militaire n'a rien prévu, et mes ordres n'ont point été « exécutés. » Le ministre répondit à ce reproche en mettant sous les yeux de NAPOLÉON l'état des magasins immenses existant à Vilna. Sans doute il n'avait pas reçu de rapport à ce sujet depuis son départ de Moscou, car il s'écria : « Vous me rendez la vie! » Et il chargea le duc de BASSANO de rester jusqu'à l'arrivée du roi de Naples et du major général pour leur ordonner de s'arrêter à Vilna, huit jours s'ils le poucompagné de *Duroc* et de *Lobau*; il passe miraculeusement à Ochmiana, à travers les partisans de *Seslavine*, et arrive à Paris dans la nuit du 18 décembre. Nous rapporterons plus tard les incidents de son passage à Varsovie et ses curieux entretiens avec son ambassadeur et les ministres du duché.

Napoléon avait pris soin, dès le 2 décembre, d'expédier à Paris le capitaine Anatole de *Montesquiou*, avec la mission de répandre de *bonnes nouvelles* sur toute la route, dans les Cours, dans les villes, et même les simples bourgades, afin de rassurer la Pologne, l'Allemagne et la France, qu'avait dû inquiéter l'absence de toute information sur l'armée depuis le 28e bulletin, daté de Smolensk le 11 novembre. En outre, il s'était fait précéder, de deux jours, par le mémorable 29e bulletin, écrit à Molodetschno le 3 décembre, par lequel il faisait enfin connaître les désastres de l'armée sous le jour le moins favorable, mais qu'il avait eu la malheureuse inspiration de terminer par cette phrase, qui parut une insulte à la douleur publique : *La santé de Sa Majesté n'a jamais été meilleure.*

Le départ de *Napoléon* causa dans l'armée un découragement, un désordre qui ont peut-être entraîné la perte de dix mille hommes. Aussitôt que le bruit en fut répandu, on éclata en malédictions contre lui. « Il fuit, s'écriait-on, comme en Égypte! Il nous abandonne après nous avoir sacrifiés! » Ces plaintes étaient naturelles, c'était le cri du désespoir; mais elles n'étaient point justes. Désormais, la présence de *Napoléon* à l'armée ne pouvait plus être d'aucune utilité; tandis qu'il pouvait seul, par son prompt retour en France, raffermir les fidélités ébranlées, tendre

vaient, afin d'y rallier l'armée, de réparer le moral et le physique du soldat, et de le préparer à continuer la retraite dans un état moins déplorable. »

les ressorts de son gouvernement, et créer de nouvelles ressources[1].

Murat fut impuissant à répondre à la confiance de l'Empereur. Le froid et le désordre allaient croissant. Le bivouac d'Ochmiana, où l'on arriva le 6 au soir, fut encore plus funeste que ceux des jours précédents. La division *Loyson*, alors commandée par le général *Gratien*, et forte de douze mille hommes, la plupart Allemands, avait quitté Vilna le 4, pour se porter à la rencontre de l'armée. Arrivée à Ochmiana, elle était réduite à six mille hommes, et, de ces six mille, pas un n'a survécu : tous ont péri dans la nuit du 6 au 7.

Enfin, le 8, on se précipite dans Vilna; c'est la première ville hospitalière que l'on rencontre; elle renferme des approvisionnements immenses, et chacun espère trouver des ressources et quelque repos. Mais tout y est bientôt bouleversé. On pille, on détruit les magasins, et, dès le lendemain, l'approche des Russes jetant l'épouvante, on s'éloigne en toute hâte sur Kowno, quelques-uns sur Olita, et sans pouvoir rallier dix mille traîneurs qui furent massacrés.

C'est pendant cette troisième période de la retraite, dont les scènes de l'horreur la plus horrible ne peuse décrire, que les pertes furent les plus subites et les

[1] « On a jugé diversement le départ de NAPOLÉON, dit BOUTOURLINE, et cependant rien de plus facile à justifier. En effet, NAPOLÉON n'était pas seulement le chef de l'armée qu'il quittait; mais, puisque les destinées entières de la France reposaient sur sa tête, il est clair que, dans ces circonstances, son premier devoir était moins d'assister à l'agonie des débris de son armée que de veiller à la sûreté du grand empire qu'il gouvernait. Il ne pouvait mieux satisfaire à ce devoir qu'en se rendant à Paris, afin de hâter, par sa présence, l'organisation des nouvelles armées devenues nécessaires pour remplacer celle qu'il venait de perdre »

plus nombreuses; ce résultat était inévitable, surtout à l'égard des troupes fraîches trouvées dans Vilna, par la brusque transition de la vie de caserne à la vie de bivouac, c'est-à-dire de dix-huit degrés de chaleur à vingt-sept degrés de froid.

Les Russes, qui d'ailleurs n'avaient pas moins souffert que les Français de la rigueur de la saison, ou de la continuité des marches et des bivouacs, étaient arrivés à Vilna en trois colonnes. *Wittgenstein*, par la rive droite de la Vilia; l'amiral, par la route de Borissof; et *Koutousof*, par celle d'Ousza. *Tchitchagof* continua sa marche, le 14, en se dirigeant par Novoïtroki sur le Niémen; et l'armée de *Koutousof*, réunie le 16, prit des cantonnements à Vilna : c'est alors qu'il allait se retrouver en présence de son auguste maître.

Nous avons vu que l'empereur *Alexandre*, après le court séjour qu'il avait fait à Moscou, s'était rendu à Saint-Pétersbourg, et s'y était occupé avec succès des moyens d'expulser l'ennemi du territoire de son empire.

Il se décida à reparaître à la tête de ses armées, où sa présence devenait nécessaire, non-seulement pour donner une impulsion plus vive aux opérations, mais aussi pour ouvrir des négociations avec les souverains allemands qui comptaient sur son appui pour recouvrer leurs États ou leur indépendance.

L'Empereur fit son entrée à Vilna le 22 décembre, au milieu des acclamations enthousiastes de son armée. Les seigneurs lithuaniens qui l'avaient trahi attendaient avec anxiété quel serait leur sort; il pouvait les accabler du poids de son juste ressentiment, mais il usa à leur égard d'une clémence à laquelle ils devaient peu s'attendre. Par une proclamation publiée dès le lendemain de son arrivée, il leur accorda une complète amnistie en condamnant tout le passé à un oubli éternel et à un silence profond, et en défendant de susciter à l'avenir aucune recherche sur ces affaires.

Le même jour l'Empereur décerna au maréchal *Koutousof* les récompenses les plus glorieuses. Il lui avait déjà donné, avant de partir de Pétersbourg, le surnom de *Smolenskoï*, en mémoire des combats de Krassnoï et de la délivrance de Smolensk, et maintenant il lui accordait la grande décoration de Saint-George, distinction alors d'autant plus éminente que depuis l'avénement de *Paul Ier* au trône elle n'avait été conférée à personne.

Mais une pieuse sollicitude captivait, par-dessus tout, les moments de l'empereur *Alexandre* : ses premiers soins furent pour les prisonniers ; leur sort était affreux. Les quatre cinquièmes avaient déjà succombé. « Quel aspect horrible, dit un historien, offrait alors le couvent de Saint-Basile ! Des malheureux, sans aucun secours, entassés dans des appartements glacés, infects ; autour d'eux, plus de six mille cadavres, amoncelés dans les cours où on les avait jetés par les fenêtres et les escaliers, où beaucoup de ces infortunés avaient rendu le dernier soupir. Une épidémie terrible qui vint se joindre à tant de maux, s'étendit bientôt des lieux où elle avait pris naissance jusqu'au sein de l'armée russe, et y exerça ses ravages. Tel était le sort des prisonniers, lorsque *Alexandre*, ne consultant que son cœur, voulut juger par ses yeux de leur situation ; il osa pénétrer dans ces demeures horribles, où l'air corrompu portait les germes les plus actifs de l'épidémie. Quel spectacle, grand Dieu, pour un souverain encore enivré des acclamations de la victoire ! Monarque russe, quoi que tu puisses accomplir, cette action sera une des plus belles de ta vie[1] ! »

Wittgenstein ne s'était point arrêté à Vilna ; il résolut de se porter immédiatement sur le flanc de l'extrême gauche, qui, depuis longtemps, était en dehors des mouvements généraux. En se dirigeant par Rossiena sur Tilsitt, il espérait couper la retraite de *Macdonald*, qui, après s'être maintenu tout le temps sur la Duna, et venant d'apprendre les revers de l'armée, commençait à se rapprocher du Niémen. Il était, en effet, déjà à Tilsitt, faisant halte pour attendre le corps auxiliaire prussien, lorsqu'il apprit que son commandant, le général *York*, ayant rencontré les Russes à Tauroggen, avait conclu avec le général *Diebitch*, une capitulation en vertu de laquelle le corps prussien, se séparant de l'armée française, resterait neutre.

Cette convention fut signée, le 20 décembre 1812, au moulin de Potscherau.

L'*article* 1er détermine la ligne que les troupes prussiennes occuperont le long de la frontière.

« Les troupes prussiennes, dit l'*article* 2, resteront en parfaite neutralité dans l'arrondissement désigné par l'article 1er, jusqu'à l'arrivée des ordres de S. M. le roi de Prusse ; mais elles s'engagent, dans le cas où Sadite Majesté leur ordonnerait de rejoindre les troupes impériales françaises, à ne pas combattre contre les armées russes pendant l'espace de deux mois, à dater du présent jour. »

Par l'*article* 3, les troupes se trouvant sous le commandement du général *Massenbach*, sont comprises dans la capitulation, dans le cas où les ordres du gé-

[1] Voy. MARTENS, *Recueil*, t. XII, p. 556.

néral *York* pourraient encore leur parvenir à temps. Ces troupes étaient entrées dans Tilsitt dès le 28, et il était à craindre qu'elles ne pussent pas se séparer des Français avant que *Macdonald* apprît la capitulation; mais le général *Massenbach* était en mesure d'exécuter les ordres de son chef et le rejoignit le 31. Le maréchal auquel il ne restait, après cette défection, que la division *Grandjean*, forte de cinq mille hommes, se replia en bon ordre sur Kœnigsberg.

La conduite du général *York* a été fortement blâmée par les uns, exaltée par les autres. Nous croyons que, pour la juger avec impartialité, il faut avoir égard à la situation extraordinaire et forcée dans laquelle la Prusse se trouvait depuis sept ans. L'opinion publique, qui n'était pas divisée, réprouvait une alliance que l'empire des circonstances avait forcé de contracter, et qu'il était de l'intérêt de la monarchie de secouer. On ne pouvait pas douter que *Frédéric-Guillaume III* ne saisît la première occasion qui se présenterait pour recouvrer son indépendance. Fallait-il que le général *York*, convaincu que tels étaient les sentiments du Roi, sacrifiât à une alliance, dont les Français n'avaient pas rempli les conditions, et qui avait achevé la ruine de la Prusse, une armée dont l'existence pouvait sauver l'État? Ne devait-il pas plutôt conserver à son roi un corps destiné à former le noyau d'une nouvelle armée? Nous avouons qu'il n'est pas permis à un militaire de raisonner sur les ordres qu'il reçoit, ni de supposer à ses chefs des intentions qu'ils n'ont pas expressément manifestées; nous craignons bien qu'on ne cherche un jour à justifier par cet exemple les plus grands écarts; mais il se passera peut-être des siècles avant qu'un général se trouve dans une situation qui l'autorise à se prévaloir de la capitulation du 27 décembre. Il nous paraît donc que la conduite du général *York* a été naturelle et louable, en ce qu'il n'a pas hésité à faire ce que son attachement pour le Roi et la patrie lui conseillait, au risque d'être condamné par ses contemporains et de passer pour un traître aux yeux de la postérité, dans le cas où il se fût trompé sur les secrets sentiments du Roi.

Frédéric-Guillaume ne put, dans le premier moment, que désapprouver la conduite du général *York*. Il ordonna des poursuites contre lui et le remplaça par le général *Kleist*, qui fut chargé d'amener le contingent prussien au quartier général de *Murat*. L'exécution de cet ordre devint impossible par les progrès rapides que fit l'armée russe. Lorsque par la suite la démarche du général *York* put être examinée et jugée avec connaissance de cause, le Roi l'approuva formellement, et la nation prussienne nomma ce général parmi ses sauveurs.

Les succès des Russes dans le duché de Varsovie furent moins rapides que ceux qu'ils venaient d'obtenir dans le royaume de Prusse. Cependant, le prince de *Schwarzenberg*, lorsqu'il apprit la retraite sur Vilna, commença, le 14 décembre, à rétrograder sur Bialystock. A ce moment, l'empereur *Alexandre*, convaincu que l'empereur d'Autriche allait rompre une alliance qu'avait dictée la politique, mais qui était en opposition avec ses intérêts et blessait sa fierté, ordonna à ses troupes de ne plus commettre d'hostilités contre les Autrichiens, et fit proposer à *Schwarzenberg* un armistice pour entrer en négociations. Le prince répondit qu'il n'avait point d'instructions ; mais il demanda aussitôt les ordres de *Murat*, et il écrivit à l'empereur *François* pour savoir si les grands changements survenus depuis peu, n'avaient pas modifié la politique de son Cabinet. La réponse du roi de Naples permit d'abord au prince *Schwarzenberg* de convenir d'un armistice tacite, et bientôt les ordres de sa Cour lui prescrivirent de se retirer sur la Gallicie et d'y prendre des quartiers d'hiver.

Ainsi, ce que *York* avait pris sous sa responsabilité personnelle d'effectuer dans l'intérêt de son souverain, *Schwarzenberg* allait l'exécuter par les ordres du sien[1].

Il nous faut maintenant revenir au centre, à l'armée expéditionnaire, et achever de suivre la marche du quartier général.

Le roi de Naples, après avoir désigné le maréchal *Ney* pour commander l'arrière-garde, et prescrit au comte *Daru* « de tout faire pour sauver le trésor, » s'était mis en marche sur Evé, le 10 décembre à cinq heures du matin; il était accompagné du major général, du vice-roi, des maréchaux *Davout*, *Lefèvre*, *Mortier* et *Bessières*; la garde avec la foule qui la suivait pour en être protégée, composait l'armée.

A la sortie de Vilna, on avait trouvé une route où la neige était tellement foulée que la côte rapide de Ponary, qu'il fallait gravir, puisque malheureusement on avait négligé de prendre la route, tracée en plaine, de Novoï-Troki, n'offrait qu'une couche de glace où les chevaux perdaient pied. Il se fit alors au bas de la colline un encombrement inextricable de voitures de toute espèce, parmi lesquelles se trouvaient celles de l'Empereur et les divers caissons du trésor. Les Cosa-

[1] Napoléon caractérisait parfaitement ce résultat lorsqu'il disait : « Bien des choses pourront atténuer ou justifier la seule faute grossière en diplomatie et en guerre que l'on ait le droit de m'attribuer : celle de m'être livré à une telle entreprise, en laissant sur mes ailes, devenues bientôt mes derrières, deux Cabinets dont je n'étais pas le maître, et deux armées alliées que le moindre échec devait rendre ennemies. »

ques de *Platof*, qui seuls depuis Vilna poursuivaient les Français, survinrent avec leur artillerie et commencèrent à canonner ces amas confus : il ne resta plus qu'à prendre une résolution suprême; il fallut tout sacrifier en mettant le feu aux équipages. Il y eut à ce moment un si effroyable désordre et une telle avidité de pillage, qu'il n'y eut plus de rivalité que dans l'ardeur à enlever le plus riche butin[1].

Depuis ce dernier sinistre, la retraite de l'armée devint encore plus rapide. Dans la soirée du 10, on établit les bivouacs sur les hauteurs d'Evé, et le 11 on était à Kowno. *Murat* avait espéré se maintenir dans cette ville pendant quelques jours; mais le Niémen étant gelé et n'opposant aucun obstacle, une faible garnison eût été bientôt forcée de capituler. D'ailleurs Kowno renfermait des magasins considérables qui eurent le même sort que ceux de Smolensk et de Vilna, ils furent pillés, et bientôt les

[1] Le trésor de l'armée se composait de douze millions en espèces d'or et d'argent : à Moscou, comme on prévoyait de grandes difficultés pour les moyens de transport, le comte Daru proposa de liquider la solde qui était due, ainsi que les indemnités de pertes; c'était quatre millions à distribuer. Mais Napoléon se refusa à l'adoption de cette mesure. Il voulut que tout fût conservé.

A Smolensk, la perte journalière des chevaux des équipages du trésor rendit plus impérieuse la nécessité de l'alléger; on mit à l'ordre du jour le payement de deux mois de solde aux officiers; mais l'or n'était plus qu'un fardeau, et la plupart refusèrent de recevoir.

Au défilé de Krassnoï, l'ennemi enleva un million deux cent quatre-vingt-quatorze mille francs des caisses du trésor, en même temps que trois caissons des équipages de l'Empereur et notamment, perte irréparable, le fourgon topographique.

Enfin, à la sortie de Vilna, la perte totale des douze millions du trésor fut consommée. Cependant nous ne devons pas omettre de citer un trait qui honore d'autant plus son auteur, que le sentiment de la propre conservation prédominait en ce moment sur tous les autres. Un officier wurtembergeois plaça sur son traîneau, des caisses du trésor, qui renfermaient quatre cent mille francs en or, et vint fidèlement les déposer chez le payeur de l'armée, à Kœnigsberg, le 24 décembre.

places et les rues furent jonchées des malheureux qui périssaient frappés par l'ivresse, et des cadavres de ceux que la congélation avait atteints. Pour surcroît, l'incendie ayant éclaté dans le voisinage des dépôts d'artillerie et de munition, on eut à craindre un embrasement général.

Ce fut au milieu de ces désordres, que le roi de Naples abandonna Kowno pour se rendre à Gumbinnen. *Platof* arrivait en même temps, et s'emparait de la hauteur d'Alexioten, d'où il ouvrit le feu sur les ponts, tandis qu'il essayait de pénétrer dans la ville par la porte de Vilna.

C'est alors que le maréchal *Ney* et le général *Gérard*, ayant réuni quelques soldats, se retranchèrent derrière les palissades, et parvinrent, en prenant part eux-mêmes au combat, à retarder la marche des Russes, qui déjà s'étaient rendus maîtres de toutes les routes, excepté celle de Tilsitt sur la rive gauche du Niémen.

O instabilité des choses humaines! C'est aussi à Kowno, il y a six mois, que *Napoléon* franchissait le Niémen, à la tête de la plus magnifique armée qu'ait jamais eue la France. Ses vaillants soldats, brillants de gloire et de jeunesse, étaient là, menaçant d'enchaîner le monde. Hélas! ils marchaient tous à la mort ou à la captivité : à la mort! par la triple agonie des blessures, de la famine et du froid.

Cependant de glorieux débris, que le destin semblait avoir épargnés pour qu'ils vinssent redire les grandes batailles de Smolensk, de Mojaïsk et de la Bérézina, pouvaient se compter encore en arrivant à Gumbinnen : le 17 décembre, deux mille hommes étaient là sous les armes; c'est ce qui restait de l'armée expéditionnaire.

Le lendemain, se présentait dans une maison de Gumbinnen, au logement de l'intendant général, un homme vêtu d'une redingote brune, il portait une longue barbe; son visage était noirci et semblait brûlé; ses yeux étaient rouges et brillants. « Enfin me voilà, dit-il; eh quoi! général *Dumas*, vous ne me reconnaissez pas? — Non, qui êtes-vous donc? — Je suis l'arrière-garde de la grande armée, le maréchal *Ney*. J'ai tiré le dernier coup de fusil sur le pont de Kowno; j'ai jeté dans le Niémen la dernière de nos armes, et je suis venu jusqu'ici à travers les bois. » On peut s'imaginer avec quel empressement respectueux fut accueilli le héros de la retraite de Russie.

« Ainsi, dit *Boutourline*, fut effectuée sur tous les points l'évacuation du territoire russe, après six mois de la campagne la plus rude. Les pertes que les ennemis essuyèrent pendant cet espace de temps sont à peine croyables. Des calculs assez modérés présentent un résultat de cent vingt-cinq mille hommes moissonnés par les combats. En outre les armées de *Napoléon* perdirent, en prisonniers, quarante-huit généraux, trois mille officiers, et plus de cent quatre-vingt-dix mille soldats. En y ajoutant encore les hommes qui périrent en détail par l'effet des maladies, de la faim, du froid et d'autres causes accidentelles, l'on retrouvera le nombre de quatre cent cinquante mille hommes, qui doit à peu près former le total de la perte de l'ennemi[1]. L'on peut évaluer à environ quatre-vingt mille hommes le nombre des troupes alliées qui,

[1] Un relevé officiel porte à trois cent mille le nombre des cadavres français, italiens et allemands qui ont été brûlés sur la ligne de Moscou à Vilna.

échappant à ce grand désastre, repassèrent les frontières de la Russie; mais dans le nombre l'on comprend encore vingt-cinq mille Autrichiens et dix-huit mille Prussiens, de sorte que des autres troupes de *Napoléon* il ne resta pas quarante mille hommes. De plus, dans le courant de la campagne, les Russes enlevèrent aux ennemis soixante-quinze aigles, drapeaux ou étendards, et neuf cent vingt-neuf canons, sans compter ceux qui demeurèrent enfouis dans la terre ou jetés dans l'eau. Les annales de la guerre ne présentent pas d'exemple de succès aussi brillants et aussi décisifs.

« Cette campagne, si mémorable par l'étonnante consommation d'hommes qu'elle occasionna, sera considérée par la postérité comme un terrible exemple du danger de s'écarter à la guerre des règles prescrites par une saine théorie. En effet, jamais le triomphe des vrais principes de l'art ne parut d'une manière aussi éclatante que dans cette occasion.

« *Napoléon* présente à Moscou le spectacle intéressant d'un grand capitaine qui, à la tête d'une armée innombrable, a rempli le but militaire qu'il s'était proposé en commençant les hostilités, mais qui cependant va perdre toute cette armée, parce qu'il a négligé ou dédaigné le grand principe de la base, qui seul peut assurer les opérations, consolider les conquêtes, et utiliser les succès obtenus sur le champ de bataille. Cette unique faute fait échouer une entreprise conçue par un des plus grands génies militaires qui aient jamais existé, et soutenue de moyens gigantesques fournis par la coopération d'une grande partie de l'Europe.

« La Russie soutint dignement une lutte pénible. La nation montra toute sa grandeur, en allant au-devant des sacrifices que l'urgence des circonstances nécessitait. A la vue de la patrie en danger, tous les intérêts individuels, toutes les jalousies de castes se turent, et toutes les conditions, rivalisant de dévouement, se réunirent autour du trône. La nation entière, animée d'un même esprit, n'avait de pensée que pour hâter l'expulsion de l'étranger. Le cri de l'honneur national retentissait dans tous les cœurs et dictait toutes les résolutions. Tous, depuis le seigneur le plus opulent jusqu'au plus pauvre cultivateur, couraient à l'envi porter à l'autel de la patrie l'offrande de leurs biens et de leur sang. Nous avons déjà vu que le gouvernement s'était même trouvé obligé de limiter les sacrifices que, dans la ferveur de leur zèle, les citoyens proposaient au delà des besoins réels de l'État.

« Mais c'est à l'empereur *Alexandre* qu'appartient principalement la gloire de cette belle campagne. Ceux qui ont médité sur les grandes leçons que présente l'histoire, savent que dans tous les événements importants l'on découvre une cause principale et dominante dont l'influence décisive se fait sentir dans toute la marche des affaires. Les causes accidentelles et accessoires peuvent plus ou moins accélérer ou retarder le dénoûment, mais elles ne peuvent le changer, car il est toujours réglé en dernier résultat par la cause principale. Les événements de 1812 ont pour cause principale la forte et magnanime pensée de l'empereur *Alexandre* de continuer la guerre à toute extrémité, sans se laisser ni intimider par les revers, quelque grands qu'ils pussent être, ni séduire par les propositions de l'ennemi, quelque avantageuses qu'il les fît. Cette pensée solennellement manifestée dans la lettre de l'Empereur au maréchal *Soltikof*, s'y trouve exprimée en ces termes : *Je ne poserai pas les armes tant qu'un seul guerrier ennemi restera sur le territoire de mon Empire.* Paroles mémorables qui montrent la noble confiance du monarque pour son peuple, et qui devaient dès lors faire prévoir l'heureuse issue de la guerre, en renfermant tout le secret des grands avantages obtenus par les Russes. En effet, dès que l'empereur de Russie adoptait la résolution généreuse de se résigner à tous les sacrifices plutôt que de capituler avec l'ennemi, la guerre d'invasion que *Napoléon* dirigeait contre un pays sans fond, devenait une entreprise absurde et son succès impossible.

« L'homme qui après l'empereur *Alexandre* a le plus mérité de la patrie, est sans contredit le maréchal prince *Koutousof*. C'est à la profonde et constante sagesse de sa conduite que la Russie est redevable de sa prompte délivrance. Malheureusement il existe même parmi nous des hommes assez ingrats ou assez prévenus pour vouloir priver sa mémoire des justes hommages de la patrie reconnaissante, mais leurs efforts seront vains. La conduite du maréchal a été si belle, qu'elle peut affronter les recherches de la critique la plus sévère. Dans le fait, sous le rapport militaire, on ne peut lui reprocher que deux fautes, encore la première, qui est celle d'avoir livré bataille à Borodino, fut-elle nécessitée par des considérations politiques de la plus haute importance. Quant à la seconde, qui est le mouvement rétrograde du 14 octobre, de Malo-Jaroslawets à Gonczerowo, nous avouons qu'aucun motif satisfaisant ne peut la justifier. Mais on peut saluer du nom de *Grand* le général qui dans quatre mois de la campagne la plus active n'a failli qu'une fois! D'ailleurs, en compensation de cette faute, que de belles conceptions, dont une seule suffirait pour établir la réputation d'un capitaine! La marche de la route de Kolomna sur celle de Kalouga, celle de Taroutino à Malo-Jaroslawets, la poursuite parallèle, la marche de Jelnia à Krassnoï, et les combinaisons savantes des combats de Krassnoï, feront toujours l'admiration des connaisseurs.

« *Koutousof* se montra d'autant plus habile que, saisissant parfaitement le véritable esprit de la guerre, il sentit que la Russie combattait pour sa délivrance et non pour la gloire, et qu'il devait conséquemment sacrifier jusqu'à sa propre réputation, en se refusant souvent à profiter des belles chances que la fortune semblait lui offrir, pour se borner à ne frapper que des coups moins brillants, mais plus certains et moins chèrement achetés. La jalousie et d'autres passions tout aussi répréhensibles avaient pu ternir momentanément la gloire de *Koutousof*, mais l'immortalité a déjà commencé pour son nom, et la postérité, plus impartiale, ne manquera pas de le placer, pour les services rendus à la patrie, à côté de *Pojarskoï*, et pour les talents militaires, à côté de *Souvorof*.

« Le maréchal *Koutousof* fut aussi parfaitement secondé par le dévouement de ses braves et infatigables soldats, et le zèle des chefs, qui tous se montrèrent dignes de sa confiance. La campagne de 1812 ne fut pas seulement utile à la Russie par ses résultats directs, elle lui procura encore l'avantage de former ou de faire connaître des généraux distingués. Sans parler des vétérans de gloire qui avaient déjà fait leurs preuves dans les campagnes précédentes, nous nous bornerons à citer *Raéfskoï*, *Konovnitsyne*, *Yermolof*, le prince *Eugène de Wurtemberg*, le comte *Pierre Pahlen*, *Wassiltchikof*, le comte *Woronzof*, *Rosen*, *Diebitsch*, *Paskévitch*, *Tchernitchef*, *Emmanuel*. Ces généraux, ainsi que plusieurs autres, comme eux l'orgueil et l'espoir de l'armée russe, doivent leur juste célébrité aux événements de cette campagne. L'estime dont ils jouissent parmi leurs compagnons d'armes est déjà pour eux la récompense la plus conforme à leurs nobles sentiments.

« Mais laisserons-nous dans l'oubli le nom de cet homme distingué, qui, par sa sagacité et ses talents, fut pendant cette campagne l'âme de toutes les délibérations, et le moteur de plusieurs belles résolutions adoptées par le maréchal? L'on comprend bien que nous voulons parler du quartier-maître général *Toll*. Le service de l'état-major, si important et si pénible, est d'autant plus ingrat qu'il s'exerce dans le secret du cabinet. Le chef de la troupe conçoit, exécute, et trouve sa récompense dans l'approbation publique, qui suit de belles actions. L'officier d'état-major, au contraire, n'ayant que voix consultative, risque trop souvent de voir ses belles conceptions altérées ou rejetées par l'ignorance ou l'opiniâtreté; et lorsqu'il arrive qu'écartant enfin toutes les oppositions, il parvient à ramener les opinions des autres à la sienne, il est encore réduit à céder l'honneur et la gloire du succès au chef qui consent à faire exécuter ses projets, tandis que lui-même, créateur de la pensée, demeure inconnu. Cette abnégation entière de tout intérêt personnel est peut-être une des vertus les plus difficiles à exercer. Puissent les hommes qui, comme M. de *Toll*, l'ont pratiquée si éminemment, trouver dans la reconnaissance de la patrie le prix de leurs précieux services !

« Nous avons encore une dernière observation à faire. Quelques personnes prétendent établir que le projet d'attirer l'ennemi au cœur de la Russie était une résolution prise de longue main par notre gouvernement. L'on croit donner plus de relief à nos armes en ne voulant pas convenir que notre retraite, depuis le Niémen jusqu'à Moscou, fut nécessitée par la faiblesse numérique de nos armées, et en soutenant, au contraire, que cette retraite n'avait été exécutée qu'en vertu d'un plan profondément combiné. Ceux qui tiennent ce langage auraient dû savoir que la gloire de la Russie n'a pas besoin d'être relevée par l'artifice et le mensonge. L'année 1812 a été la pierre de touche qui a découvert les trésors que notre patrie renferme dans son sein, et nos neveux citeront toujours avec orgueil cette mémorable époque de l'histoire de leur pays. Une relation véridique des faits suffit pour les immortaliser.

« En effet, en admettant l'hypothèse que nos armées eussent pu se soutenir sur le Niémen, n'est-ce pas les rendre responsables de la ruine de millions d'habitants qu'elles auraient dû protéger? Pour mettre les faits dans leur vrai jour, nous rappellerons au lecteur le projet de livrer bataille à Witebsk et à Dorogobouge, et le mouvement offensif sur Roudnia, que les armées russes exécutèrent après leur réunion à Smolensk. Si la retraite eût été l'effet d'un plan prescrit par le gouvernement, nos généraux auraient-ils osé y contrevenir formellement, en se livrant à des opérations offensives? De plus, les magasins immenses que nous avions établis en Lithuanie, et que nous fûmes trop heureux de détruire, ne prouvent-ils pas clairement que nous ne pensions à rien moins qu'à nous retirer avec autant de précipitation que nous le fîmes? La vérité est que nous trouvant trop faibles, nous nous sommes d'abord retirés jusqu'à Smolensk pour réunir nos deux armées, et puis de Smolensk sur Moscou pour nous rapprocher de nos renforts.

« Il est incontestable, et nous l'avons déjà dit, que l'empereur *Alexandre*, en commençant la guerre, avait résolu de la pousser à outrance, et conséquemment qu'il était résigné à une retraite, quelque longue qu'elle pût être; mais il y a loin de cette résignation, commandée par les circonstances, à l'exécution d'un plan prémédité. D'ailleurs, quel eût été le résultat de ce plan tant admiré, si *Napoléon* s'était arrêté à Smolensk? Or, l'on conviendra qu'il était impossible de prévoir que l'empereur des Français se déciderait à pousser, dans une seule campagne, au delà du Dniépr. Ainsi ceux qui prétendent faire honneur à notre gouvernement d'une combinaison qu'ils ont imaginée après coup, ne ressemblent pas mal à ces nouvellistes de *Montesquieu*, qui, après avoir loué un général de mille sottises qu'il n'a pas faites, lui en préparent mille autres qu'il ne fera pas.

« L'auteur terminera là ses réflexions sur cette campagne à jamais mémorable. Il ne lui reste plus qu'à faire des vœux pour voir sa patrie tirer tout le fruit désirable des exploits de ses guerriers. Puisse la Russie trouver dans la crise qu'elle a éprouvée, et que le dévouement de ses enfants a rendue si salutaire, une source inépuisable de prospérité! Puisse-t-elle rentrer dans la voie glorieuse dirigée vers ces hautes destinées que le ciel lui réserve si visiblement! Que sa puissance, effroi de l'oppresseur et refuge de l'opprimé, s'accroisse et se consolide pour le maintien du bon ordre et de la justice! »

Lorsque partout en Europe retentit la nouvelle des désastres de l'armée française, il n'en résulta d'abord qu'un morne et profond étonnement. Il ne pouvait être permis en effet de laisser éclater la joie, de montrer l'espoir d'une prochaine délivrance, alors que tant de familles étaient plongées dans la douleur et déploraient la perte récente d'un fils, d'un père et d'un époux.

D'ailleurs le dénoûment inévitable des conjonctures présentes n'était pas encore aperçu par les yeux peu exercés. La possession des forteresses et des territoires, la situation relative des souverains, et la certitude que *Napoléon* avait échappé, tout s'opposait à une explosion soudaine.

D'autre part, *Napoléon* lui-même n'avait rien négligé pour entretenir l'illusion et conserver sa prépotence. Vilna était le centre d'action de cette politique. Le duc de *Bassano* s'y était appliqué, avec plus ou moins de bonheur, à donner le change aux agents diplomatiques, réunis près de lui, autant par ses discours, sa tenue, que par l'éclat de sa représentation. Chaque revers était converti en succès, et devenait le motif d'une fête nouvelle. En même temps, il adressait aux ambassadeurs de France dans les diverses Cours, notamment à Vienne, à Berlin, à Munich, des dépêches ayant pour but de présenter les événements sous le jour le plus favorable. Nous allons voir, par des extraits de sa correspondance avec MM. *Otto*, de *Saint-Marsan* et de *Mercy-Argenteau*, les informations qu'il avait transmises ou reçues, les formules adroites au moyen desquelles il annonçait la marche rétrograde des armées, et enfin l'obligation où il était lui-même de quitter la Lithuanie. Nous apprendrons alors ce que devinrent les dispositions des Cabinets alliés.

A la date du 26 octobre 1812, le duc de *Bassano* écrivait à l'ambassadeur de France à Vienne, comte *Otto* :

« Vilna, le 26 octobre 1812.

« Je vous ai fait connaître par ma lettre du 17 et d'après les nouvelles reçues du quartier général à la date du 9, *qu'un changement dans les positions de l'armée était possible*, et « qu'il pourrait arriver que vers le

« mois de novembre, Sa Majesté prît ses quartiers d'hi-
« ver entre le Borysthène et la Dwina, afin d'être plus
« à portée de ses secours, de faire reposer l'armée, et
« de vaquer plus facilement à beaucoup d'autres af-
« faires. »

« Les détails qui me parviennent aujourd'hui de Moskou, sous la date des 16 et 17, confirment ces dispositions. *Leur exécution produira de la sensation dans les pays surtout qui sont éloignés du théâtre de la guerre. Il peut en résulter des combinaisons nouvelles, dont l'existence se manifesterait près de vous.* Il est donc utile que vous soyez averti d'avance et du fait en lui-même, *et de l'aspect sous lequel il convient de le présenter.* Je vous communique à cet effet le texte même de ma correspondance.

« Sa Majesté a fait évacuer les blessés et les malades
« sur Smolensk, au nombre de deux ou trois mille, et
« se proposait de partir de Moskou le 19, pour se ren-
« dre à Kalouga, battre l'armée ennemie si elle veut,
« comme on l'annonce, couvrir cette grande place,
« et selon la saison, aller sur Toula, ou Brawsk, ou
« retourner de suite sur Smolensk, si le temps de-
« vient rigoureux. L'Empereur compte que ses quar-
« tiers d'hiver seront pris entre Smolensk, Minsk, et
« Mohiloff, dans les premières semaines de novembre.
« Il se décide à ce mouvement, parce que Moskou,
« qui a cessé d'exister, n'est pas une position militaire
« pour ses opérations futures. De Moskou à Kioff, il
« y a deux cent quinze lieues, et de Smolensk à Kioff
« il n'y en a que cent douze : de Smolensk à Péters-
« bourg, il n'y a que cent quarante lieues, tandis que
« de Moskou à Pétersbourg, il y en a cent quatre-vingt-
« dix, et que cette marche, d'ailleurs, obligerait tou-
« jours à prendre une ligne d'opérations qui revînt

« sur Witepsk. L'armée se trouvera, à Smolensk, ap-
« puyée sur un pays ami qui fournira à tous ses be-
« soins, et l'Empereur sera en mesure de préparer ses
« moyens, pour la campagne de Pétersbourg, et de se
« porter où sa présence serait nécessaire. »

« Ce simple aperçu *vous suggérera des explications convenables*, lorsque vous serez dans le cas d'en donner. *En attendant il importe de ne rien laisser pénétrer de ce que je vous écris.* Dans des choses de cette nature, l'événement se trouve quelquefois différer beaucoup de ce qui avait été prévu, etc., etc. »

« *P. S.* Au moment où mon courrier va partir, je reçois de Moskou, 19 octobre, le paragraphe suivant :

« L'armée est en marche. On se décidera demain à
« faire sauter le Kremlin et à passer ou par Kalouga,
« ou par Viasma, pour arriver avant les grands froids,
« et prendre les quartiers d'hiver. Tout, du reste, va
« bien. »

Le 3 décembre le ministre adressait au même ambassadeur une lettre ainsi conçue :

« Monsieur le comte, diverses circonstances auxquelles se joignent les rigueurs de la saison, les difficultés des mouvements et les privations que l'armée pourrait éprouver, *mettent Sa Majesté dans le cas de rapprocher de Vilna toutes ses forces* : cette opération s'exécute dès ce moment. Il était convenable que vous en fussiez promptement informé, car probablement le bruit de cette retraite ne tardera pas à parvenir où vous êtes. Vous savez mieux que personne, monsieur le comte, tous les motifs de confiance qu'on peut tirer dans les circonstances même les moins prévues de la présence de Sa Majesté et de la valeur de ses troupes. *Vous savez aussi avec quelle promptitude la prudence et le génie de l'Empereur le portent à des partis décidés qui ne laissent rien au hasard, et dont la suite est toujours un changement subit et brillant de la face des affaires.* C'est dans ce sens que vous devez diriger votre langage lorsque les événements actuels seront connus. Jusque-là, *il convient que vous gardiez absolument pour vous ce que j'ai l'honneur de vous écrire.*

« Vous sentez, monsieur le comte, *qu'une surveillance active et même défiante sur les dispositions et les vues du gouvernement auprès duquel vous résidez*, ainsi qu'une correspondance de tous les jours, sont pour vous une obligation plus impérieuse que jamais.

« Je vais inviter les ministres et agents étrangers qui se trouvent auprès de moi, *à me précéder à Varsovie*, où je serai sans doute bientôt dans le cas de me rendre pour y exécuter les ordres de Sa Majesté. Leur séjour ne saurait se prolonger dans un quartier général où toutes les ressources que les localités peuvent offrir sous le rapport des logements sont indispensables à l'armée. »

Les dépêches expédiées au comte de *Saint-Marsan*, à Berlin, et au comte de *Mercy-Argenteau*, à Munich, étaient calquées sur les deux précédentes.

Voici d'abord en quels termes l'ambassadeur de *Napoléon* en Bavière, a rendu compte de l'impression produite par les événements de la guerre :

« A la nouvelle de l'incendie de Moscou, le Roi parut consterné : les dépêches venues de Vilna furent impuissantes à dissiper dans Munich l'effet moral de ce grand désastre. Dès ce moment *je vis changer la face des choses.*

« Dès ce moment aussi, les nouvelles alarmantes se succédèrent, il semblait que tous les éléments de résistance contre la domination de l'Empereur, jusque-là comprimés, eussent attendu, pour éclater partout, le signal d'une première infidélité de la fortune.

« La formation des sociétés secrètes, l'apparition d'une nouvelle armée rendue libre par le traité signé sur le Pruth entre la Turquie et la Russie ; le bruit accrédité de la mort de l'Empereur, la conspiration de Malet, tout concourait à précipiter les événements, en exaltant au sein des masses, l'idée d'affranchissement et d'indépendance....

« .... Les peuples n'étaient en effet que trop disposés à secouer un joug qui leur pesait; les pays compris dans la Confédération du Rhin avaient eu, plus que les autres, à souffrir des guerres de *Napoléon*. Les levées d'hommes, les contributions les avaient écrasés.

« Le gouvernement bavarois, non moins que le ministre de France, sentait le besoin d'un accord énergique pour comprimer ces tendances ; redoublant de surveillance et d'activité, nous marchions du même pas vers un même but; les communications du comte de *Montgelas* trouvaient leur contrôle tout préparé dans mes moyens personnels d'information. Mais, à la retraite de Moscou sur Smolensk, commencèrent les difficultés les plus sérieuses de ma mission.

« Quelque temps sans rapport avec le duc de *Bassano*, assailli par mille bruits funestes, conséquences possibles d'un désastre avoué par le 29ᵉ bulletin, j'opposais le calme de mon attitude à l'agitation des esprits; *la confiance ne se retirait qu'avec lenteur, mais elle se retirait*, cédant à l'évidence du rôle défensif qu'allait imposer à *Napoléon* l'anéantissement de son armée.

« Dès que nos rapports furent rétablis, le duc de *Bassano*, tout entier à cette conviction que les périls du moment se dissiperaient devant la victoire, m'écrivait de Vilna : « L'Empereur à Smolensk est plus « près de Pétersbourg que de Moscou. » Puis, il s'empressait de m'annoncer la résolution de l'Empereur de prendre ses quartiers d'hiver à Varsovie pour recommencer la campagne au printemps. Insistant sur l'importance de cette résolution rassurante pour les alliés de l'Empereur, le Ministre me recommandait d'avoir l'œil ouvert sur les dispositions du gouvernement bavarois, et de prendre dans l'occasion un langage assuré et élevé. Certes, la nouvelle autorisait dans le ministre de France à Munich l'assurance et l'élévation du langage ; mais les événements marchaient plus vite que les dépêches. L'Empereur s'acheminait vers Paris.... Ce départ, mal interprété, était déjà connu en Bavière, quand je recevais la dépêche du duc de *Bassano*.

« Cependant aux immenses ressources que la France préparait encore à la voix de son Empereur, venaient se réunir les débris échappés au désastre de la Bérésina ; et les suprêmes efforts d'un génie que l'adversité n'avait point abattu, annonçaient à l'Europe la reprise prochaine d'une lutte acharnée. »

En Prusse, M. de *Saint-Marsan* suivait avec anxiété les oscillations du cabinet de *Frédéric-Guillaume*, et l'on peut voir par les dépêches suivantes, comment, à l'aide d'une feinte négociation pour une alliance de famille, M. de *Hardenberg* ménageait à la nation les moyens de recouvrer son indépendance : conquête d'autant plus urgente que *Napoléon* tenait la maison de Brandebourg sous une menace continue de spoliation de ses États. Nous dirons plus tard à qui la couronne de Prusse fut un moment destinée.

Lettre confidentielle de M. le comte de Saint-Marsan, *ministre de France à Berlin, adressée à S. E. M. le duc de* Bassano, *ministre des Relations Extérieures de France.*

« Berlin, le 12 janvier 1813.

« Monseigneur,

« On a fait naître l'idée ici qu'il serait peut-être possible de conclure une alliance de famille entre la France et la Prusse, par le mariage d'une princesse de la famille impériale avec le prince royal de Prusse. Cette idée, qui présente celle d'une union de tous les intérêts entre les deux puissances, union déjà naturelle sous le rapport de la grande politique, a dû faire impression sur l'esprit d'un ministre aussi éclairé que le baron de *Hardenberg*, et lui faire naître l'espérance de voir par là se consolider son ouvrage; et, après avoir assuré l'existence de la Prusse par l'alliance politique avec la France, obtenir la restauration par une alliance de famille, qui détruirait entièrement tout soupçon et toute méfiance, engagerait la France à mettre la Prusse à sa place, et à en former la barrière du Nord.

« J'ai eu le moyen d'être sûrement et exactement informé de toutes les nuances des idées et des plans relativement à cette affaire, à laquelle on sait que je suis jusqu'ici tout à fait étranger. Le baron de *Hardenberg* a abordé la question avec le Roi, non sans une certaine crainte; parce qu'on suppose que ce prince aura sur l'objet du mariage de son fils des vues qui tiennent plus du père de famille que du souverain, et qu'on croit par conséquent qu'il répugnerait à une alliance dictée par des vues politiques, dans laquelle on sacrifierait aussi les opinions religieuses, auxquelles on pense (plus que je ne le pense moi-même) que le Roi tient beaucoup, mais auxquelles la maison de Brandebourg tient aussi sous le rapport politique; ces souverains se regardant comme les chefs des princes protestants de l'Allemagne.

« Le Roi d'abord n'a manifesté aucunement à son ministre s'il rejetait entièrement cette idée, ou s'il l'adopterait en certains cas. Il n'a causé que vaguement des avantages qu'elle pourrait présenter. Le baron de *Hardenberg* n'a point insisté cette première fois. Dans un autre moment, le ministre a proposé de charger le prince de *Hatzfeld* de jouer un rôle passif, mais de tâcher de savoir si ce projet conviendrait à S. M. l'Empereur, et si en ce cas la Prusse pouvait espérer de revenir en partie à son ancienne splendeur. Le Roi s'est borné à ne point désapprouver cette idée; mais il était naturel qu'on voulût savoir davantage, et on a dû saisir toutes les occasions qui se sont présentées, pour engager le Roi à s'expliquer plus clairement sur son opinion. En tous les cas, voici, Monseigneur, les idées que le Roi a annoncées en différentes reprises sur les circonstances en général, et sur ce projet en particulier.

« Votre Excellence verra par le détail qui va suivre que l'expérience a mûri ce prince, et que son jugement et sa fermeté sont au-dessus de l'idée qu'on peut s'en former lorsqu'on ne l'a pas approfondi.

« Le Roi, consulté d'abord sur le choix du prince de *Hatzfeld*, a témoigné qu'il l'approuvait entièrement; et, en rendant justice aux sentiments purs, aux opinions justes du prince, il a montré le désir de lui marquer en toutes les occasions sa confiance et sa satisfaction pour les services qu'il a rendus. Il insista ensuite sur la nécessité d'assurer bien positivement l'Empereur que rien n'était capable de l'ébranler dans son système politique, en ajoutant qu'il fallait employer tous les moyens pour détruire toute sorte de défiance qu'on pourrait avoir sur la Prusse. « Il est « vrai que la plupart de mes sujets sont indisposés « contre les Français, et c'est assez naturel ; mais, à « moins qu'ils n'y soient poussés par des demandes de « sacrifices insoutenables, ils ne remueront pas. Il ne « faut pas s'étonner de ce qui arrive dans les endroits « où l'ennemi pénètre : mais dans ces mêmes endroits « les autorités et les habitants ont accueilli on ne peut « mieux l'armée française souffrant de tout ce qu'elle « venait d'essuyer, et cela prouve bien la pureté de « mes intentions et l'obéissance à mes ordres. Je crois « avoir des données sûres que l'Autriche tiendra ferme « dans son alliance avec la France : quand cela ne se- « rait pas, ma position est bien différente de celle de « cette puissance. Je suis l'allié naturel de la France. « En changeant de système, je ne ferai qu'empirer ma « situation et donner à l'Empereur le droit de me traiter « en ennemi, et avec raison. Je sais qu'il y a des « fous qui regardent la France comme terrassée ; mais « vous la verrez présenter dans peu de temps une « armée de trois cent mille hommes, aussi brillante « que la première. Je crois que j'aurai encore de mau- « vais moments et des sacrifices à faire. Je suppor- « terai ceux que je pourrai, pour assurer la tran- « quillité et la prospérité future de ma famille et de « mes peuples. Dites à l'Empereur que, pour des sa- « crifices pécuniaires, je ne puis plus en faire, mais « que, s'il me donne de l'argent, je puis encore lever « et armer cinquante à soixante mille hommes pour « son service. Au reste, dans la circonstance actuelle, « il est heureux que la Prusse soit tranquille ; car, « s'il y avait une insurrection dans ce pays, ce serait « l'étincelle qui embraserait l'Allemagne. »

« Venant ensuite à l'idée du mariage, le Roi a mis

d'abord plus de réserve dans l'expression de son opinion. Il voulait avant tout qu'on vît venir et qu'on écoutât tout ce qu'on pourrait dire. Il insista particulièrement pour qu'on prît bien garde de l'engager à rien avant qu'il eût pu donner des ordres, et jusqu'à ce qu'il eût pu connaître le résultat des premières démarches qu'on devait faire à Paris; mais il a fini par avouer que, comme père de famille, il était peu disposé à contracter une alliance d'après des vues purement politiques; mais que, cependant, il ne balancerait pas s'il voyait qu'il en résultât des avantages considérables et de nature à placer la monarchie dans un rang plus élevé que celui où elle se trouve actuellement.

« J'ai cru devoir rendre ce compte détaillé à Votre Excellence, afin qu'elle puisse le mettre sous les yeux de l'Empereur. Malgré la difficulté de vérifier des circonstances d'une nature aussi confidentielle que celles-ci, je crois cependant pouvoir garantir que ce sont là les justes intentions de S. M. le roi de Prusse.

« Tout cela est d'ailleurs conséquent avec son caractère probe et loyal, et avec les idées qu'il a toujours eues sur la France, même au moment où il a été entraîné dans la guerre de 1806, à laquelle il est notoire qu'il répugnait.

« D'après tout ce que ci-dessus, si Votre Excellence croit devoir mettre d'une manière quelconque le prince de *Hatzfeld* sur la voie, il y a tout à parier qu'elle le verra saisir avec intérêt l'occasion d'entrer en matière, toujours cependant *extra-officiellement.*

« Je crois encore devoir prévenir Votre Excellence que, selon toutes les apparences, M. de *Krusemarck* n'est pas dans la confidence du projet, et que probablement le prince de *Hatzfeld* ne lui en parlera qu'autant que la négociation serait nouée officiellement.

« De Saint-Marsan. »

Lettre de M. de Saint-Marsan *à S. E. le ministre des Relations Extérieures.*

« Breslau, le 15 février 1813.

« Monseigneur,

« Le baron de *Hardenberg* a retardé de vingt-quatre heures l'expédition de la lettre qu'il m'avait annoncée, parce qu'il a désiré qu'un courrier, qu'il a fait partir ce matin pour Paris, arrivât au moins en même temps que ma dépêche. Je me suis aperçu qu'il a craint que la chaleur que j'ai mise à lui présenter des tableaux effrayants n'influât sur mes dépêches, et que, présentant les choses sous un aspect pressant, S. M. l'Empereur ne se déterminât sur-le-champ à quelques mesures d'éclat, et ne rompît les liens qu'il désire conserver et qu'il croit toujours les seuls qui soient conformes aux vrais intérêts politiques de la Prusse. Il est venu lui-même aujourd'hui chez moi m'apporter la lettre en question, ci-jointe sous le n° 1, et me conjurer, de la manière la plus pressante, de ne considérer tout ce qui se passe et ce que le Roi a fait et déterminé, que comme la conséquence des circonstances les plus urgentes et de la nécessité de sauver un coin de terre pour asile au Roi, et de calmer l'exaspération publique. M. de *Krusemarck* reçoit une dépêche royale dont il est chargé de remettre une copie à Votre Excellence. Elle doit contenir à peu près ce qui se trouve dans la lettre qui m'est adressée, avec une phrase plus positive sur l'organisation du contingent, dont Votre Excellence trouvera le texte ci-joint, n° 2.

« M. de *Beguelin* reçoit l'ordre de passer une Note, dont je joins également ici le texte, n° 3.

« Les Russes se sont déjà montrés dans une grande partie du pays entre la Vistule et l'Oder. Ils doivent être entrés à Petriskau et à Kalisch, où l'on croit qu'il y a eu quelques affaires d'arrière-garde.

« Le Roi a fait imprimer l'article du traité d'alliance relatif à l'exemption de passage par une partie de la Silésie : il a tiré un cordon sur cette frontière, et envoyé sur tous les points un exemplaire de cet article, avec l'ordre de ne laisser pénétrer aucune force armée, ni russe, ni française ou alliée. Il a ordonné que, quant à ces dernières, si elles se présentaient, on leur indiquât la route sur Glogau et les autres villes hors de la ligne de démarcation; ou qu'on leur offrît de traverser désarmées la ligne de démarcation. Qu'au surplus, si une troupe d'une nation quelconque veut pénétrer par la force, qu'elle soit repoussée par le même moyen. Ce cordon ne peut être que très-faible encore; mais, dans quatre semaines, les forces seront considérables, et si la Silésie n'est point envahie jusque-là, et que le Roi tienne un langage ferme à l'empereur *Alexandre*, il est très-possible que ce dernier soit obligé de déférer à la demande de respecter cette portion de la Silésie.

« Le baron de *Hardenberg* m'a juré vingt fois aujourd'hui, que le système n'a point varié, qu'aucunes ouvertures directes ni indirectes n'ont eu lieu pour la Russie. Il m'a dit qu'il attendait avec une inquiétude et une impatience sans égales une réponse de Paris, parce que si, vu les circonstances, S. M. l'Empereur approuve la démarche faite pour obtenir la neutralité de la Silésie, et qu'elle donne quelques secours à la Prusse, le système sera consolidé plus que jamais, et que certainement il n'y aura que le désespoir qui puisse jeter la Prusse dans les bras de la Russie. Il m'a répété combien la conduite du Roi, depuis la retraite de la grande armée, prouvait sa loyauté; que s'il en avait manqué et eût voulu changer de système, il n'aurait pas attendu ce moment, mais profité de ceux qui s'étaient présentés dans la première instance; que d'ailleurs on n'est pas assez borné pour ne pas comprendre que rien n'est plus aisé à la France, que de faire repentir le Roi d'un manque de foi.

« Dans la situation actuelle des choses, après avoir épuisé tout ce qu'il y avait à dire pour empêcher l'envoi de M. de *Knesebeck*, ainsi que Votre Excellence aura pu l'observer par mes rapports, je me borne maintenant à annoncer que je rends compte de tout ce que j'entends des ordres. Je me mets en mesure de tenir tel langage que les circonstances, qui ont changé relativement à la position de l'armée, peuvent déterminer Sa Majesté Impériale et Royale à me prescrire.

« Je n'ai pas de peine à croire que le plan actuel soit tel que le baron de *Hardenberg* l'annonce : mais je ne sais si on pourra y persévérer; si on pourra résister à la force, en cas que l'empereur *Alexandre* l'emploie promptement, et si on résistera à des propositions amicales, soutenues par le parti intérieur qui nous est contraire, et qui aura bien de l'avantage, en cas que S. M. l'Empereur ne juge pas à propos de montrer à la Prusse une bienveillance efficace. Je sais de bonne source, que le Roi est de nouveau porté à se persuader que, quels que soient ses sacrifices, *sa perte est décidée*. Le refus de secours pécuniaires, à compte de sa créance, l'éclat donné à l'affaire du général *York*, mais plus particulièrement le refus d'agréer qu'il négociât pour obtenir la neutralité de la Silésie, ont renouvelé toutes ses alarmes : on l'entretient dans ces idées par de faux avis, qui portent l'empreinte de l'intérêt, et dont quelques-uns viennent de Paris, et sont donnés par des Français, sans que j'aie pu en découvrir la source.

« Dans ma dépêche n° 15, du 18 janvier, j'ai rendu compte à Votre Excellence de l'alarme qui avait eu lieu à Potsdam. J'ai appris ici que le bruit de l'enlèvement du Roi, qui l'avait occasionnée, avait été répandu par un officier français, dont je n'ai pu savoir le nom. C'est un des motifs qui ont accéléré le départ du Roi de Berlin. On a pénétré aussi qu'il pourrait être question d'otages, et cela a fait refluer à Breslau un bon nombre de mauvaises têtes de Berlin, qui ont eu peur. C'est après le refus que j'ai donné de consentir à ce qu'on négociât pour la neutralité de la Silésie, qu'on a donné plus d'extension à la levée des jeunes gens, ainsi que Votre Excellence l'aura observé par les gazettes de Breslau.

« Malgré tout cela, *si S. M. l'Empereur croit de son intérêt de conserver la Prusse,* et fait quelque chose pour elle, on m'a donné beau jeu par tout ce qu'on m'a dit, pour tirer parti de ses moyens en faveur de la cause commune; et il sera très-facile, en ce cas, de retenir le Roi dans la ligne qu'il a suivie jusqu'ici.

« On réprime un peu les propos des jeunes gens, et on a réprimandé sévèrement un professeur qui s'était permis d'animer ses écoliers, en laissant entrevoir que l'ennemi à combattre serait l'armée française. La police a reçu des ordres à ce sujet, et elle en avait besoin, car elle est mal composée.

« Le baron de *Hardenberg,* en parlant aujourd'hui de la retraite de *Schwarzenberg* et de la convention qui paraît l'avoir précédée, me disait : « Vous voyez bien « que, là aussi, on est dans le cas de prendre des « mesures combinées avec l'ennemi, et on ne les dés-

« approuve pas : car, d'après un mot dit par S. M. le « roi de Naples à Elbing à M. de *Luck*, aide de camp du « Roi, il paraît que Sa Majesté connaissait déjà alors « cette convention : cependant notre cas est bien plus « urgent et notre position bien plus critique, tandis « que celle de l'Autriche ne peut pas l'être. »

« J'en pris occasion pour demander à ce ministre ce qu'il pensait de la conduite de cette dernière puissance : « Je crois, m'a-t-il répondu, qu'elle est ferme « dans son alliance avec la France, qu'elle ne songe « pas à s'en détacher, et qu'elle ne s'en détachera pas; « mais qu'elle désire vivement la paix sur des bases « d'équilibre, et qu'elle verrait volontiers la puissance « de la France ne s'étendre pas davantage. »

« Au reste, je n'ai rien aperçu qui indique un accord fait par convention entre les deux puissances, que je crois unies en principes sur cet objet.

« Les nouvelles de la Prusse orientale manquent ici. On ne sait rien, ni du général *York*, ni de M. de *Stein*. Le comte de *Haugwitz* est ici uniquement pour faire sa cour au roi.

« De Saint-Marsan. »

Lettre de M. de Saint-Marsan *à S. A. I. le Prince vice-Roi*[1].

« Breslau, le 18 février 1813.

« Monseigneur,

« M. *Lajar*, qui a passé la nuit dernière par Breslau, m'a remis la lettre que Votre Altesse Impériale a daigné m'écrire le 15 du courant.

« Je me suis empressé de faire parvenir, ce matin,

[1] Depuis le 16 janvier, le roi de Naples avait remis le commandement de l'armée entre les mains du vice-roi.

à la connaissance de S. M. le roi de Prusse les dispositions que Votre Altesse Impériale a bien voulu me communiquer, et par lesquelles il résulte que, si l'ennemi marchait sur la Silésie, une armée de quarante-cinq mille hommes serait prête à déboucher sur son flanc. J'ai chargé M. *Lefebvre*, secrétaire de ma légation, qui est resté à Berlin, d'informer M. le maréchal duc de *Castiglione* de la situation des choses en Silésie et des mesures prises par le gouvernement prussien, surtout relativement à la démarcation d'une ligne de neutralité pour une partie de la Silésie, telle qu'elle a été admise pour exemption de passage par le traité du 22 février 1812.

« S. M. le roi de Prusse a jugé à propos de solliciter auprès de l'empereur *Alexandre*, que la neutralité de cette partie de la Silésie soit également observée par les armées russes, et elle arme en même temps d'une manière très-active, pour donner, dit-on, plus de poids à ses demandes.

« J'ai été dans le cas de m'opposer vivement, soit à la démarche faite auprès de l'empereur *Alexandre*, soit à l'armement au delà de ce qui est nécessaire pour rétablir un contingent de trente mille hommes.

« Mais les circonstances ont rendu inutile tout ce que j'ai pu présenter à ce sujet: le Roi m'a déclaré que, vu la retraite inévitable de la grande armée sur l'Oder, la Silésie se trouvant entièrement découverte, il ne pouvait consentir à se désister des moyens qui lui restaient, d'abord, pour se procurer, de la part de l'ennemi, la sûreté d'un asile que S. M. l'Empereur avait trouvé juste de lui accorder, et ensuite pour se défendre s'il était attaqué; qu'elle devait ces mesures à son peuple, et que d'ailleurs il était urgent qu'il donnât lui-même une impulsion et une direction à ses sujets pour en rester le maître; puisque, s'il se tenait dans l'inaction et dans l'apathie, il courait risque de les voir entraînés malgré lui et contre lui à l'approche de l'ennemi.

« Sa Majesté a déclaré en même temps que, le plus tôt possible et dès que la formation serait achevée, elle donnerait, soit de la Poméranie, soit de la Silésie, le contingent de trente mille hommes : elle proteste de sa persévérance dans l'alliance.

« Votre Altesse Impériale sent certainement toute la conséquence de cet état de choses, et ce qui peut en résulter dans le cas que S. M. l'Empereur désapprouve ce que la Prusse a fait, ou que la Russie, refusant d'adhérer à la demande de neutralité de cette partie de la Silésie, menace d'un côté le Roi avec des forces majeures, et lui offre de l'autre des conditions avantageuses.

« Je ne néglige aucun moyen pour retenir la Prusse dans la ligne que lui dicte son véritable intérêt ; elle paraît connaître celui-ci et sentir tous les risques qu'elle court si elle abandonne l'alliance de la France. *Mais elle croit peut-être le moment favorable pour recouvrer son indépendance*, et elle a été alarmée du refus de lui permettre de chercher à négocier la neutralité susdite, et de la méfiance que nous lui montrons de ses armements. Au reste, jusqu'ici on se conduit vis-à-vis de nous avec beaucoup d'égards ; je parle du gouvernement, *car la nation est exaspérée*. Tout ce qui passe dans la ligne de démarcation portée par le traité du 24 février 1812, soit malades, blessés, convois, bagages, est protégé ; on exige seulement que les escortes quittent leurs armes.

« *L'armement est considérable*, mais on l'exagère ; les bataillons sont portés de cinq à huit cents hommes : en y ajoutant la levée de dix-sept à vingt-quatre ans (qui concerne seulement les individus non sujets à la conscription), on peut calculer que les bataillons seront doublés : cela donnera, avec les vieilles troupes, un total de cinquante mille hommes en Silésie, outre le corps du général *Bulow* et les garnisons de Colberg et de Graudenz.

« J'ai cru de mon devoir d'informer confidentiellement Votre Altesse Impériale de tout ce que dessus; je m'empresserai de la prévenir, avec la plus grande célérité, de tout ce qui pourrait intéresser la position où se trouve Votre Altesse Impériale.

« Je suis avec un profond respect, etc., etc.

« De Saint-Marsan. »

A Vienne, on ne put croire d'abord que les bruits répandus sur les revers éprouvés par les Français ne fussent pas exagérés. *Napoléon,* d'ailleurs, comme le répétait son ambassadeur, avait montré plus d'une fois quelles étaient les ressources de son génie pour sortir d'une situation critique. Ne pouvait-il pas encore s'arrêter en Pologne, y concentrer ses forces, et partir de là pour fournir une campagne heureuse contre les Russes? Malheur alors à tous ceux qui se seraient déclarés prématurément contre lui! On se contint donc quelque temps; mais quand tout fut connu, quand on sut que l'armée de *Napoléon* était entièrement détruite, et que lui-même l'avait abandonnée, on ne garda plus de mesure. L'empereur d'Autriche fut obsédé de sollicitations pour se séparer d'une cause perdue. « Qu'attendez-vous, lui dit-on, pour vous séparer de la France? *Napoléon* n'a plus d'armée; ne lui laissez pas le temps d'en former une nouvelle; c'est lui qui est votre ennemi, et non pas les Russes; songez qu'il a envahi deux fois votre capitale et qu'il vous a enlevé vos plus belles provinces. Saisissez l'occasion, qui ne se présentera peut-être jamais, de réparer vos désastres; faites plus, prévenez-en le retour en renversant l'homme qui les a causés. Jamais vous n'aurez de sécurité avec lui. Vous avez fait taire une fois vos sentiments de père en lui donnant votre fille, faites-les taire encore une fois, et avec plus d'utilité, en lui enlevant un pouvoir dont il abuse : vous serez le libérateur de l'Europe. Plus de cinquante millions d'Allemands et d'Italiens n'attendent qu'un signal pour se soulever; la France aussi est lasse de *Napoléon*; tout y est préparé pour un changement de gouvernement; rendez-lui, comme au reste de l'Europe, la paix et la liberté. »

L'Empereur et son ministre ne furent pas sourds à ces sollicitations. M. de *Metternich* déclara à l'ambassadeur de France que l'Autriche ne pouvait persister plus longtemps dans une entreprise devenue impossible; que tout ce qu'elle pouvait faire était d'offrir sa médiation entre la France et la Russie; qu'elle tâcherait même d'amener l'Angleterre à la paix. « Je ne doute pas, dit-il, que l'empereur *Napoléon* ne trouve encore des ressources pour fournir une campagne brillante; mais quel en sera le résultat? Il ne serait pas plus avancé, quand il arriverait à Saint-Pétersbourg, qu'il l'a été à Moscou. Cette guerre prolongée ne servirait qu'à mieux instruire les Russes à envahir l'Europe. Le système de prohibition du commerce anglais exigeait le concours de la Russie, de l'Espagne et de la Porte. Il faut y renoncer, puisque ce concours est refusé. Que servirait de persister dans des prohibitions partielles? Les Anglais vendent moins de marchandises, mais ils les vendent plus cher; et, en somme, la valeur de leurs exportations est la même : ces marchandises finissent par pénétrer partout, même en France, parce que tout le monde, commerçants et consommateurs, y est intéressé ; seulement elles sont obligées de passer par la Russie, l'Espagne et la Turquie, et le transit obligé à travers ces États n'est qu'un impôt levé, à leur profit, sur les consommateurs des autres pays. Les fabricants anglais, qui fabriquent moins, ont été obligés de renvoyer quelques ouvriers, et on a cru créer par là quelques embarras à leur gouvernement; mais la guerre qui produit ce mal en fournit le remède : les ouvriers renvoyés ont été enrôlés dans l'armée ou dans la marine. L'Angleterre trouve une compensation aux maux de la guerre dans le monopole du commerce maritime; la Russie peut soutenir longtemps la lutte, avec les sept millions sterling de subsides que lui fournit le Cabinet anglais; *celui-ci en offre dix à l'Autriche* si elle veut faire la guerre à l'empereur *Napoléon ;* mais elle ne s'y décidera qu'à la dernière extrémité et quand il sera bien démontré qu'on ne peut le déterminer à faire la paix à des conditions raisonnables. »

Le Cabinet autrichien envoya à Paris M. de *Bubna,* pour porter directement à l'Empereur son offre de médiation. *Napoléon* parut l'accepter. Mais déjà la Russie donnait aux événements une impulsion irrésistible ; *Alexandre* arrivait aux frontières de son Empire : ce fut le signal du réveil de l'Allemagne et de la coalition des souverains et des peuples contre le joug de *Napoléon.*

(Les campagnes de 1813 et 1814, aussi riches en négociations qu'en événements militaires, seront comprises dans le tome XIV, qui doit compléter la première série de l'histoire générale des *Traités de Paix.* Le tome XV ouvrira l'histoire du congrès de Vienne, que grâce à de nombreux documents officiels et inédits, il nous sera permis de faire connaître dans toutes ses importantes particularités. Nous joindrons à cette partie de notre travail la carte du partage projeté de la France, calquée sur l'original donné par l'empereur *Alexandre* au duc de *Richelieu.*)

FIN DU TOME TREIZIEME.

NOTES ET DOCUMENTS.

I.

Page 150.

Instructions de M. Labouchère.

L'objet de la commission dont, à la demande des soussignés, M. Pierre-César *Labouchère* s'est chargé, est de faire connaître au gouvernement d'Angleterre qu'en conséquence des renseignements parvenus au ministère hollandais, et qui ont toute l'apparence d'authenticité, le destin de la Hollande, c'est-à-dire le maintien ou la perte de son existence politique, dépend des dispositions qui pourraient avoir lieu de la part du gouvernement anglais pour parvenir à une prompte paix avec la France, ou du moins pour faire un changement réel dans les mesures adoptées par le susdit gouvernement, par rapport au commerce et à la navigation des neutres.

Ledit sieur *Labouchère* doit par conséquent se rendre, avec toute la promptitude possible, à Londres; où, de la manière et par les voies qu'il trouvera les plus convenables, il cherchera à porter le susdit état de choses à la connaissance du ministère anglais et de toute autre personne qui pourrait servir au but proposé; et il lui sera permis, en cas de besoin, de faire savoir qu'il remplit cette mission avec le consentement du gouvernement hollandais, qui, à cause de l'authenticité des susdits renseignements portant que, sans le susdit changement dans le système de l'Angleterre, la perte de l'indépendance de la Hollande est absolument inévitable, avait cru pouvoir fermer les yeux sur toutes les considérations et difficultés, pour tenter tout ce qui pourrait servir à maintenir l'existence politique du pays.

Il cherchera ensuite à faire envisager au gouvernement anglais combien il serait avantageux à l'Angleterre que la

Hollande ne tombât point sous la domination souveraine de l'empire français, et qu'elle restât toujours une puissance indépendante. Il emploiera, pour prouver cette assertion, tous les arguments que la cause elle-même pourra lui fournir et qui lui sont connus.

S'il trouve au gouvernement anglais cette conviction, ou s'il parvient à la faire naître, il tâchera de l'engager à contribuer au maintien de l'existence politique de ce pays, et en se prêtant promptement à des négociations tendant à parvenir à une paix générale, ou du moins, dans le cas où de pareilles négociations ne pourraient être promptement entamées et déterminées, en donnant des assurances satisfaisantes de ses intentions de faire quelque changement dans le système adopté par les décrets du conseil d'Angleterre du mois de novembre 1807, et dans les mesures qui en ont été les conséquences.

Il doit surtout appuyer sur ce dernier objet, afin, dira-t-il de s'opposer à l'empressement de la France d'occuper la Hollande. Il ajoutera que, dans le cas où un relâchement ou un changement dudit système serait adopté, on pourrait se flatter qu'outre la non-occupation de la Hollande, la guerre, tant qu'elle doit encore durer, prendrait enfin de nouveau la tournure et la marche moins désastreuse qu'elle avait il y a trois ans, et qu'il en résulterait un peu plus de probabilité d'un rapprochement, en ce qu'alors on ne verrait plus aucun motif pour l'Empereur des Français de laisser subsister les décrets de Berlin et Milan, que Sa Majesté Impériale n'a pris qu'en conséquence des ordres du conseil anglais de novembre 1807.

Si cependant le gouvernement anglais, après avoir prêté l'oreille à ces insinuations, fait des difficultés pour s'expliquer là-dessus définitivement, avant d'être informé positivement des intentions du gouvernement français à cet égard; il doit demander que le gouvernement anglais déclare s'il veut faire dépendre sa résolution d'arriver à des négociations de paix ou du moins à un changement dans les susdits ordres de novembre 1807, des insinuations susdites et encore particulièrement de l'évacuation de la Hollande par les troupes françaises, et du rétablissement de tout sur le pied où se trouvaient les choses avant la dernière invasion des Anglais en Zélande, en ajoutant telles autres conditions sur lesquelles le susdit gouvernement pourrait croire devoir insister avant de prêter la main aux mesures proposées, afin qu'on ait ainsi des données sûres avant de lui faire connaître les intentions du gouvernement français.

Quelle que soit la réponse du gouvernement anglais à ces représentations, pourvu qu'elle n'exclue pas tout espoir de parvenir au but qu'on se propose, et que les circonstances le lui permettent, il prolongera provisoirement son séjour à Londres; et, en attendant, il enverra aux soussignés, aussi promptement qu'il est possible, et par la voix la plus sûre, un récit détaillé de toutes ses démarches, des réponses qu'on lui aura faites, et de tout ce qui concerne sa mission.

Cependant, si, après avoir reçu une réponse aux ouvertures par lui faites, il trouvait nécessaire pour le succès de la cause, de la porter lui-même à la connaissance de S. M. le roi de Hollande, il sera libre de le faire; mais dans ce cas, quoique Sa Majesté puisse encore se trouver à Paris, il fera son voyage par la Hollande, et en aucune manière il ne se rendra de l'Angleterre directement en France.

Au reste, on lui recommande particulièrement le secret le plus rigoureux sur toute cette affaire, ainsi que la plus grande prudence et discrétion dans l'exécution de la commission à lui confiée.

Amsterdam, le 1er février 1810.

Signé VAN DER HEIM. — J. H. MOLLERUS.

II.

Compte rendu de M. Labouchère.

Londres, le 12 février 1810.

Le soussigné ayant reçu de LL. EE. les Ministres la mission de se rendre en Angleterre avec des instructions écrites, sur la marche à tenir pour communiquer au gouvernement anglais la position de la Hollande, et de lui insinuer les moyens qui paraissaient les plus capables de détourner le sort qui menaçait le pays, s'est de suite rendu à la Brielle. Arrivé le 2 février, il en est reparti le 3, à mis pied à terre à Yarmouth le 5 au soir, s'est de suite mis en route pour Londres, et y est arrivé le 6 au soir. Dès le 7 au matin, il a fait demander audience à M. le marquis de *Welleslay*, ministre des Affaires

Étrangères, qui la lui a accordée pour le même jour, à cinq heures et demie. Après avoir communiqué à Son Excellence la teneur de ses instructions et discuté à fond la question principale, il a quitté le Ministre avec la promesse qu'il mettrait ses communications devant le Conseil, et lui ferait connaître le résultat de ces communications.

N'ayant pas reçu d'intimation de Son Excellence jusqu'au 11, le soussigné adressa quelques lignes au Ministre, pour le solliciter de le mettre à même de donner quelques avis ou indices des idées et des dispositions du gouvernement anglais par une occasion sur son départ. En conséquence, il reçut, le 12 au matin, une invitation pour le même jour à neuf heures du soir, à laquelle il s'est rendu, et il y a reçu une communication non officielle, ni signée dont copie ci-jointe.

Dans cette nouvelle conférence, il a été question du degré de probabilité qu'il pouvait y avoir dans aucun cas, que ces premières démarches, quelle que fût la conduite du ministère britannique, amenassent des idées de rapprochement de la part de la France; et surtout de l'inconvenance qu'il y aurait pour l'Angleterre d'admettre en principe, qu'ayant une fois pris des mesures de représailles, comme le Ministre les dénomme; celles-ci dussent de nécessité cesser avec les causes qui les avaient amenées.

Il a paru que le ministère anglais attache énormément de poids et d'importance à ces mêmes ordres du Conseil, qui forment l'objet immédiat de la démarche du gouvernement de Hollande, et que, soit que la France en convienne ou non, le ministère est convaincu qu'il n'y a pas de moyen plus efficace d'énerver les ressources de la France. En effet, ces mesures semblent former la base fondamentale du système sur lequel le ministre actuel fonde tous ses principes et toute sa conduite, et il semblerait que, tant que pourra durer la guerre, ce n'est que d'un changement de ministère que l'on pourrait attendre d'autres mesures et d'autres vues.

Le Ministre a ensuite considéré que, tandis que, d'un côté, il était extrêmement incertain si aucune déclaration ou même concession de sa part amènerait des changements utiles, de l'autre il serait toujours impossible de compter sur leur stabilité, et que, dans tous les cas, toute marche qui lui paraîtrait incompatible avec son honneur et sa dignité, demeurait proscrite par le fait même, alors qu'elle semblerait se concilier avec ses intérêts.

Le soussigné a tâché de convaincre le ministre que, dans cette circonstance particulière, l'intérêt général bien entendu et la prospérité permanente de tout État commerçant, exigeaient impérieusement de ne pas regarder avec indifférence la crise dans laquelle se trouve la Hollande ; de coopérer, au contraire, à détourner l'orage. Il s'est même retranché à ne demander qu'une déclaration conditionnelle, mais le résultat qu'il transmet est le seul auquel il ait pu parvenir ; son observation générale, et les renseignements qu'il a pu recueillir, conduisent aux conditions suivantes :

Que la question principale de paix ou de guerre n'occupe qu'imparfaitement l'esprit du public, que l'habitude le réconcilie avec la continuation de la guerre, et que les conséquences, loin de s'en faire ressentir maintenant, sont plutôt favorables à l'intérêt particulier ;

Que le système des restrictions commerciales est inhérent au ministère actuel, et, par la même raison, est l'objet de la critique de l'Opposition ; qu'il est donc vraisemblable que, pour le moment, on continuera d'agir, du plus ou moins, d'après ces restrictions, tant vis-à-vis de l'Amérique que de toutes les autres puissances ;

Que le ministère anglais considère une ferme adhésion à ce système comme le meilleur moyen d'affecter sérieusement les ressources de la France, et de combattre son système d'influence sur le continent, et que toutes tentatives de la part de nations ennemies pour le ramener à d'autres idées, ne produiront probablement qu'un effet contraire ;

Que cependant il ne faut pas en inférer une résolution fixe de repousser toute proposition de paix : peut-être même qu'il s'imagine que c'est la voie d'amener le plus promptement la France à s'occuper sérieusement de quelques moyens d'opérer un rapprochement ; peut-être encore que, si ceci avait lieu, il se montrerait facile sous bien des rapports ; mais plutôt que cela se fonde sur la conviction, que, dans ce moment, le gouvernement français n'a aucune vue sérieuse de paix qui puisse s'accorder avec les principes avoués du gouvernement anglais, et qu'il s'occupe uniquement à poursuivre ses dispositions quant à l'Espagne et au Portugal, lesquelles dispositions seront toujours l'obstacle le plus sérieux au succès de toutes les négociations qui pourraient s'entamer ;

Que dans l'ensemble des considérations du jour, celles qui concernent la Hollande, n'entrent que comme extrêmement secondaires, et que l'idée de l'impossibilité qu'aucune convention relative à ce pays pût jamais, sous l'influence de la France, présenter aucune chance de sûreté pour l'Angleterre, à moins d'être liée à une question générale, émousse tout l'intérêt que d'ailleurs ce pays par lui-même ne manquerait pas d'inspirer, au point même de ne pas donner accès aux motifs extrêmement importants qui devraient déterminer à considérer cette question séparément, et sous un point de vue immédiat.

Le soussigné n'apercevant dans cet état de choses nulle chance de succès dans les démarches ultérieures que le gouvernement de Hollande pourrait être tenté d'essayer, à moins que ces démarches ne se trouvent spécialement appuyées par la France, et qu'ainsi, quant à ce pays, son sort se trouve entièrement lié à la question de la paix générale, il croit, conformément à la teneur de ses instructions, ne pas devoir prolonger inutilement son séjour dans ce pays.

En conséquence, il se propose de se remettre en mer sous peu de jours; et dès son arrivée il aura l'honneur de se présenter chez LL. EE. les Ministres, afin de leur rendre verbalement un compte ultérieur et détaillé de tout ce qui a rapport à la mission dont ils l'ont chargé, et qu'il a tâché de remplir avec tout le zèle et la sollicitude, que l'importance du sujet ne pouvait manquer de lui inspirer. Il prie, en attendant, Leurs Excellences d'agréer l'assurance de son respect.

Signé LABOUCHÈRE.

III.

Note de communication verbale du marquis de Wellesley à M. Labouchère, 12 *février* 1810.

La malheureuse situation de la Hollande a fait naître depuis longtemps dans ce pays-ci des sentiments d'intérêt et de compassion, et ces sentiments s'accroissent naturellement à chaque surcroît des maux auxquels la Hollande est en proie; mais la Hollande ne peut s'attendre que ce pays-ci fasse le sacrifice de ses propres intérêts et de son honneur.

La nature de la communication qui a été reçue de la part de

M. *Labouchère*, permet à peine que l'on fasse la moindre observation touchant une paix générale ; elle ne fournit pas même un motif à répéter les sentiments que le gouvernement anglais a si souvent déclarés sur cette matière. On peut néanmoins remarquer que le gouvernement français n'a pas manifesté le moindre symptôme d'une disposition à faire la paix, ou à se départir en aucune manière des prétentions qui jusqu'ici ont rendu inutile la bonne volonté du gouvernement anglais pour terminer la guerre.

La même observation peut s'appliquer à la conduite du gouvernement français dans la guerre qu'il fait au commerce ; guerre dans laquelle il a été l'agresseur, et qu'il poursuit avec un acharnement qui ne se dément pas un instant. C'est à tort que, dans la note remise par M. *Labouchère*, il est dit que les ordres du Conseil d'Angleterre ont donné lieu aux décrets français contre la navigation du commerce des neutres : les ordres du Conseil n'ont point été le motif, mais la conséquence des décrets français. Les décrets français sont encore en vigueur, nulle mesure n'a été prise pour leur rappel. Il n'est point raisonnable de s'attendre que nous nous relâchions en aucune manière des mesures de défense personnelle que commande notre sûreté, et qui puissent nous mettre à l'abri des attaques de l'ennemi, parce que lui-même souffre par suite des mesures qu'il a prises, et cependant ne témoigne aucune disposition à s'en relâcher.

Sans signature.

FIN DU TOME TREIZIÈME.

TABLE DES MATIÈRES

DU TREIZIÈME VOLUME.

SUITE

DE LA

QUATRIÈME PÉRIODE,

OU

HISTOIRE DES TRAITÉS DEPUIS LE COMMENCEMENT DES GUERRES DE LA RÉVOLUTION FRANÇAISE JUSQU'AU TRAITÉ DE PARIS DE 1815. — 1791-1815.

CHAPITRE XLI.

TRAITÉ DE PARIS DU 30 MAI 1814.

INTRODUCTION.

COUP D'OEIL SUR LES COALITIONS EUROPÉENNES.

Page 3.

SECTION PREMIÈRE.

ÉVÉNEMENTS ANTÉRIEURS A LA CAMPAGNE DE RUSSIE DE 1812.

Page 3.

SECTION II.

EXPÉDITION DE RUSSIE.

Page 165.

NOTES ET DOCUMENTS.

CARTE DE L'EUROPE EN 1815.

FIN DE LA TABLE.

Imprimerie de Ch. Lahure (ancienne maison Crapelet)
rue de Vaugirard, 9, près de l'Odeon.

ATLAS DE L'HISTOIRE GÉNÉRALE DES TRAITÉS DE PAIX PAR LE COMTE DE GARDEN

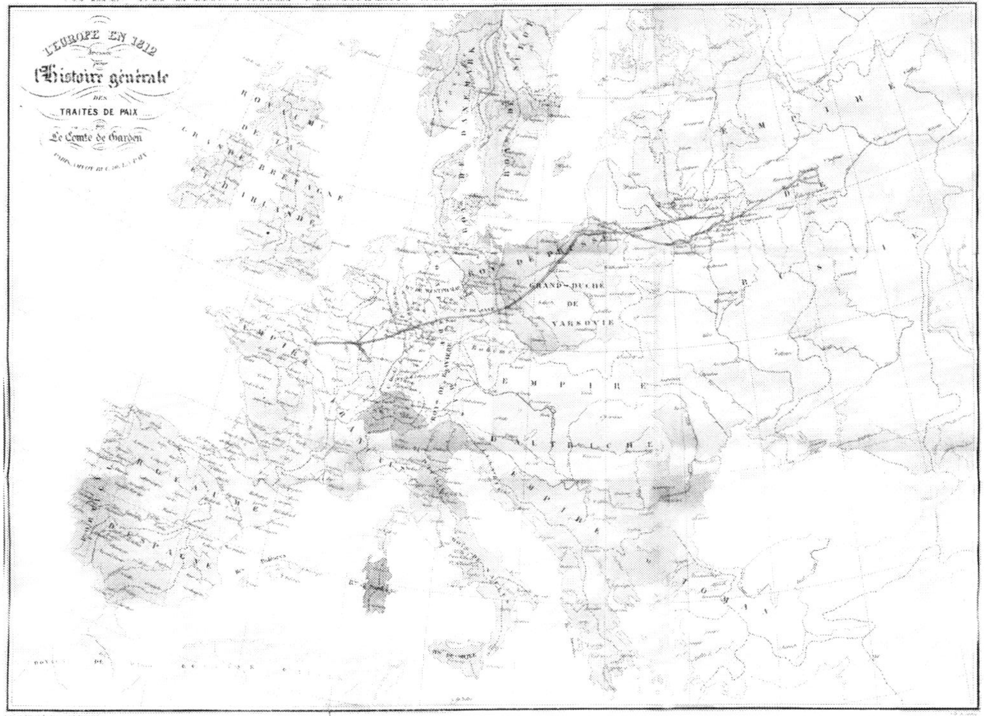